로마서 강해

A COMMENTARY ON THE EPISTLE TO THE ROMANS

BY

DR. YONGGI CHO

Printed in Republic of Korea
Seoul Logos Co., Inc.

로마서 강해

조용기 목사 지음

서울말씀사

로마서 강해

조용기 목사 지음

초판 1쇄 발행 2008년 5월 2일
초판 5쇄 발행 2019년 1월 4일

편 집 인 김호성
발 행 처 서울말씀사

출판등록 제2016-000172호
주 소 서울시 영등포구 은행로 55, 나동 9층
전 화 02-846-9222
팩 스 02-846-9225

머리말

Foreword

"오직 의인은 믿음으로 말미암아 살리라"(롬 1:17).

저는 오랫동안 알기 쉬운 로마서 강해를 저술해야 되겠다고 소원하고 있었습니다. 물론 저보다 학식으로나 영적으로 탁월하신 선배 학자 및 목사님들께서 참으로 은혜롭고 진리에 충만한 로마서 강해서를 많이 내놓으셨습니다. 그러나 저는 순복음 신앙의 신학적 배경을 바탕으로 하여 말씀 충만, 성령 충만한 신앙을 추구하는 성도들에게 밝은 안내서를 제공해 주고자 하는 소원을 가지고 본 서를 집필하게 되었습니다. 이를 허락해 주신 하나님께 감사하기 이루 말할 수 없습니다. 로마서는 성경 중의 성경이요, 말씀 중의 말씀이라고 합니다. 전(全) 성경을 계란으로 친다면 로마서는 그 계란의 노른자위와 같다고 할 수 있습니다. 로마서를 이해하고 난 다음에야 신구약 전체가 일목요연하게 연결됩니다. 제가 성경 중 가장 많이 읽는 책이 로마서입니다. 로마서를 읽을 때마다 그 맛이 새롭고, 마음에 고동치는 감격을 금할 수 없습니다. 마틴 루터도 로마서를 통하여 믿음으로 의롭게 되는 진리를 깨닫고 종교 개혁을 일으켰으며, 요한 웨슬리도 루터의 로마서 강해집을 읽는 것을 듣고 마음이 뜨거워져 성령 충만한 체험을 한 후 위대한 감리교 복음 운동을 일으켰습니다. 누구든지 로마서를 깊이 읽고 듣고 깨닫는 자마다 구원의 밝은 빛을 얻게 됩니다. 제 자신이 천학비재(淺學非才)임을 잘 압니다만 아직 신앙이 깊지 못한 초신자들의 신앙 성장을 돕고자 하는 소원에서 감히 이 졸저 로마서 강해서를 내놓게 되었습니다.

저는 수요 예배 때마다 강해 설교를 하는데, 로마서는 두 번 강해하였습니다. 먼저 1978년부터 1979년에 거쳐 강해 설교한 내용을 편집하여 로마서 강해서를 발간한 후, 2000년부터 2001년에 걸쳐 다시 강해하였습니다. 본 서는 기존 강해서의 내용을 근간으로 하여 재강해한 내용을 추가하여 보완한 책입니다.

아무쪼록 이 강해서를 통해 구원이 전적으로 하나님의 은혜임을 깊이 깨달아 이 은혜를 믿음으로 받아들일 뿐만 아니라 그 은혜에 감격하여 하나님의 영광을 위해 전 생애를 드리는 성도 여러분이 되시기를 축원합니다.

2008. 5.

여의도순복음교회

당회장 목사 조용기

조용기

목 차

Contents

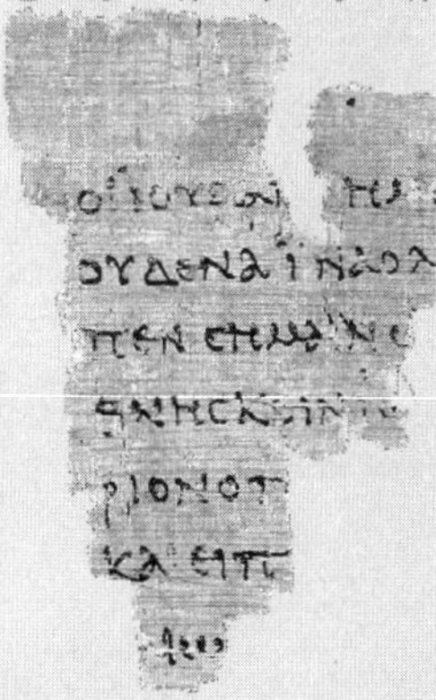

A COMMENTARY
ON THE EPISTLE TO THE
ROMANS

서론

Preface

1. 주제 및 기록 목적

로마서는 갈라디아서와 더불어 교리에 관한 책입니다. 갈라디아서가 격렬한 논쟁조로 기록된 책이라면 로마서는 체계적으로 조직된 논문과 같은 책입니다. 그렇다고 단순한 신학 논문은 아니고, 본 서는 사도 바울이 로마 교회에게 보낸 서신입니다.

로마서는 크게 교리편(1장-11장)과 실천편(12장-16장)의 두 부분으로 나누어지는데, 그 주제는 예수 그리스도를 믿는 자마다 의롭다 하심을 얻는다는 이신득의(以信得義)입니다.

로마서 전체의 내용을 요약할 수 있는 요절은 1장 16절부터 17절입니다.

"내가 복음을 부끄러워하지 아니하노니 이 복음은 모든 믿는 자에게 구원을 주시는 하나님의 능력이 됨이라 먼저는 유대인에게요 그리고 헬라인에게로다 복음에는 하나님의 의가 나타나서 믿음으로 믿음에 이르게 하나니 기록된바 오직 의인은 믿음으로 말미암아 살리라 함과 같으니라".

로마서를 기록한 목적은 사도들로부터 체계적인 가르침을 받은 적이 없는 로마 교회의 성도들에게 하나님의 구속의 진리를 깨닫게 하려는 데 있습니다. 즉, 온갖 사상과 종교가 범람하고 있는 로마에서 그리스도교의 진리의 체계를 분명히 하고 로마에 있는 그리스도인들의 신앙을 확립시키려는 것이 이 서신의 중요한 목적인 것입니다.

2. 기록자 및 수신자

로마서를 기록한 사람은 사도 바울이며(1:1), 로마서를 대필한 사람은 더디오입니다(16:22). 로마서의 수신자는 이방인과 유대인들로 구성된 로마의 성도들입니다(1:13; 2:17).

3. 기록 연대와 장소

로마서가 기록된 시기는 주후 56년경으로 사도 바울이 3차 전도 여행을 마치고 예루살렘으로 향하려는 무렵이었습니다. 사도행전 20장을 보면 사도 바울이 고린도에 석 달을 머문 후 빌립보, 드로아 등을 거쳐 해로(海路)로 예루살렘에 간 것이 기록되어 있습니다. 바로 사도 바울이 고린도에 머문 석 달 동안 로마서가 기록된 것입니다.

본 서를 기록한 장소는 사도 바울이 본 서신을 고린도의 동쪽 항구인 겐그레아에 있는 교회의 일꾼인 뵈뵈에게 맡겨서 전달시킨 것을 미루어 볼 때 고린도 지방에서 기록한 것이 분명합니다(16:1).

4. 사도 바울에 대하여

(1) 생애 - 바울은 길리기아의 도시 다소에서 태어났으며, 날 때부터 로마 시민권을 갖고 있었습니다(행 9:11; 21:39; 22:3). 그의 조상은 유대 바리새인이었습니다(행 23:6; 딤후 1:3). 바울은 자신에 대해 '이스라엘 족속, 베냐민 지파, 히브리인 중의 히브리인, 율법으로는 바리새인' 이라고 말하였습니다(빌 3:5-6). 사도행전을 중심으로 하여 바울의 생애를 사건과 연관 지어 정리하면 다음과 같습니다.

30년	예루살렘 교회 정립(행 2장)
31-32년	스데반의 순교, 교회의 분산(행 6-8장)
34-35년	사울의 회심(행 9장)
42년	안디옥에서 일 년간 이방인 성도들을 가르침(행 11:25-26)
44년	두 번째 예루살렘 방문(행 11:27-30)
45-48년	1차 전도 여행(행 13-14장)

50년	예루살렘 회의(행 15장)
50-53년	2차 전도 여행(행 16-18장)
54-57년	3차 전도 여행(행 19-20장)
54년	에베소 도착(행 19장)
57년6월	에베소 떠남(고전 16:8)
57년 여름, 가을	마게도냐 체류(고전 16:5-8)
57-58년	고린도에서 겨울 3개월을 보냄(행 20:1-3)
58년 4월	빌립보 떠남(행 20:6)
58년 6월	예루살렘 도착(행 20:16)
58년 여름-60년 가을	가이사랴 체류(행 24-26장)
60년 겨울-61년	로마로 항해(행 27-28장)
61년-63년	2년간 로마에 체류(행 28:30)

(2) 신앙 - 바울은 회심 이전에는 유대교의 철저한 신봉자였습니다. 그는 바리새인으로서 절대적인 유일신 신앙, 엄격한 윤리 관념, 뜨거운 애국심, 율법에 대한 철저한 순종의 자세를 가졌습니다. 그는 스데반 박해에 참가한 이래(행 7:58) 기독교 박해의 장본인이 되었으나(행 9:1-2), 다메섹 도상에서 예수님을 만난 이후(행 9:1-9; 22:4-10; 26:12-18; 고전 9:1; 15:8)

변화되어 그리스도의 사랑을 전하기 위해 일생을 헌신하였습니다.

그는 성령 충만하여 항상 성령님의 인도하심을 받아 주의 일에 힘썼고(행 16:10), 많은 영적 경험을 했으며(고후 12:1-4; 갈 2:20), 항상 겸손한 자세로 복음 전파에 힘썼습니다(행 20:19; 고전 15:9-10; 엡 3:8). 그는 오직 그리스도만을 위하여 산 '그리스도의 종' 이었습니다(고전 2:2; 고후 4:5).

(3) 업적 - 바울은 1, 2, 3차 전도 여행을 통하여 수많은 사람에게 복음을 전했고, 가는 곳마다 교회를 세우고 지도자를 양성하여 복음이 계속 전파될 수 있는 기초를 만들어 주었습니다. 또한 14편의 서신(히브리서 포함)을 기록하여 이단이 성행하던 당시의 성도들에게 기독교의 올바른 진리를 가르쳤으며, 교회가 바르게 성장할 수 있도록 권면하고 격려했습니다.

5. 로마 교회에 대하여

로마의 교회는 사도 바울의 선교 활동으로 말미암아 설립된 교회가 아닙니다(15:20). 로마 교회는 오순절 성령 강림 사건을 목격하고 베드로의 설교를 듣고 회심한 몇몇 사람들과 사도 바울의 복음 전도를 통해 믿게 된 성도들의 열정과 헌신에 의해 세워진 것입니다.

이와 같이 일반 성도들에 의하여 설립된 로마 교회는 유대인으로서 개종한 그리스도인과 이방인으로서 믿게 된 그리스도인들이 함께 구성원을 이루고 있었습니다. 사도 바울이 브리스가와 아굴라, 안드로니고와 유니아와 헤로디온에게 전한 문안을 보면 로마 교회 안에는 혈통적으로 유대인인 사람들이 많았음을 알 수 있고(16:3,7,11), 사도 바울이 이방인에 대하여 언급한 것을 보면 교회의 구성원들 가운데는 이방인들도 상당수 있었음이 명백합니다(11:13-31; 15:8-29).

이와 같이 유대인과 이방인 출신의 성도들이 서로 조화를 이루는 데는 많은 어려움이 있었겠지만, 그럼에도 불구하고 사도 바울이 서신을 보낸 것을 보면 당시의 로마 교회는 신앙 수준이 상당히 높았음을 알 수 있습니다.

제 1 장

인사와 기원, 복음의 우월성

인사 1:1-7

바울의 로마 방문 계획 1:8-17

모든 경건하지 않음과 불의 1:18-32

A COMMENTARY ON
THE EPISTLE TO THE
ROMANS

바울은 자신이 이방인의 사도 직분을 맡은 사실을 먼저 강조한 후 로마 교회 성도들에게 인사말을 전하고, 로마에 가고자 하는 자신의 소원을 말하고 있습니다. 그다음 바울은 로마서 전체의 주제에 해당되는 "오직 의인은 믿음으로 말미암아 살리라"(17절)는 말씀을 선포한 후 이방인의 죄에 대해 지적합니다.

1. 인사(1:1-7)

1. 예수 그리스도의 종 바울은 사도로 부르심을 받아 하나님의 복음
을 위하여 택정함을 입었으니 2. 이 복음은 하나님이 선지자들을 통
하여 그의 아들에 관하여 성경에 미리 약속하신 것이라 3. 그의 아들
에 관하여 말하면 육신으로는 다윗의 혈통에서 나셨고 4. 성결의 영
으로는 죽은 자들 가운데서 부활하사 능력으로 하나님의 아들로 선
포되셨으니 곧 우리 주 예수 그리스도시니라 5. 그로 말미암아 우리
가 은혜와 사도의 직분을 받아 그의 이름을 위하여 모든 이방인 중에
서 믿어 순종하게 하나니 6. 너희도 그들 중에서 예수 그리스도의 것
으로 부르심을 받은 자니라 7. 로마에서 하나님의 사랑하심을 받고
성도로 부르심을 받은 모든 자에게 하나님 우리 아버지와 주 예수 그
리스도로부터 은혜와 평강이 있기를 원하노라

1절 예수 그리스도의 종 바울은 사도로 부르심을 받아 하나님의 복음을 위하여 택정함을 입었으니

'예수 그리스도'는 주님의 공적(公的) 칭호입니다. '예수'는 주님의 인성(人性)을 나타내는 이름으로, 히브리어 '여호수아'에서 왔으며 '야훼는 구원이시다'라는 뜻을 가지고 있습니다. '그리스도'는 주님의 신성(神性)을 나타내는 이름으로, 히브리어로는 '메시아'이며 '기름 부음 받은 자'라는 뜻을 가지고 있습니다. 구약 시대에는 선지자, 제사장, 왕이 기름 부음을 받았습니다. 이는 예수님께서 모든 구원 사역을 이루시기 위한 메시아로서 선지자와 제사장과 왕의 직분으로 오실 것의 예표입니다.

본문의 '예수 그리스도의 종'에서 '종'(δοῦλος)은 노예를 말합니다. 주님의 종은 주님의 뜻대로만 사는 존재입니다. 자신의 의지를 깨뜨리고 완전히 주님께 항복한 존재입니다. 그렇게 되기 위해서 주의 종들은 깨뜨림을 받습니다.

바울 사도는 자신을 '예수 그리스도의 종'이라고 당당히 말하고 있습니다. 사람의 종이 아닙니다. 장로들의 종도 아니고, 권사들의 종도 아니고, 안수 집사의 종도 아니고, 성도들의 종도 아닙니다. 하나님의 종, 예수 그리스도의 종입니다. 시편 105편 15절을 보면 "이르시기를 나의 기름 부은 자를 손대지 말며 나의 선지자들을 해하지 말라 하셨도다"라고 기록되어 있습니다. 주의 종은 주님께서 책임지십니다. 주님이 주인이시기 때문입니다. 주의 종을 손대는 것보다는 차라리 표피가 벗어진 수천 볼트의 전깃줄에 손대는 것이 낫습니다. 그것은 하나님이 하실 일이지 사람이 할 일이 아니기 때문입니다. 주의 종이 잘되도록 기도해 주고, 못되면 하나님이 고쳐 달라고 기도해야지 사람이 손을 대면 안 됩니다.

성도들에게도 마찬가지입니다. 하나님께서는 복을 주시기 전에 반드시 깨뜨리십니다. 그 이유는 하나님의 복을 자기 마음대로 사용하면 큰 해가 되기 때문입니다. 돈은 나쁘지도 않고 좋지도 않습니다. 그러나 돈을 쓰는 사람이 나쁜 사람이면 돈을 나쁜 데 쓰고, 좋은 사람이면 좋은 데 쓰게 됩니다. 사람이 바뀌지 않았는데 하나님이 물질을 주면 물질도 내버리고 사람도 내버리게 되는 것입니다. 그래서 하나님은 복을 주기 전에 반드시 하나님께 순복할 수 있도록 깨어지는 과정을 지나게 하시는 것입니다.

'사도'(使徒)는 헬라어 '아포스톨로스'(ἀπόστολος)로 '부르심을 받은 자', '대리자'를 의미합니다. 이는 예수 그리스도의 교회를 창설하고 개척하고 지도해 나가는 탁월한 지도자를 말합니다. 바울은 자신이 복음을 위해 하나님께 사도로 부름 받았음을 말하고 있습니다. 특히 바울이 기록한 서신들을 살펴보면, 바울은 자신을 '이방인의 사도'라고 소개하고 있음을 알 수 있습니다(갈 2:8).

주의 종이 되는 것은 하나님의 택정하심에 있지 인간의 지원함에 있지 않습니다. 바울 사도는 단호하게 "내가 복음을 위하여 택정함을 입었다."라고 선언했습니다. 오늘날 한국과 세계 여러 나라 교회에 성실하지 못하고 문제를 자꾸 일으키는 주의 종들이 있는 것은 그들이 하나님의 택정함을 받지 않았는데도 불구하고 지원병으로 나왔기 때문입니다. 사명과 직업은 다릅니다. 주의 종은 사명직입니다. 누구든지 주의 종이 된 자는 "나는 하나님의 택정하심을 받아서 주의 종이 되었다."라는 불타는 소명감(召命感)이 있어야 합니다.

성도 여러분도 그냥 예수 믿는 것이 아닙니다. 창세전에 그리스도 예수 안에서 하나님의 택정하심을 받아 예수 그리스도의 자녀로 부르심을 입은 것입니다. 전도도 마찬가지입니다. 하나님께서 택하신 사람을 찾는 것입니다. 하나님께서 먼저 우리를 택해 놓으시고 예수님을 믿도록 성령으로 이끌어 주신 것입니다. 이와 같이 하나님의 택하심이 먼저입니다. 그러므로 우리의 구원은 은혜로 된 것이지 우리 스스로가 잘나서 된 것이 아닙니다.

그러면 한 번 택함 받으면 버림받지 않습니까? 아닙니다. 버림받을 수 있습니다. 우리가 택함 받았으면 택함 받은 것을 확실히 붙잡고 있어야 합니다. 만약 자신이 택함 받았다고 해서 오만하고 방종하여 하나님의 뜻을 거역하면 어느 시점에 가서 버림받을 수 있습니다. 이러므로 우리는 항상 복종하여 두렵고 떨림으로 우리의 구원을 이루어야 합니다(빌 2:12).

2절 이 복음은 하나님이 선지자들을 통하여 그의 아들에 관하여 성경에 미리 약속하신 것이라

사도 바울은 복음의 진수를 명확히 말하고 있습니다. 복음이란 예수 그리스도께서 하나님의 아들이라는 것을 말하는 것입니다. 예수 그리스도가 바로 복음입니다.

이 복음은 사람이 만든 것이 아닙니다. 복음이란 하나님 편에서 일방적으로 택하신 인간을 구원하시기 위해 선지자들을 통해 그 아들에 관해 성경에 미리 약속해 놓은 것입니다. 요사이 자신이 '재림주' 라는 사람이 많은데, 이런 사람들은 하루아침에 교리를 조작해서 자신을 재림주라고 말합니다. 그러나 예수 그리스도의 복음은 아담과 하와가 에덴동산에서 타락했을 때부터 시작되었습니다.

인류의 조상 아담과 하와가 타락하고 에덴에서 쫓겨 나올 때, 하나님

께서는 장차 예수 그리스도로 말미암아 구원이 이루어질 것을 약속하셨습니다. "여자의 후손은 네 머리를 상하게 할 것이요 너는 그의 발꿈치를 상하게 할 것이니라"(창 3:15). 이와 같이 창세기에 예수 그리스도께서 여자의 후손으로 태어나 뱀의 머리, 즉 사탄의 권세(계 12:9)를 깨뜨릴 것이고 고난을 받을 것이라는 예언이 기록된 것입니다.

또한 창세기 3장 21절을 보면 하나님께서 상징을 통해 예수 그리스도에 관해 말씀하셨습니다. "야훼 하나님이 아담과 그의 아내를 위하여 가죽 옷을 지어 입히시니라". 아담과 하와는 죄를 범하여 하나님의 영광을 잃어버리자 벌거벗은 수치를 느꼈습니다. 이러한 아담과 하와를 위해 하나님께서는 가죽 옷을 지어 입히셨습니다. 가죽 옷을 입히기 위해서는 짐승을 잡아 가죽을 벗기고 피를 흘려야 했습니다. 무죄한 짐승은 비명을 지르고 에덴동산에서 피를 쏟았습니다. 하나님께서는 그 희생된 짐승의 가죽을 벗겨 아담과 하와에게 입혀 주셨습니다. 여기에는 깊은 상징적 의미가 있습니다. 죄를 지은 아담과 하와의 후손들이 죄악의 수치로 하나님 앞에 서지 못하는 그때, 하나님께서는 어린양 예수 그리스도께서 피를 흘려 죽임 당하게 하시고 그의 의로운 옷을 벗겨 죄인들에게 입히시겠다는 것입니다. 그리하여 죄인들이 그리스도의 의로운 옷을 받아 입고 하나님 앞에 부끄러움 없이 설 수 있게 하시겠다는 것입니다. 가죽 옷 사건은 이러한 하나님의 놀라운 구원 계획을 상징하고 있는 것입니다.

이사야 53장 1절부터 12절까지는 예수 그리스도께서 메시아로서, 고난받는 종으로서 우리를 위해 대속의 고난을 받게 될 것을 자세하게 보여 주고 있습니다. 예수님께서 이 땅에 오신 사건은 결코 우연한 일이 아니었습니다. 하나님께서는 예수님이 오시기 7백여 년 전, 미가 선지자를 통해 예수님께서 태어날 장소인 베들레헴 에브라다에 대해 예언하셨고(미 5:2), 이사야 7장 14절에는 처녀가 잉태하여 아들을 낳을 것이라고 분명히 말씀하셨습니다.

이처럼 성경은 예수님께서 우리의 구주 되심을 확고하게 증언하고 있습니다. 그렇기 때문에 바울 사도는 "내가 증언하는 복음은 바로 하나님의 아들에 관하여 성경에 미리 약속하신 것이다."라고 말한 것입니다. 예수님은 인간의 수양이나 도덕을 통해 하나님의 아들이 된 것이 아니라, 하나님의 은혜로 '선지자를 통하여 성경에 미리 약속된' 하나님의 아들입니다. 이는 하나님의 일방적인 약속입니다. 그러므로 구원은 우리 힘으로 산출할 수 있는 것이 아니요, 하나님으로부터 내려오는 것입니다.

3절 그의 아들에 관하여 말하면 육신으로는 다윗의 혈통에서 나셨고

그리스도께서 다윗의 혈통에서 태어날 것이라고 성경은 거듭 말씀하고 있습니다(삼하 7:16; 사 55:3-4). 예수 그리스도의 양부(養父)인 요셉은 다윗의 혈통이며, 또한 그 모친 마리아도 다윗의 혈통입니다. 따라서 예수님은 육신으로는 다윗의 혈통에서 나셨습니다.

4절 성결의 영으로는 죽은 자들 가운데서 부활하사 능력으로 하나님의 아들로 선포되셨으니 곧 우리 주 예수 그리스도시니라

예수님께서 하나님의 아들로 확증되심은 그의 부활로 인한 것입니다. 물론 부활 이전에도 본질적으로 예수님은 하나님의 아들, 곧 성자(聖子) 하나님으로 창세전부터 성부(聖父) 하나님과 함께 계셨습니다. 그 예수

그리스도께서 구원 사역을 담당하시기 위해 육신의 몸을 입고 이 땅에 오셨다는 사실은 성경적으로 부인할 자가 없습니다. 그러나 역사적으로는 그분이 진실로 하나님의 아들이셨음을 무엇으로 증명할 수 있겠습니까? 예수 그리스도의 구원의 도리만이 확실하고 유일한 것이라는 사실을 무엇으로 증명하겠습니까? 그것은 오직 부활로 증명이 됩니다.

성경은 "죄의 삯은 사망이요"(6:23)라고 말씀하고 있습니다. 인류 역사상 죽었다가 부활한 사람은 하나도 없습니다. 공자도 석가도 마호메트도 죽은 후에 다시 살아나지 못했습니다. 그러나 예수님은 죽은 자 가운데서 부활하셨습니다. 부활 사건을 통해 예수님은 죄인이 아니요, 더러운 영이 아닌 성결의 영이요, 진실로 하나님의 아들이요, 세상의 구주되심을 역사적으로 증명하신 것입니다. 그리스도께서는 부활하심으로 그의 능력을 입증하셨습니다. 그렇기 때문에 본문에 "능력으로 하나님의 아들로 선포되셨으니"라고 말씀한 것입니다. 즉, 예수 그리스도는 부활하심으로 말미암아 자신의 하나님 아들 되심을 인류 앞에 역사적으로 입증하셨고 또 인정받으셨다는 것입니다.

5절 그로 말미암아 우리가 은혜와 사도의 직분을 받아 그의 이름을 위하여 모든 이방인 중에서 믿어 순종하게 하나니

바울 사도는 자신의 사도직이 하나님의 은혜로 말미암은 것이라고 선언하고 있습니다. '은혜'란 '값없이 받는 사랑'을 말합니다. 즉, 일은 주님이 하시고 열매는 우리가 거두는 것을 말합니다. 예레미야 33장 2절을 보면 "일을 행하시는 야훼, 그것을 만들며 성취하시는 야훼"라는 말씀이 있습니다. 이와 같이 일은 우리가 하는 것이 아닙니다. 일은 하나님이 하시고 우리는 하나님께서 하신 일의 결과를 은혜로 받습니다.

우리가 구원받은 것도 예수님의 은혜요, 바울이 사도의 직분을 받은 것도 하나님의 은혜로 된 일입니다. 인간의 수단이나 방법, 노력이나 의로운 행위로 말미암은 것이 아닙니다. 그렇기 때문에 구주 되시는 예수님의 은혜 없이 자기 힘으로 구원의 사다리를 놓고자 하는 사람은 모두 다 천국에 이르지 못하고 떨어지는 것입니다. 그러나 누구든지 예수님의 은혜를 입으면 능히 부활하여 하나님 앞에 설 수 있게 되는 것입니다.

또한 본 절에서 바울은 은혜를 받고 사도의 직분을 받은 것은 예수 그리스도의 이름을 위하여 모든 이방인 중에서 믿어 순종하게 하기 위함이라고 말합니다. 여기서 분명히 말하기를 우리가 먼저 믿고 그다음 순종한다고 했습니다. 이처럼 처음에 믿어서 구원을 얻고 난 후에 믿음에서 순종으로 전진해 나아가는 것입니다.

6절 너희도 그들 중에서 예수 그리스도의 것으로 부르심을 받은 자니라

'그들' 은 이방인을 말합니다. 따라서 본 절은 이 편지의 수신자인 로마의 성도들도 이방인 중에 있어 예수 그리스도의 것으로 부르심을 입었다는 말입니다. '예수 그리스도의 것' 이라는 말은 우리가 예수님의 소유가 되었음을 말합니다. 하나님께서 예수 그리스도를 통해 복음으로 우리를 부르셨고, 성령님의 인도하심을 따라 우리는 그의 부르심에 응답하였습니다. 그러므로 우리 안에는 '너는 내 것이다' 라는 성령의 인(印) 침이 있습니다.

오늘날 수많은 사람들이 자살을 하는데, 그 이유는 자신이 가치가 없

다는 생각에서 비롯된 것입니다. 자신을 들여다보니 가치도 없고 살아갈 아무런 이유도 없다고 생각하기 때문입니다. 그러나 예수 믿는 사람은 자살할 수 없습니다. 그 이유는 하나님이신 예수님께서 목숨을 버리면서까지 우리를 사랑하셨기 때문입니다. 만왕의 왕이요, 만주의 주 되신 예수 그리스도의 소유가 되었기 때문입니다. 존귀한 자로 바뀌었기 때문입니다. 그러므로 우리는 담대히 외칠 수 있습니다. "온 세상이 다 나를 버려도 주 예수는 나를 안 버리십니다! 나는 예수님의 것입니다!"

7절 로마에서 하나님의 사랑하심을 받고 성도로 부르심을 받은 모든 자에게 하나님 우리 아버지와 주 예수 그리스도로부터 은혜와 평강이 있기를 원하노라

예수님을 믿으면 누구든지 하나님의 사랑을 받게 됩니다. 뿐만 아니라 '성도'(聖徒)로 부름을 받게 됩니다. '성도'라 함은 '하나님께 바쳐진 자, 구별된 자, 거룩한 자'를 말하는데, 우리는 아무 자격이 없음에도 불구하고 예수님의 보혈의 공로로 인해 성도라 부름 받게 된 것입니다.

하나님께서는 우리를 일방적으로 사랑하십니다. 이는 우리가 사랑받을 만한 자격이 있어서가 아니라 하나님이 사랑하고 싶어서 사랑하시는 것입니다. 이처럼 우리도 가정생활을 할 때 뭘 잘해 주어서 가족을 사랑하는 것이 아니라 서로를 사랑하고 싶어서 사랑하게 된다면 우리의 가정은 더욱더 행복해질 것입니다.

하나님께서는 우리를 사랑해 주셨고, 예수님께서는 우리의 모든 죄를 대속하기 위해 십자가에서 죽으심으로 은혜를 주셨습니다. 우리는 그 사랑과 은혜에 힘입어 천국까지 갑니다. 또한 아버지와 예수 그리스도

를 의지하는 자에게 자연적으로 다가오는 것이 있는데, 그것은 바로 평강(平康)입니다. 내 힘으로 구원받으려고 애쓰고 힘쓸 필요 없이 예수 그리스도의 은혜로 말미암아 값없이 용서함 받고 의롭다 함을 받게 되니, 마음에 주의 평강이 강물처럼 넘치게 되는 것입니다. 구원받았다고 하면서도 마음에 평안이 없고 일어서면 앉고 싶고 앉으면 일어서고 싶고 불안, 공포, 초조, 절망이 꽉 들어차 있다면 그 사람은 아직 예수님의 은혜를 입지 못한 사람입니다. 우리가 진정 하나님 아버지의 사랑을 받고 주님의 소유가 되어 그의 은혜를 의지하면 마음속에 평안이 다가와 평안히 먹고 자고 쉬며 내일을 소망할 수 있게 되는 것입니다.

2. 바울의 로마 방문 계획(1:8-17)

**8. 먼저 내가 예수 그리스도로 말미암아 너희 모든 사람에 관하여 내
하나님께 감사함은 너희 믿음이 온 세상에 전파됨이로다 9. 내가 그
의 아들의 복음 안에서 내 심령으로 섬기는 하나님이 나의 증인이 되
시거니와 항상 내 기도에 쉬지 않고 너희를 말하며 10. 어떻게 하든
지 이제 하나님의 뜻 안에서 너희에게로 나아갈 좋은 길 얻기를 구하
노라 11. 내가 너희 보기를 간절히 원하는 것은 어떤 신령한 은사를
너희에게 나누어 주어 너희를 견고하게 하려 함이니 12. 이는 곧 내
가 너희 가운데서 너희와 나의 믿음으로 말미암아 피차 안위함을 얻**

으려 함이라 13. 형제들아 내가 여러 번 너희에게 가고자 한 것을 너희가 모르기를 원하지 아니하노니 이는 너희 중에서도 다른 이방인 중에서와 같이 열매를 맺게 하려 함이로되 지금까지 길이 막혔도다 14. 헬라인이나 야만인이나 지혜 있는 자나 어리석은 자에게 다 내가 빚진 자라 15. 그러므로 나는 할 수 있는 대로 로마에 있는 너희에게도 복음 전하기를 원하노라 16. 내가 복음을 부끄러워하지 아니하노니 이 복음은 모든 믿는 자에게 구원을 주시는 하나님의 능력이 됨이라 먼저는 유대인에게요 그리고 헬라인에게로다 17. 복음에는 하나님의 의가 나타나서 믿음으로 믿음에 이르게 하나니 기록된바 오직 의인은 믿음으로 말미암아 살리라 함과 같으니라

8절 먼저 내가 예수 그리스도로 말미암아 너희 모든 사람에 관하여 내 하나님께 감사함은 너희 믿음이 온 세상에 전파됨이로다

바울 사도는 예수 그리스도에 대한 로마 성도들의 믿음이 온 세상에 전파된 것으로 인해 하나님께 감사하고 있습니다. 로마는 세계를 석권하기 위해 모든 길이 로마로 통하도록 대로를 닦아 놓았습니다. 그런데 예수 그리스도의 복음이 로마가 정치적, 군사적 목적으로 닦아 놓은 이 대로를 통해 거침없이 전파된 것입니다.

누구든지 예수 그리스도를 잘 믿으면 그 믿음이 전파되게 되어 있습니다. 예수님께서는 비유를 들어 "천국은 마치 사람이 자기 밭에 갖다 심은 겨자씨 한 알 같으니 이는 모든 씨보다 작은 것이로되 자란 후에는 풀보다 커서 나무가 되매 공중의 새들이 와서 그 가지에 깃들이니라"(마 13:31-32), "천국은 마치 여자가 가루 서 말 속에 갖다 넣어 전부 부풀게 한 누룩과 같으니라"(마 13:33)고 말씀하셨습니다. 또한 예수님께서는

"오직 성령이 너희에게 임하시면 너희가 권능을 받고 예루살렘과 온 유대와 사마리아와 땅 끝까지 이르러 내 증인이 되리라"(행 1:8)고 말씀하셨습니다. 이와 같이 믿음은 감추어지지 않습니다. 겨자씨만큼 작아도, 적은 누룩과 같이 미미해도 그 믿음이 올바르면 성령님께서 그 믿음을 온 천하에 전하게 하십니다. 바울이 하나님께 깊이 감사한 이유는 로마의 성도들이 올바로 믿어 그 믿음이 온 세상에 전파되었기 때문입니다.

9절 내가 그의 아들의 복음 안에서 내 심령으로 섬기는 하나님이 나의 증인이 되시거니와 항상 내 기도에 쉬지 않고 너희를 말하며

바울 사도는 예수님의 복음 안에서 산다고 말합니다. 예수님은 우리의 문이 되시고(요 10:7), 길이 되시고(요 14:6), 빛이 되시고(요 1:9), 목자가 되십니다(요 10:14). 우리는 이러한 예수 그리스도의 복음 안에서 마음을 다하여 하나님을 섬깁니다. 그러므로 우리는 앉으나 서나 예수님의 향기가 날 수밖에 없습니다.

'심령' 이란 단어의 헬라어는 '프뉴마' (*πνεῦμα*)로 '영혼' 을 가리킵니다. 그러므로 '내 심령으로 하나님을 섬긴다' 는 것은 '내 영혼 가장 깊은 중심에서 하나님을 섬긴다' 라는 의미입니다. 우주를 지으신 하나님은 그 아들 예수 그리스도의 복음 안에서 특별히 계시되었습니다. 예수님을 통하지 않고는 하나님께 갈 수 없습니다. 예수 그리스도 안에서 우리가 체험한 하나님이 우주를 지으신 참하나님이시기 때문입니다. 그러므로 바울 사도는 하나님의 아들의 복음 안에서 영혼의 가장 깊은 중심으로 섬기는 하나님이 자신의 증인이 되신다고 말합니다.

"항상 내 기도에 쉬지 않고". 하나님께서는 우리의 기도를 통해 도움

을 베풀어 주십니다. 기도하지 않으면 하나님의 능력이 우리에게 흘러 들어오지 못하며, 그때로부터 하나님의 역사(役事)가 정지되어 버립니다. 기도란 마치 수도관의 꼭지를 틀어 주는 것과 같습니다. 우리의 기도를 통해 하나님의 능력이 가족과 이웃, 조국과 온 세계로 퍼져 나가는 것입니다. 그래서 바울은 로마 성도들을 위해 항상 쉬지 않고 하나님께 기도했다는 것입니다.

10절 어떻게 하든지 이제 하나님의 뜻 안에서 너희에게로 나아갈 좋은 길 얻기를 구하노라

바울 사도는 하나님의 뜻 안에서 로마로 나아갈 좋은 길을 구한다고 말합니다. 그는 하나님께서 좋은 길을 허락해 주시면 어찌하든지 로마를 한번 방문하기를 소원한 것입니다.

우리도 바울처럼 기도해야 합니다. 범사에 하나님보다 앞서 뛰지 말고 너무 뒤처져 가지도 말고 늘 하나님과 함께 보조를 맞추어야 합니다. 대부분 신앙에 실패하는 사람들은 하나님의 뜻과 섭리를 기다리지 못하고 성급하게 뛰거나, 하나님께서 이미 시작하라고 하셨는데도 의심하고 뒤처져 있는 부류입니다. 그러므로 우리는 범사에 하나님의 뜻을 구하고 하나님과 동행하는 신앙생활을 해야겠습니다.

11절 내가 너희 보기를 간절히 원하는 것은 어떤 신령한 은사를 너희에게 나누어 주어 너희를 견고하게 하려 함이니

바울 사도는 로마의 성도들을 간절히 보기 원했는데, 이는 신령한 은사를 나누어 주어 믿음을 견고하게 하기 위함이었습니다. '은사' 란 '은

혜로 주시는 선물' 을 말합니다. 신령한 은사 없이 믿음이 생기지 않습니다. 하늘나라는 지식의 세계가 아닙니다. 지적으로, 철학적으로, 신학적으로 아무리 논해도 천국에 이르지 못합니다. 성경에 "나의 의인은 믿음으로 말미암아 살리라"(히 10:38)고 기록되었지, 지식으로 말미암아 천국 간다고 하지 않았습니다.

복음이 무엇입니까? 복음이란 예수님을 믿음으로 거듭난 자가 영생을 얻어 영원한 천국에 깊이 뿌리박고 죄책과 정죄에서 해방되며 허무와 무의미에서 벗어나 삶의 가치를 얻고 죽음의 생활에 부활을 가져오게 되는 하나님의 능력입니다. 그래서 이 땅에 사는 동안에도 죄와 마귀와 절망을 이기고 파괴와 질병과 가난을 극복하고 새로운 삶을 창조하고 생산하며 건설하는 것이 복음입니다.

이러한 복음의 능력을 진정으로 맛보려면 체험이 있어야 합니다. 체험이 있는 신앙이 뿌리를 깊이 내립니다. 많은 사람들이 신앙인이라고 하면서도 신앙의 체험을 무시하고 인간의 지식만을 의지하여 글자 몇 자 더 읽고 신학자의 학설 등을 몇 마디 외운 것을 가지고 자신이 성숙한 신앙인인 양 우쭐대다가 험한 고난의 풍파가 밀어닥치면 좌절하여 무너지고 맙니다. 그러나 신령한 은사를 체험하여 영원하신 하나님의 능력에 뿌리를 내린 사람은 "동남풍아 불어라! 서북풍아 불어라! 가시밭에 백합화 예수 향기 날린다!"라고 찬양할 수 있습니다. 이런 사람은 눈에는 아무 증거 안 보이고 귀에는 아무 소리 안 들리고 손에는 잡히는 것 없으며 앞길이 칠흑같이 어두워도, 믿음에 서서 환경을 극복하고 흑암 중에서 빛을, 절망 가운데서 소망을, 죽음에서 생명을, 무질서에 질서를, 가난에서 부요를 창조하면서 전진해 나갈 수 있는 것입니다.

사도행전 19장을 보면, 바울이 에베소 교인들에게 가서 "너희가 믿을 때 성령을 받았느냐?"라고 묻자, 그들은 "성령이 계심도 듣지 못하였노라."고 대답했습니다. 바울이 에베소 교인들을 보니 풀 죽은 소리로 찬송가를 부르고 기도도 맥이 빠져 있었습니다. 그래서 바울은 침례 요한 때로부터 예수 그리스도의 오심과 예수께서 불과 성령으로 세례 주는 것을 가르치고 난 다음에 그들에게 안수하였습니다. 그러자 그들이 다 성령을 받고 방언도 하고 예언도 했습니다. 이렇게 에베소 교인 열두 사람이 성령을 받고 나자 교회가 불덩어리가 되어 에베소로부터 시작해서 온 소아시아에 복음이 전파되었습니다.

독일의 경제 부흥의 아버지라고 불리는 경제 윤리학자 '리스트'(Georg Friedrich List)는 "정신적인 자원 없이 물질적인 부흥은 없다."고 말했습니다. 정신적 자원의 가장 기초가 되는 것이 바로 '신앙' 입니다. 신앙의 자원 없이 역경을 이겨 나갈 수 없습니다. 정신적인 신앙의 자원은 몇 마디의 글자를 외우고 학문을 머리에 더 집어넣는다고 해서 생기는 것이 아닙니다. 막스 베버(Max Weber)는 "청교도들에게 칼빈주의적 신앙 사상이 있었기 때문에 미국이 오늘날과 같은 경제 대국이 될 수 있었다."고 말했습니다. 폐일언하고, 정신적인 자원 없이 한 개인이나 가정 또는 사회나 국가가 부흥, 발전한 유래가 없습니다.

교회는 말할 것도 없습니다. 교회가 아무리 좋은 제도와 체계와 신학을 가지고 있다 해도, 그 안에 물질을 희생하고도 아깝지 않고 몸 드려 수고해도 즐거움이 충만한 영적 자원을 소유하지 못하면 아무런 소용이 없습니다. 예수님의 제자들은 영적 자원을 가지고 있었기 때문에 기쁘게 순교했던 것입니다. 로마의 박해가 극심하던 시대에 로마에 있던 교인들이 원형극장에서 사자들에게 찢기고 말뚝에 묶여 기름 세례를 받고 불로 태워져도 눈 하나 깜짝 안 하고 복음을 외친 것은 그만큼 강력한 신앙의 정신적 자원이 있었기 때문입니다. 이러한 자원이 학교에서 가르친다고 해서 얻어지나요? 그렇지 않습니다. 그들은 신령한 은혜를 체험했기에 승리할 수 있었던 것입니다.

체험이 없는 신앙은 모래 위에 지은 집과 같습니다. 그러므로 신앙의 체험이 있어야 합니다. 중생의 체험, 성령 충만의 체험, 신령한 체험들이 있어야 합니다. 사도 바울은 당시 최대의 학자이며 철학과 율법에 박식한 사람이었으나, 그의 신앙을 견고하게 한 것은 그가 체험한 신령한 은혜였습니다. 그러므로 우리가 신령한 은사를 사모하는 것은 좋은 일입니다. 또한 신령한 은사를 받은 사람은 다른 사람과 함께 나누어야 합니다. 이것이 있어야 개인 생활과 가정이 살고, 한국 교회가 살고 세계 교회가 삽니다.

12절 **이는 곧 내가 너희 가운데서 너희와 나의 믿음으로 말미암아 피차 안위함을 얻으려 함이라**

바울 사도의 겸비함을 보십시오. 탁월한 신앙을 가진 바울 사도도 "혼자만의 신앙은 안 된다. 나는 로마에 가서 너희와 신앙의 교제를 하기 원한다. 내가 가진 것을 너희에게 나누어 주고 너희 것을 받아 피차 신앙의 교제로 인해 안위(安慰)함을 얻기 원한다." 고 한 것입니다.

6·25 사변 때 한겨울에 나와 우리 형제들이 불도 없는 방에서 지낸 적이 있습니다. 그런 방에서 얇은 담요를 덮고 혼자 누워 있으면 뼈까지 떨립니다. 그런데 우리 형제들이 서로 꼭 껴안고 있으면 따뜻했습니다.

이와 같이 신앙에도 독불장군이 없습니다. 나 혼자 집에서 무교회주의로 믿는다 하는 사람들은 곧 시들어 버릴 위험이 있습니다. 왜냐하면 본 절의 말씀처럼 피차 신앙의 교제를 함으로써 신앙의 안위가 두터워지기 때문입니다. 그렇기 때문에 우리가 주일에 교회에 와서 하나님께 예배드리고, 수요 예배와 금요 철야 예배로 모이고, 구역 예배에서 다섯 가정씩, 열 가정씩 모여 성경을 공부하고 찬미하고 간증하고 기도드리는 것입니다. 그러므로 바울도 신앙의 교제를 통해 로마 교인들과 신앙의 안위를 주고받기 원했던 것입니다.

13절 형제들아 내가 여러 번 너희에게 가고자 한 것을 너희가 모르기를 원하지 아니하노니 이는 너희 중에서도 다른 이방인 중에서와 같이 열매를 맺게 하려 함이로되 지금까지 길이 막혔도다

본문을 보면 사람의 뜻과 하나님의 뜻이 다르다는 것을 알 수 있습니다. 바울 사도가 로마에 여러 번 가려고 했지만 하나님께서 그 길을 막으셨습니다. 하나님께서는 당신이 보시기에 가장 좋은 때에, 가장 좋은 방법으로 바울을 로마에 보내기로 작정하셨기 때문입니다. 이러므로 우리도 무슨 일을 할 때에 그 소원하는 바가 즉시로 이루어지지 않는다 해서 '하나님이 어디 살아 계시냐! 하나님이 날 버렸다! 하나님은 날 사랑하지 않는다!' 고 속단해서는 안 됩니다. 하나님은 가장 좋은 때에 가장 좋은 방법으로 일을 이루어 주시기 때문입니다.

길이 막힌다는 것은 두 가지 의미가 있습니다. 첫째는 하나님께서 아직 때가 안 되었으니 가지 말라고 막으시는 것이고, 둘째는 마귀가 못 가도록 막는 것입니다. 이 두 가지는 쉽게 분별할 수 있습니다. 하나님이 못

가게 하시는 경우는, 현재 있는 곳에서 사역의 문이 활짝 열리고 많은 일들이 주어짐으로 자신이 잡히게 되는 경우입니다. 그러나 현재 여기에 더 할 일이 없고 사명이 다하여 다른 곳에 가려고 하는데도 못 가도록 막는 것은 마귀가 하는 일입니다. 바울은 이 편지를 쓸 당시 소아시아에서 할 일이 너무 많았기에 로마에 갈 수 없었습니다. 나 역시 외국 선교 집회 요청을 많이 받지만 성령께서 우리 교회 목회를 중심으로 사역하라고 말씀하셨기에 자주 나가지 않고 있습니다. 이런 경우는 하나님께서 막으시는 것입니다.

바울이 로마에 가려고 한 것은 그곳의 성도들에게 지식을 더해 주고 신령한 은혜를 나누어 주어서 열매를 맺게 하고 싶었기 때문입니다. 일반적인 신앙에 뿌리를 둔 신자들은 좀 더 열매 맺는 깊은 신앙의 경지에 들어가기 위해서 말씀을 더 깊이 연구해야 합니다. 말씀을 깊이 알고 깊은 은혜를 받으면 더 좋은 열매를 맺기 때문입니다.

14-15절 헬라인이나 야만인이나 지혜 있는 자나 어리석은 자에게 다 내가 빚진 자라 그러므로 나는 할 수 있는 대로 로마에 있는 너희에게도 복음 전하기를 원하노라

이것이 그리스도인의 심정입니다. 죄를 짓고 불의하고 추악하고 버림을 받아야 마땅한 우리들이 예수님의 이름을 부르고 믿음으로 구원을 받았으니 주님께 은혜의 빚을 진 것입니다. 이처럼 우리는 모두 예수님 앞에서 사랑에 빚진 자요, 용서에 빚진 자요, 은혜에 빚진 자요, 복음에 빚진 자입니다. 하나님께 값없이 받았기에 빚을 졌습니다. 그렇기 때문에 바울 사도는 "내가 로마인에게도, 헬라인에게도, 지혜 있는 자에게도, 야

만인에게도 신세를 졌구나! 어찌하든지 이 신세를 갚아야 되겠다!" 라고 말한 것입니다. 이와 같이 우리가 신세 갚을 대상은 우리의 이웃입니다. 하나님께 빚을 졌지만, 그 빚을 갚을 대상은 우리의 이웃인 것입니다. 하나님께서는 부족한 것이 없으시므로 인간이 그분께 갚을 것은 없습니다. 아무쪼록 우리는 빚진 자로서 빚 갚는 심정으로 예수님의 복음을 전해야 할 것입니다.

한편 '헬라인' 이란 그 당시 헬라 사람들이 교육을 많이 받고 철학적인 지혜가 많았기 때문에 문명인을 의미하는 말로 쓰였고, '야만인' 이란 로마 변방의 헬라어를 사용하지 않는 사람들을 말합니다.

16절 내가 복음을 부끄러워하지 아니하노니 이 복음은 모든 믿는 자에게 구원을 주시는 하나님의 능력이 됨이라 먼저는 유대인에게요 그리고 헬라인에게로다

사도 바울은 강한 어조로 "내가 복음을 부끄러워하지 아니하노니" 라고 고백하고 있습니다. 사도 바울이 거듭나기 이전 율법주의자로서 그리스도인들을 심하게 박해할 때에는 복음이 한없이 부끄러운 것이었습니다. 그런데 사도 바울이 예수님을 만나 거듭나고 복음을 이해하게 되자 그는 복음을 부끄러워하지 않는다고 고백할 수 있게 되었던 것입니다.

또한 복음은 모든 믿는 자에게 구원을 주시는 하나님의 능력이 됩니다. 이 '구원' 은 죄에서 구원하는 것만을 의미하지 않습니다. 병도 고침받고 생활도 보호해 주고 영혼이 잘됨같이 범사에 잘되며 강건하고 생명을 얻되 넘치게 얻게 되는 이 모든 것을 다 포함하는 것입니다. 즉, '전인격적인 구원' 을 의미합니다. '능력' 은 헬라어로 '뒤나미스' (*δύναμις*)인

데, 이는 하나님께로부터 오는 힘이며(고전 1:18,24) 초자연적인 능력입니다(행 8:13).

어느 날 새벽, 모 병원에서 나에게 급한 전화가 걸려 왔습니다. 모 신문사에 계시는 한 부형님이 복어를 잘못 먹어 죽어 가고 있으니 와서 기도해 달라는 것이었습니다. 나는 전화를 받은 후 "하나님, 하나님의 뜻이면 그 사람의 목숨을 살려 주십시오."라고 한 시간쯤 간절히 기도한 후 동이 터 오자 병원으로 곧 달려갔습니다. 병원에 도착해 보니 부형님이 응급실에서 산소 호흡기를 끼고 누워 있는데 처참한 지경이었습니다. 내가 그 모습을 볼 때 이런 생각이 들었습니다. '복음은 하나님의 능력이다. 복어 알도 하나님의 능력 앞에서는 아무것도 아니다.' 그래서 나는 하나님의 말씀에 의지하여 믿음으로 손을 얹고 기도했습니다. 기도하는 도중 성령님이 충만히 임하는 것을 느낄 수 있었고, 이에 "독은 몸에서 떠나가라!"고 외치는 순간 환자에게서 독이 물러가는 것을 느낄 수 있었습니다. 기도를 마치니, 조금 전까지 숨 쉬기도 곤란하고 다리가 마비되어 괴로워하던 부형님이 회복되었고 얼마 후에는 나와 웃으며 이야기까지 할 수 있게 되었습니다. 그는 기뻐서 그곳에 온 기자들을 보고 "야, 너희들 복어 알 먹고 산 사람 봤어? 봤어?" 하면서 유쾌하게 이야기하는 것이었습니다.

복음은 단순한 종교가 아닙니다. 복음은 우리에게 구원을 주시는 하나님의 능력이 됩니다. 구원이란 무엇입니까? 그 말은 '영혼의 영원한 멸망에서 건져 준다', '질병의 고통에서 해방시켜 준다', '낭패와 실망에서 건져 준다'는 뜻입니다. 이것이 헬라어 '소테리아'(σωτηρία), 즉 구원의 의미입니다. 실제로 예수 그리스도의 복음에는 개인, 가정, 사회, 국가,

세계를 변화시키는 하나님의 능력이 담겨 있습니다.

바울이 이 복음을 유대인과 온 이방 세계에 전파했듯이 우리도 예수 그리스도의 복음을 전도해야 하는데, 복음을 전한다는 것은 하나님의 구원을 가져오는 능력을 전달하는 것이라고 말할 수 있습니다.

"먼저는 유대인에게요 그리고 헬라인에게로다". 이 말씀에서 '유대인' 은 선민을, '헬라인' 은 이방인을 가리킵니다. 이것은 하나님의 선민이나 이방인이나 모두 복음을 통해 구원을 주신다는 의미입니다.

17절 복음에는 하나님의 의가 나타나서 믿음으로 믿음에 이르게 하나니 기록된바 오직 의인은 믿음으로 말미암아 살리라 함과 같으니라

"복음에는 하나님의 의가 나타나서". 복음에는 하나님의 의가 나타납니다. 하나님께서는 이스라엘을 택하시고 '시내 산 계약' 을 맺으셨습니다. 시내 산 계약이란 십계명을 중심으로 한 모든 계명을 지키고 그 제사의식을 실천함으로 의롭다 함을 받는 것입니다. 그런데 이스라엘 백성이 하나님의 언약을 지키지 않았습니다. 이로 인해 인간 편에서 하나님과 계약을 파기했기 때문에 하나님께서도 계약을 파기하셨고 이스라엘 백성은 선민의 자리에서 쫓겨났습니다. 구약(舊約), 즉 옛 계약은 하나님 앞에서 철폐되어 버리고 만 것입니다.

신약(新約)이란 새로운 계약입니다. 새로운 계약은 행위의 계약이 아니라 믿음의 계약입니다. 구약에서는 하나님과 계약을 맺고 십계명 율법을 주었지만, 신약에서는 예수 그리스도를 통해 믿음의 계약을 맺고 난 다음 성령님을 보내 주셨습니다. 믿음으로 구원을 받으면, 죄를 짓고

불의하고 추악하고 버림을 받아야 마땅한 우리들이 하나님의 은혜로 일시에 죄 사함을 받아 죄가 전혀 없는 사람으로 인정받고 그로 인해 성령님이 우리 속에 와서 거하게 되시는 것입니다.

얼마 전 오스트레일리아에서 온 편지 한 통을 받았습니다. "목사님의 설교를 통해 은혜를 많이 받고 있습니다. 그런데 목사님께서는 왜 율법과 안식일을 주장하지 않으시는지요? 그것은 목사님 설교의 중대한 잘못이 아닌가요?"

그래서 나는 이렇게 답장을 보냈습니다. "부형님은 구약과 신약을 오해하고 있는 것입니다. 시내 산에서 계약을 맺을 때 하나님께서는 율법과 제사 의식을 주셨습니다. 그 율법 중에는 안식일을 거룩히 지키라는 말씀이 있습니다. 그러나 신약 시대는 그 구약의 연속이 아닙니다. 구약은 이스라엘 백성이 지키지 아니함으로 철폐되었고, 이제 하나님은 전 인류를 향해 새로운 계약을 맺으신 것입니다. 이 새로운 언약의 조건에는 율법이 없습니다. 신약 속에 구약의 십계명이 다 들어 있지만 안식일을 지키라는 말씀은 나와 있지 않습니다. 오직 믿음으로 구원받고 성령님이 오셔서 우리들을 변화시켜 율법의 제도가 이루어지게 하신 것입니다. 안식일의 주인은 예수님이시고, 예수님을 믿으면 우리는 이미 안식을 얻은 것입니다. 어느 특별한 날짜를 정해서 안식일을 지켜야 구원받는다는 조건은 신약에 없습니다."

사람이 자신의 의로운 행위로 말미암아 하나님 앞에 서려고 하는 것은 사람의 의를 내세우는 것입니다. 반면 하나님의 의란 우리가 죄를 한 번도 안 지은 사람처럼 의롭다 인정받고 마귀의 참소를 받지 않으며 하나님 앞에 부끄럼 없이 설 수 있도록 해 주는 하나님의 구원의 능력입니다. 신약 시대에는 새로운 계약의 조건으로 오직 믿음과 성령만 주셨습니다. 그러므로 늘 주님께 성령으로 충만하기를 간구하고, 늘 성령님을 인격적으로 인정하고 환영하고 모셔 들이고 의지하며, 늘 성령으로 기도하고 찬송하고 성경 읽고 전도하는 것이 신약 시대의 신앙생활인 것입니다. 이 시대의 많은 교인들이 영적으로 잠든 이유는 믿음으로 의롭다 함을 얻고 난 다음, 그 믿는 자에게 임하는 성령님을 무시해 버리기 때문입니다.

"믿음으로 믿음에 이르게 하나니". 믿어서 의롭다 함을 받고 나면, 체험을 통해 믿음이 자라게 됩니다. 예수님을 믿으면 성령님이 오셔서 말씀을 깨닫게 하시고 기도하게 하셔서 믿음이 자랍니다. 그래서 바울은 하박국 2장 4절의 말씀을 인용하여 "오직 의인은 믿음으로 말미암아 살리라 함과 같으니라" 고 말하였습니다. 우리가 의인이 되는 것은 믿음으로 되는 것이지 우리의 행위로 되는 것이 아닙니다. 먼저 믿음으로 의롭다 하는 법적 위치를 얻고 난 후 성령님의 도우심을 받아 행위에 열매를 맺게 되어 날이 갈수록 성결한 생활로 들어가게 되는 것입니다. 이것이 바로 신앙생활입니다.

성령이 오시는 것과 성령 충만은 다른 것입니다. 즉, 성령을 받는 것과 충만하게 되는 것은 다른 것입니다. 예수님을 믿음으로 성령을 받고, 예수님 믿고 성령을 받은 사람들이 계속해서 성령 충만을 구하면 성령께서 우리 속에서 충만하게 되는 것입니다. 그러면 하나님에 대한 체험이 더 뚜렷해지고, 하나님의 은사도 더 크게 나타나게 되는 것입니다.

한편 본 절의 말씀은 마틴 루터에게 구원에 대한 새로운 깨달음을 주어 '오직 믿음' (Sola fide)만을 내세워 종교 개혁을 일으키게 한 구절입니다. 이 한 구절 속에 로마서 전체의 주제가 담겨 있습니다.

3. 모든 경건하지 않음과 불의(1:18-32)

18. 하나님의 진노가 불의로 진리를 막는 사람들의 모든 경건하지 않
음과 불의에 대하여 하늘로부터 나타나나니 19. 이는 하나님을 알
만한 것이 그들 속에 보임이라 하나님께서 이를 그들에게 보이셨느
니라 20. 창세로부터 그의 보이지 아니하는 것들 곧 그의 영원하신
능력과 신성이 그가 만드신 만물에 분명히 보여 알려졌나니 그러므
로 그들이 핑계하지 못할지니라 21. 하나님을 알되 하나님을 영화롭
게도 아니하며 감사하지도 아니하고 오히려 그 생각이 허망하여지며
미련한 마음이 어두워졌나니 22. 스스로 지혜 있다 하나 어리석게
되어 23. 썩어지지 아니하는 하나님의 영광을 썩어질 사람과 새와
짐승과 기어 다니는 동물 모양의 우상으로 바꾸었느니라 24. 그러므
로 하나님께서 그들을 마음의 정욕대로 더러움에 내버려 두사 그들
의 몸을 서로 욕되게 하게 하셨으니 25. 이는 그들이 하나님의 진리
를 거짓 것으로 바꾸어 피조물을 조물주보다 더 경배하고 섬김이라
주는 곧 영원히 찬송할 이시로다 아멘 26. 이 때문에 하나님께서 그
들을 부끄러운 욕심에 내버려 두셨으니 곧 그들의 여자들도 순리대
로 쓸 것을 바꾸어 역리로 쓰며 27. 그와 같이 남자들도 순리대로 여
자 쓰기를 버리고 서로 향하여 음욕이 불 일듯 하매 남자가 남자와 더
불어 부끄러운 일을 행하여 그들의 그릇됨에 상당한 보응을 그들 자

신이 받았느니라 28. 또한 그들이 마음에 하나님 두기를 싫어하매 하나님께서 그들을 그 상실한 마음대로 내버려 두사 합당하지 못한 일을 하게 하셨으니 29. 곧 모든 불의, 추악, 탐욕, 악의가 가득한 자요 시기, 살인, 분쟁, 사기, 악독이 가득한 자요 수군수군하는 자요 30. 비방하는 자요 하나님께서 미워하시는 자요 능욕하는 자요 교만한 자요 자랑하는 자요 악을 도모하는 자요 부모를 거역하는 자요 31. 우매한 자요 배약하는 자요 무정한 자요 무자비한 자라 32. 그들이 이 같은 일을 행하는 자는 사형에 해당한다고 하나님께서 정하심을 알고도 자기들만 행할 뿐 아니라 또한 그런 일을 행하는 자들을 옳다 하느니라

18절 하나님의 진노가 불의로 진리를 막는 사람들의 모든 경건하지 않음과 불의에 대하여 하늘로부터 나타나나니

하나님의 진노가 누구에게 나타납니까? 곧 불의한 자와 경건하지 않은 자라고 했습니다. 인간관계에서 의롭지 못하고 잘못하는 것이 '불의'요, 하나님과의 관계에서 하나님을 성실하게 섬기지 않는 것이 '경건하지 않음' 입니다.

하나님께서 아담과 하와에게 진노하신 이유도, 소돔과 고모라 성을 멸망시킨 이유도 이것이었습니다. 이탈리아에 폼페이라는 도시가 있습니다. 그곳은 로마 시대 이전부터 발달된 도시로 도시 계획이 매우 잘 되어 있었습니다. 그러나 그 도시는 성적으로 타락한 음란의 도시였습니다. 목욕탕과 술집과 사창가가 그 도시의 중심에 있었고, 도시의 모든 길이 사창가를 향하도록 해 놓았습니다. 이 사창가는 들어가는 길과 나오는 길을 다르게 만들어 놓았는데, 그 이유는 유명 인사들이 출입하는 것

이 다른 사람들에게 목격되지 않도록 하기 위해서였습니다. 그런데 어느 날 갑자기 베수비오 화산이 폭발했고, 그 화산재가 폼페이를 완전히 덮어 순식간에 그 모두가 잿더미가 되어 버리고 말았습니다. 하나님은 오래 참으시지만 죄가 극에 달할 때는 심판하시는 것입니다.

하나님께서는 인간과의 관계와 하나님과의 관계, 이 두 가지 면에서 우리를 심판하십니다. 우리들이 모르는 사이에 늘 하나님의 심판은 나타나고 있으며, 또한 최후의 심판은 반드시 있을 것입니다.

나는 "사람들이 죄짓는 것을 아시고도 왜 하나님은 바로 심판하지 않습니까?"라는 질문을 종종 받습니다. 그 이유는 지금은 심판의 때가 아닌 은혜의 때이기 때문입니다. 하나님께서는 모든 영혼이 구원받기를 고대하십니다.

내가 오랜 세월 목회를 해 오면서 깨달은 것 중 하나는, 하나님께서는 개인의 윤리적인 죄, 도덕적인 죄에 대해서는 그 사람이 죽을 때까지도 참으신다는 것입니다. 그러나 하나님께서 오래 참지 않으시고 즉각 심판하시는 죄가 있는데, 그것은 교회를 훼파하는 죄입니다. 이는 복음 전파의 근거 및 본부를 훼파하는 것입니다. 옛날에 우리 교회의 회계를 맡으신 한 장로님이 내게 한 마디 말도 못하고 갑자기 급성 간암으로 세상을 떠나신 적이 있습니다. 알고 보니 이 장로님이 은행원과 짜고 교회 헌금을 개인 사업 자금으로 유용했다는 사실이 드러났습니다. 또한 이 일에 연루된 다른 장로님 역시 아주 심한 중풍에 걸려 온 집안이 쑥대밭이 된 것을 본 적이 있습니다. 우리는 무엇보다 예수 그리스도의 몸 된 교회를 훼파하는 죄를 짓지 않도록 삼가 조심해야 합니다.

19절 이는 하나님을 알 만한 것이 그들 속에 보임이라 하나님께서 이를 그들에게 보이셨느니라

사람을 많이 닮았다고 하는 원숭이가 교회를 세웠다는 말을 들어 본 적이 있습니까? 아마 없을 것입니다. 원숭이는 영혼이 없기 때문에 절대로 하나님을 믿을 수 없습니다. 오늘날 사람들이 하나님을 찾고 예수님 앞으로 돌아오는 것은 그 마음 가운데 하나님을 찾는 간절함이 있기 때문입니다. 사람은 동·서양을 막론하고 아프리카 정글의 피그미족까지도 종교를 가지고 있습니다. 이처럼 인간에게는 육신의 세계를 초월하여 조물주를 찾고자 하는 심정이 그 마음속에 새겨져 있습니다. 그렇기 때문에 바울은 본 절에 "이는 하나님을 알 만한 것이 그들 속에 보임이라 하나님께서 이를 그들에게 보이셨느니라" 고 분명히 말한 것입니다.

하나님께서 미리 사람들 속에 하나님을 알 만한 것을 넣어 놓으셨기 때문에, 우리가 예수님을 전하면 하나님을 눈으로 보지 않아도 사람들이 회개하고 주님 앞에 나오게 되는 것입니다.

죄악의 깊은 어두움을 걷어 낼 수 있는 것은 오직 예수님의 보혈밖에 없습니다. 예수님의 보혈로 씻음 받으면 어두운 죄가 벗어지고 우리의 지성과 감성이 밝아져서 하나님과 그 아들 예수님을 알게 되고 말씀을 깨닫게 되고 하나님 앞에 회개하게 되는 것입니다.

20절 창세로부터 그의 보이지 아니하는 것들 곧 그의 영원하신 능력과 신성이 그가 만드신 만물에 분명히 보여 알려졌나니 그러므로 그들이 핑계하지 못할지니라

자연 만물은 하나님의 살아 계심을 비추는 거울입니다. 우리는 밤하

늘에 반짝이는 수많은 별들을 보면 하나님의 영원하신 능력과 신비한 창조를 느끼게 됩니다. 또한 조그맣고 아름다운 꽃들, 넓은 바다와 그 가운데 거하는 풍성하고 수많은 어족들, 이러한 자연 만물은 하나님의 능력과 신성을 비추는 거울입니다. 하나님께서 우리에게 부여하신, 즉 하나님을 알고 섬기도록 하신 그 마음의 원형을 죄악으로 짓밟지 않고 정결하게 될 때, 우리는 "하늘이 하나님의 영광을 선포하고 궁창이 그의 손으로 하신 일을 나타내는도다 날은 날에게 말하고 밤은 밤에게 지식을 전하니"(시 19:1-2)라는 말씀과 같이 천지와 만물이 하나님의 살아 계심을 증언하고 있음을 분명히 깨닫게 됩니다. 그러므로 아무도 핑계하지 못합니다.

21-23절 하나님을 알되 하나님을 영화롭게도 아니하며 감사하지도 아니하고 오히려 그 생각이 허망하여지며 미련한 마음이 어두워졌나니 스스로 지혜 있다 하나 어리석게 되어 썩어지지 아니하는 하나님의 영광을 썩어질 사람과 새와 짐승과 기어 다니는 동물 모양의 우상으로 바꾸었느니라

우리가 하나님을 알면 하나님을 영화롭게 하고 하나님께 감사해야 될 것인데, 오늘날 사람들은 하나님을 영화롭게도 아니하고 감사하지도 않습니다. 스스로 지혜 있다 생각하여 인간적인 지식과 철학을 말하나 오히려 그 생각이 허망하고 미련해져서 하나님의 영광을 썩어질 사람과 새와 짐승과 기어 다니는 동물 모양의 우상으로 바꾸었습니다. 이것이 바로 우상 숭배입니다.

대만에 가면 뱀을 신으로 섬기는 곳이 있습니다. 또한 태국에 가면 흰 코끼리를 신으로 섬깁니다. 인도에 가면 소가 조상이라고 하여 소를 섬

깁니다. 사람은 차로 치어도 협상하면 괜찮지만 소를 치면 협상이 안 됩니다. 그 자리에서 맞아 죽습니다.

수많은 사람들이 살아 계신 하나님을 알고 그를 영화롭게 하고 찬미를 드리는 것이 아니라 우상, 사신에 절합니다. 세계의 모든 종교의 절대다수가 우상, 사신을 섬깁니다. 또한 사람들은 권력이나 돈을 우상으로 섬깁니다. 이 세상의 불신자 치고 권력이나 돈, 쾌락 등을 우상으로 섬기지 않는 자가 누구이겠습니까? 수많은 사람들이 살아 계신 하나님께 영광을 돌리지 않고 이 세상에서 썩어질 사람과 새와 짐승과 기어 다니는 동물 모양의 우상을 섬기고 그렇지 않으면 권력과 돈, 쾌락의 우상을 섬기며 살아가고 있습니다. 우주 만물 가운데, 또한 우리 내면에 분명히 하나님을 알 수 있는 것이 있음에도 불구하고 인간은 양심의 소리를 듣지 아니하고 하나님을 거역했습니다. 그리하여 아담과 하와 이후 마귀의 음성을 들은 수많은 사람들이 우상, 사신을 섬기고 정욕의 포로가 되어 버리고 만 것입니다. 사도 바울은 이방인의 죄 중에 가장 큰 죄로 이와 같은 우상 숭배를 지적하였습니다.

24절 그러므로 하나님께서 그들을 마음의 정욕대로 더러움에 내버려 두사 그들의 몸을 서로 욕되게 하게 하셨으니

사도 바울은 사람들이 우상 숭배를 하므로 하나님께서 그들을 마음의 정욕대로 더러움에 내버려 두시고 그들의 몸을 서로 욕되게 했다고 하였습니다. 그들이 하나님 두기를 마음에 원하지 않기 때문에 하나님도 그들을 버려두신 것입니다. 우리가 마음으로 하나님을 찾으면 하나님께서는 절대로 버리지 않으십니다. 그러나 마음에 하나님 두기를 원하지 않

고 무관심한 사람은 하나님께서도 그를 버려두심으로 마음의 정욕, 즉 육신의 정욕과 안목의 정욕과 이생의 자랑을 따라 살도록 방임하시는 것입니다. 하나님께서 더러움에 내버려 두심으로 인해 그들은 서로 그들의 몸을 욕되게 하는 것입니다. 우상 숭배는 반드시 음란을 가져옵니다. 우상 숭배와 음란은 가장 무서운 죄입니다. 이 두 가지가 왕성해지면 하나님은 반드시 멸하십니다. 앞서 말했듯이 소돔과 고모라도 이 때문에 멸망하였으며(창 19:1-28), 이탈리아의 고대 도시 폼페이도 이런 이유로 멸망당했습니다. 하나님께서 역사를 심판하시는 죄의 척도는 우상 숭배와 음란입니다. 이 죄가 깊어지면 하나님께서는 심판하십니다. 이는 개인에게 있어서도 마찬가지입니다.

25절 이는 그들이 하나님의 진리를 거짓 것으로 바꾸어 피조물을 조물주보다 더 경배하고 섬김이라 주는 곧 영원히 찬송할 이시로다 아멘

수많은 사람들이 우상을 숭배함으로 조물주 하나님보다 피조물을 더 경배하고 섬기고 있습니다. 그러나 피조물은 그 어떠한 것이라도 섬겨서는 안 됩니다. 경배의 대상은 오직 한 분 하나님밖에 없습니다. 그렇기 때문에 사도 바울은 "주는 곧 영원히 찬송할 이시로다 아멘" 이라고 하나님을 찬양하고 있는 것입니다.

26-27절 이 때문에 하나님께서 그들을 부끄러운 욕심에 내버려 두셨으니 곧 그들의 여자들도 순리대로 쓸 것을 바꾸어 역리로 쓰며 그와 같이 남자들도 순리대로 여자 쓰기를 버리고 서로

향하여 음욕이 불 일듯 하매 남자가 남자와 더불어 부끄러운 일을 행하여 그들의 그릇됨에 상당한 보응을 그들 자신이 받았느니라

본문은 동성애에 관하여 기록하고 있습니다. 음란이 깊어지면 동성애로 타락합니다. 우상 숭배는 음란을 가져오고 음란은 완전히 타락한 비자연적인 동성애로 전락합니다. 내가 파리에 갔을 때 샹젤리제에서 식사를 하다가 깜짝 놀랄 광경을 보았습니다. 파리에는 동성연애를 하는 사람이 많습니다. 내가 보니 두 남자가 지나가는데, 한 남자는 입술을 새빨갛게 바르고 얼굴은 여자처럼 화장을 하고 핸드백을 들었는데 가관이었습니다. 청바지에 블라우스를 입고 하이힐을 신고서 남자 팔을 잡고 마치 여자처럼 따라가는 것이었습니다. 그런데 그런 커플이 한둘이 아니라 여럿이었습니다.

이것이 오늘날 서양 문명의 몰락의 한 예입니다. 미국에도 동성애에 빠진 사람이 수없이 많습니다. 동성애를 합법화시키기 위하여 법정 투쟁을 하고 있을 정도입니다. 여자끼리 손잡고 걸어가면 '레즈비언' 이라고 하고, 남자끼리 손을 잡고 가면 '게이' 라고 합니다. 구약 성경에서는 이런 자들을 돌로 쳐 죽이라고 명령했으며, 신약 시대에도 이방인들의 죄 가운데 무섭게 심판을 받은 죄가 바로 이 동성연애입니다. 동성연애자들은 그들의 그릇됨에 대한 상당한 보응을 그 자신이 받습니다. 즉, 사회적 비난과 심리적 보응을 받고 정신적인 파탄에 이르게 됩니다. 완전히 비뚤어진 삶을 통해 말할 수 없는 파탄에 이르게 되는 것입니다. 그런 이유로 교회 안에서는 동성연애를 절대로 허락하지 않습니다.

이방인의 죄는 하나님을 섬기지 않고 우상 숭배 하는 것, 음란한 것 그리고 그것이 더 타락해서 동성연애로 전락하여 여자끼리, 남자끼리 부부처럼 사는 것입니다. 이런 것들은 하나님께서 심판하시는 무서운 죄입니다. 만일 우리가 그 속에 놓여 있다면 회개하고 하나님께로 속히 돌아와야 합니다.

28절 또한 그들이 마음에 하나님 두기를 싫어하매 하나님께서 그들을 그 상실한 마음대로 내버려 두사 합당하지 못한 일을 하게 하셨으니

이런 죄를 짓는 자들은 하나님께서 죄를 짓는 그 자리에서 즉각 심판하지 않으신다는 이유로 "하나님이 어디 계시냐?" 고 반문하고 변명합니다. 그러나 그들은 이미 하나님께로부터 버림을 받은 것입니다. 하나님 섬기기를 원하지 않을 뿐더러 우상 숭배를 하고 음란하며 동성애를 하는 것 등이 그 증거입니다. 하나님께서 그들을 그 상실한 마음대로 버려두니 아담 이후로 시작된 온갖 더러운 타락의 열매가 쏟아져 나온 것입니다.

29절 곧 모든 불의, 추악, 탐욕, 악의가 가득한 자요 시기, 살인, 분쟁, 사기, 악독이 가득한 자요 수군수군하는 자요

바울 사도는 본 절부터 31절까지 부도덕한 행위의 목록을 기록하고 있는데, 이는 하나님을 배반함으로 말미암아 그 마음에 하나님을 상실한 결과로 나타나는 것입니다. 여기서 '불의' (不義)는 일반적으로 모든 죄를 말하며, '추악' (醜惡)은 남을 해치는 것을 말합니다. '탐욕' (貪慾)은 오직 물질에 얽매여 물질을 하나님의 위치와 바꾸어 놓고 물질만을 탐하는 것

으로 이는 우상 숭배와 같습니다(골 3:5). '악의'(惡意)는 구부러진 마음, 즉 악한 마음을 말하는데, '추악'이 외적인 악이라면 '악의'는 내적인 악을 가리킨다고 할 수 있습니다. '시기'(猜忌)는 남이 잘되는 것을 보면 해하려는 마음이고, '살인'(殺人)은 제6 계명을 어기는 큰 죄로, 육적인 살인뿐 아니라 정신적인 미움도 살인입니다(요일 3:15). '분쟁'(紛爭)은 남을 쳐서 넘어뜨리는 것이요, '사기'(詐欺)는 다른 사람에 대한 배신과 속임입니다. '악독'(惡毒)은 악한 성질, 간악함을 의미하고, '수군수군하는 것'은 은밀한 곳에서 남을 비방하는 것을 의미합니다.

30절 비방하는 자요 하나님께서 미워하시는 자요 능욕하는 자요 교만한 자요 자랑하는 자요 악을 도모하는 자요 부모를 거역하는 자요

여기서 '비방하는 자'는 공공연히 남을 악평하는 자를 말하며, '하나님께서 미워하시는 자'는 말 그대로 '하나님께서 미워하시는 자' 또는 '하나님을 미워하는 자'로 풀이될 수 있습니다. '능욕하는 자'는 하나님을 두려워할 줄 모르고 남을 경멸하는 자이며, '교만한 자'는 자신을 나타내는 자로 남을 멸시하고 자기 우월감에 빠져서 사는 자이며, '자랑하는 자' 역시 '교만한 자'와 같이 남 앞에서 자신을 드러내고 스스로 자랑하는 자입니다. '악을 도모하는 자'는 악한 일을 지어내는 자이며, '부모를 거역하는 자'는 부모를 공경하지 않는 불효자로서 제5계명을 어긴 자입니다.

31절 우매한 자요 배약하는 자요 무정한 자요 무자비한 자라

'우매한 자'는 남을 이해하지 않는 자, 받은 은혜에 대한 지각(知覺)이 없는 자이며, '배약하는 자'는 약속을 지키지 않는 자입니다. '무정한 자'는 가족적인 사랑 및 친족간의 사랑도 없는 자로 남의 어려운 처지를 돌아보지 않는, 사랑이 없는 자를 말합니다. '무자비한 자'는 도움이 필요한 사람들에게 자비를 베풀지 않는 자, 즉 불쌍히 여기지 않고 매정하게 대하는 자입니다.

32절 그들이 이 같은 일을 행하는 자는 사형에 해당한다고 하나님께서 정하심을 알고도 자기들만 행할 뿐 아니라 또한 그런 일을 행하는 자들을 옳다 하느니라

29절부터 31절에 기록된 21가지의 죄는 하나님의 말씀에 비추어 볼 때 그 형벌이 사형에 해당됩니다. 왜냐하면 죄의 삯은 사망이기 때문입니다(6:23). 그런데 수많은 사람들이 스스로 죄를 지을 뿐 아니라 죄를 범하는 자들을 옳다 하고 있습니다. 이것이 하나님을 떠난 인간의 실상입니다.

그래서 문학이나 잡지나 영화나 예술 등의 도구를 통해 이런 것들을 미화하고 오히려 조장합니다. 최근에는 인터넷을 통해 이런 일들이 벌어지고 있습니다. 이런 일들을 하는 사람들은 인간이 보고 누리는 자유를 침해해서는 안 된다고 오히려 스스로를 정당화시킵니다. 이 세상은 하나님을 찾기에는 너무 부정하고 부패하고 불의와 죄악이 꽉 들어찼습니다.

이러한 세상의 희망은 예수 그리스도의 십자가 보혈밖에 없습니다. 회개하고 예수님을 믿으면 그 보혈로 순식간에 해방되는 역사가 일어나는 것입니다. 보혈의 능력이 임하면 순식간에 마귀와 세상이 쫓겨 나가고

성령께서 오셔서 거룩하게 하는 역사가 일어나는 것입니다. 이 불의하고 타락한 세상의 희망은 오직 예수 그리스도의 보혈의 능력뿐입니다.

본 장에서 우리는 사도 바울의 인사와 '의인은 믿음으로 말미암아 살리라' 는 복음의 주제에 대하여 그리고 하나님을 떠난 인간이 짓는 죄의 모습에 대하여 살펴보았습니다. 우리는 하나님의 은혜로 말미암아 예수 그리스도를 믿음으로 영생을 소유하게 되었습니다. 그러므로 우리는 과거에 행했던 모든 죄의 모습을 벗어 버리고 하나님의 자녀로서 위로부터 내리시는 하나님의 모든 축복을 받으며 영생의 길을 걸어가야 할 것입니다.

제 2 장

유대인의 죄

하나님의 심판 2:1-16

유대인과 율법 2:17-29

앞 장에서 이방인의 죄를 지적한 사도 바울은 이제 하나님의 선민인 유대인에게로 시선을 돌립니다. 유대인들이 하나님의 선민이라는 자부심과 종교적 우월감에서 이방인을 정죄하지만 그들 역시 하나님을 믿지 않으면 하나님의 심판에서 제외될 수 없다는 사실을 말합니다. 유대인들도 예수 그리스도를 믿지 않는 한 죄인들이기 때문입니다.

사도 바울은 본 장에서 하나님의 심판은 공정하다는 것과, 단순히 모세의 율법을 알고 있는 것만으로는 하나님께 의롭다 함을 받지 못한다는 것을 강력하게 주장합니다.

1. 하나님의 심판(2:1-16)

1. 그러므로 남을 판단하는 사람아, 누구를 막론하고 네가 핑계하지
못할 것은 남을 판단하는 것으로 네가 너를 정죄함이니 판단하는 네
가 같은 일을 행함이니라 2. 이런 일을 행하는 자에게 하나님의 심
판이 진리대로 되는 줄 우리가 아노라 3. 이런 일을 행하는 자를 판
단하고도 같은 일을 행하는 사람아, 네가 하나님의 심판을 피할 줄로
생각하느냐 4. 혹 네가 하나님의 인자하심이 너를 인도하여 회개하
게 하심을 알지 못하여 그의 인자하심과 용납하심과 길이 참으심이
풍성함을 멸시하느냐 5. 다만 네 고집과 회개하지 아니한 마음을 따
라 진노의 날 곧 하나님의 의로우신 심판이 나타나는 그날에 임할 진
노를 네게 쌓는도다 6. 하나님께서 각 사람에게 그 행한 대로 보응
하시되 7. 참고 선을 행하여 영광과 존귀와 썩지 아니함을 구하는
자에게는 영생으로 하시고 8. 오직 당을 지어 진리를 따르지 아니하
고 불의를 따르는 자에게는 진노와 분노로 하시리라 9. 악을 행하는
각 사람의 영에는 환난과 곤고가 있으리니 먼저는 유대인에게요 그
리고 헬라인에게며 10. 선을 행하는 각 사람에게는 영광과 존귀와

평강이 있으리니 먼저는 유대인에게요 그리고 헬라인에게라 11. 이
는 하나님께서 외모로 사람을 취하지 아니하심이라 12. 무릇 율법
없이 범죄한 자는 또한 율법 없이 망하고 무릇 율법이 있고 범죄한 자
는 율법으로 말미암아 심판을 받으리라 13. 하나님 앞에서는 율법을
듣는 자가 의인이 아니요 오직 율법을 행하는 자라야 의롭다 하심을
얻으리니 14. (율법 없는 이방인이 본성으로 율법의 일을 행할 때에
는 이 사람은 율법이 없어도 자기가 자기에게 율법이 되나니 15. 이
런 이들은 그 양심이 증거가 되어 그 생각들이 서로 혹은 고발하며 혹
은 변명하여 그 마음에 새긴 율법의 행위를 나타내느니라) 16. 곧 나
의 복음에 이른 바와 같이 하나님이 예수 그리스도로 말미암아 사람
들의 은밀한 것을 심판하시는 그날이라

1절 그러므로 남을 판단하는 사람아, 누구를 막론하고 네가 핑계하지 못할 것은 남을 판단하는 것으로 네가 너를 정죄함이니 판단하는 네가 같은 일을 행함이니라

유대인들은 이방인들을 개처럼 여겼습니다. 유대인들은 이방인들의 죄와 그들의 행실을 보고서 "저러니까 하나님의 저주를 받는다.", "저러니까 버림받는다.", "저러니까 천국에 들어갈 수 없다."는 식(式)의 판단을 내렸습니다. 이러한 판단은 단순히 잘못을 지적하는 것이 아니라 "너는 죄인이다.", "너는 완전히 잘못되었다.", "너는 버림받았다."라고 정죄하는 것과 같습니다.

유대인들이 이방인들을 판단하는 것처럼, 사람들은 남을 쉽게 판단합니다. 세상에서 제일 쉬운 것 중 하나가 남을 판단하는 것입니다. 반면 자기 자신을 판단하는 데에는 인색합니다.

한번은 포수가 어느 산에 들어갔는데 어미 메추리가 나와서 하는 말이 "새를 잡기는 잡되, 예쁜 새는 잡지 말고 볼품없는 새만 잡으세요."라고 했답니다. 메추리는 꼬리가 없기 때문에 새 중에서도 아주 볼품없는 새입니다. 그럼에도 불구하고 메추리는 자기 눈에 자기 새끼가 제일 고와 보였기 때문에 이처럼 자신 있게 말했던 것입니다. 한참 있으려니 사냥꾼이 모두 메추리만 잡아 가지고 나왔습니다. 그러자 메추리 어미는 땅을 치고 울면서 "아휴, 꼬락서니 사나운 것만 잡으라 했더니, 모두 예쁜 것만 잡았네요." 했다는 이야기가 있습니다.

사람도 이와 같습니다. 자신에 대해서는 아주 부드럽게 평하고 다른 사람에 대해서는 사정없이 깎아 내립니다. 그러나 우리가 예수님의 사람이 된 후에는 자신을 엄격히 판단할 수 있어야 합니다. 설교도 마찬가지입니다. 판단하고 정죄하는 설교는 제일 하기 쉬운 설교입니다. 설교를 통해 죄를 깨닫게 하고 회개하게 하는 것은 당연한 일이며 좋은 일입니다. 그러나 남을 판단하고 정죄하는 설교는 오히려 듣는 사람으로 하여금 절망에 빠지게 할 수 있습니다. 반면에 사람들을 살려 주는 설교는 하기 어렵습니다. 목회에 유능한 주의 종일수록 사람의 마음을 위로하면서 사람을 살리는 설교를 합니다.

스스로 양심에 비추어 보아 핑계를 대지 못하는 이유는 판단하는 우리가 역시 같은 일을 행하기 때문입니다. 남이 잘못한 것을 보고 손가락질하는 사람도 결국 같은 일을 행합니다. 그래서 남을 판단하는 그 판단으로 자기 스스로를 판단하고 정죄하는 데에 이르고 맙니다.

우리 한국 속담에 "자식 기르는 사람, 남의 자식 말 못 한다."라는 말이 있습니다. 사람들은 보통 남의 자녀들이 잘못하는 것 보고 "가정교육을 어떻게 받아서 저 모양이야? 못났다, 못났어!" 라고 말합니다. 그런데 막상 자신이 자녀를 키워 보니 마치 살얼음 위로 걸어가는 것 같습니다. "자식 겉 낳지 속은 못 낳는다." 라는 속담처럼, 속을 낳았다면 부모 마음대로 다스리겠는데 속을 안 낳았으니 도무지 그 속을 알 수 없습니다. 올바르게 나아갈지 잘못 나아갈지 걱정이 태산 같습니다. 그러니 남의 자녀 이야기를 쉽게 할 수 없는 것입니다. 자녀 키우는 사람이 남의 자녀를 흉보고 난 후 나중에 자기 자녀도 그런 일을 저지르면 자기 말로 자기 자녀를 정죄하는 것이 되기 때문입니다.

이러므로 예수님께서 "비판을 받지 아니하려거든 비판하지 말라"(마 7:1)고 하셨습니다. 결코 악한 마음으로 남을 비판하지 마십시오. 다른 사람의 잘못된 것을 보고 선의(善意)로 권면하는 것은 서로의 발전을 위하여 좋지만, 악의(惡意)로 남을 헐뜯기 위해 비평하고 평론하는 것은 그 입의 말로 자신을 정죄하고 판단하는 결과가 되어 좋지 않습니다. 사람은 모두 하나님 보시기에 '오십보백보' 이기 때문입니다. 이러므로 우리는 서로 평론하거나 정죄하지 말고, 누군가의 약점을 보았을 때 먼저 자신을 살피고 그 사람이 그 약점에서 승리하고 일어날 수 있도록 기도하는 신앙인이 되어야겠습니다.

2절 이런 일을 행하는 자에게 하나님의 심판이 진리대로 되는 줄 우리가 아노라

남을 판단하면 자신은 이중 판단을 받게 됩니다. 먼저 내가 판단하는 그것으로 내 양심에 판단을 받고, 남을 판단하고서 자기도 같은 일을 행함으로 하나님께 심판받습니다. 그래서 개인 신앙상의 상처가 이만저만

이 아니고 하나님 앞에서도 연단을 많이 받게 됩니다.

목적이 좋더라도 수단이 잘못되면 안 됩니다. "나는 좋은 일을 하기 위해 도둑질을 했다.", "나는 좋은 일을 하기 위해 살인했다.", "나는 좋은 일을 하기 위해 협박 공갈 했다." 이런 것들은 하나님께서 인정해 주시지 않습니다. 죄는 어디까지나 죄인 것입니다. '나는 선민이니까 적당히 죄를 짓고 살아도 괜찮다.' 는 생각은 잘못된 것입니다. 아무리 선민이라도 그들의 행위에 있어서 이방인과 비교할 때 조금도 낫지 않고 똑같이 죄를 지을 때는 하나님께서 진리를 따라 심판하시는 것입니다.

우리가 입술을 조심하지 않으므로 성령님을 슬프게 하는 일들이 많습니다. 성경은 "네 말로 의롭다 함을 받고 네 말로 정죄함을 받으리라"(마 12:37), "죽고 사는 것이 혀의 힘에 달렸나니"(잠 18:21)라고 말씀합니다. 그러므로 우리는 언제나 듣기는 속히 하고 말하기는 더디 하는 자가 되도록 힘써야 합니다. 다른 사람의 좋은 일은 드러내어 칭찬하고 배우고, 나쁜 일은 깊이 살펴 나의 교훈으로 삼아 그 처지에 떨어지지 않도록 경계하고 또한 그를 위해서 기도하는 성숙한 그리스도인이 되어야겠습니다.

3절 **이런 일을 행하는 자를 판단하고도 같은 일을 행하는 사람아, 네가 하나님의 심판을 피할 줄로 생각하느냐**

우리는 쉽게 남을 판단하고 난 후 자신은 판단 받지 않을 줄로 생각하는데 본문은 남을 판단하는 우리를 하나님께서 판단하고 계신다고 했습니다. 우리가 남을 불쌍히 여기면 하나님께서 우리를 불쌍히 여겨 주시고, 우리가 남을 판단하면 하나님께서도 우리를 판단하십니다.

인생의 많은 슬픔이 서로 판단하고 정죄해서 생겨납니다. 부부 간에도 판단하고 정죄하기 때문에 구름 같은 슬픔들이 다가오는 것입니다. 우리가 판단과 정죄를 그치면 평강이 다가옵니다. 잠언 26장 20절에서도 "말쟁이가 없어지면 다툼이 쉬느니라" 고 말씀합니다.

4절 혹 네가 하나님의 인자하심이 너를 인도하여 회개하게 하심을 알지 못하여 그의 인자하심과 용납하심과 길이 참으심이 풍성함을 멸시하느냐

이 성경 구절은 여러 가지 문제를 해결해 줍니다. 즉, 하나님의 인자하심과 용납하심과 길이 참으심과 같이 '인자' 와 '용납' 과 '오래 참음' 이 모든 문제의 답이라는 것입니다.

부모들이 자기 자식을 훈계하고 채찍질하는 것처럼, 하나님께서도 우리를 자식으로 받아들여 경고하고 때리고 훈계하십니다. 만일 남의 아이라면 그렇게 관심을 갖지 않을 것입니다. 뿐만 아니라 하나님께서 인간의 죗값에 따라 일일이 다 심판하신다면 우리 인간은 모두 다 죽고 살아남아 있을 사람이 하나도 없을 것입니다. 하나님께서는 그의 인자하심으로 우리를 인도하여 회개하게 하십니다. 오래 참으시는 하나님의 자비가 사람을 회개시킵니다. 하나님의 모든 자비와 사랑을 받아서 마음속에 감동, 감화가 일어나 회개하게 됩니다.

만일 하나님께서 위협적인 방법을 사용해서 인생을 회개시키려고 하신다면 하루 동안이라도 모든 인생을 회개시키실 수 있을 것입니다. 천사들을 보내어 온 하늘에 벌건 십자가를 그려지고, 거기서 뇌성벽력이 번쩍번쩍 나면서 하나님의 음성이 하늘에서 진동하여 "오늘 이 시간에 내 앞에 꿇어 엎드려 회개하지 않으면 모두 심판받는다." 라고 하신다면

아마 모두 회개하고 나와 교회마다 교인들로 꽉꽉 차게 될 것입니다. 그러나 이러한 회개는 진실한 회개가 아닌, 두려움에 의해 억지로 한 회개가 될 것입니다. 강제로 한 회개는 참회개가 아닙니다. 자발적으로 자원해서 하나님을 사랑하고 믿는 것이 하늘나라의 속성입니다. 그러므로 하나님께서는 강압적인 방법으로 세상을 회개시키려 하지 않으시고, 당신의 사랑하는 독생자 예수님을 보내 주셔서 우리의 죄와 불의와 추악과 저주와 절망을 모두 그에게 담당시켜 십자가 위에서 처참하게 몸 찢기고 피 흘려 죽게 하신 것입니다. 하나님 자신이 고난당하는 방법을 제시하신 것입니다.

"엘리 엘리 라마 사박다니! 나의 하나님, 나의 하나님, 어찌하여 나를 버리셨나이까!" 라고 절규하시는 하나님의 아들 예수 그리스도를 바라볼 때 우리 마음에 변화가 다가옵니다(마 27:46). 날 위해 십자가에서 중한 고초를 받으사 대신 피를 흘리신 주 예수의 사랑하는 은혜에 내 영혼이 감격하여 "주님이시여, 무엇이 두렵겠습니까! 부름 받아 나선 이 몸 어디든지 가오리다!" 라고 고백하게 될 때에 진정한 회개가 우러나오는 것입니다. 하나님은 우리에게 진정한 회개를 주시기 위해 우리가 죄를 범할 때마다 즉시로 심판하지 않으시고 그 인자하심과 오래 용납하심과 길이 참으심으로 우리를 회개로 인도하시는 것입니다.

그러므로 여러분께서 남을 회개시키려 할 때에도 협박 공갈로 하지 말고 인자와 자비를 베풀고 기도해 주어서 그 마음속에 변화가 다가오도록 인도해야 할 것입니다. 오래 참음과 자비가 사람들을 변화시킵니다.

5절 다만 네 고집과 회개하지 아니한 마음을 따라 진노의 날 곧 하

나님의 의로우신 심판이 나타나는 그날에 임할 진노를 네게 쌓는도다

사람들마다 상급을 쌓는 사람이 있는가 하면 진노를 쌓는 사람이 있습니다. 하나님께서 명하시는 일은 하지 않고 자신의 고집대로 행하고 분명히 죄가 지적되는데도 회개하지 않는 마음을 따라 살면, 그것이 나날이 쌓여 진노의 날에 소리치게 됩니다.

내가 신학교에 다닐 때였습니다. 한 자매님이 내게 다가와 이렇게 말했습니다. "전도사님, 제 간증을 들으시고 저를 위해서 기도해 주십시오." 그래서 무슨 일이냐고 물었더니, 이런 간증을 하였습니다. "부흥회에 참석하여 목사님 설교를 듣고 난 후 집으로 돌아오는데 얼마나 힘이 드는지 뒤에서 무엇이 끌려오는 것 같았습니다. 돌아보니 커다란 끈이 하나 묶여 있었고 그 끈 뒤에 온갖 세상의 더러운 쓰레기 더미가 산더미처럼 끌려오고 있었는데, 이것을 끌고 가려니 너무 무거웠습니다. 떼려고 애써도 떼어지지 않았습니다. 집에 가서 앉았는데 이 쓰레기 더미가 방 안에도 가득하고, 부엌에 밥하러 가니 부엌에도 가득하고, 다락에 기도하러 가니 다락에도 가득했습니다. 이제까지 살아오면서 마음에 기쁨이 없고 늘 침울하고 인생 살기가 힘들었던 이유를 알았어요. 계속해서 부흥회에 참석하면서 예수님께서 십자가에 못 박혀 피 흘리심으로 우리 죄가 사함받았다는 설교 말씀을 듣고서는 땅을 치고 제 죄를 회개했습니다. '예수님이시여, 그 피로 나의 죄를 씻어 주옵소서.' 이렇게 기도하는데 갑자기 바람이 불어오더니 제 뒤에 있는 끈이 탁 끊어지더니만 그 많던 쓰레기 더미가 일시에 바람에 날려 사라져 버렸습니다. 그리고는 몸

과 마음이 날아갈듯이 가벼워지고 성령으로 충만한 체험을 했습니다." 하나님께서 자매님의 영적 상태를 환상으로 보여 주신 것입니다.

오늘날 수많은 사람들이 고통을 겪고 인생이 지치고 괴로운 것은 삶 가운데 쌓인 염려, 근심, 불안, 초조, 죄악 등과 같은 것들을 끌고 다니기 때문입니다. 예수님께서는 지금도 "수고하고 무거운 짐 진 자들아 다 내게로 오라 내가 너희를 쉬게 하리라"(마 11:28)고 말씀하고 계십니다. 죄를 회개하고 주님께 무거운 짐을 내어 맡기고 전폭적으로 의지하기만 하면, 주의 성령께서는 마음의 짐을 옮겨 주시고 우리로 하여금 편히 쉬게 해 주십니다.

6절 하나님께서 각 사람에게 그 행한 대로 보응하시되

예수님을 믿어 구원받은 사람은 상급 심판을, 그렇지 못한 사람은 형벌 심판을 받습니다. 성도들이 공중에 들려 올라가 7년 환난 동안 잔치할 때에, 예수님을 믿고 난 후 이 땅에 살면서 주님의 나라와 그 의를 구하며 행한 것들에 대한 상급 심판이 있습니다. 그때 어떤 이는 영광의 면류관을, 어떤 이는 생명의 면류관을, 어떤 이는 시들지 않는 면류관을 받게 될 것입니다. 하나님 앞에서 우리들이 행한 대로 상급을 받아 우리들은 해처럼 혹은 달처럼 혹은 별처럼 빛나게 될 것입니다. 해의 영광과 달의 영광이 다르고, 달의 영광과 별의 영광이 다릅니다. 영광이 크면 클수록 하나님 앞에서 누리는 기쁨과 즐거움도 클 것입니다. 이 세상에서 사랑과 영광을 많이 받으면 하늘나라에 가서 받을 것이 없을 것입니다. 이름도 없이 빛도 없이 주님의 영광을 위해 주님만 바라보고 섬긴 사람들이 하늘에 가서 큰 영광을 받을 것입니다.

반면에 주님을 믿지 않는 사람은 그 행한 대로 보응을 받으며 사망의 심판을 받게 될 것입니다. 6장 23절을 보면 "죄의 삯은 사망이요"라고 말씀합니다. 그들은 사망의 심판을 받고 영원한 불과 유황으로 타는 못에 던져질 것입니다. 세상에서도 콩 심은 데 콩 나고 팥 심은 데 팥 나듯이 반드시 인과응보가 있거든 하물며 영원한 세계에 심판이 없겠습니까?

7절 참고 선을 행하여 영광과 존귀와 썩지 아니함을 구하는 자에게는 영생으로 하시고

예수님을 구주로 믿고 난 후에 오래 참고 선을 행하여 하나님의 영광을 구하고, 하나님 앞에서 존귀하게 되기를 구하고, 썩지 아니할 영생을 구하는 자에게는 하나님께서 영생으로 보답하시겠다고 약속하셨습니다.

8절 오직 당을 지어 진리를 따르지 아니하고 불의를 따르는 자에게는 진노와 분노로 하시리라

주님은 당 짓는 것을 싫어하십니다. 당 짓는 일은 육신에 속한 일이며 진리를 따르지 않는 것이기 때문입니다. 당을 짓는 자들은 이 땅에 있을 동안에도 주님의 진노와 분노로 심판을 받게 됩니다.

가나안으로 가는 여정에서 고라와 다단과 아비람과 온이 당을 지었습니다. "모세야, 너만 지도자냐? 이스라엘 회중을 이렇게 광야로 끌고 와서 고생시키고 괴로움을 주는 네가 지도자냐? 이제는 너를 따르지 않겠다!"라고 말하며 당을 지었습니다. 그런데 그 후 어떻게 되었습니까? 당을 지은 자들이 서 있던 땅이 갈라지고 그 속으로 떨어져 죽임을 당했습니다(민 16:1-35).

한번은 남미의 가이아나에 미국의 사교(邪教) 집단들이 들어가서 자살 소동을 일으켜 9백여 명이 처참하게 죽은 모습이 신문에 보도되었습니다. 이는 진리 되신 예수 그리스도를 따르지 않고 당을 짓고 육체를 좇아 행하는 자에게 심판이 나타난 실례라고 생각됩니다. 하나님의 심판은 지금도 보이지 않게 계속해서 우리 가운데 임하고 있으며, 마지막 날에는 하나님의 무서운 심판이 반드시 있습니다. 진리를 따르지 않는 것은 예수 그리스도를 따르지 않는 것이며, 불의를 따르는 것은 예수 그리스도를 대항하여 사는 삶을 의미합니다.

9절 악을 행하는 각 사람의 영에는 환난과 곤고가 있으리니 먼저는 유대인에게요 그리고 헬라인에게며

악을 행하며 사는 사람이 마음이 편할 것 같지만 실상 그들의 영에는 환난과 곤고함이 따릅니다. 악을 행하는 사람은 외적으로 환경의 환난을 겪게 되고, 내적으로는 마음의 괴로움, 즉 곤고함을 당하게 됩니다.

미국의 유명한 부흥사인 미키 쿠로스는 뉴욕 암흑가의 왕초였습니다. 그는 음란, 방탕, 살인, 방화, 도둑질 등 수많은 범죄를 저질러 뉴욕 경찰의 간담을 서늘하게 하였습니다. 그가 나중에 회개하여 주의 종이 된 후 기록한 자서전을 보면, 그는 암흑가의 왕초로서 자기가 가지고 싶은 것은 못 가져 본 것이 없었다고 말합니다. 그런데 돈이나 여자나 술 등 육신이 원하는 것은 다 가지고 있었어도, 밤에는 자기 방에 들어가 방문을 몇 중으로 잠그고 베개 밑에 총탄을 장전한 권총 두 자루를 넣고 난 다음에야 비로소 잠을 잘 수 있었다고 합니다. 언제 부하가 자기를 배신할지, 다른 범죄 집단에서 자기를 죽이러 올지 알 수 없기 때문에 끊임없는 불안과 초

조 가운데 살아야 했다는 것입니다. 그는 밖에서는 무서운 범죄 조직의 두목이었지만 밤에 홀로 있을 때는 이불을 적시며 눈물을 흘린 적이 한두 번이 아니었다고 고백하였습니다. 마음속에 처절한 고독과 슬픔과 괴로움 그리고 인생의 허무와 무의미가 그를 몸부림치게 했다는 것입니다.

악을 행하는 사람은 이러한 하나님의 법칙을 벗어날 수 없습니다.

"악을 행하는 각 사람의 영에는 환난과 곤고가 있으리니 먼저는 유대인에게요 그리고 헬라인에게며". 이 말씀을 보면 하나님의 심판을 받을 때 순서가 있습니다. 유대인은 하나님의 제사장 국가이기 때문에 먼저 하나님의 심판을 받게 됩니다. 그리고 그다음에는 헬라인, 즉 우리와 같은 이방인들이 하나님의 심판을 받게 됩니다.

10절 선을 행하는 각 사람에게는 영광과 존귀와 평강이 있으리니 먼저는 유대인에게요 그리고 헬라인에게라

선을 행하는 각 사람에게는 하나님 앞에서 떳떳이 설 수 있는 '영광'과 사람들에게 대접을 받고 대우받는 '존귀'와 마음에 갈등이나 곤고가 없는 '평강'이 있습니다. 선은 언제나 영광과 존귀와 평강을 우리 속에 갖다 줍니다. 그러므로 우리의 성품을 고쳐야 합니다. 이러한 존귀와 영광과 평강도 첫째는 유대인에게요, 그다음에 헬라인, 즉 모든 사람에게 임합니다.

11절 이는 하나님께서 외모로 사람을 취하지 아니하심이라

하나님께서는 외모로 사람을 취하시지 않습니다. 교육을 얼마나 받았느냐, 가문이 얼마나 좋으냐, 인물이 얼마나 잘났느냐를 보시지 않습니

다. 하나님께서는 마음의 중심이 얼마나 믿음과 소망과 사랑에 서 있느냐를 보십니다.

바울 사도는 키가 5척이고 등이 굽고 눈이 몹시 나쁘고 인물이 못났다고 전해집니다. 그래서 외모가 보잘것없으며 말을 더듬는 바울을 원수들이 이렇게 조롱했습니다. "그의 편지들은 무게가 있고 힘이 있으나 그가 몸으로 대할 때는 약하고 그 말도 시원하지 않다"(고후 10:10). 그러나 우리는 바울이 쓴 편지가 성경이 되었다는 사실을 알고 있습니다. 하나님께서는 바울보다 훨씬 체격도 좋고 인물도 좋고 웅변도 잘하는 사람들이 있음에도 불구하고 바울을 쓰셨습니다. 바울은 믿음과 소망과 사랑에 있어서 하나님 앞에 진실했기 때문입니다.

외모가 남보다 못하다고 낙심하지 마십시오. 가문이 나쁘다고 낙심하지 마십시오. 세상의 명예가 없다고 탄식하지 마십시오. 그런 것들이 있으면 좋겠지만 없어도 상관없습니다. 하나님께서 찾으시는 것은 상한 심령입니다. 깨어지고 상한 심령이 되어 항상 하나님 앞에 성실하고 정직한 사람들을 하나님께서는 축복하시고 사용하십니다.

12절 무릇 율법 없이 범죄한 자는 또한 율법 없이 망하고 무릇 율법이 있고 범죄한 자는 율법으로 말미암아 심판을 받으리라

우리 교회가 여의도로 옮기기 전 서대문에 있을 때의 일입니다. 하숙생 세 사람이 대학을 졸업한 후 돈을 아끼기 위해서 방 하나에서 함께 생활을 했습니다. 그런데 하루는 세 사람이 교회에 달려와서는 죽는다고 구역질을 하고 뒹굴었습니다. 이유를 물으니, 남자들끼리 사는지라 시골에서 보내 준 반찬을 먹는데, 아침마다 음식을 만드는 것이

귀찮아서 간장에 밥을 비비고 고추장에 멸치를 찍어서 먹었다는 것입니다. 그런데 간장이 너무 구수하고 맛이 있더라는 것입니다. 며칠 동안은 다른 반찬 없이 간장에만 비벼서 먹었답니다. 그런데 공휴일 되어 세 사람이 모처럼 대청소를 열심히 하다가 문득 간장독을 열었는데, 그 속에 쥐가 빠져 죽어 있더라는 것입니다. 그동안 맛있게 먹었던 간장에 쥐가 죽어 있는 것을 보고는 교회로 달려와 안수해 달라고 난리가 난 것입니다.

어두우면 모르는 것입니다. 율법은 등불과 같아서 이 율법이 들어와 우리의 죄를 비출 때에야 우리는 비로소 죄가 죄인 줄 알게 되는 것입니다.

유대인들에게 있는 십계명이 우리에게는 없었다 해도 죄는 죄인 것입니다. 예를 들어 여기 독약이 있다고 합시다. 누구든지 그 독약을 먹으면 죽습니다. 독약인 줄 알고 먹으나 모르고 먹으나 죽게 되는 것은 당연지사입니다. 마찬가지로 율법을 통해서 죄가 죄인 것을 알고 지어도 그 사람은 죄로 인해 심판받고, 죄인 것을 모르고 지어도 그 죄에 대한 심판을 받습니다. 그러므로 율법 없이 죄를 지은 자는 율법 없이 망하고, 율법이 있으면서도 죄를 지은 자는 율법으로 인해 심판을 받습니다.

13절 하나님 앞에서는 율법을 듣는 자가 의인이 아니요 오직 율법을 행하는 자라야 의롭다 하심을 얻으리니

"너는 교회에 안 나오지? 우리 아버지는 장로님이고, 우리 어머니는 권사님이고, 난 침례 받고 교회에 등록까지 되어 있어!"라고 말해도, 예수님을 믿지 않으면 교회가 무슨 의미가 있겠습니까? 교회는 예수 믿기 위해서 나오는 곳입니다. 그러나 많은 사람들이 교회에 나오면서도 예수

님을 믿지 않는 것을 볼 수 있습니다.

유대인들은 율법을 읽어 주는 것을 듣기만 하면 이로써 자기는 구원을 받을 줄 알았습니다. 그러나 아무리 설교를 잘 듣고 율법을 청종해도 그 듣는 것으로 의롭다 함을 받는 것이 아닙니다. 오직 그 율법대로 행하는 자가 의인이 되는 것입니다.

14-15절 (율법 없는 이방인이 본성으로 율법의 일을 행할 때에는 이 사람은 율법이 없어도 자기가 자기에게 율법이 되나니 이런 이들은 그 양심이 증거가 되어 그 생각들이 서로 혹은 고발하며 혹은 변명하여 그 마음에 새긴 율법의 행위를 나타내느니라)

하나님께서 유대인에게는 율법을 주셨지만 이방인들에게는 글자로 기록된 율법 대신 인간의 본성, 즉 인간의 양심에 하나님의 법을 주셨습니다. 인간에게 양심이 있다는 것은 인간이 하나님의 형상과 모양대로 지음을 받았다는 증거입니다. 비테(Vitte)는 말하기를 "하늘에는 별이요, 세상에는 꽃, 사람의 마음에는 양심이라." 고 했습니다. 양심은 우리가 죄를 지으면 고개를 들고 일어나서 '너 잘못했다. 잘못된 길로 가고 있다. 심판을 면치 못할 것이다.' 라고 외칩니다. 이런 양심을 우리가 무시하고 짓밟아 버리면 양심의 소리는 저녁노을처럼 사라져 버리고 맙니다. 양심은 잘 길러 주면 강해지지만 자꾸 쳐 버리면 약해집니다.

인간이 타락했어도 형식적인 양심은 남아 있습니다. 하나님께서는 율법의 척도로 인간의 마음속에 양심을 남겨 놓으신 것입니다. 모든 사람에게 양심이 있기 때문에 이 세상에서 국법이 준수되고 윤리와 도덕의 법이 존속되며 사회의 규범이 지켜지는 것입니다. 만일 사람에게 양심이 없다면 온 세상은 큰 비극에 빠지게 될 것입니다. 오늘날 광포한 범죄를 행하는 사람들이 많아지고 있는데, 그들은 자신의 양심을 죽이고 있기 때문에 그러한 행위를 서슴지 않고 행하는 것입니다.

성경은 여러 가지 양심에 대해 언급하고 있습니다. 고린도전서 8장 7절에는 '더러워진 양심'이 나옵니다. 디모데전서 4장 2절에는 '화인(火印) 맞는 양심'이 언급되어 있습니다. 양심이 화인을 맞으면 굳어져 버리고 감각이 없어집니다. 오늘날 범죄 집단에 속하여 활동하는 사람들은 감각이 없는 양심, 즉 화인 맞은 양심을 소유하고 있습니다. 이렇게 굳어진 양심은 예수님의 피와 성령으로 말미암지 않고는 녹아질 수가 없습니다. 디모데전서 1장 19절과 3장 9절에는 '착한 양심'과 '깨끗한 양심'이 언급되어 있습니다. 우리가 예수님을 믿고 그 보혈로 씻음 받고 성령께서 우리 속에 들어오시면 우리의 양심이 착하고 깨끗한 양심으로 변하게 됩니다.

모든 사람에게 하나님께서 양심을 주셨습니다. 율법 없는 이방인이 본성으로 율법의 일을 행할 때에는, 율법이 없어도 자기가 자기에게 율법이 됩니다. 다시 말해서 자기 양심이 자기에게 율법이 되는 것입니다. 양심이 판단을 내려 '너 잘못했다.'라고 고발을 하면 또 다른 마음이 '아니야, 나 잘했다.'라고 변명을 하는 등, 우리 안에는 고발과 변명의 내적 갈등이 있습니다. 이와 같은 현상들이 그 마음에 새긴 율법의 행위를 나타내며 안 믿는 사람들의 마음속에도 율법이 있다는 증거가 됩니다. 훗날 하나님 앞에 서게 될 때 하나님께서 우리의 양심의 테이프를 틀면 일생 동안 행한 모든 일들을 보게 될 것입니다. 그러나 우리가 예수님을 믿고 죄를 회개하면 하나님께서는 우리의 양심에 기록된 모든 죄의 테이프를 지워 버리십니다. 이에 대해 성경은 "동이 서에서 먼 것같이 우리의 죄과를 우리에게서 멀리 옮기셨으며"(시 103:12), "내가 네 허물을 빽빽한 구름같이, 네 죄를 안개같이 없이하였으니 너는 내게로 돌아오라 내가 너를 구속하였음이니라"(사 44:22)고 말씀합니다.

이와 같이 율법이 있는 유대인들은 그들이 기록한 율법으로 정죄함을 받고, 율법이 없는 이방인들은 양심이 고발하고 또 변명하고 해서 심판을 당하는 것입니다. 예수님 없이 율법으로 의롭다 함을 얻은 유대인이 없고, 예수님 없이 양심에 비추어 의롭게 산 이방인 역시 한 사람도 없기에 결국은 모두 다 멸망 받을 수밖에 없습니다.

16절 곧 나의 복음에 이른 바와 같이 하나님이 예수 그리스도로 말미암아 사람들의 은밀한 것을 심판하시는 그날이라

은밀한 것을 심판하시는 날, 즉 마지막 날에 유대인들은 율법으로 말미암아 망하고 주를 믿지 않는 이방인들은 그들에게 주어진 양심으로 말미암아 심판을 받을 것입니다.

많은 사람들이 나에게 "한국에 복음이 들어온 지 약 100년밖에 안 되었는데, 그렇다면 복음이 들어오기 전에 살았던 사람들은 어떻게 됩니까?" 라고 질문합니다. 하나님께서는 성경 말씀을 통해 여러 가지 진리를 계시해 주셨습니다. 그의 계시가 없이는 진리를 알 수도 없고 구원의 길을 갈 수도 없습니다. 그러나 하나님의 은밀한 것이 계시되지 않은 부분도 있습니다. 그것은 우리의 권한에 속하지 않고 하나님의 절대 주권에 달려 있는 것입니다. 예수님이 오시기 전에 살았던 사람들이 어떻게

되었는지 하나님께서 성경에 구체적으로 계시해 주지 않으셨기 때문에 우리는 정확히 알 수 없습니다. 그러나 한 가지 확실한 것은 하나님께서는 '의로우신 재판장' 이라는 사실입니다(딤후 4:8). 하나님께서는 당신 앞에서 "부정한 재판 때문에 내가 영원히 멸망하게 되었다." 고 변명하는 사람이 한 사람도 없도록 공정하게 하실 것입니다. 최선을 다해 율법을 따라 살고 양심에 따라 살려고 애를 쓴 사람에게 하나님의 자비와 긍휼의 공평한 판단이 임하실 것입니다. 그러나 지금 우리가 해야 할 것은 예수님을 힘껏 전하는 일입니다. 예수님을 믿으면 누구든지 멸망하지 않고 영생을 얻는 확실한 구원의 도리와 놀라운 축복이 우리에게 약속되어 있기 때문입니다(요 3:16).

2. 유대인과 율법(2:17-29)

17. 유대인이라 불리는 네가 율법을 의지하며 하나님을 자랑하며
18. 율법의 교훈을 받아 하나님의 뜻을 알고 지극히 선한 것을 분간
하며 19. 맹인의 길을 인도하는 자요 어둠에 있는 자의 빛이요 20.
율법에 있는 지식과 진리의 모본을 가진 자로서 어리석은 자의 교사
요 어린아이의 선생이라고 스스로 믿으니 21. 그러면 다른 사람을
가르치는 네가 네 자신은 가르치지 아니하느냐 도둑질하지 말라 선
포하는 네가 도둑질하느냐 22. 간음하지 말라 말하는 네가 간음하느
냐 우상을 가증히 여기는 네가 신전 물건을 도둑질하느냐 23. 율법

을 자랑하는 네가 율법을 범함으로 하나님을 욕되게 하느냐 24. 기록된 바와 같이 하나님의 이름이 너희 때문에 이방인 중에서 모독을 받는도다 25. 네가 율법을 행하면 할례가 유익하나 만일 율법을 범하면 네 할례는 무할례가 되느니라 26. 그런즉 무할례자가 율법의 규례를 지키면 그 무할례를 할례와 같이 여길 것이 아니냐 27. 또한 본래 무할례자가 율법을 온전히 지키면 율법 조문과 할례를 가지고 율법을 범하는 너를 정죄하지 아니하겠느냐 28. 무릇 표면적 유대인이 유대인이 아니요 표면적 육신의 할례가 할례가 아니니라 29. 오직 이면적 유대인이 유대인이며 할례는 마음에 할지니 영에 있고 율법 조문에 있지 아니한 것이라 그 칭찬이 사람에게서가 아니요 다만 하나님에게서니라

17절 유대인이라 불리는 네가 율법을 의지하며 하나님을 자랑하며

유대인은 아브라함의 후손으로 하나님께서 택하신 민족이요, 제사장 국가입니다. 하나님께서는 유대인을 통해 율법을 주셨고 구주를 보내주셨으며 이들로 하여금 복음을 전할 제사장 국가가 되게 하셨습니다. 그로 인해 이들은 자신들은 하나님이 주시는 율법을 의지하고 산다고 자긍하며 하나님을 자랑하였습니다. 그러나 참으로 안타깝게도 유대인들은 특권 의식만 가졌지 실제로는 하나님을 배반하고 타락함으로 제사장 국가로서의 사명을 감당하지 못하게 되었습니다.

18절 율법의 교훈을 받아 하나님의 뜻을 알고 지극히 선한 것을 분간하며

또한 유대인들은 율법의 교훈을 받았으므로 그들은 하나님의 뜻을

알 뿐만 아니라 선과 악을 분별하는 능력을 가지고 있다고 믿었습니다.

하나님과 함께 살려면 하나님의 성품을 우리가 따라가야 합니다. 하나님의 성품은 십계명에 잘 나타나 있습니다. 예수 믿고 구원받은 우리가 하나님의 성품을 따라 하나님을 사랑할 수 있는 길이 이 십계명을 지키는 것입니다. 그렇기 때문에 예수님께서는 "나의 계명을 지키는 자라야 나를 사랑하는 자니 나를 사랑하는 자는 내 아버지께 사랑을 받을 것이요 나도 그를 사랑하여 그에게 나를 나타내리라"(요 14:21)고 말씀하셨습니다. 그러므로 우리는 거룩하신 하나님과 함께 살기 위해 하나님의 말씀과 계명을 배우고 지켜 하나님의 성품을 닮아 가야 합니다.

유대인들이 어릴 때부터 하나님의 율법의 교훈을 배우는 것은 우리가 본받아야 할 좋은 모범입니다. 하나님의 말씀을 알아야 하나님의 뜻을 분별하고 하나님의 성품을 닮아 가고 하나님을 사랑할 수 있기 때문입니다. 그러나 유대인들은 율법 자체만을 의지했지 율법 가운데 드러난 하나님의 뜻과 의도는 간과했습니다. 그들은 율법을 공부하면서도 정작 예수 그리스도를 통해 인류를 구원하시고자 하신 하나님의 진정한 뜻과 의도를 보지 못했던 것입니다.

19-20절 맹인의 길을 인도하는 자요 어둠에 있는 자의 빛이요 율법에 있는 지식과 진리의 모본을 가진 자로서 어리석은 자의 교사요 어린아이의 선생이라고 스스로 믿으니

하나님의 말씀을 맡은 유대인들은 마땅히 영적 맹인인 이방인들의 길을 인도하는 자요, 어둠에 있는 자들의 밝은 빛이 되어야만 했습니다.

우리도 마찬가지입니다. 옛날 유대인이 육의 선민으로서 하나님의 율법의 지식을 알고 맹인의 길을 인도하는 자요, 어둠에 있는 자의 빛이 되었던 것처럼, 우리는 영의 선민으로서 맹인의 길을 인도하는 자요, 어둠에 있는 자의 빛이 된 것입니다. 그러나 유대인들이 그랬던 것처럼, 오늘날도 예수 믿는다고 말하면서 형식적이고 의식적인 엉터리 신자들이 많습니다.

유대인들이 자신들의 책임을 확신하고 있는 것은 좋은 점입니다. 그러나 문제는 그 책임을 잘 이행하지 못하고 있으면서 헛되이 자랑하는 데에 있는 것입니다.

21-23절 그러면 다른 사람을 가르치는 네가 네 자신은 가르치지 아니하느냐 도둑질하지 말라 선포하는 네가 도둑질하느냐 간음하지 말라 말하는 네가 간음하느냐 우상을 가증히 여기는 네가 신전 물건을 도둑질하느냐 율법을 자랑하는 네가 율법을 범함으로 하나님을 욕되게 하느냐

사도 바울은 유대인들의 잘못에 대해 "유대인들아, 너희는 다른 사람을 가르친다고 하면서 너희 자신은 안 가르치느냐? 도둑질하지 말라 선포하는 네가 도둑질하느냐? 너희 말과는 달리 정부에는 탐관오리가 횡행하고 장사꾼은 속여서 도둑질하고 이웃 간에도 도둑질을 하느냐? 간음하지 말라고 하면서, 일부일처를 지키라 하면서 너는 왜 간음하느냐? 너는 왜 이방인의 신전에 들어가 이방인의 신에 입혀 놓은 금과 은을 벗겨 가지고 가느냐? 왜 우상을 가증스럽게 여기는 자가 신전의 물건을 도둑질하느냐?"라고 책망하고 있습니다. 이는 곧 율법을 자랑하는 자가

율법을 범함으로 하나님을 욕되게 해서 되겠느냐는 말입니다. 이것이 바로 위선이 아니냐는 것입니다.

그리스도인들이 예수님을 믿는다고 자랑하면서도 신앙인답지 않은 모습을 보여 오히려 불신자에게 흉을 잡히는 일이 종종 있습니다. 예수님을 믿는다고 하면서 불신자보다 사기도 잘 치고 거짓말도 잘 하고 흉악하게 행하는 사람이 간혹 있습니다. 이런 사람을 보고 안 믿는 사람들은 "저런 사람이 천당 가면 나는 만당 간다."라고 말합니다. 이렇게 우리가 잘못 행함으로 하나님을 욕되게 해서는 결코 안 될 것입니다.

24절 기록된 바와 같이 하나님의 이름이 너희 때문에 이방인 중에서 모독을 받는도다

바울은 이사야 52장 5절의 말씀을 인용하고 있습니다. 즉, 유대인의 사악하고 위선적인 행위가 이방인들로 하여금 하나님의 이름을 모독하게 하는 기회를 주고 있다는 것입니다. 유대인의 죄에 대한 바울의 고소는 여기서 절정을 이루고 있습니다.

우리는 하나님의 사랑을 받은 만큼 우리의 행동을 올바르게 해야 합니다. 우리가 주의 종이 되고 하나님의 성도가 된다는 것은 그만큼 예수님의 향기를 풍겨야 할 책임이 있다는 것을 의미합니다. 우리가 예수님을 믿으면 그 즉시로 믿지 않는 가족들이나 사람들은 선입견을 가지고 보기 시작합니다. 예수님을 믿으면 당장 천사의 날개라도 돋친 듯 여기기 때문입니다. 그렇기 때문에 우리 예수 믿는 사람들은 하나님의 영광을 위해 그 말과 행위를 항상 조심해야 합니다.

25절 네가 율법을 행하면 할례가 유익하나 만일 율법을 범하면 네 할례는 무할례가 되느니라

아브라함이 99세가 되었을 때 하나님께서는 그를 부르셔서 그의 집에 있는 모든 남자는 다 할례를 받으라고 말씀하셨습니다(창 17:9-14). 할례 의식은 사내아이가 태어난 지 8일 만에 행하는 것으로 아기의 포피를 당겨서 잘라 버리는 종교 의식입니다.

할례는 유대 민족이 유대 민족 된 종교적 규범으로서 계속하여 실시되어 왔습니다. 그런데 유대인들은 이를 잘못 이해해서 할례만 받으면 구원받는 줄로 알고 있었습니다. 유대 민족은 할례의 영적 의미를 상실해 버리고 단지 의식적으로 그것을 행하면서도 할례만 받으면 율법을 안 지켜도 천당 가는 줄로 착각하고 있었던 것입니다. 바울은 바로 이 문제를 공박하고 있습니다. 즉, 할례를 받았어도 율법을 행해야 하나님 앞에 축복을 받고 구원을 받는다는 것입니다. 할례를 받았더라도 율법을 행하지 않으면, 영적 구원의 측면에서는 할례 받지 않은 것과 마찬가지라는 것입니다.

26절 그런즉 무할례자가 율법의 규례를 지키면 그 무할례를 할례와 같이 여길 것이 아니냐

할례 받지 않은 이방인이 율법의 제도를 지키면 무할례, 즉 할례를 안 받아도 하나님께서 이 사람을 할례 받은 유대인처럼 여겨 주신다는 말입니다.

27절 또한 본래 무할례자가 율법을 온전히 지키면 율법 조문과 할례

를 가지고 율법을 범하는 너를 정죄하지 아니하겠느냐

무할례자, 곧 할례 받지 않은 이방인이 율법을 온전히 지키면, 그가 율법과 할례를 가지고서도 율법을 어기는 유대인들을 정죄하지 않겠느냐는 것입니다.

28-29절 무릇 표면적 유대인이 유대인이 아니요 표면적 육신의 할례가 할례가 아니니라 오직 이면적 유대인이 유대인이며 할례는 마음에 할지니 영에 있고 율법 조문에 있지 아니한 것이라 그 칭찬이 사람에게서가 아니요 다만 하나님에게서니라

사도 바울은 참유대인과 참할례가 무엇인지를 말하려고 합니다. 아브라함의 혈통적 후손이라 하여 다 유대인이 아니며, 이면적으로 진실하여 하나님의 뜻에 따라 사는 사람이 참유대인이라는 말입니다.

"할례는 마음에 할지니 영에 있고 율법 조문에 있지 아니한 것이라". 즉, 마음속 양심의 가죽을 베라는 것입니다. 양심의 가죽을 베어서 죄를 떨어 버리고 성령의 뜻을 따르라는 것입니다. 마음을 새롭게 하고 정결하게 하라는 것입니다(신 10:16; 렘 4:4). 즉, 성령님의 역사를 따라 심령에 변화를 받아야지, 율법에 의한 할례 의식만 하는 것은 의미가 없다는 것입니다.

"그 칭찬이 사람에게서가 아니요 다만 하나님에게서니라". 유대인들이 사람들에게 "나는 할례 받았다. 나는 유대인이다."라고 자랑하고 또 그렇게 칭송을 받을지 몰라도 하나님께서는 그러한 외모를 보고 칭찬하는 분이 아니라는 것입니다. 그러므로 참된 이면적 유대인이 되어 하나

님께 인정받고 칭찬받으라는 말입니다.

우리는 하나님께 잘 보여야 합니다. 사람들이 보든지 말든지, 사람들이 칭찬을 하든지 욕을 하든지, 그저 하나님 앞에 거리낌이 없이 올바르게 서서 하나님을 섬기며 살면 하나님과 사람들에게 칭찬을 받게 되는 것입니다.

제 3 장

예수 그리스도의 의

A COMMENTARY ON
THE EPISTLE TO THE
ROMANS

사도 바울은 지금까지 이방인들의 우상 숭배와 유대인들의 위선의 죄를 지적하였습니다. 본 장에서 그는 유대인의 죄와 온 인류의 죄를 드러낸 후, 인간의 구원은 율법이나 행위로써가 아닌 오직 믿음으로써만 가능함을 말합니다. 이것이 바로 하나님의 의입니다.

1. 유대인과 율법(3:1-8)

1. 그런즉 유대인의 나음이 무엇이며 할례의 유익이 무엇이냐 2. 범
사에 많으니 우선은 그들이 하나님의 말씀을 맡았음이니라 3. 어떤
자들이 믿지 아니하였으면 어찌하리요 그 믿지 아니함이 하나님의
미쁘심을 폐하겠느냐 4. 그럴 수 없느니라 사람은 다 거짓되되 오직
하나님은 참되시다 할지어다 기록된바 주께서 주의 말씀에 의롭다
함을 얻으시고 판단 받으실 때에 이기려 하심이라 함과 같으니라 5.
그러나 우리 불의가 하나님의 의를 드러나게 하면 무슨 말 하리요
[내가 사람의 말하는 대로 말하노니] 진노를 내리시는 하나님이 불의
하시냐 6. 결코 그렇지 아니하니라 만일 그러하면 하나님께서 어찌
세상을 심판하시리요 7. 그러나 나의 거짓말로 하나님의 참되심이
더 풍성하여 그의 영광이 되었다면 어찌 내가 죄인처럼 심판을 받으
리요 8. 또는 그러면 선을 이루기 위하여 악을 행하자 하지 않겠느
냐 어떤 이들이 이렇게 비방하여 우리가 이런 말을 한다고 하니 그들
은 정죄 받는 것이 마땅하니라

1절 그런즉 유대인의 나음이 무엇이며 할례의 유익이 무엇이냐

2장에서는 유대인의 위선적인 죄에 대해 맹렬히 공격을 했습니다. 즉, 표면적 유대인이 유대인이 아니고, 표면적인 할례가 할례가 아니라는 것입니다. 오직 이면적 유대인이 참유대인이고, 할례는 마음에 할지니 영에 있고 율법조문에 있지 않다고 했습니다(2:28-29). 이렇게 되니 자연스럽게 "유대인이 되어 봤자 무슨 유익이 있느냐?"는 질문이 나오게 됩니다. 이방인도 그들의 음란과 우상 숭배, 일반적인 죄를 범하는 죄인이며 유대인 역시 하나님의 법을 갖고서도 교만과 위선의 죄를 짓는 죄인입니다. 그러니 할례도 필요 없고 유대인이 되어도 소용 없다고 하는 자문(自問)이 생깁니다. 이러한 물음에 대해 성령님께서 사도 바울의 입을 통해 답을 주고 있습니다.

2절 범사에 많으니 우선은 그들이 하나님의 말씀을 맡았음이니라

'범사에 많으니'라는 말은 유대인의 나음이 범사에 많다는 것입니다. 이 말씀은 그들이 이방인보다 인간적으로 위대하다는 말이 아니라, 외면적으로 하나님께서 주신 여러 가지 특권이 많다는 말입니다. 우선은 그들이 하나님의 말씀을 맡았다고 했습니다. 여기서 '우선은'이란 말이 강조되어 쓰였습니다. 유대인의 나은 점 중에서 가장 중대한 것은 그들이 '하나님의 말씀을 맡았다'는 데 있다는 것입니다. 유대인은 하나님의 말씀을 맡은 제사장 국가였습니다. 하나님께서 아브라함을 갈대아 우르에서 불러내어 선택하시고 그 후손 가운데서 메시아가 나게 하셨습니다. 그리하여 온 인류가 메시아, 즉 예수 그리스도를 통해 구원받도록 섭리

하신 것입니다. 유대인은 이 메시아의 복음을 온 천하에 전파할 제사장으로 하나님께 선택받았던 것입니다. 말씀을 맡은 사람은 그 말씀을 지켜야 할 의무가 있을 뿐만 아니라 만민에게 나누어 주어야 할 책임이 있습니다. 또한 이 일을 할 때에 하나님께로부터 만민 가운데서 뛰어나게 되는 축복을 받습니다.

1901년부터 1990년까지 노벨상 수상자가 400명인데, 그중에 86%가 개신교 신자, 가톨릭 신자, 유대교인이었습니다. 하나님의 이름을 부르는 사람들이 전체 수상자의 86%를 차지한 것입니다. 특히 전체 인구가 1천만밖에 되지 않는 유대인이 11%의 노벨상을 수상한 것은 놀라운 일입니다. 이는 하나님을 믿는 사람들의 특권을 잘 보여 줍니다. 말씀을 맡은 자에게 주시는 하나님의 복인 것입니다.

오늘날 예수 믿는 사람들의 나음이 무엇입니까? 여러 가지가 있겠지만 가장 중대한 것은 하나님의 구원의 말씀을 맡았다는 데에 있습니다. 우리 신자들은 영적 선민으로서 말씀을 위임받았고 또한 이 말씀을 순수하게 지켜야 할 의무가 있습니다. 또한 우리가 이것을 전파하고 실천할 때에 하나님께서 우리를 머리 되고 꼬리 되지 않으며 남에게 꿔어줄지언정 꾸지 않는 민족과 개인이 되게 해 주시는 것입니다. 우리 신자들은 온 세상을 주님께로 인도하고 그들을 위해 기도해야 할 제사장의 직분을 받았습니다(벧전 2:9). 이처럼 하나님의 말씀을 맡았다는 것은 큰 특권이요, 축복입니다.

3절 **어떤 자들이 믿지 아니하였으면 어찌하리요 그 믿지 아니함이 하나님의 미쁘심을 폐하겠느냐**

이미 말씀(구약 성경)이 예수님의 초림과 만인의 구주 되실 것과 예수님이 십자가에 못 박혀 죽으시고 사흘 만에 부활하실 것을 예언했습니다. 그런데 이 말씀을 맡은 유대인들은 말씀에 분명히 예언되어 있음에도 불구하고 예수님을 배척하고 믿지 않았습니다. 그래서 사도 바울은 "어떤 자들이 믿지 아니하였으면 어찌하리요 그 믿지 아니함이 하나님의 미쁘심을 폐하겠느냐"라고 말한 것입니다. 유대인들이 믿지 않는다고 해서 하나님의 미쁘심, 즉 성실하심과 거짓 없으심을 폐할 것이냐는 말입니다. 하나님께서 구약 성경에 예언해 놓으시고 신약에 와서 그대로 성취한 사실을 유대인들이 믿지 않는다고 할지라도 하나님의 약속은 철폐되지 않습니다.

4절 **그럴 수 없느니라 사람은 다 거짓되되 오직 하나님은 참되시다 할지어다 기록된바 주께서 주의 말씀에 의롭다 함을 얻으시고 판단 받으실 때에 이기려 하심이라 함과 같으니라**

사도 바울은 그럴 수 없다고 강조해서 말합니다. 유대인들이 믿든 안 믿든 하나님께서는 그 작정하시고 계획하신 것을 폐하시지 않는다는 것입니다. 사람은 거짓되나 하나님은 참되십니다. 인간은 거짓의 아비 마귀에게 잡혀서 속고 속이며 살아왔습니다. 죄 아래 인생은 다 거짓됩니다. 그러나 하나님은 참되시며 거짓이 전혀 없습니다. 하나님은 빛이시기 때문에 그 가운데 어두움이 없습니다. 하나님은 진리이시므로 그 안에 거짓이 있을 수 없습니다. 비록 만인이 다 거짓되더라도 하나님의 신실성은 침해되지 않습니다.

"주께서 주의 말씀에 의롭다 함을 얻으시고 판단 받으실 때에 이기려 하심이라". 이는 시편 51편 4절을 인용해서 한 말입니다. 시편 51편은 다윗이 간음하고 난 후 선지자 나단에게 죄를 지적당하고 크게 회개하고 통회하면서 지은 시인데, 그는 회개할 때 하나님께서 진정으로 의로우신 분이라는 것을 깨달았습니다. 자신의 죄가 크면 클수록 하나님의 의(義)가 얼마나 크고 태산 같은가를 깨닫게 됩니다. '주께서 하신 모든 말씀이 의롭다 함을 얻으신다' 는 것은 그 말씀이 참소의 대상이 되지 않는다는 말입니다. 감히 누가 주의 말씀을 흠잡아 "이것이 잘못되었소! 저것은 거짓이요! 과장이요!" 할 수 없다는 것입니다.

하나님의 말씀은 판단 받을 수도 판단의 대상이 될 수도 없습니다. "판단 받으실 때에 이기려 하심이라"는 본문 말씀처럼, 주의 말씀은 탁월하므로 어떤 도덕주의자의 판단이나 역사가의 판단이나 과학자의 판단에도 이기는 것입니다.

하나님의 말씀은 바로 하나님의 지혜요, 지식이기 때문에 현재 인간의 머리로서 깨닫지 못했다고 해서 하나님의 말씀을 함부로 판단하는 것은 극히 어리석은 행위입니다. 주의 말씀을 받아들이고 상고하는 사람은 세상의 어떤 사람보다도 지혜롭고 현명한 사람입니다. 성경은 "야훼를 경외하는 것이 지식의 근본이거늘"(잠 1:7)이라고 말씀하고 있습니다.

5절 그러나 우리 불의가 하나님의 의를 드러나게 하면 무슨 말 하리요 [내가 사람의 말하는 대로 말하노니] 진노를 내리시는 하나님이 불의하시냐

또한 유대인들은 이렇게 말합니다. "지금 하나님이 이방인에게 의롭게 나타나고 유대인 사회에도 의롭게 보인 것은 우리 유대인의 불의로

말미암은 것이다. 우리의 불의로 인해 하나님의 의가 드러난 것이다." 이것은 진리를 악용한 말입니다. 즉, 사람의 불의가 하나님의 의를 분명하게 나타내 주는 역할을 했으니 하나님께서 경건하지 못한 자에게 진노를 내리신다는 것은 잘못된 일이라는 주장인 것입니다.

이들의 주장은 어두움이 있어야 빛이 소용 있고, 추워 봐야 옷의 고마움을 안다는 논리인 것입니다. 그러므로 하나님이 아무리 의로우셔도 말씀을 맡은 유대인들이 불의해지지 않으면 하나님의 그 의로움이 드러나지 않는다는 것입니다. 하나님을 모신 자신들이 불의하게 되어 하나님께서 빛을 발하게 되었으니 자신들은 죄인이 아니며 오히려 하나님을 돕는 자라는 것입니다. 이러한 유대인들의 주장은 얼핏 보면 논리적으로 맞는 것 같아도 실제로는 그렇지 않습니다. 이는 죄를 지어서 하나님을 더욱 의롭게 돋보이도록 했으니 심판을 받을 필요가 없다는 주장인데, 억지에 불과한 이야기입니다.

"[내가 사람의 말하는 대로 말하노니] 진노를 내리시는 하나님이 불의하시냐". 유대인이 인간적인 생각에서 나온 말을 하므로, 사도 바울도 사람의 말하는 대로 말하겠다고 합니다. 진노는 죄에 대해 내리는 하나님의 공정한 심판을 말하는 것으로, 바울은 공의의 하나님께서 당신의 의를 드러내기 위해 유대인들을 시켜서 자꾸 불의를 행하게 하고 그것을 통해 당신의 의를 드러내시겠느냐고 질문합니다. 즉, 불의한 수단을 써서 당신의 의를 드러내고 영광을 취하시는 하나님이 아니시라는 말입니다.

6절 결코 그렇지 아니하니라 만일 그러하면 하나님께서 어찌 세상

을 심판하시리요

만일 하나님께서 그처럼 불의를 조작해서 당신의 의를 드러내는 하나님이요, 의가 결핍된 하나님이라면 어떻게 온 세상을 공정하게 심판할 수 있겠느냐는 말입니다. 결코 그렇지 않다는 것입니다.

7절 그러나 나의 거짓말로 하나님의 참되심이 더 풍성하여 그의 영광이 되었다면 어찌 내가 죄인처럼 심판을 받으리요

성경 해석을 잘못하는 것은 심각한 일입니다. 내가 대조동에서 천막을 치고 개척을 했던 시절에 교육도 많이 받고 열정이 많은 한 자매님이 있었습니다. 그런데 그 자매님이 구역 예배에 가거나 개인 전도를 할 때에 터무니없는 거짓말을 하는 것이었습니다. 예를 들면 "오늘 아침 일어나 보니 쌀독에 쌀이 없었어요. 그래서 기도하고 보니 쌀독에 쌀이 가득했습니다. 그러니 당신이 가난해도 염려하지 마세요." 또 아픈 사람에게 가서는 "우리 애가 병원에서 다 죽는다고 사형 선고를 받았는데 내가 기도하니 나았어요. 그러니 당신도 걱정할 것이 없어요."라고 거짓말을 하는 것이었습니다. 그래서 내가 하루는 그분을 불러 물었습니다. "자매님, 무엇 때문에 그런 거짓말을 하십니까?" 그러자 그 자매님은 "목사님이 성경을 모르셔서 그래요."라는 것이었습니다. 내가 "무슨 말입니까?"라고 묻자, 그 자매님이 대답하기를 "로마서 3장 7절 말씀을 보세요. '그러나 나의 거짓말로 하나님의 참되심이 더 풍성하여 그의 영광이 되었다면 어찌 내가 죄인처럼 심판을 받으리요' 라고 말씀합니다. 그러니 저는 죄인처럼 심판을 안 받아요. 저의 거짓말로 하나님의 영광을 드

러내고 하나님을 믿도록 사람들을 인도했으니 어찌 죄인처럼 심판을 받겠어요?" 라고 하는 것이었습니다. 그래서 내가 말했습니다. "자매님, 성경을 잘못 해석하셨습니다. 로마서 3장 7절, 이 한 구절만 가지고 해석하면 안 됩니다. 그 바로 다음 구절에는 그렇게 행하는 사람이 정죄 받는 것이 마땅하다고 했어요. 앞 구절과 뒷 구절의 문맥과 연관성을 살펴보고 이해해야지 그렇게 성경을 읽어서는 안 됩니다."

사도행전 5장에는 아나니아와 삽비라의 사건이 기록되어 있습니다. 그들 부부는 자기 땅을 판 후 땅값 얼마를 감추고 일부만 가지고 사도 앞에 나아와 그것이 땅값 전부라고 속였습니다. 그때 성령 충만한 베드로가 "아나니아야, 어찌 사탄이 네게 꽉 들어차서 하나님의 성령을 속이고 거짓을 말하느냐?" 고 말했습니다. 그런데 그때 아나니아가 이렇게 대답했다고 가정해 봅시다. "베드로 사도님, 제가 이렇게 거짓말했기 때문에 성령님이 그 사실을 지적하여 사람들로 하여금 성령님의 참되심과 하나님의 영광을 드러내지 않았습니까? 이렇게 저의 거짓말을 통해 하나님의 영광을 드러냈으니, 어찌 제가 정죄를 받겠습니까?" 이렇게 답변했다 하더라도 그가 심판받는 것은 자명한 일입니다. 하나님의 성령께서 무엇이 안타까워서 아나니아의 거짓말을 통해 영광을 받으시겠습니까? 우리 하나님은 인간의 사기와 거짓을 통해 당신의 참되심을 나타내실 정도로 궁색하고 야비한 하나님이 아닙니다.

8절 또는 그러면 선을 이루기 위하여 악을 행하자 하지 않겠느냐 어떤 이들이 이렇게 비방하여 우리가 이런 말을 한다고 하니 그들은 정죄 받는 것이 마땅하니라

7절의 궤변은 결국 "선을 나타내기 위해 악을 자꾸 행하자. 그러면 선이 악과 비교되어 더욱 두드러지게 나타날 것이다. 그러므로 하나님의 선하심을 나타내기 위해 악을 자꾸 행하는 것이 하나님의 사업을 행하는 것이다."라는 식의 극단적인 잘못으로까지 빠질 수 있다는 것입니다. 이미 어떤 사람은 바울 사도와 그의 동역자들이 이와 같이 선을 이루기 위해 악을 행하자는 식으로 가르쳤다고 비방하고 있었습니다. 이에 대해 사도 바울은 이런 잘못된 논리와 비방은 타당하지 못할 뿐 아니라 정죄받는 것이 마땅하다고 말하고 있습니다. 의와 진리의 하나님께서 불의와 거짓과 타협하여 이를 당신의 의와 진리를 나타내는 수단으로 삼지 않으십니다. 하나님은 불의와 거짓을 통해 당신의 의와 참되심을 드러내려고 하는 모든 악마적인 수단을 단호하게 배격하시고 의와 진리를 통해 영광을 취하십니다.

2. 다 죄 아래에 있다(3:9-18)

9. 그러면 어떠하냐 우리는 나으냐 결코 아니라 유대인이나 헬라인
이나 다 죄 아래에 있다고 우리가 이미 선언하였느니라 10. 기록된
바 의인은 없나니 하나도 없으며 11. 깨닫는 자도 없고 하나님을 찾
는 자도 없고 12. 다 치우쳐 함께 무익하게 되고 선을 행하는 자는 없

나니 하나도 없도다 13. 그들의 목구멍은 열린 무덤이요 그 혀로는 속임을 일삼으며 그 입술에는 독사의 독이 있고 14. 그 입에는 저주와 악독이 가득하고 15. 그 발은 피 흘리는 데 빠른지라 16. 파멸과 고생이 그 길에 있어 17. 평강의 길을 알지 못하였고 18. 그들의 눈앞에 하나님을 두려워함이 없느니라 함과 같으니라

9절 그러면 어떠하냐 우리는 나으냐 결코 아니라 유대인이나 헬라인이나 다 죄 아래에 있다고 우리가 이미 선언하였느니라

바울 사도는 "그러면 우리 유대인은 어떠한가? 다 같이 죄를 짓더라도 유대인이 소유하고 있는 특권 때문에 이방인보다 좀 더 낫다는 말인가?" 라고 묻습니다. 그러나 그 대답은 단연코 부정적입니다. 결코 아니라는 것입니다. 이미 사도 바울은 유대인이나 헬라인이나 모두 다 죄 아래 있다고 선언하였습니다(1:18-3:8).

'죄 아래에 있다' 는 말은 죄의 지배하에 있다는 말입니다. 온 인류는 아담과 하와 이후로 타락하자마자 죄의 지배를 받아 의를 선택할 자유를 잃어버리고 오직 죄만을 선택할 자유를 가지고 있게 되었습니다. 의와 진리와 선을 선택할 자유 의지를 완전히 잃어버렸습니다. 인간의 영이 죽어 버렸기 때문입니다.

10절 기록된바 의인은 없나니 하나도 없으며

'의인' 이란 무엇입니까? 죄를 한 번도 안 지은 사람이 의인입니다. 마귀에게 참소 당할 만한 것이 하나도 없는 사람이 의인입니다. 창세 이후로부터 오늘날에 이르기까지 의인은 하나도 없습니다. 그러므로 행위로

구원받을 수 있는 사람도 없습니다. 의는 죄를 심판하는 표준이 되는 것입니다. 의의 부재(不在)는 죄가 관영함을 뜻합니다.

11절 깨닫는 자도 없고 하나님을 찾는 자도 없고

본문은 시편 14편 2절과 53편 3절을 인용한 말씀으로, 어디서 와서 무엇 때문에 살며 어디로 가는지 스스로 깨달아 아는 자들도 없고 하나님을 스스로 간절히 찾는 자도 없다는 의미입니다.

세상의 모든 종교는 인간 편에서 하나님을 찾습니다. 그러나 기독교는 하나님 편에서 먼저 인간을 찾습니다. 우리가 하나님을 선택한 것이 아니라, 하나님께서 우리를 사랑과 은총으로 불러 주시고 선택해 주신 것입니다. 여러 종교는 사람 편에서 영원하신 하나님을 찾다가 결국 못 찾고 말지만, 하나님께서는 그 아들 예수 그리스도를 이 땅에 보내 주셔서 십자가 위에서 피 흘리게 하사 구원 사업을 완성하신 후 성령을 통해 그 사실을 믿도록 하신 것입니다. 그러므로 하나님 없이 또 하나님의 계시 없이 인간은 스스로 깨달을 수도, 하나님을 찾을 수도 없습니다.

눈의 시신경이 죽은 사람이 책을 읽을 수 없는 것처럼, 청력이 죽은 사람이 음악을 들을 수 없는 것처럼, 영이 죽은 사람은 하나님과의 관계가 끊어졌으므로 영의 세계를 전혀 모릅니다. 우리가 전도할 때 성령님이 임하셔서 그 영을 살려 주셔야 말씀을 깨달아 알 수 있는 것입니다.

12절 다 치우쳐 함께 무익하게 되고 선을 행하는 자는 없나니 하나도 없도다

맛을 잃은 소금이나 빛을 잃은 등불이 아무 쓸데없고 가치가 없는 것처럼 하나님을 반역하고 불순종하는 인간들은 모두 하나님 앞에 유익이 되지 못한다는 것입니다. 사람들은 한가지로 치우쳐 다 부패하였습니다.

선을 행한다는 것은 하나님을 아는 것을 의미합니다. 하나님을 모르고서는 선을 행할 수 없기 때문입니다. 하나님을 알고 행하는 선이 참된 선이지 하나님 없는 선은 인간의 악이 될 수 있습니다. 사람들은 자기 자랑을 하기 위해서, 이름을 내기 위해서 선을 행하기 때문입니다. 자기 자신을 위해서 하는 선은 선이 아닙니다. 그것은 자기를 우상화하는 인간의 악이 되는 것입니다.

요사이 신문에 보도되는 내용들을 살펴보면 정말 인간 가운데 선을 행하는 자가 하나도 없다는 것을 실감하게 될 것입니다. 한가족처럼 지내왔던 자가용 기사가 그 집에 뛰어 들어가 자기가 태우고 다니던 딸 같은 어린애를 죽이고 물건을 훔쳐가지를 않나, 아버지가 자기 자식이 공부 안 하고 순종 안 한다고 돌로 쳐 죽이지를 않나, 추운 겨울 아파트 베란다 밑 화단에서 어린아이가 칭얼대고 얼어 죽어 가도 무관심하지를 않나, 정말 우리가 살고 있는 이 세대에서 선을 찾아볼 수 있겠습니까? 선을 베푼다 해도 이해타산으로 행하니 참된 선이 어디에 있겠습니까? 열매를 보아 그 나무를 알 수 있듯이, 하나님의 품을 떠난 타락한 인간에게서는 부패와 죄악의 열매가 나오는 것입니다. 그리스도 예수가 아니고서는 이 땅에 소망이 없음을 분명히 알 수 있습니다.

13-14절 그들의 목구멍은 열린 무덤이요 그 혀로는 속임을 일삼으며 그 입술에는 독사의 독이 있고 그 입에는 저주와 악독이 가

득하고

무덤이란 죽음과 시체가 있는 곳입니다. 인간은 입만 열면 무덤처럼 사망이 나온다는 것입니다. 거짓의 아비 마귀에게 배워서 그 혀로 거짓을 말하며 입술에는 독사의 독이 있어 언제나 사람들의 가슴에 못 박는 소리를 합니다. 나는 입술에 독이 오른 사람들과 많은 신앙 상담을 해 왔습니다. 이들은 마음속의 시기, 분노, 질투 등으로 던진 말에 상처를 받고 독이 올라 서슬이 퍼래서 달려오곤 합니다. 입술에서 나오는 저주와 악독은 참으로 무섭습니다.

죽고 사는 권세가 혀에 있습니다. 그래서 사람들은 그 입술의 말로 정죄를 받거나 의롭다 함을 얻습니다. 성경을 보면 "우리가 믿는 도리의 사도이시며 대제사장이신 예수를 깊이 생각하라"(히 3:1)고 말씀하고 있는데, 여기서 '믿는 도리' 라는 말은 원어로 '고백' 이란 뜻입니다. 그러므로 이 말씀을 원어에 가깝게 해석하면 '우리가 믿고 고백하는 사도이시며 대제사장이신 예수를 깊이 생각하라' 라고 할 수 있습니다. 또한 "사람이 마음으로 믿어 의에 이르고 입으로 시인하여 구원에 이르느니라"(10:10)는 말씀도 있습니다. 결국 우리의 구원도 입술의 고백을 통해 이루어집니다. 입술의 고백이 믿음, 소망, 사랑을 가져올 수 있고, 입술의 고백이 불신앙과 절망, 미움을 가져올 수도 있습니다. 또한 입술의 고백으로 행복한 가정을 건설할 수 있으며 파괴할 수도 있습니다. 본문 말씀대로 '사람의 목구멍은 열린 무덤이요, 그 혀로는 속임을 일삼으며 그 입술에는 독사의 독이 있고, 그 입에는 저주와 악독이 가득하다' 는 사실을 기억하여 삼가 조심하며 언제나 우리의 입술을 하나님의 말씀으로 채워야 하겠습니다.

15-17절 그 발은 피 흘리는 데 빠른지라 파멸과 고생이 그 길에 있어 평강의 길을 알지 못하였고

인류의 역사를 살펴보면 어느 시대를 막론하고 피로 점철되어 있습니다. 평화는 전쟁을 준비하기 위한 과정이었을 뿐, 전쟁 준비가 끝나면 바로 싸우는 것이 인간의 역사였습니다. 이렇게 인간은 언제나 피 흘리는 역사를 되풀이해 왔습니다. 본문 말씀처럼 우리의 발은 피 흘리는 데 빨랐고, 그 결과 우리의 인생길에는 파멸과 고생만이 있게 되었습니다. 인간이 하나님의 길, 즉 전쟁이 없는 평강의 길을 알지 못했기 때문에 인간 중심의 역사는 파멸과 고생의 역사였던 것입니다.

18절 그들의 눈앞에 하나님을 두려워함이 없느니라 함과 같으니라

우리 하나님은 천지와 만물을 지으신 창조주시요, 우리의 육신뿐만 아니라 영혼까지도 영원한 불 못에 던질 심판주이십니다 그러나 사람들은 이러한 하나님을 경외하지도, 두려워하지도 않습니다. 이것이 오늘날 타락한 아담의 후손의 실존적인 상황입니다. 하나님에 대한 두려움은 경건의 정신입니다. 두려움이 없음은 경건하지 않음을 뜻합니다. 많은 사람들이 생각의 중심부에서 하나님을 제외시키고 마치 하나님께서 눈앞에 계시지 않은 것처럼 행동합니다. 이런 이유로 하나님께서는 한때 홍수로 심판하셨던 것입니다. 오늘날 하나님을 떠난 사람들은 장차 불로 심판을 받을 것이라고 성경에 예언되어 있습니다(벧후 3:6-7).

3. 하나님의 의(3:19-31)

19. 우리가 알거니와 무릇 율법이 말하는 바는 율법 아래에 있는 자
들에게 말하는 것이니 이는 모든 입을 막고 온 세상으로 하나님의 심
판 아래에 있게 하려 함이라 20. 그러므로 율법의 행위로 그의 앞에
의롭다 하심을 얻을 육체가 없나니 율법으로는 죄를 깨달음이니라
21. 이제는 율법 외에 하나님의 한 의가 나타났으니 율법과 선지자들
에게 증거를 받은 것이라 22. 곧 예수 그리스도를 믿음으로 말미암
아 모든 믿는 자에게 미치는 하나님의 의니 차별이 없느니라 23. 모
든 사람이 죄를 범하였으매 하나님의 영광에 이르지 못하더니 24.
그리스도 예수 안에 있는 속량으로 말미암아 하나님의 은혜로 값없
이 의롭다 하심을 얻은 자 되었느니라 25. 이 예수를 하나님이 그의
피로써 믿음으로 말미암는 화목제물로 세우셨으니 이는 하나님께서
길이 참으시는 중에 전에 지은 죄를 간과하심으로 자기의 의로우심
을 나타내려 하심이니 26. 곧 이때에 자기의 의로우심을 나타내사
자기도 의로우시며 또한 예수 믿는 자를 의롭다 하려 하심이라 27.
그런즉 자랑할 데가 어디냐 있을 수가 없느니라 무슨 법으로냐 행위
로냐 아니라 오직 믿음의 법으로니라 28. 그러므로 사람이 의롭다
하심을 얻는 것은 율법의 행위에 있지 않고 믿음으로 되는 줄 우리가
인정하노라 29. 하나님은 다만 유대인의 하나님이시냐 또한 이방인
의 하나님은 아니시냐 진실로 이방인의 하나님도 되시느니라 30.
할례자도 믿음으로 말미암아 또한 무할례자도 믿음으로 말미암아
의롭다 하실 하나님은 한 분이시니라 31. 그런즉 우리가 믿음으로
말미암아 율법을 파기하느냐 그럴 수 없느니라 도리어 율법을 굳게
세우느니라

19절 우리가 알거니와 무릇 율법이 말하는 바는 율법 아래에 있는 자들에게 말하는 것이니 이는 모든 입을 막고 온 세상으로 하나님의 심판 아래에 있게 하려 함이라

'우리가 알거니와' 라는 말은 우리가 이미 시인하고 아는 공인된 사실이어서 더 이상 설명할 필요가 없다는 뜻입니다. 그리고 '율법 아래에 있다'는 것은 율법 안에 혹은 율법의 영역에 있음을 의미합니다. 누가 이 율법 아래 있습니까? 첫째는 유대인들이고, 그다음은 유대인들이 율법을 전할 온 세상 만민이 율법 아래에 있습니다. 하나님의 율법은 십계명을 중심으로 하여 전개된 계명을 말합니다.

"이는 모든 입을 막고 온 세상으로 하나님의 심판 아래에 있게 하려 함이라". 율법은 사람을 구원할 권능이 없습니다. 사람의 잘못된 행위를 지적하기 위해 율법이 있는 것입니다. 죄 없는 사람이 하나도 없기 때문에 율법이 들어오면 모두 다 심판을 당하게 됩니다. 율법은 맑은 거울과 같아서 우리에게 붙은 세상의 먼지와 티끌을 다 드러내 줍니다. 그러나 그것을 씻어 주지는 못합니다. 그렇기 때문에 율법 앞에서 의롭다 함을 얻을 육체가 없습니다. 그리하여 모든 입의 핑계와 변명이 막히고 온 세상이 하나님의 심판 아래 있게 됩니다. 여기서 '온 세상' 은 유대인을 포함한 모든 이방인을 말합니다. 이는 율법이 없는 이방인들이라도 율법이 선언한 심판의 영역에서 벗어날 수 없다는 뜻입니다. 즉, 세상의 모든 사람에게 율법을 통해 동일한 심판이 내린다는 것입니다.

20절 그러므로 율법의 행위로 그의 앞에 의롭다 하심을 얻을 육체가 없나니 율법으로는 죄를 깨달음이니라

율법이 오면 죄를 깨닫게 될 뿐, 율법의 행위로 하나님 앞에 의롭다 하심을 얻을 육체는 하나도 없습니다.

만일 남편이 율법주의자라면 얼마 못 가 부인은 보따리를 싸서 달아날 것입니다. "당신 걸음걸이는 왜 그래?", "집안 살림을 왜 이렇게 하오?", "빨래는 왜 정시에 안 했소?", "이부자리는 왜 가지런히 안 해 놓았소?", "행주는 왜 빨아서 안 넣어 놓았소?" 이렇게 잔소리를 하면 누구라도 "못 살겠다!" 하고 도망치게 됩니다.

남편 역시 율법주의적인 아내를 참지 못할 것입니다. "여보, 옆집 남편은 돈을 잘 버는데 당신은 이게 뭐예요?", "누구는 세탁기를 새로 샀는데 우리 것은 낡은 털털이니, 이게 뭐예요?", "누구는 자가용을 새로 샀는데 당신은 뭐예요?" 하고 자꾸 바가지를 긁으면 안 됩니다. 남자가 강한 것 같아도 사실 약합니다. 남자를 자꾸 다그치면 남자들은 '그래 도둑질이라도 하라는 말이구나. 에이, 도둑질해야지!' 라고 생각하게 되는 것입니다. 그러므로 여성이 건전해야 그 사회가 건전합니다. 그러나 여성이 탐욕과 사치에 떨어져 남편을 긁어 대면 남성들은 탐관오리처럼 부정도 하고 도둑질도 하는 것입니다. "열 번 찍어 안 넘어가는 나무가 없다"는 말처럼, 집에서 자꾸 부인이 잔소리를 하면 그만 남자는 녹아 버립니다. 그렇기 때문에 남자는 세계를 움직이고 여자는 그 남자를 움직인다는 말이 있는 것입니다.

그러므로 우리는 어찌하든지 율법주의적인 남편이나 아내가 되지 말고 예수님의 사랑의 척도를 가지고 바라보는 은혜주의적인 남편과 아내가 되어야 합니다. 벤자민 프랭클린(Benjamin Franklin)이 말한 것처럼, 결혼 전에는 눈을 활짝 뜨고 살피고 결혼한 후에는 눈을 살짝 감고 살아야 합니다. 율법 앞에 완전한 사람이 없듯이, 율법주의자 앞에 흠이 없는 사람이 없기 때문입니다.

21절 이제는 율법 외에 하나님의 한 의가 나타났으니 율법과 선지자들에게 증거를 받은 것이라

율법의 행위로 말미암지 않고 율법과는 전혀 상관없이 하나님의 한 의가 나타났습니다. 이는 사람이 도(道)를 닦고 노력해서 얻은 사람의 의가 아닌 하나님의 의입니다.

이 의는 율법과는 전혀 상관없이 얻는 것이기는 하나, 이는 율법과 선지자들에게 증거를 받은 것이라고 본문은 말합니다. 즉, 구약 성경에 의해 이미 증거를 받은 하나님의 의가 지금으로부터 약 2천 년 전에 베들레헴 말구유에 나타났습니다. 예수님의 성육신(成肉身) 사건이 그것입니다. 구약 성경에서 예수님은 하나님의 아들이라고 증언하고 있으며, 모든 율법의 제사 의식은 예수님께서 십자가상에서 제물이 될 것의 예표입니다. 모든 선지자들의 예언도 예수님이 오시고 종국적으로 이 세상에 천년왕국이 건설될 것을 말했습니다. 이와 같이 율법과 선지자들이 계속해서 하나님의 의를 증언하고 있습니다.

하나님께서는 천하 인간 중에 구원받을 만한 다른 이름을 주신 적이 없습니다(행 4:12). 결단코 말하건대, 2천 년 전에 동정녀 마리아를 통해서 베들레헴에 태어나시고 33세에 갈보리 십자가에 못 박혀 죽으시고 3일 만에 부활하시고 승천하신 우리 주 예수 그리스도 외에는 구원이 없습니다.

22절 곧 예수 그리스도를 믿음으로 말미암아 모든 믿는 자에게 미치

는 하나님의 의니 차별이 없느니라

우리 믿음의 대상은 예수 그리스도이십니다. 예수 그리스도를 믿음으로 하나님께로부터 얻는 의는 구약 성경, 즉 율법과 선지자들에 의해 증언과 확증을 얻는 의입니다. 의는 '죄를 한 번도 안 지은 상태', '하나님 앞에 부끄럼 없이 설 수 있는 자격', '마귀에게 참소를 당하지 않는 위치' 를 말합니다. 예수 그리스도를 구주로 믿을 때 이러한 하나님의 의를 남녀노유, 빈부귀천, 종족의 차별 없이 선물로 주시니 얼마나 좋습니까? 유대인이나 헬라인이 모두 죄 아래 있어 심판을 받아야 하는 것과 마찬가지로, 모든 믿는 자들에게 하나님의 은혜가 값없이 주어지니 이는 차별 없이 주어지는 칭의(稱義)입니다.

요한복음 19장 30절의 "다 이루었다" 는 말씀은 예수님이 다 갚았다는 의미입니다. 즉, 하나님이신 예수님께서 사람이 되어 이 세상에 오셔서 흘리신 보혈로 인간이 지은 모든 죄를 다 청산해 버리신 것입니다. 우리는 이 예수 그리스도를 믿음으로 말미암아 용서받은 의인이 되었습니다. 그러므로 이제 우리는 용서받은 의인들로서 생각하고 말하고 생활해야 할 것입니다.

가을이 되어 정원에 나뭇잎이 자꾸 떨어지니까 청소하기가 귀찮았던 한 사람이 막대기를 가져다가 가지를 때리고 나무를 흔들어서 낙엽을 다 떨어뜨리려고 했습니다. 그러나 막대기로 때릴수록 나뭇잎은 안 떨어지고 오히려 나뭇가지만 부러지고 나무껍질도 벗겨졌습니다. 그런데 하룻밤 자고 일어나니 낙엽이 모두 떨어져 있었습니다. 밤새 비가 내려 나뭇잎을 다 떨어뜨린 것입니다.

이와 같이 인간의 힘으로 죄를 없애려고 장대로 때리고 애를 쓴다고 죄를 이길 수 있습니까? 사람의 노력으로는 죄를 이길 수 없습니다. 성령의 단비가 내려야 죄의 나뭇잎들이 떨어지고 마는 것입니다. 그래서 우리는 무엇보다 보혜사 성령님을 인정하고 환영하고 모셔 들이고 의지해야 하는 것입니다.

23절 모든 사람이 죄를 범하였으매 하나님의 영광에 이르지 못하더니

모든 사람은 아담과 하와로부터 물려받은 원죄(原罪)가 있으며 또한 죄의 본성으로 인해 생활 가운데 짓는 자범죄(自犯罪)를 가지고 있습니다. 이러므로 하나님의 영광에 이르지 못하게 되었습니다.

24절 그리스도 예수 안에 있는 속량으로 말미암아 하나님의 은혜로 값없이 의롭다 하심을 얻은 자 되었느니라

'속량' 은 값을 치르고 사는 것을 말합니다. 우리는 모두 죄로 말미암아 율법 앞에서 형벌을 받을 수밖에 없고 사망의 종이 될 수밖에 없는데, 하나님께서 독생자 예수 그리스도를 이 땅에 보내셔서 십자가에서 죽게 하심으로 값을 지불하게 하시고 우리를 구원해 주셨습니다. "하나님이 세상을 이처럼 사랑하사 독생자를 주셨으니 이는 그를 믿는 자마다 멸망하지 않고 영생을 얻게 하려 하심이라" (요 3:16). 따라서 예수님을 구주로 믿고 시인하는 자마다 하나님의 은혜로 의롭다 하심을 얻고 하나님 앞에 나아갈 수 있게 되었습니다. 그러므로 우리가 지불해야 할 행위적 대가는 없습니다. 그저 값없이 주시는 구원의 칭의(稱義)를 믿음으로 받아들이면 됩니다.

우리는 전등 빛에 대해서는 값을 지불하지만, 태양 빛에 대해서는 값을 지불하지 않습니다. 매일 마시는 공기에 대해서는 어떻습니까? 부모님의 사랑에 대해서는 어떻습니까? 이런 것들은 값으로 따질 수 없을 만큼 귀한 것이기 때문에 은혜로 받습니다. 너무 비싼 것은 공짜로 받는 것입니다. 하물며 하나님의 아들의 생명은 그 가치가 어떠하겠습니까! 가치를 측량할 수 없기 때문에 은혜로 받는 것입니다.

그러므로 우리 그리스도인들은 예수 안에서 모두 의인들입니다. 아직도 많은 사람들이 기도할 때 "이 죄인이 예수님의 이름으로 기도합니다."라며 "죄인!", "죄인!" 하는데, 죄 많은 것을 그렇게 자랑할 필요는 없습니다. 예수님께서 흘려 주신 보혈의 공로로 값없이 의롭다 함을 받았으므로 "이 용서받은 의인, 예수님의 이름으로 기도합니다."라고 시인하시기 바랍니다. 하나님께서 용서받은 의인이라고 하시는데 자꾸 스스로 죄인이라고 부르는 것은 겸손하다기보다는 부정적인 신앙에 가깝습니다. 이렇게 부르는 것은 자꾸 자신의 행위를 바라보기 때문입니다. 율법의 행위로는 하나님 앞에 아무도 설 수 없습니다. 그러므로 우리는 십자가에 달리신 예수님만을 바라보며 그의 보혈을 의지하고 감사와 찬미를 드려야 할 것입니다.

25절 이 예수를 하나님이 그의 피로써 믿음으로 말미암는 화목제물로 세우셨으니 이는 하나님께서 길이 참으시는 중에 전에 지은 죄를 간과하심으로 자기의 의로우심을 나타내려 하심이니

우리는 죄로 말미암아 하나님과 원수가 되었습니다. 그러나 하나님의 아들이신 예수님께서 참인간으로 오셔서 하나님과 죄인 사이에 화목제

물이 되어 주셨습니다. 예수님의 피가 하나님의 보좌 앞에서 우리를 화목하게 해 주셨습니다.

하나님께서 죄인에 대해 오래 참으시기 때문에 자칫 인간은 공의로우신 하나님에 관해 잊어버릴 우려가 있습니다. 그래서 하나님은 오래 참으시는 중에 전에 지은 죄를 없는 것처럼 여기시고 자기의 의로우심을 나타내려 하십니다. 하나님께서 그냥 죄를 용서해 주시면 불의를 조장하시는 하나님이 되므로, 우리의 죄를 간과하고 용서해 주시되 대가는 주님께서 대신 지불하신 것입니다. 그리하여 하나님의 사랑과 공의는 십자가에서 그 합치점을 이루게 된 것입니다.

26절 곧 이때에 자기의 의로우심을 나타내사 자기도 의로우시며 또한 예수 믿는 자를 의롭다 하려 하심이라

옛날 중국에서 있었던 이야기를 하나 하겠습니다. 봄철이 되어 보리와 밀이 무르익어 갈 때에, 탕남(蕩男)들이 술을 마신 후 말을 타고 가면서 밀밭, 보리밭을 마음대로 짓밟고 다녀 밭들이 엉망이 되었습니다. 그래서 대노한 황제가 명을 내렸습니다. "누구든지 술을 먹은 후 말을 타고 다니며 보리밭, 밀밭을 짓밟는 사람은 두 눈을 뽑아라." 왕의 추상같은 명령 앞에 누가 거역하겠습니까? 하루는 왕명을 어기고 밭을 망친 사람이 붙잡혀 왔습니다. 왕은 "당장 눈을 뽑을 집게를 준비해 오라!" 고 호통을 쳤습니다. 그런데 잡혀 온 청년을 본 순간 왕은 기절초풍을 하였습니다. 그 청년은 바로 자신의 왕위를 이을 왕자였던 것입니다. 만조백관이 지켜보는 가운데 내린 명령이라 자기 아들이라도 용서해 줄 수가 없었습니다. 만일 용서해 준다면 그 나라의 법이 서지 않습니다. 하지만 자기의 뒤를

이을 아들의 두 눈을 뽑자니 그것도 문제입니다. 두 눈을 뽑힌 왕이 어떻게 나라를 다스립니까? 왕으로서 의도 세워야 하고, 아버지로서 자식에 대한 사랑도 베풀어야 합니다. 얼마 후에 왕이 만조백관 앞에 나와서 "아비와 자식은 일체요, 생명과 운명의 공동체라. 사람은 두 개의 눈을 가지고 있으니 법을 지키기 위하여 나의 오른쪽 눈을 뽑고 내 아들의 왼쪽 눈을 뽑으라." 고 명했다고 합니다.

의도 세우고 사랑도 베푼다고 하는 이 어려운 문제가 하나님 아버지의 문제였습니다. 의를 세우자니 인류는 모두 죽을 수밖에 없고, 사랑을 베풀자니 우주에 의가 설 수 없습니다. 하나님께서는 당신도 의롭고 또 예수 믿는 사람도 의롭게 하기 위해 하나님의 독생자 예수그리스도를 이 땅에 보내어 온 인류의 죄를 모두 그에게 담당시켜서 그를 십자가에 달리게 하신 것입니다. 그러므로 예수님의 십자가에는 하나님의 자비와 은혜, 용서와 사랑, 희생과 공의가 나타나 있습니다. 예수님을 통해 하나님도 만천하에 당신의 의로우심을 나타내시고, 예수님을 믿은 사람들도 그 핏값으로 영원히 의롭게 되었습니다. 결국 하나님의 의도 서고, 사랑도 서게 된 것입니다. 진실로 예수 그리스도의 구원처럼 위대한 구원의 소식이 이 우주 어디에 또 있겠습니까?

27절 그런즉 자랑할 데가 어디냐 있을 수가 없느니라 무슨 법으로냐 행위로냐 아니라 오직 믿음의 법으로니라

어떤 특별한 법칙도 아니고 인간의 행위도 아닌 오직 믿음의 법으로 의롭게 되었다는 것입니다. 우리는 그저 "천부여, 의지 없어서 손들고 옵니다. 주께서 날 위하여 하신 일을 믿습니다." 할 때에 구원을 받습니다.

우리 자신에 대해서는 자랑할 것이 없습니다.

그러므로 주님 안에서 절대로 교만하지 마십시오. 주신 은혜에 그저 감사해서 주님을 섬기는 것입니다. 하나님께서 우리를 섬겨 주셨으니 우리도 하나님을 섬기는 것입니다.

나폴레옹이 세인트헬레나 섬에서 이런 말을 남겼습니다. "나는 불란서의 제왕으로 왕권과 군사의 힘으로 온 유럽을 다 정복했지만, 지금 이곳에 나를 따라오는 사람은 한 사람도 없다. 그러나 조그마한 지역에서 일평생을 살았고 3년 반 동안 사역하고 십자가에 못 박혀 죽은 나사렛 예수를 따르는 사람은 수천만, 수억이 된다. 나사렛 예수여! 당신이야말로 진정한 승리자입니다." 나폴레옹은 폭력으로 지배했기 때문에 아무도 안 따랐지만 예수님은 목숨을 바쳐 섬겼기 때문에 수많은 사람들이 따르는 것입니다.

28절 그러므로 사람이 의롭다 하심을 얻는 것은 율법의 행위에 있지 않고 믿음으로 되는 줄 우리가 인정하노라

복음은 이 세상 모든 사람들에게 전해져야 합니다. 세리나 창기, 술주정뱅이나 도둑, 살인자에게까지도 '예수를 믿으면 멸망하지 않고 영생을 얻는다' 는 구원의 복된 소식을 전해야 합니다. 우리가 의롭게 된 것이 우리 자신의 의로운 행위를 말미암지 않고 오직 의로우신 주님을 믿음으로 말미암아 이루어졌기 때문입니다.

29절 하나님은 다만 유대인의 하나님이시냐 또한 이방인의 하나님은 아니시냐 진실로 이방인의 하나님도 되시느니라

하나님은 만민의 하나님이십니다. 유대인들이 우리보다 인간적으로나 도덕적으로 낫기 때문에 택하신 것이 아니라, 오직 하나님의 말씀을 보존하고 전파하기 위해 제사장 국가로 택하신 것입니다. 창조주 하나님, 인류의 역사를 주관하시는 하나님은 유대인뿐만 아니라 모든 이방인의 하나님이십니다.

30절 할례자도 믿음으로 말미암아 또한 무할례자도 믿음으로 말미암아 의롭다 하실 하나님은 한 분이시니라

칭의(稱義)에 있어서 할례자인 유대인과 무할례자인 이방인 사이에 아무런 차별이 없습니다. 유대인도 할례를 받고 율법을 가졌기 때문에 구원받는 것이 아니라 오직 믿음으로 구원받으며, 이방인들도 믿음으로 말미암아 의롭다 함을 받습니다. 이는 한 분 하나님이 정하신 것입니다.

31절 그런즉 우리가 믿음으로 말미암아 율법을 파기하느냐 그럴 수 없느니라 도리어 율법을 굳게 세우느니라

하나님의 은혜로 구원받은 자가 "이제 믿었으니 율법은 필요 없다. 율법은 파기한다."라고 하겠습니까? 그럴 수 없습니다. 도리어 율법을 굳게 세울 것입니다. 우리가 믿기 전에는 율법이 우리의 심판관이었습니다. 그래서 그 율법 앞에서 벌벌 떨었습니다. 그런데 이제는 하나님께서 율법 행위를 예수의 피로 다 청산하시고 율법 외에 의를 주셨기 때문에 율법은 우리의 심판관에서 그 위치가 바뀌었습니다.

이제 율법은 우리를 따라다니며 "여기 때가 좀 묻었어요. 이것 가지고 다니면 아버지가 안 좋아해요. 씻으세요."라고 권하고, 우리는 "아, 그래

요. 그럼 씻지요."라고 대답하는 관계가 되었습니다. 율법은 더 이상 우리를 심판하는 심판관이 아니요, 하나님의 아들답게 살도록 도와주는 거울이 된 것입니다. 믿음으로 하나님의 자녀가 되었으니 자녀답게 살 수 있도록, 율법은 하나님의 법을 우리에게 보여 줍니다. 그러므로 믿는다고 율법을 철폐할 것이 아니라 더 열심히 그것을 공부해야 합니다. 우리는 '어떻게 하면 하나님의 자녀답게 살 수 있을까? 구원을 받았으니 어떻게 더 하나님 아버지를 기쁘게 할 수 있을까?' 라고 연구하며 노력해야 합니다. 이렇게 할 때 하나님의 축복을 받게 됩니다. 말하자면 구원은 믿음으로 받고, 축복은 우리의 행위로 받는 것입니다. 그러므로 우리가 주님을 잘 섬기면 이 세상에서 축복받고 하늘나라에 가서도 상급을 받게 될 것입니다.

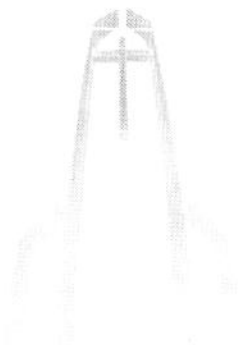

제 4 장

믿음으로 의롭게 됨

아브라함이 의롭다 하심을 받음	4:1-8
믿음의 조상 아브라함	4:9-17
아브라함의 믿음	4:18-22
의롭다 함을 받은 우리	4:23-25

사도 바울은 앞 장에서 믿음으로 의롭게 되는 교리를 언급했습니다. 이제 본 장에서는 구약을 바탕으로 앞 장에서 설명한 내용을 더욱 확고히 합니다. 예수 그리스도를 믿음으로 말미암아 의롭다 하심을 얻는 신앙의 원리는 하나님께서 아브라함에게 약속하신 언약의 성취이며 완성입니다. 또한 이 신앙의 원리는 결코 구약의 말씀에 모순되는 것이 아닙니다. 하나님께서 아브라함과 맺으신 언약은 그리스도 안에서 성취되고 완성되었습니다. 하나님께서 아브라함을 의롭다 하신 것은 그의 행함이나 할례나 율법에 의해서가 아니라 오직 믿음에 있었다는 것을 사도 바울은 분명히 밝힙니다. 아브라함이 믿음으로 의롭다 함을 받은 것같이 우리도 믿음으로 말미암아 의롭다 함을 받게 되는 것입니다.

1. 아브라함이 의롭다 하심을 받음(4:1-8)

1. 그런즉 육신으로 우리 조상인 아브라함이 무엇을 얻었다 하리요
2. 만일 아브라함이 행위로써 의롭다 하심을 받았으면 자랑할 것이
있으려니와 하나님 앞에서는 없느니라 3. 성경이 무엇을 말하느냐
아브라함이 하나님을 믿으매 그것이 그에게 의로 여겨진 바 되었느
니라 4. 일하는 자에게는 그 삯이 은혜로 여겨지지 아니하고 보수로
여겨지거니와 5. 일을 아니할지라도 경건하지 아니한 자를 의롭다
하시는 이를 믿는 자에게는 그의 믿음을 의로 여기시나니 6. 일한
것이 없이 하나님께 의로 여기심을 받는 사람의 복에 대하여 다윗이
말한바 7. 불법이 사함을 받고 죄가 가리어짐을 받는 사람들은 복이
있고 8. 주께서 그 죄를 인정하지 아니하실 사람은 복이 있도다 함
과 같으니라

1절 그런즉 육신으로 우리 조상인 아브라함이 무엇을 얻었다 하리요

육신적인 입장에서 아브라함을 한번 살펴보십시다. 아브라함은 75세에 갈대아 우르에서 하나님의 부르심을 받았습니다. 하나님의 부르심을 받기 전까지 아직 아브라함은 선민이 아니었음을 기억해야 합니다. 하나님께서는 아브라함에게 "너의 고향과 친척과 아버지의 집을 떠나 내가 네게 보여 줄 땅으로 가라"(창 12:1)고 명령하셨습니다. 하나님께서는 또한 그에게 "내가 너로 큰 민족을 이루고 네게 복을 주어 네 이름을 창대하게 하리니 너는 복이 될지라"(창 12:2)고 약속하셨습니다. 그 후 그를 통해 이스라엘 민족이 형성되었고, 그는 모든 믿는 자들의 믿음의 조상이 된 것입니다. 그러면 과연 아브라함은 하나님 앞에서 의롭다 함을 얻을 정도로 건실한 삶을 살았습니까? 창세기를 살펴보면 아브라함은 하나님 앞에서뿐 아니라 믿음의 후손인 우리들조차도 그를 믿음의 조상이라고 하기에는 민망스러울 정도의 삶을 살았다는 것을 알 수 있습니다.

아브라함은 처음부터 잘못을 저질렀습니다. 그는 하나님께로부터 모든 것을 버리고 떠나라는 지시를 받았음에도 불구하고 하란에서 얻은 모든 재물과 종들 그리고 조카까지 데리고 갔습니다. 이로 인해 아브라함에게 고난이 다가왔습니다. 하나님께서는 아브라함의 불신앙을 깨뜨리시기 위해 가나안 땅에 기근을 들게 하셨습니다. 아브라함은 기근을 모면하기 위해 자기 자신의 생각을 따라 애굽으로 내려갔습니다. 하나님의 허락 없이 애굽으로 간 아브라함은 자기 아내를 누이라고 속여 바로의 궁에 보내고 자신은 그 공으로 바로의 덕을 입고 살려고 했습니다. 그러나 하나님의 역사하심으로 그 사실이 밝혀져 아내를 돌려받은 아브라함은 많은 짐승과 종들과 금은보화를 얻어 다시 가나안 땅으로 돌아왔습니다. 아브라함은 가나안 땅에 돌아온 후 곧 조카 롯과 불화하여 헤어졌습니다.

그 후 아브라함은 아들을 주시겠다는 하나님의 말씀에 대한 믿음이 약하여져서 아내의 여종인 하갈을 첩으로 취해 이스마엘을 얻었습니다. 그런데 그 일로 인해 온 집안에 분란이 일어나 근심거리가 되자 결국 하갈과 이스마엘이 쫓겨나는 비극이 벌어졌습니다.

육신적으로 볼 때 아브라함은 과연 무엇을 얻었습니까? 의로움입니까? 그는 의로움과는 거리가 멉니다. 그가 얻은 것은 아무것도 없습니다.

2절 만일 아브라함이 행위로써 의롭다 하심을 받았으면 자랑할 것이 있으려니와 하나님 앞에서는 없느니라

아브라함이 행위를 통해 의롭다 하심을 받았으면 자랑할 것이 있겠지만 그에게는 의롭다 하심을 받을 만한 행위가 없었습니다. 이것은 비단 아브라함에게만 적용되는 것이 아닙니다. 먼지와 티끌 같은 이 세상 속에 사는 우리들 중 어느 누구도 행위로 의롭게 되어 구원을 받을 자는 없습니다. 만약 행위로 의롭게 되어 구원을 얻을 수 있다는 가르침이 있다면, 그것은 결국 구원이 없다는 가르침일 것입니다.

3절 성경이 무엇을 말하느냐 아브라함이 하나님을 믿으매 그것이 그에게 의로 여겨진 바 되었느니라

롯과 아브라함이 헤어진 후 시날 왕과 엘라살 왕 그리고 엘람 왕과 고임 왕이 롯이 살고 있던 소돔과 고모라에 쳐들어와 모든 성읍을 훼파하고 롯을 사로잡았습니다. 이 소식을 들은 아브라함은 자기 집에서 훈련시키던 318명의 사병을 거느리고 단까지 쫓아가 롯과 그의 가족들을 구해 왔습니다(창 14장). 이 일 후에 하나님께서 아브라함에게 "네 몸에서

날 자가 네 상속자가 되리라"(창 15:4)고 약속하시며 아브라함의 후손이 번성하여 밤하늘의 별만큼이나 많아질 것이라고 하셨습니다. 인간의 생각으로는 도저히 불가능한 일입니다. 그러나 아브라함은 하나님께서 하시겠다고 하실 때에 온전히 믿었습니다. 하나님께서 이 아브라함의 믿음을 보시고 그를 의롭다 하셨던 것입니다(창 15:6). 이처럼 아브라함이 얻은 의는 행위로 인한 것이 아니었습니다. 오직 믿음을 통해 의롭다 하심을 받은 것입니다.

사실 아브라함보다 낫다고 자랑할 만한 것이 우리에게는 전혀 없습니다. 우리들도 율법 앞에서는 떳떳할 수가 없습니다. 그러나 율법의 의가 아닌 믿음으로 인해 얻는 의가 우리에게 주어졌으니, 얼마나 감사한지 말로 다 할 수 없습니다.

믿음이 불안정한 신앙생활로 인해 걱정하고 한탄하는 분이 계십니까? 걱정하지 마십시오. 연약한 믿음도 믿음입니다. 하나님은 그 믿음을 보시고 여러분을 의롭다 해 주시며 믿음에서 믿음에 이르도록 축복해 주시고 도와주십니다. 아브라함을 보십시오. 창세기 15장에서 하나님의 약속을 받고 믿어서 의롭다 함을 입은 그도 "아들을 낳을 것이니 아내의 이름을 사라로 바꾸라."는 하나님의 명령을 듣고는 엎드려 웃었습니다(창 17:17). 그는 '내가 100살이고, 아내가 90살인데 어찌 자식을 낳을까?' 라고 생각하고 "이스마엘이나 하나님 앞에 살기를 원하나이다"(창 17:18)라고 말했습니다. 이처럼 아브라함의 믿음도 완전하지 않았습니다. 그러나 하나님께서는 그의 실오라기 같은 믿음을 보시고도 그를 의롭다고 해 주신 것입니다.

4-5절 일하는 자에게는 그 삯이 은혜로 여겨지지 아니하고 보수로 여겨지거니와 일을 아니할지라도 경건하지 아니한 자를 의롭다 하시는 이를 믿는 자에게는 그의 믿음을 의로 여기시나니

일을 한 대가로 받는 것은 은혜가 아닙니다. 그것은 마땅히 받아야 할 것을 받는 것이므로 일종의 빚을 받는 것일 뿐입니다. 그러나 전혀 일을 하지 않았는데도 일한 삯에 해당하는 것을 받는다면, 그것은 은혜로 받는 것입니다. 우리가 의롭다 하심을 받는 것이 이와 같습니다. 우리는 하나님을 경외하지 않았고 거룩하게 살지도 않았으며 우리 멋대로 살아왔으므로 도무지 의롭다 하심을 받을 수 없었습니다. 그럼에도 불구하고 우리는 아무 대가 없이 믿음으로 의롭다 하심을 받았습니다. 자격 없는 우리에게 하나님 편에서 일방적인 은혜로 우리의 믿음을 통하여 "너는 의로운 사람이다."라고 인정해 주신 것입니다.

6절 일한 것이 없이 하나님께 의로 여기심을 받는 사람의 복에 대하여 다윗이 말한바

바울 사도는 율법의 행위가 아닌 믿음으로 의롭다 하심을 받는 법칙에 대해 구약의 예를 들어 계속 설명하고 있습니다. 먼저는 아브라함의 경우를 들어 설명했고 이제는 다윗 왕의 말을 인용하여 설명하고 있습니다.

다윗과 사울이 똑같이 죄를 지었는데 하나님께서 다윗은 용서하시고 사울은 용서하지 않으신 이유가 무엇일까요? 그 이유는 다윗은 회개하였지만 사울은 변명했다는 데에 있습니다. 다윗은 죄를 지적받았을 때 그 자리에 꿇어 앉아 "내가 죄를 지었나이다."라고 회개했습니다. 시편 51편을 보면 다윗이 밧세바와 간음하여 죄를 범한 후 베개를 눈물로 적

시며 회개하고 통회, 자복 한 후 시편을 지어서 온 천하에 공개했습니다. 그러나 사울은 달랐습니다. 하나님 앞에 변명을 한 것입니다.

일한 것이 아무것도 없이 의롭다 하심을 받는 자는 진정 행복한 자입니다. 율법에 의하면 도저히 의롭다 하심을 받을 수 없는데도 믿음으로 의로워졌으니 이는 참으로 큰 영광이요, 행복입니다.

7절 불법이 사함을 받고 죄가 가리어짐을 받는 사람들은 복이 있고

'죄' 가 마음이 약해져서 잘못 행동하는 것을 의미한다면, '불법' 은 공공연한 패역을 의미합니다. 그러므로 하나님이나 사람 앞에서 공공연하게 잘못을 행하는 불법은, 본래 진리를 알지만 마음이 약하여 잘못 행동하는 죄보다 그 정도가 더한 것입니다. 그런데 그러한 불법이 사함을 받는다고 하였습니다. '사함을 받는다' 는 것은 '치워 버린다' 는 뜻입니다. 즉, 산더미처럼 쌓인 쓰레기를 치워 버리듯이 우리 죄를 치워 버린다는 뜻입니다. 그러므로 불법이 사함을 받는다는 것은 우리가 일생 동안 공공연하게 범한 모든 패역들이 산더미처럼 많이 있어도 하나님께서 치워 버려 주신다는 의미입니다.

'죄가 가리운다' 는 것은 사람이나 하나님께서 볼 수 없도록 죄가 감추어진다는 의미입니다. 결국 불법이 사함을 받는다는 것과 죄가 가리어짐을 받는다는 것은 같은 의미인 것입니다. 중요한 것은 이러한 모든 것이 우리의 행위에 의해서가 아니라 하나님의 은혜에 의한 것이며 또한 과거에 이미 성취되었다는 것입니다. 그렇기 때문에 우리는 축복을 받은 자들이며, 이제 우리에게 남은 것은 죄 사함과 구원의 축복을 받아 누리는 것뿐입니다.

8절 주께서 그 죄를 인정하지 아니하실 사람은 복이 있도다 함과 같으니라

여기서 '죄'는 윤리적인 사곡(邪曲), 즉 불공정을 뜻합니다. 이 죄를 인정하지 않고 도말해 주시니 얼마나 감사합니까? 분명 죄를 지었음에도 불구하고 주님께서 그 모든 죄를 대신 지셨기 때문에, 우리는 하나님의 법정에서 떳떳할 수 있습니다.

믿음으로 얻는 의는 굉장합니다. 우리는 항상 죄를 짓고 삽니다. 불법을 행하여 죄를 짓고 윤리적으로 불공정한 인간관계를 자행합니다. 그러나 하나님께서는 예수 그리스도 보혈을 통해 불법을 치워 버리셨고 죄를 덮어 주셨으며 불공정한 일을 없는 것으로 해 주셨습니다. 이런 큰 축복이 세상 어디에 있겠습니까? 이러한 축복을 받는 사람이 복 있는 자라고 다윗은 노래했던 것입니다.

예수 그리스도의 오심과 죽으심 그리고 부활과 승천을 믿기만 하면, 우리는 모든 죄를 사함 받고 의롭다 하심을 얻습니다. 예수 그리스도를 믿음으로 의롭게 되면 천국을 소유하게 되는 것입니다.

2. 믿음의 조상 아브라함(4:9-17)

9. 그런즉 이 복이 할례자에게냐 혹은 무할례자에게도냐 무릇 우리가 말하기를 아브라함에게는 그 믿음이 의로 여겨졌다 하노라 10.

그런즉 그것이 어떻게 여겨졌느냐 할례 시냐 무할례 시냐 할례 시가
아니요 무할례 시니라 11. 그가 할례의 표를 받은 것은 무할례 시에
믿음으로 된 의를 인 친 것이니 이는 무할례자로서 믿는 모든 자의 조
상이 되어 그들도 의로 여기심을 얻게 하려 하심이라 12. 또한 할례
자의 조상이 되었나니 곧 할례 받을 자에게뿐 아니라 우리 조상 아브
라함이 무할례 시에 가졌던 믿음의 자취를 따르는 자들에게도 그러
하니라 13. 아브라함이나 그 후손에게 세상의 상속자가 되리라고 하
신 언약은 율법으로 말미암은 것이 아니요 오직 믿음의 의로 말미암
은 것이니라 14. 만일 율법에 속한 자들이 상속자이면 믿음은 헛것
이 되고 약속은 파기되었느니라 15. 율법은 진노를 이루게 하나니
율법이 없는 곳에는 범법도 없느니라 16. 그러므로 상속자가 되는
그것이 은혜에 속하기 위하여 믿음으로 되나니 이는 그 약속을 그 모
든 후손에게 굳게 하려 하심이라 율법에 속한 자에게뿐만 아니라 아
브라함의 믿음에 속한 자에게도 그러하니 아브라함은 우리 모든 사
람의 조상이라 17. 기록된바 내가 너를 많은 민족의 조상으로 세웠
다 하심과 같으니 그가 믿은바 하나님은 죽은 자를 살리시며 없는 것
을 있는 것으로 부르시는 이시니라

9-10절 그런즉 이 복이 할례자에게냐 혹은 무할례자에게도냐 무릇 우리가 말하기를 아브라함에게는 그 믿음이 의로 여겨졌다 하노라 그런즉 그것이 어떻게 여겨졌느냐 할례 시냐 무할례 시냐 할례 시가 아니요 무할례 시니라

'이 복'은 행위가 아닌 믿음으로 의롭다 하심을 받는 복을 뜻합니다. 이 복이 유대인에게만 국한되어 있는 것인지 아니면 이방인에게도 적용되는 것인지에 관해 바울은 이야기하고 있습니다. 아브라함은 믿음으로 의

롭다 하심을 받았습니다(창 15:6). 의롭다 하심을 받은 후, 그 징표로 할례를 받으라는 명령을 받았습니다(창 17:10). 그러므로 아브라함은 무할례 시에 믿음을 통해 의롭다 하심을 받은 것입니다.

하나님께서는 아브라함의 나이 99세 때에 그의 집에 속한 모든 남자들은 다 할례를 받으라고 말씀하셨습니다. 이때 이스마엘의 나이는 13세였습니다. 아브라함은 자신을 포함하여 이스마엘로부터 시작하여 집안 모든 남자들이 다 할례를 받게 하였습니다. 이 할례 의식은 아브라함이 의롭다 함을 얻은 지 14년 후에 행하여졌습니다. 14년 전 85세 때 이미 믿음으로 의롭다 함을 얻었는데 14년 후에 하나님께서 할례를 받으라는 명령을 받고 시행한 것입니다. 이 의미는 이미 믿고 의롭다 함을 얻은 것에 대해 외적으로 도장을 찍어 주는 것입니다. 그러므로 의롭다 함은 믿음으로 얻는 것이지 할례로 말미암는 것은 아닙니다.

11절 그가 할례의 표를 받은 것은 무할례 시에 믿음으로 된 의를 인친 것이니 이는 무할례자로서 믿는 모든 자의 조상이 되어 그들도 의로 여기심을 얻게 하려 하심이라

바울은 아브라함이 할례 받기 전에 의(義)를 인 침 받았음을 말하고 있습니다. 할례는 의를 인 침 받은 후 외적 상징으로 행해진 것입니다. 이는 침례가 중생의 외적 상징으로 행해지는 것이지, 구원의 조건이 아닌 것과도 같습니다. 그러므로 누구든지 예수 그리스도를 믿기만 하면 할례자든지 무할례자든지 의롭다 하심을 얻게 되는 것입니다.

12절 또한 할례자의 조상이 되었나니 곧 할례 받을 자에게뿐 아니라

우리 조상 아브라함이 무할례 시에 가졌던 믿음의 자취를 따르는 자들에게도 그러하니라

물론 아브라함은 이스라엘의 조상입니다. 이 사실은 재론할 여지도 없는 분명한 것입니다. 그런데 사도 바울은 여기에서 아브라함의 '조상직'에 관한 새로운 해석을 첨가하고 있습니다. 아브라함은 할례 받은 유대 민족들의 육신적 조상이기도 하지만, 할례 받지 않은 이방인들, 곧 무할례자이지만 아브라함처럼 믿음을 통해 의롭다 하심을 받은 이방인들에게도 믿음의 조상이 되었다는 것입니다. 그러므로 아브라함에게는 두 종류의 자손이 있습니다. 하나님께서는 아브라함에게 "네 씨가 번성하여 하늘의 별과 같고 바닷가의 모래와 같게 하리니"(창 22:17)라고 약속하셨는데, 별에 비유된 자손은 영적 후손, 곧 믿음으로 의롭게 되는 신앙의 후손을 의미하고, 모래로 표현된 자들은 육신의 후손, 곧 할례 받은 유대인들을 의미한다고도 말할 수 있습니다. 그러므로 예수 그리스도를 믿는 자들은 영적으로 아브라함의 자손입니다. 아브라함처럼 믿음으로 의롭다 하심을 입었기 때문에 그의 후손이 된 것입니다.

13절 아브라함이나 그 후손에게 세상의 상속자가 되리라고 하신 언약은 율법으로 말미암은 것이 아니요 오직 믿음의 의로 말미암은 것이니라

하나님께서는 아브라함과 그의 후손들을 세상의 상속자로 세우시겠다고 약속하셨습니다. '세상의 상속자'라 함은 하늘나라뿐 아니라 이 땅도 상속받는 자라는 의미입니다.

예수님은 7년 환난 후의 천년왕국에서 왕으로 통치하실 것입니다. 그

리고 그 후 주님께서는 잠시 마귀를 풀어놓아 하나님을 따르는 자와 하나님께 거역하는 자를 나누실 것입니다. 그런 다음 모든 죽은 자들이 흰 보좌 심판대에 서서 심판을 받고 구원받은 자들은 새 하늘과 새 땅에 들어가게 될 것입니다.

아브라함이나 그 후손이 받을 축복은 율법으로 말미암은 것이 아니라 오직 믿음의 의로 인한 것입니다. 우리가 아브라함과 함께 하나님의 축복을 받은 상속자가 된 것은, 율법을 잘 지키고 의롭게 산 대가가 아니라 하나님을 믿는 믿음으로 말미암아 의롭다 하심을 받은 까닭입니다. 하나님께서는 아브라함의 믿음을 보시고 "네 씨로 말미암아 천하 만민이 복을 받으리니 이는 네가 나의 말을 준행하였음이니라"(창 22:18)고 말씀하셨습니다. 이 말씀대로 아브라함의 씨인 예수 그리스도로 인해 천하 만민이 복을 받게 된 것입니다.

14절 만일 율법에 속한 자들이 상속자이면 믿음은 헛것이 되고 약속은 파기되었느니라

13절의 "언약은 율법으로 말미암은 것이 아니요"라는 말씀이 다시 강조되고 있습니다. 여기서 '율법'은 순종과 실천을 요구하는 계명의 율법을 의미합니다. '율법에 속한 자들'이란 율법을 지배적 원리로 여기고 그 통치하에 있는 사람들을 가리킵니다. 율법을 잘 지키고 그 행위로 의롭다 함을 받아야만 상속자가 될 수 있다면, 모든 것이 우리에게 무의미합니다. 왜냐하면 성경은 분명히 "의인은 없나니 하나도 없으며"(3:10)라고 선언하고 있기 때문입니다. 하나님께서는 믿음으로 의롭다 함을 얻을 것이라고 약속하셨습니다. 그런데 만약 율법에 속한 자들이 상속자가 된다면 하나님의 약속은 어떻게 되겠습니까? 하나님의 약속이 폐기될 수 있습니까? 그럴 수 없습니다.

15절 율법은 진노를 이루게 하나니 율법이 없는 곳에는 범법도 없느니라

율법은 두 가지 역할을 합니다. 즉, 율법은 우리에게 '이러한 행동은 죄다' 라는 경고를 주고, 또한 죄지은 자를 심판합니다. 율법은 이러한 경고와 심판을 거쳐 진노를 가져다줍니다. 왜냐하면 인간은 경고를 통해 금지된 사항을 범하고 싶어 하는 경향을 갖고 있고, 그 때문에 경고는 심판을, 심판은 진노를 가져다주는 것입니다. 이런 과정을 염두에 둘 때에 율법이 하나님의 진노를 가져다준다는 것을 이해할 수 있습니다. 그러므로 율법이 없는 곳에서는 범법도 없습니다. 그러나 율법 하에서는 모든 사람이 죄인입니다.

16절 그러므로 상속자가 되는 그것이 은혜에 속하기 위하여 믿음으로 되나니 이는 그 약속을 그 모든 후손에게 굳게 하려 하심이라 율법에 속한 자에게뿐만 아니라 아브라함의 믿음에 속한 자에게도 그러하니 아브라함은 우리 모든 사람의 조상이라

바울 사도는 우리가 만물의 상속자로서 하나님의 상속을 받으려면 '믿음으로 말미암아 의롭게 되는 것' 외에 다른 도리는 없다는 것을 강조하고 있습니다.

상속자가 되는 것이 하나님의 무조건적이고 일방적인 은혜가 되기 위해서는 오직 믿음으로 되어야만 합니다. 하나님을 믿음으로 의롭게 되어

상속자가 되는 것이지 행위로 되는 것이 아닙니다. 그러므로 이것이야말로 은혜입니다. 하나님은 이것을 약속하시면서 아브라함의 모든 후손, 곧 영의 후손과 육의 후손을 모두 이 약속의 대상으로 삼으셨습니다. 아브라함은 유대인만의 조상이 아닙니다. 그는 또한 이방인이지만 믿음에 의해 의롭다 하심을 받은 우리들의 조상이기도 합니다. 곧 그는 모든 사람의 조상인 것입니다.

17절 기록된바 내가 너를 많은 민족의 조상으로 세웠다 하심과 같으니 그가 믿은바 하나님은 죽은 자를 살리시며 없는 것을 있는 것으로 부르시는 이시니라

아브라함이 믿던 하나님은 어떤 하나님이었습니까?

첫째로, '죽은 자를 살리시는 하나님' 이십니다. 아브라함은 아주 생생하게 이것을 체험했습니다. 외아들 이삭을 바치라는 하나님의 명령은 차라리 잔인하기조차 했을 것입니다. 그러나 아브라함은 즉각 순종했습니다. 그가 "아멘!" 이라고 외치는 순간 이삭은 죽은 목숨이었습니다. 모리아 땅으로 향하는 사흘간의 여정 동안 아브라함과 동행하던 이삭은 죽은 상태나 다름없었습니다. 그런데 모리아 땅의 지정된 한 산의 제단에서 이삭을 죽이려고 칼을 드는 순간, 아브라함은 죽은 자를 살리시는 하나님을 체험했습니다. "그 아이에게 네 손을 대지 말라" (창 22:12). 이 말씀은 이삭이 죽은 자 가운데서 살아날 것을 선언하는 말씀이었습니다. 이삭을 살리신 하나님, 이것은 하나의 모형입니다. 예수 그리스도께서 죽으신 지 사흘 만에 다시 사실 것을 보여 준 모형입니다. 하나님은 죽은 자를 살리시는 하나님이십니다. 그분은 우리의 죽은 영혼을 살리십니

다. 우리의 죽은 생활을 살리시고 죽은 가정을 살리십니다. 그분은 또한 죽은 결혼 생활을 살리십니다. 아브라함이 믿고 순종했던 하나님은 죽은 자를 살리시는 하나님이십니다. 아브라함이 이것을 체험했듯이 우리도 이러한 하나님을 체험해야 합니다.

둘째로, '없는 것을 있는 것으로 부르시는 하나님' 이십니다. 아브라함이 85세, 사라가 75 세일 때 그들에게는 자식이 없었습니다 그러나 하나님은 그들의 후손이 하늘의 별과 같으리라고 말씀하셨습니다(창 15:5). 더욱이 하나님은 그가 99세, 사라가 89세 되도록 여전히 자식이 없었음에도 불구하고 그의 이름을 '아브람' 에서 여러 민족의 아버지라는 의미인 '아브라함' 으로, 그의 아내의 이름을 '사래' 에서 여러 민족의 어머니라는 뜻인 '사라' 로 바꿔 주셨습니다(창 17:5,15). 우리도 아브라함과 같은 믿음을 가졌으면 죽은 자를 살리시는 하나님을 믿어야 할 것입니다. 또한 하나님의 약속이 지금 당장은 이루어지지 않았다고 해도 이미 이루어진 줄 믿고 마음속으로 바라보며 없는 것을 있는 것 같이 입으로 시인해야 할 것입니다. 죽은 자를 살릴 줄 믿고 없는 것을 있는 것으로 부르는 것, 이것이야말로 그리스도인들의 두 가지 믿음의 시금석입니다.

최근 나는 한국에 5백 개의 교회를 세우라는 하나님의 말씀에 따라 순종하고 있습니다. 현재는 5백 개의 교회가 다 세워지지 않았습니다. 그러나 이미 내 마음은 5백 개의 교회가 세워진 것을 바라보고 있습니다. 매일매일 기도할 때마다 5백 개의 교회가 세워진 것으로 인해 감사를 드립니다. 현재 내게는 없지만 하나님께는 이미 있는 것이므로 나 역시 이미 있는 것으로 바라보는 것입니다.

"당신은 죽은 자를 살리시는 하나님을 믿습니까?", "당신은 없는 것을 있는 것으로 부르시는 하나님을 믿고 시인할 수 있습니까?" 이 두 가지 질문에 "예."라고 대답해야만 아브라함의 후손이 될 자격이 있습니다. 여러분 모두 자신 있게 "예."라고 대답할 수 있게 되시기를 주님의 이름으로 축원합니다.

3. 아브라함의 믿음(4:18-22)

18. 아브라함이 바랄 수 없는 중에 바라고 믿었으니 이는 네 후손이
이 같으리라 하신 말씀대로 많은 민족의 조상이 되게 하려 하심이라
19. 그가 백 세나 되어 자기 몸이 죽은 것 같고 사라의 태가 죽은 것
같음을 알고도 믿음이 약하여지지 아니하고 20. 믿음이 없어 하나
님의 약속을 의심하지 않고 믿음으로 견고하여져서 하나님께 영광
을 돌리며 21. 약속하신 그것을 또한 능히 이루실 줄을 확신하였으
니 22. 그러므로 그것이 그에게 의로 여겨졌느니라

18절 아브라함이 바랄 수 없는 중에 바라고 믿었으니 이는 네 후손이 이 같으리라 하신 말씀대로 많은 민족의 조상이 되게 하려 하심이라

아브라함은 인간적인 견지에서 볼 때 바랄 수 없는 상태에서 바라고

믿었습니다. 그는 인간적인 희망으로 인해서가 아니라 하나님의 약속으로 인해 바라고 믿었던 것입니다. 인생을 살아가다 보면 절망적이고 부정적인 상황을 수없이 만나게 됩니다. 모든 희망을 잃어버리고 낙심 가운데 빠져 들게 될 때 이 말씀은 우리에게 큰 힘이 됩니다. 인간적으로 다 끝나고 바랄 수 없는 상황 중에라도 우리는 바랄 수 있게 되었기 때문입니다. 우리는 어떻게 바랄 수 있습니까? 오직 신앙 안에서 하나님의 약속을 믿는 믿음으로 바랄 수 있습니다. 인간적인 희망이란 제약이 많습니다. 인간의 희망으로 바랄 수 없는 것이 많이 있습니다. 그러나 우리는 눈에는 아무 증거 안 보이고 손에는 잡히는 것 없고 귀에는 아무 소리 안 들리는 상황에서도 하나님의 약속의 말씀으로 인해 희망이 있는 것입니다. 이것이 진짜 믿음입니다. 그러므로 환경을 바라보지 마십시오. 하나님을 믿는 자들은 하나님께서 주신 약속만을 바라고 소망을 가져야 합니다. 하나님의 약속을 품고 낙심하지 않으면 하나님께서는 우리의 자원이 되어 주시고 놀라운 일들을 이루어 주십니다.

19-21절 그가 백 세나 되어 자기 몸이 죽은 것 같고 사라의 태가 죽은 것 같음을 알고도 믿음이 약하여지지 아니하고 믿음이 없어 하나님의 약속을 의심하지 않고 믿음으로 견고하여져서 하나님께 영광을 돌리며 약속하신 그것을 또한 능히 이루실 줄을 확신하였으니

하나님께서는 우리 신앙인들이 하나님께 전폭적으로 의지할 것을 요구하십니다. 우리들이 무슨 일을 하다가 애쓰고 힘써도 안 되어 벽에 부딪쳐 "이제는 죽었다!", "이제 끝장났다!", "주님 알아서 해 주십시오!"

하고 하나님만을 의지하겠다고 고백할 때에 비로소 하나님께서 역사하서서 해결해 주십니다. 아브라함을 보십시오. 그는 75세에 아들에 대한 약속을 받고 인간적인 희망으로 이 약속을 믿었습니다. 그때만 해도 인간적으로 볼 때 아브라함이나 사라나 아이를 낳을 수 있었기 때문입니다. 그러다가 십 년이 지났습니다. 그래서 '이제 더 늙으면 안 되겠으니 첩이라도 얻어야지.' 라고 생각한 아브라함은 하갈을 첩으로 들여 이스마엘을 낳았습니다. 그러나 결과는 마이너스였습니다. 하나님께서는 분명히 이스마엘에 대하여 언약의 후손이 아니라고 말씀하셨습니다(창 17:19). 결국 아브라함의 생각이 가져다준 것은 가정 파탄뿐이었습니다(창 16:4-6; 21:9-11).

아브라함은 100세가 되었고 그의 아내는 90세가 되었습니다. '이제는 끝장이다. 누가 뭐래도 자식을 낳을 가망이 없다. 하나님, 우리는 못 합니다!' 라고 아브라함이 포기하자, 그때 하나님께서 역사하셨던 것입니다. 하나님께서 하시는 일은 우리 인간이 헤아릴 수 없습니다.

나도 이와 같은 경험을 한 적이 있습니다. 여의도순복음교회가 세워질 때의 일이었습니다. 나는 1만 명을 수용할 수 있는 세계 최대의 교회를 지으라는 말씀을 받았습니다. 시작할 때에는 잘될 것 같고 인간의 생각과 계획으로는 만사가 좋게 보였습니다. 그러나 일이 안되고 결국에는 벽에 부딪쳐 버리고 말았습니다. 결국 인간의 계획과 계산을 포기하고 하나님 앞에 나아가 "하나님, 이제 모든 것이 끝났습니다. 앞으로 나아가자니 나갈 길이 없고 뒤로 물러서자니 한국 교회뿐만 아니라 전 세계 교회 앞에서도 면목이 없습니다. 하나님, 이제 저는 못 합니다!" 하고 울며 기도했습니다. 그때 하나님께서 기적적으로 역사하셔서 여의도순

복음교회가 세워진 것입니다.

여러분이 죽게 될 것 같더라도 걱정하지 마십시오. 그런 일들이 닥치는 것은 우리가 하나님께 전폭적으로 맡기지 않았기 때문입니다. 입으로 "믿습니다. 아멘!" 하는 것은 쉽습니다. 하지만 전폭적으로 맡기는 것은 쉬운 일이 아닙니다. 전폭적으로 맡기지 못하기 때문에 하나님께서 그렇게 만드시는 것입니다. 그렇게라도 하셔서 우리가 하나님께 모든 것을 맡기게 하시려는 것입니다. 아무리 일이 안되고 죽을 것 같더라도 "아버지, 이제 저는 못합니다. 주님께 맡기니 주님께서 책임져 주십시오. 믿습니다! 아멘!" 하고 기도로 맡기면 마음이 편해집니다. 이것이 진짜로 맡긴 것입니다.

미국에서 있었던 일입니다. 건축업자에게 아들이 있었습니다. 건축업자는 독실한 신자였는데 그 아들은 굉장한 망나니였습니다. 항상 아버지를 괴롭히고 세상에서 못된 짓이란 못된 짓은 혼자 도맡아 하는 것 같았습니다. 죄를 짓고 유치장에 갇히기도 수십 번이고 허랑방탕한 생활로 아버지의 재산을 탕진하는 못된 아들이었습니다. 건축업자는 항상 아들 문제로 고민하면서 기도했습니다. 그러던 어느 날이었습니다. 평상시와 마찬가지로 사무실에서 무릎을 꿇고 아들을 위해 기도드리는데 주님의 음성이 들려왔습니다. "이 사람아, 자네가 아들을 전적으로 맡겨야 내가 역사를 하지, 말로는 '주여 맡깁니다, 믿습니다.' 해 놓고 돌아서서는 '내 아들! 내 아들!' 하니 내가 어떻게 맡아 역사할 수 있겠나?" 그 순간 이 아버지는 깨달았습니다. 그리고 기도드렸습니다. "주님, 주님께 제 아들을 맡깁니다. 주께서 역사하옵소서!" 기도가 끝나자마자 전화벨이 요란하게 울렸습니다. "여보세요, 당신 아들이 지금 철교에서 뛰어내려 자살했습니다." 건축업자는 깜짝 놀랐습니다. 그러나 다음 순간 호흡을 가다듬고는 아주 냉정한 목소리로 "여보세요, 그는 내 아들이 아닙니다. 내 아들은 하나님께 맡겼으니 자살할 리가 없지요. 하나님께서 돌보아 주실 것입니다." 하고는 전화를 끊어 버렸습니다. 다시 전화가 왔습니다. "여보세요, 여기 경찰서인데 아버지 좀 바꿔 주십시오." "예, 접니다." "아 그러십니까? 다름이 아니라 당신 아들이 지금 죄를 짓고 경찰서에 잡혀와 있으니 보석금을 갖고 빨리 오십시오." "여보세요, 난 그런 아들 둔 적이 없습니다. 그 사람은 내 아들이 아닙니다." 그 아버지는 아들의 문제를 아주 완전히 맡긴 것이었습니다. 그로부터 십여 년이 지난 어느 날 비서실에서 어떤 잘생긴 목사님이 인사를 드리러 왔다는 전갈이 왔습니다. 바쁘지만 목사님이라는 말에 만사 제쳐 놓고 만나 보기로 하였습니다. 들어오는 목사님을 보니 꼭 자기 아들 같은데, 예전의 모습과는 너무 달라서 자세히 그를 쳐다보았습니다. 그러자 그는 공손히 인사드린 후 말했습니다. "아버님, 안녕하십니까? 절 기억하시겠어요?" "왜, 나보고 아버지라고 하십니까? 옛날 우리 아들과 당신이 꼭 닮기는 했지만 누구신지요?" "제가 바로 그 아들입니다. 옛날에는 아버지를 협박하여 돈을 얻어 쓸 목적으로 투신 자살극을 꾸미기도 했고 감옥에 갇혔다고 해서 보석금을 타 쓸 목적으로 여러 가지를 해 보아도 아버지는 꿈쩍도 안 하셨죠. 이러지도 저러지도 못하고 초조해하고 있던 중 어떤 분의 전도를 받고 크게 감화를 받았습니다. 심기일전하여 새사람이 되겠다고 결심을 했지만 그냥 집에 올 수가 없어 신학교에 입학하여 고학으로 신학을 마치고 이제 목사가 되어 이렇게 돌아왔습니다. 그동안 심려를 끼쳐서 죄송합니다. 용서해 주십시오. 이제는 아버지가 원하시던 대로 신자도 되고 목사도 되었습니다." 그 아버지는 이 말을 듣고 아들을 얼싸안고 눈물을 흘리며 하나님께 감사를 드렸다는 것입니다.

건축업자 자신이 아들을 붙잡고 "내 아들, 내 아들!" 할 때는 하나님께서 역사하시지 못하셨는데, 하나님께 완전히 내어 맡기니까 이와 같은 기적을 행하셨던 것입니다.

아브라함도 마찬가지입니다. 자기 자신이 살아 있을 때에는 아내를 팔아먹기도 하고 첩을 두기도 하는 등 자기 할 일을 다 했습니다. 그러나 100살이 되어 "이제 나는 죽었습니다."라고 할 때 하나님께서 기적을 베푸셨던 것입니다.

본문을 보면 "그가 백세나 되어 자기 몸의 죽은 것 같고 사라의 태의 죽은 것 같음을 알고도 믿음이 약하여지지 아니하고 믿음이 없어 하나님의 약속을 의심하지 않고 믿음으로 견고하여져서 하나님께 영광을 돌리며"라고 말씀하고 있습니다. 여기서 '의심' 이라는 것은 '마음으로 다투다', 즉 두 마음을 갖는 것을 뜻합니다. '이렇게 할까, 저렇게 할까?', '믿을까, 안 믿을까?' 하며 두 마음을 품는 것이 의심입니다. 이처럼 우리 자아(自我)가 살아 있으면 두 마음을 갖게 됩니다. 의심하게 되는 것입니다. 그러나 우리가 죽으면 두 마음을 품을 수가 없습니다.

22절 그러므로 그것이 그에게 의로 여겨졌느니라

아브라함이 믿은 것은 하나님의 약속 때문이지 환경에 의한 것이 아닙니다. 이 믿음을 보시고 하나님은 아브라함을 의롭다고 인정해 주셨습니다. 약속에 터를 둔 믿음, 이 믿음 때문에 아브라함은 의롭다 하심을 받았던 것입니다.

4. 의롭다 함을 받은 우리(4:23-25)

23. 그에게 의로 여겨졌다 기록된 것은 아브라함만 위한 것이 아니요
24. 의로 여기심을 받을 우리도 위함이니 곧 예수 우리 주를 죽은 자
가운데서 살리신 이를 믿는 자니라 25. 예수는 우리가 범죄한 것 때
문에 내줌이 되고 또한 우리를 의롭다 하시기 위하여 살아나셨느니라

23절 그에게 의로 여겨졌다 기록된 것은 아브라함만 위한 것이 아니요

믿음으로 의롭다 하심을 받는 법칙은 아브라함에게만 국한된 것이 아닙니다. 아브라함뿐만 아니라 '하나님은 죽은 자를 살리시며 없는 것을 있는 것으로 부르시는 분이심' 을 믿는 우리 모두를 위한 법칙입니다.

24절 의로 여기심을 받을 우리도 위함이니 곧 예수 우리 주를 죽은 자 가운데서 살리신 이를 믿는 자니라

우리의 믿음의 근거는 어디에 두어야 합니까? 우리의 믿음은 예수 그리스도의 죽음과 부활에 두어야 합니다. 하나님께서 예수 그리스도를 죽은 자 가운데서 살리셨다는 사실을 굳게 믿을 때, 우리는 하나님께 의롭다고 인정을 받게 되는 것입니다.

25절 예수는 우리가 범죄한 것 때문에 내줌이 되고 또한 우리를 의롭다 하시기 위하여 살아나셨느니라

본문에서 예수는 '내줌' 이 되었다고 말씀하고 있습니다. 예수님께서는 여러 번 내줌을 당했습니다. 하나님께서 이 세상을 사랑하사 독생자를 내주셨고, 가룟 유다는 은 30냥을 받고 예수님을 유대인에게 내주었고, 빌라도는 예수 그리스도를 십자가에 못 박도록 내주었습니다. 예수님께서는 마치 버림받은 자처럼 내줌을 당하셨던 것입니다. 왜 그랬을까요? 그것은 바로 우리의 죄 때문입니다. 예수님께서는 우리의 죄 때문에 내줌이 되셨고, 우리에게 의롭다 하심을 주시기 위해 다시 살아나셨습니다. 다시 사신 것의 의미는 아주 중요합니다. 만일 예수님께서 그냥 죽으셨다면 우리에게는 희망이 없습니다. 왜냐하면 예수님께서 우리 죄를 짊어지시고 죗값으로 죽기만 했다면, 우리 죄를 청산하셨는지 아닌지 어떻게 알 수 있겠습니까? 주님께서 다시 살아나셨기 때문에 우리의 죄를 다 청산하셨다는 것을 확실히 알 수 있는 것입니다.

옛날 우리나라 관례 중 나라에서 천 냥을 빚진 사람이 그 돈을 갚지 못하는 경우 사형을 언도받았다고 합니다. 사형을 언도받고 정해진 기한 내에 빚진 돈을 갚으면 괜찮지만 그렇지 못할 경우에는 형을 집행했다고 합니다. 그래서 빚진 자가 감옥에 간 후 며칠이 지나서 거리를 활보하면, 사람들은 그 사람이 빚을 모두 갚은 것을 알았다고 합니다. 예수님의 경우도 비슷합니다. 우리의 죄를 짊어지고 십자가에서 죽으셨고 다시 살아나셨기 때문에, 우리는 주님께서 우리의 모든 빚을 갚으셨다는 사실을 알 수 있습니다. 또한 주님은 우리에게 부활의 영, 곧 성령을 보내 주셔서

우리의 확신을 더욱 굳건하게 해 주십니다.

우리는 본 장을 통해 믿음으로 의롭다 하심을 받는 것을 배웠습니다. 믿음으로 하나님 나라의 상속자가 되고 믿음을 통해 선물을 주시는 하나님의 구원을 받는 것이지 행위나 율법으로 인한 것이 아니라는 사실을 배웠습니다. 이제 우리가 해야 할 일은 구원받은 사람답게 살아가는 것뿐입니다. 그런데 이것이 쉽지 않습니다. 그렇기 때문에 하나님께서는 성령님을 보내셔서 우리를 도와주시는 것입니다. "성령도 우리의 연약함을 도우시나니"(8:26). 우리는 값없이 구원을 받았을 뿐만 아니라 이제 성령의 도우심까지 받기에 매일매일 그리스도의 모습을 닮는 성결의 생활을 할 수 있게 된 것입니다. 성령님께서는 우리가 죄를 짓고 넘어져도 일으켜 주시고 씻어 주시며 또 넘어지면 또 일으켜 주십니다. 그래서 저 높은 곳을 향하여 나아갈 수 있게 해 주시는 것입니다.

지식인이나 무식한 자나, 유대인이나 이방인이나 오직 믿음으로만 의롭다 하심을 받습니다. 그러므로 우리의 믿음을 보시고 구원을 주시는 하나님께 더욱 감사해야겠습니다. 그리고 더욱 주님을 닮을 수 있도록 기도해야 할 것입니다.

제 5 장

믿음으로 의롭다 하심을 얻은 자의 행복

A COMMENTARY ON
THE EPISTLE TO THE
ROMANS

예수 그리스도를 믿을 때 하나님으로부터 의롭다 하심을 얻게 된다는 이신득의(以信得意)의 신앙은 신약의 위대한 원리인 동시에 구약의 성취이며 완성입니다. 우리는 예수 그리스도를 믿음으로 하나님과의 관계가 올바로 회복되었습니다. 하나님과의 관계를 회복한 사람은 참다운 행복과 자유를 얻게 됩니다. 사도 바울은 본 장에서 의롭다 하심을 받은 자가 누릴 화평과 은혜의 생활을 밝히고 축복받는 생활의 확실성을 언급합니다.

1. 의롭다 하심을 받은 사람의 삶(5:1-11)

1. 그러므로 우리가 믿음으로 의롭다 하심을 받았으니 우리 주 예수 그리스도로 말미암아 하나님과 화평을 누리자 2. 또한 그로 말미암아 우리가 믿음으로 서 있는 이 은혜에 들어감을 얻었으며 하나님의 영광을 바라고 즐거워하느니라 3. 다만 이뿐 아니라 우리가 환난 중에도 즐거워하나니 이는 환난은 인내를, 4. 인내는 연단을, 연단은 소망을 이루는 줄 앎이로다 5. 소망이 우리를 부끄럽게 하지 아니함은 우리에게 주신 성령으로 말미암아 하나님의 사랑이 우리 마음에 부은 바 됨이니 6. 우리가 아직 연약할 때에 기약대로 그리스도께서 경건하지 않은 자를 위하여 죽으셨도다 7. 의인을 위하여 죽는 자가 쉽지 않고 선인을 위하여 용감히 죽는 자가 혹 있거니와 8. 우리가 아직 죄인 되었을 때에 그리스도께서 우리를 위하여 죽으심으로 하나님께서 우리에 대한 자기의 사랑을 확증하셨느니라 9. 그러면 이제 우리가 그의 피로 말미암아 의롭다 하심을 받았으니 더욱 그로 말미암아 진노하심에서 구원을 받을 것이니 10. 곧 우리가 원수 되었을 때에 그의 아들의 죽으심으로 말미암아 하나님과 화목하게 되었은즉 화목하게 된 자로서는 더욱 그의 살아나심으로 말미암아 구원

을 받을 것이니라 11. 그뿐 아니라 이제 우리로 화목하게 하신 우리 주 예수 그리스도로 말미암아 하나님 안에서 또한 즐거워하느니라

1절 그러므로 우리가 믿음으로 의롭다 하심을 받았으니 우리 주 예수 그리스도로 말미암아 하나님과 화평을 누리자

앞에서 바울은 율법을 지킴으로 구원받는 것이 아니라 예수 그리스도를 믿음으로 구원받는 것에 대해 아브라함과 다윗의 예를 통해 우리에게 증명하였습니다. 우리는 율법이 아닌 갈보리 십자가의 예수 그리스도를 믿음으로 구원받는 새 언약의 시대에 살고 있는 것입니다. 시내 산 언약을 따라 살고 있는 것이 아니라 갈보리 산 언약을 따라 살고 있습니다.

우리가 얻은 의로움은 행위나 의식에 의한 것이 아닙니다. 의롭다 하시는 하나님의 선물을 받는 것은 오직 믿음으로만 가능합니다. 우리가 '예수 그리스도께서 하나님의 아들로서 우리의 죄를 속하시기 위하여 십자가에 달려 죽으셨고 사흘 만에 부활하셨다.' 는 사실을 믿게 된 것은 굉장한 축복입니다. 수많은 사람들이 이 사실을 귀로 듣고 머리로는 깨우치지만 마음으로 믿지 못하고 있습니다. 우리들이 예수님을 나의 구주로 믿게 된 것은 곧 하나님께서 성령으로 우리 마음속에서 역사하셨기 때문입니다. 성령의 도우심이 없이 인간의 지성만으로는 예수님께서 그리스도이시며 우리의 구주이심을 믿을 수 없습니다. 성경은 "성령으로 아니하고는 누구든지 예수를 주시라 할 수 없느니라" (고전 12:3)고 말씀합니다. 그러므로 우리가 예수를 주라고 할 수 있는 것이 바로 그리스도의 영이 지금 우리 안에 들어와 계시다는 증거입니다. 우리 속에는 예수 그리

스도의 영이 들어와 계십니다. 그래서 예수님이 구주인 것이 믿어지고 입으로 시인하게 되는 것입니다. 이제 우리는 믿음으로 의롭다 하심을 얻었습니다. 만약 행위로 말미암아 의롭다 하심을 받는다면 의롭다 하심을 받을 수 있는 육체는 하나도 없습니다. 의롭다 하심을 받는 것은 행위나 의식이 아닌 믿음으로만 가능합니다.

캐나다에서 포수 두 사람이 사냥을 갔습니다. 키보다 높은 수풀 속에서 한참 사냥을 하고 있는데, 뒤에서 기차가 지나가는 소리처럼 큰 소리가 들려왔습니다. 돌아보니 숲에 불이 붙었습니다. 그래서 불을 피해 정신없이 달아나기 시작했는데 도저히 불의 속도보다 빨리 뛸 수가 없었습니다. 그때 한 사람은 정신없이 나무 위로 올라갔습니다. 또 한 사람은 뛰어 도망가다가 성냥을 꺼내어 불을 붙였습니다. 그리고는 불에 탄 자리로 뛰어 들어가 한가운데 쭈그리고 앉았습니다. 맞불을 붙인 것입니다. 나무 위로 올라간 사람은 타 죽었고, 맞불을 붙인 사람은 살았습니다. 하나님의 진노의 불길이 온 세상에 타오르는데 그 진노의 불길이 태우지 못하는 자리가 있습니다. 바로 갈보리 십자가입니다. 예수 그리스도께서 갈보리 십자가에서 맞불을 붙여 죄라는 '나무'를 다 태우셨기 때문에, 십자가 밑에 있는 사람들은 불탈 것이 없는 것입니다.

하나님은 의로운 분이십니다. 그렇기 때문에 우리가 죄인이었을 때는 하나님과 원수 사이였으나 이제 예수 그리스도의 보혈로 인해 죄가 청산되어 의롭게 되었으므로 하나님과 우리는 의로써 통할 수 있게 되었습니다. 깊음이 깊음을 향하여 부르짖고 산울림이 산울림을 향하여 달려가듯이, 의는 의와 통하는 것입니다. 하나님과 우리는 예수 그리스도로 말미암아 화목하게 된 것입니다.

사도 바울은 이 화평을 누리자고 말씀하고 있습니다. 그러면 과연 '누린다' 는 것은 무슨 뜻일까요? 하나님과 화평을 누린다는 것은 하나님과 깊은 믿음의 교제, 기도의 교제, 찬양의 교제를 통해 하나님의 복을 누린다는 뜻입니다. 요즈음 많은 사람들이 예수님을 믿고 의롭다 하심을 입은 후에도 하나님과 더불어 화평을 누리지 못합니다. 그러나 믿는 자들에게 주어진 또 하나의 특권은 하나님과의 교제를 통해 영육 간의 축복을 누리는 것입니다.

하나님과 우리는 예수 그리스도로 인해 화목한 관계가 되었습니다. 그러므로 우리의 생활 가운데 이 화목함을 누려야 합니다. 우리가 화목을 누릴 때 '좋으신 하나님' 을 깨달을 수 있습니다. 많은 사람들이 영혼이 잘됨같이 범사에 잘되고 강건하며 생명을 얻되 풍성히 얻게 해 주시는 좋으신 하나님의 은총을 알지 못하는 이유는 이미 얻은 평화를 누리지 못하기 때문입니다.

2절 **또한 그로 말미암아 우리가 믿음으로 서 있는 이 은혜에 들어감을 얻었으며 하나님의 영광을 바라고 즐거워하느니라**

'이 은혜' 라는 표현은 예수 그리스도로 말미암아 의롭다 하심을 얻고 하나님의 자녀라는 귀한 자격을 얻은 사실을 의미합니다. 더 나아가 하나님의 영이 우리 속에 계심으로 우리는 하나님 나라의 시민이 되었고 왕 같은 제사장이 되었다는 것입니다. '믿음으로 서 있는 이 은혜에 들어감' 으로 이 모든 것이 우리에게 주어진 것입니다.

믿음의 결과는 하나님의 영광입니다. 하나님의 영광이란 곧 천국입니다. 천국의 분위기만 영광스러운 것은 아닙니다. 그 영광이 직접 우리에게도 나타나기 때문입니다. 우리의 약한 몸이 변하여 강한 몸이 되고, 추하던 몸이 영화로운 몸으로 바뀌게 됩니다.

TV에 강도나 살인자, 탐관오리나 사기 친 사람들이 나올 때가 있습니다. 그들의 공통된 모습은 카메라 앞에서 옷을 뒤집어쓰고 얼굴을 가리는 것입니다. 죄는 수치심을 가져오기 때문입니다. 예수 그리스도의 보혈로 용서를 받으면 죄만 용서받는 것이 아니라 수치의 겉옷이 벗겨 집니다. 하나님 앞에서 고개를 들 수 있게 되는 것입니다.

우리의 영혼은 이미 영광을 얻고 있습니다. 영생을 얻었고 성령님을 우리 안에 모셨으며 하나님의 복을 소유했습니다. 그러므로 우리 영혼은 이미 영광을 누리고 있는 것입니다. 그러나 우리 몸은 아직 영광에 참여하지 못하고 있습니다. 장차 주님께서 재림하시는 날 우리의 몸도 영광을 누리게 될 것입니다.

그러면 우리의 생활은 어떻게 될까요? 요한계시록을 보면 새 예루살렘과 새 하늘과 새 땅에 대해 기록하고 있습니다. 새 예루살렘은 마치 신부가 신랑을 위해 단장하는 것 같다고 기록하고 있습니다. 다시는 눈물과 근심과 탄식과 죽음이 없습니다. 싸움이나 이별도 없고 배고픔도 없습니다. 인간의 말로써 표현할 수 있는 최고의 언어로 하늘나라를 묘사하고 있습니다. 그런데 인간의 언어로 표현할 수 없는 바로 그 영광이 우리에게 다가옵니다. 이 천국을 바라보면서 기뻐하고 즐거워하지 않을 수 있겠습니까? 우리는 이미 천국이 예약된 사람들입니다. 그래서 이 땅에서의 삶이 아무리 어렵고 힘들어도 낙심하지 않습니다. 저 하늘나라 도성을 향해 가면서 이 땅을 행인과 나그네같이 지나쳐 갈 뿐입니다. 그러므로 하나님의 은혜를 이 땅에서 많이 누리면 그것으로 감사하고, 또 많이 누리지 못하더라도 원망이나 불평을 하지 말아야 합니다. "잠시 잠깐 후면 오실 이가 오시리니 지체하지 아니하시리라"(히 10:37)고 성경은 분명히 말씀하고 있기 때문입니다.

그러므로 우리는 사도 바울처럼 이렇게 고백할 수 있습니다. "또한 그로 말미암아 우리가 믿음으로 서 있는 이 은혜에 들어감을 얻었으며 하나님의 영광을 바라고 즐거워하느니라".

3-4절 다만 이뿐 아니라 우리가 환난 중에도 즐거워하나니 이는 환난은 인내를, 인내는 연단을, 연단은 소망을 이루는 줄 앎이로다

2절에서 사도 바울은 장차 다가올 하나님의 영광을 바라보며 즐거워하라고 권면했습니다. 그리고 본문에서는 소망 가운데서 즐거워하는 것은 물론이고 환난 중에서도 즐거워하라고 권면하고 있습니다. 곤고(困苦)가 우리의 내부에서 시작되는 괴로움이라면, 환난은 외부로부터 닥쳐오는 어려움입니다. 우리는 살아가면서 많은 환난을 접하게 됩니다. 그런데 우리 믿는 사람들은 환난과 풍파가 다가와도 즐거워합니다. 이것이 믿지 않는 사람들과 다른 점입니다. 믿지 않는 사람들은 환난이 다가오면 통곡하고 원망하고 탄식합니다. 그러나 우리 믿는 사람들은 환난 가운데서도 즐거워합니다. 환난을 통해서도 감사를 드리는 것입니다. 성경은 "범사에 감사하라"(살전 5:18)고 말씀합니다. 만약 우리가 환난을 즐겁게 받아들이고 환난 중에도 감사할 수 있다면, 환난이 변하여 우리의 영과 육을 살지게 하는 양식이 될 것입니다. 그러나 환난을 당했을 때 원망하고 불평하면, 소화 불량이 되어 큰 고통을 당하게 됩니다. 환난은 믿음의 위장 속에서 소화되어 우리의 신앙에 양분이 되는 것입니다. 환난은 교육 과정입니다. 그래서 환난이 늘 계속되지는 않습니다. 한 단계의 교육 과정이 끝나면 그 환난도 끝나는 것입니다. 일반 교육 과정에도 초등 교육 6년, 중등 교육 3년, 고등 교육 3년, 대학 교육 4년이 있듯이, 우리가 당하는 환난에도 초등, 중등, 고등, 대학 과정의 환난이 있습니다. 점점 강한 환난이 있는 것은 점점 우리를 성장시키기 위함입니다. 대학 졸업자가 초등학교 졸업자보다 월급을 더 많이 받는 것처럼, 큰 환난을 통해 훈련된 사람일수록 큰 복을 받게 되어 있습니다. 우리의 신앙은 기도와 말씀뿐 아니라 환난을 먹고 자라는 것입니다.

또한 본문에 환난은 인내를 이룬다고 하였습니다. 인내라는 것은 '질긴 힘'을 말합니다. 사람이 힘을 얻으려면 환난을 자꾸 당해야 합니다. 마라톤 선수는 오랜 시간 뛰는 환난을 일부러 겪어야만 다리 근육이 튼튼해지고 심장이 튼튼해져서 질긴 힘을 얻게 됩니다. 역도 선수는 무거운 역기를 드는 환난을 자꾸 겪어야만 훌륭한 선수가 될 수 있습니다. 마찬가지로 우리 신앙인들도 강한 신앙인으로 성장하기 위해서는 많은 환난을 거쳐야만 합니다.

신앙생활에서는 먼저 된 자가 나중 되고 나중 된 자가 먼저 되기도 합니다(눅 13:30). 그러나 신앙생활에서의 연조(年條)는 무시할 수 없습니다. 예수님을 막 믿기 시작하여 성령의 충만함을 받고 불붙듯 타오르는 신앙도 아름답지만, 10년이고 20년이고 꾸준히 믿어 온 사람의 차분한 신앙도 은은하고 아름답기 때문입니다. 전자의 경우는 뜨거운 열정이 충만하지만, 후자의 경우는 오랜 신앙생활의 환난을 통해 길러진 질긴 힘, 즉 인내가 충만합니다. 오래 믿고 많은 시련을 소화시킨 사람은 강한 힘이 있습니다. 그러므로 우리는 당면한 환난을 신앙의 힘으로 이겨야 합니다. 그렇게 할 때 우리의 신앙은 더욱더 강해질 것입니다.

갈렙과 여호수아를 보십시오. 가나안을 정탐하고 돌아온 정탐꾼들 중 부정적인 안목을 가진 열 사람은 "우리가 두루 다니며 정탐한 땅은 그 거주민을 삼키는 땅이요 거기서 본 모든 백성은 신장이 장대한 자들이며 거기서 네피림의 후손 아낙 자손의 거인들을 보았나니 우리는 스스로 보기에도 메뚜기 같으니 그들이 보기에도 그와 같았을 것이니라"(민 13:32-33)고 불평과 불만을 터뜨렸습니다. 그러나 여호수아와 갈렙은 달랐습니다. 이 두 사람은 "야훼께서 우리를 기뻐하시면 우리를 그 땅으로 인도하여 들이시고 그 땅을 우리에게 주시리라 이는 과연 젖과 꿀이 흐르는 땅이니라 다만 야훼를 거역하지는 말라 또 그 땅 백성을 두려워하지 말라 그들은 우리의 먹이라"(민 14:8-9)고 말했습니다. 먹이는 먹어야 내 것이 됩니다. 내 몫으로 주어진 먹이를 먹지 않으면 굶주려 힘을 잃게 되는 것입니다. 갈렙과 여호수아는 강한 환난을 먹이로 생각하고 이스라엘의 열 정탐꾼이나 백성들처럼 원망하거나 불평하지 않았습니다. 오히려 이들은 "우리가 곧 올라가서 그 땅을 취하자 능히 이기리라"(민 13:30)고 말하며 기뻐했습니다. 그러나 이스라엘 백성 1세대들은 여호수아와 갈렙의 이야기를 듣지 않고 부정적인 정탐꾼들의 이야기를 들은 결과, 광야에서 다 죽게 되었습니다. 다만 여호수아와 갈렙 두 사람만이 환난을 먹이로 생각하고 즐겨 받아먹고 소화시켰기 때문에 죽지 않고 가나안 땅에 들어가는 축복을 받아 누렸습니다.

인내는 또한 연단 받은 신앙을 이루게 해 줍니다. 연단이라는 것은 경험을 뜻합니다. 연단을 많이 받은 사람은 경험을 많이 한 사람입니다. 많은 경험을 가진 사람은 어떠한 어려움이 닥쳐와도 과거의 경험이 있기 때문에 능히 환경을 정복하고 이겨 나갈 수 있습니다.

환난을 통해 질긴 힘을 얻고, 질긴 힘인 인내를 통해 연단을 얻고, 연단은 신앙의 체험을 가져다주는 것입니다. 그리고 신앙의 체험은 우리를 더 깊고 확실한 소망으로 인도합니다. '하나님께서 이런 약속을 이루어 주셨으니 장차는 더 큰 언약의 말씀도 이루어 주실 것이다.' 라는 뜨거운 소망이 신앙 체험을 통하여 더욱 깊어지는 것입니다.

이 모든 것의 출발은 환난입니다. 그러므로 우리는 환난 중에도 즐거워하는 것입니다.

5절 소망이 우리를 부끄럽게 하지 아니함은 우리에게 주신 성령으로 말미암아 하나님의 사랑이 우리 마음에 부은 바 됨이니

환난을 통해 얻은 소망은 부끄러운 것이 아닙니다. 거짓된 소망이 부끄러울 뿐입니다. 소망이 있어 하나님 앞에서 긍정적이고 적극적인 믿음으로 나가면 그 소망을 가진 사람은 성령의 기름 부음이 넘치게 되는 것입니다. 소망이 없는 사람, 절망한 사람에게는 마귀가 오지만, 소망이 넘치는 사람에게는 성령께서 충만하게 임하시고, 성령으로 충만하게 되면 하나님의 사랑을 체험하게 되는 것입니다. 우리는 성령을 통해 하나님의 사랑을 시시각각 새롭게 느낄 수 있습니다. 하나님의 사랑을 느낄 때마다 모든 것이 아름답게 느껴집니다. 부모님과 형제자매, 아내, 남편과 자녀들이 아름답게 보입니다. 사는 것이 즐거워집니다. 이 세상이 기쁨의 빛으로 가득 차 보입니다. 하나님의 사랑이 성령을 통해 우리의 마음속에 감격으로 파도쳐 올 때에 삶은 이와 같이 아름답고 즐거워집니다. 이것은 오직 환난 중에도 즐거워하고 인내의 힘을 얻고 인내를 통한

연단을 받아 그 연단의 결과로 소망을 가진 자들에게만 가능합니다. 이 소망을 따라 성령께서 하나님의 사랑을 부어 주십니다. 그냥 조금 주시는 것이 아니라 충만하게 부어 주십니다. 충만하게 부어진 하나님의 사랑은 우리에게 기쁨을 가져다줍니다.

6절 우리가 아직 연약할 때에 기약대로 그리스도께서 경건하지 않은 자를 위하여 죽으셨도다

'우리가 아직 연약할 때' 라는 것은 구원받지 못하고 육신으로 있을 때를 말합니다. 우리의 육신은 연약해서 율법의 짐을 지지 못합니다. 하나님의 율법의 짐을 짊어졌다가는 넘어져 버릴 것입니다. 우리가 아직 죄 가운데 있을 때에 하나님께서는 약속대로 예수님을 보내셨습니다. 예수님께서 이 땅에 오셔서 죄짓고 불의하고 추악한 우리를 위해 죽으셨습니다. 우리의 모든 죄를 도맡아 지고 십자가에 달리셔서 단번에 청산해 주신 것입니다. 과거의 죄만 용서해 주셔도 말할 수 없을 정도로 고마울 것인데, 과거의 죄뿐 아니라 우리 일생의 모든 죄악을 일시에 청산해 주셨으니 어찌 감사하지 않겠습니까? 하나님께서는 우리의 믿음을 보시고 죄 없는 사람으로 간주하시는 것입니다.

7절 의인을 위하여 죽는 자가 쉽지 않고 선인을 위하여 용감히 죽는 자가 혹 있거니와

'의인' (義人)이란 율법의 규정을 잘 지켜서 타인에게 존경을 받는 자를 말합니다. 그런데 바울 사도는 '의인을 위하여 죽는 자가 쉽지 않다' 고 했습니다. 우리가 어떤 사람을 존경할 수는 있으나 그 사람을 위해서 죽

기는 쉽지 않습니다. 목숨이 열 개가 되더라도 힘들 것입니다.

그러나 바울 사도는 '선인을 위하여 용감히 죽는 자는 혹 있다' 고 했습니다. 선인(善人)을 위해서는 죽을 사람이 있다는 뜻입니다. 왜냐하면 선인은 사랑을 베풀므로 타인에게 사랑을 받는 자이기 때문입니다. 의인이 행하는 의는 차갑지만, 선인이 행하는 사랑은 뜨겁습니다. 냉철한 관계에서는 죽을 수 없지만, 사랑의 관계에서는 기꺼이 죽을 수도 있습니다.

아내를 지극히 사랑하는 남편이 위기에 처했을 때 그의 아내는 기꺼이 남편을 대신하여 죽으려고 할 것입니다. 마찬가지로 남편을 극진히 사랑하는 아내가 죽게 되었을 때 그 남편은 아내를 위해 기꺼이 자기 목숨까지라도 내놓을 것이 분명합니다. 아내의 사랑에 감격하였기 때문입니다. 이렇듯 사랑에는 강한 힘이 있습니다.

그러나 만약 아내를 사랑하지 않는 어떤 남편이 인격적으로 완전하고 좋은 성품을 지니고 있다고 합시다. 그리고 아내를 물질적으로 편안하게 해 주어 아내에게서 사랑이 아닌 존경을 받는다면 어떻겠습니까? 그 남편이 죽게 되었을 때 그의 아내는 기꺼이 남편을 대신하여 죽을 수 있을까요? 힘들 것입니다. 그렇기 때문에 바울 사도는 '의인을 위하여 죽는 자가 쉽지 않다' 고 한 것입니다. 남편은 그의 아내에게 도덕적으로나 물질적으로 의인일지는 모르지만 선인은 아니기 때문입니다.

이 말씀은 우리들의 결혼 생활에도 적용이 됩니다. 부부가 서로에게 의인이 되는 것도 좋으나, 가장 바람직한 것은 서로에게 선인이 되는 것입니다. 남편이 아내에게 "당신은 이런 점이 나쁘니 고치시오." 라고 지적하거나, 혹은 아내가 남편에게 "당신의 성공을 위해 이렇게 해요." 라고 충고를 할 때 남편이나 아내가 그렇게 변화한다면야 문제는 없습니다. 그렇지 못하기 때문에 문제가 됩니다. 충고는 좋지만 충고를 받아들인다 하더라도 충고를 한 사람과는 거리가 벌어질 수밖에 없습니다. 그래서 우리는 연약한 인간인 것입니다. 남편이나 아내 앞에서 의인이 되려고 하지 마십시오. 선인이 되십시오. '선인' 이란 이해하고 사랑하는 사람입니다. 자신의 남편이나 아내를 가르치거나 교육하려고 하는 대신 그들을 이해하고 사랑하십시오. 뜨거운 열이 강한 쇠를 녹이듯, 우리의 뜨거운 사랑이 남편이나 아내를 녹여 버리고 말 것이기 때문입니다. 아내가 남편의 장점을 찾아 칭찬해 주고 존경해 주십시오. 그리고 뜨겁게 사랑하십시오.

그러면 '누가 교훈을 할 것인가?' 라는 점이 남습니다. 잘못한 점이나 고쳐야 할 점들을 누가 바로잡아 줄 수 있겠습니까? 그 일을 할 수 있는 사람은 목회자입니다. 목회자가 하나님의 말씀으로 사랑의 권면을 해야 합니다. 목회자가 강단에서 외치는 말씀을 들을 때 하나님의 성령께서 권위로 역사하십니다. 그러면 듣는 분들은 스스로 뉘우쳐 "아, 내가 잘못했구나. 말씀대로 살아야지." 라고 고백하게 됩니다. 아내나 남편이 교훈해서는 잘 해결되지 않습니다. 그러나 목회자가 강단에서 하나님의 성령의 권위로 말할 때 그 말씀에 부딪히면 고쳐집니다.

8절 우리가 아직 죄인 되었을 때에 그리스도께서 우리를 위하여 죽으심으로 하나님께서 우리에 대한 자기의 사랑을 확증하셨느니라

7절에서 바울 사도는 "의인을 위하여 죽는 자가 쉽지 없고 선인을 위

하여 용감히 죽는 자는 혹 있지만 매우 드물다."라고 말했습니다. 그런데 의인도 선인도 아닌 죄인을 위하여 하나님께서는 그의 아들을 제물로 내어 주셨습니다. 이것이야말로 하나님이 우리를 극진히 사랑하신 확증이 아니고 무엇이겠습니까!

예수 그리스도께서는 하나님을 거역하고 원수가 된 우리들을 위해 십자가에 달려 돌아가셨습니다. 우리가 하나님을 대적하는 죄인임에도 불구하고 하나님은 일방적으로 우리들을 사랑하셨습니다. 그 증거로 독생자를 우리에게 보내 주셨습니다. 독생자를 우리를 위해 죽음에까지 내어 주셨으니 이보다 더 확실한 사랑의 확증이 없습니다(요 3:16).

사실 사랑을 하는 것도 힘들고 어렵지만 사랑을 받아들이는 것 또한 어렵고 힘듭니다. 특히 동양 사람들은 사양은 잘하면서도 남이 베푸는 사랑을 받아들이는 데는 매우 서툽니다. 반면에 서양 사람들은 남이 베푸는 호의나 사랑을 받아들이는 데 매우 익숙합니다. 비록 우리가 사랑을 받는 데 익숙하지는 못하지만 하나님께서 베푸시는 사랑을 받는 것만큼은 무슨 일이 있어도 사양하거나 주저하지 말아야겠습니다. 하나님께서는 예수 그리스도를 통해 우리에게 그의 지극하신 사랑을 확증하셨습니다. 이 사랑을 받아들이기만 하면 구원이 우리에게 주어지는 것입니다.

9절 그러면 이제 우리가 그의 피로 말미암아 의롭다 하심을 받았으니 더욱 그로 말미암아 진노하심에서 구원을 받을 것이니

우리는 죄인이었지만 예수 그리스도의 보혈의 공로로 의롭다 하심을 받았습니다. 이제 하나님은 우리를 의롭다고 불러 주십니다. 죄인이 아닌 의인이기 때문에, 우리는 하나님의 진노하심에서 구원을 얻을 것입니

다. 하나님의 진노하심이란 세상의 끝 날에 올 7년 환난을 뜻합니다. 인류의 역사가 끝나고 천년왕국이 시작되기 전에 있을 7년 환난 동안에, 하나님을 배반한 사람들에 대한 주님의 진노하심이 있을 것입니다. 구원받지 못한 자들은 7년 환난을 겪고도 또 영원한 멸망으로 던져질 것입니다.

그러나 예수 그리스도의 사랑을 받아들인 사람들은 의롭다 하심을 얻었으므로 죄인들이 겪을 하나님의 진노하심에서 제외되었습니다. 오늘날 어떤 분들은 성도들도 7년 환난을 거칠 것이라고 하고, 또 어떤 분들은 7년 환난의 절반(3년 6개월)만을 겪을 것이라고 말합니다. 그러나 나는 그렇게 생각하지 않습니다. 하나님의 독생자 예수 그리스도를 믿는 자는 누구든지 의롭다 하심을 받게 되기 때문입니다. 그것은 행위나 율법으로가 아닌 오직 믿음으로만 가능한 것입니다. 본문에 분명히 "그로 말미암아 진노하심에서 구원을 받을 것이니"라고 말씀하고 있습니다. 그러므로 우리 믿는 자들은 7년 환난이 시작되기 직전에 하늘로 들림을 받아 '공중 혼인 잔치' 에 참여하게 될 것입니다.

10절 곧 우리가 원수 되었을 때에 그의 아들의 죽으심으로 말미암아 하나님과 화목하게 되었은즉 화목하게 된 자로서는 더욱 그의 살아나심으로 말미암아 구원을 받을 것이니라

우리가 죄인이었을 때에 우리는 하나님의 원수였습니다. 거룩하신 하나님과 죄인인 인간 사이에는 뛰어넘을 수 없는 죄의 수렁이 가로막고 있었습니다. 그런데 예수 그리스도께서 십자가에 달려 죽으심으로 하나님과 우리 사이에 화목제물이 되셨습니다. 그리하여 이제 우리는 예수 그리스도를 통해 하나님과 화목한 관계가 된 것입니다.

예수님께서는 피를 흘려 주심으로 우리의 죄를 씻어 주셨습니다. 죗값을 치르신 예수님께서는 우리의 구원을 완성하시려고 다시 살아나셨습니다. 예수님의 죽으심으로 우리의 죄가 청산되었고, 예수님의 부활하심으로 구원이 완성된 것입니다.

우리가 가게에서 물건을 사는 경우를 생각해 봅시다. 우리는 그 물건에 상응하는 값을 치르고 그 물건을 삽니다. 그런데 집으로 갈 때 물건 값만 치르고 물건은 그대로 두고 가는 분이 있습니까? 누구나 물건을 산 후에는 반드시 갖고 갑니다. 예수님의 구속 사건도 이와 유사합니다. 예수님께서 십자가에 달리심으로 우리의 죗값을 치르셨습니다. 그러나 죗값을 치렀다고 구원을 받은 것은 아닙니다. 하나님과의 화목을 회복한 우리들은 '그의 살아나심으로 말미암아' 구원을 얻게 된 것입니다.

11절 그뿐 아니라 이제 우리로 화목하게 하신 우리 주 예수 그리스도로 말미암아 하나님 안에서 또한 즐거워하느니라

이제 우리에게 있는 것은 즐거움뿐입니다. 장차 구원을 받을 뿐만 아니라 지금 현재 사는 이 세상에서도 화목을 주신 우리 주 예수 그리스도로 말미암아 하나님 안에서 즐거워하기 때문입니다. 물론 우리가 세상을 살아가면서 언제나 기쁠 수는 없습니다. 그러나 환난이나 슬픔이 닥쳐올 때에 주님께 간구하면 주님께서는 환난 중에서도 예수 그리스도를 통하여 하나님과 화목을 누리도록 해 주시는 것입니다.

항상 하나님께 감사하고 기뻐하는 것이 예수 믿는 우리 성도들의 모습이어야 합니다. 항상 기뻐하지 못하고 하나님께 감사하지 못한다면 잘못 믿는 것이거나 마귀의 시험에 들어 있기 때문일 것입니다. 매일매일 야

훼로 인해 기뻐하십시오. 그러면 하나님께서 기도로 응답해 주실 것입니다. 성경에 이르기를 "또 야훼를 기뻐하라 그가 네 마음의 소원을 네게 이루어 주시리로다"(시 37:4)라고 하였습니다. 그러므로 여러분, 이제 얼굴의 주름을 펴십시오. 그리고 활짝 웃으십시오. 우리로 화목하게 하신 우리 주 예수 그리스도로 말미암아 하나님 안에서 또한 즐거워하십시오.

2. 아담과 그리스도(5:12-21)

12. 그러므로 한 사람으로 말미암아 죄가 세상에 들어오고 죄로 말미
암아 사망이 들어왔나니 이와 같이 모든 사람이 죄를 지었으므로 사
망이 모든 사람에게 이르렀느니라 13. 죄가 율법 있기 전에도 세상
에 있었으나 율법이 없었을 때에는 죄를 죄로 여기지 아니하였느니
라 14. 그러나 아담으로부터 모세까지 아담의 범죄와 같은 죄를 짓
지 아니한 자들까지도 사망이 왕 노릇 하였나니 아담은 오실 자의 모
형이라 15. 그러나 이 은사는 그 범죄와 같지 아니하니 곧 한 사람의
범죄를 인하여 많은 사람이 죽었은즉 더욱 하나님의 은혜와 또한 한
사람 예수 그리스도의 은혜로 말미암은 선물은 많은 사람에게 넘쳤
느니라 16. 또 이 선물은 범죄한 한 사람으로 말미암은 것과 같지 아
니하니 심판은 한 사람으로 말미암아 정죄에 이르렀으나 은사는 많
은 범죄로 말미암아 의롭다 하심에 이름이니라 17. 한 사람의 범죄
로 말미암아 사망이 그 한 사람을 통하여 왕 노릇 하였은즉 더욱 은혜
와 의의 선물을 넘치게 받는 자들은 한 분 예수 그리스도를 통하여 생

명 안에서 왕 노릇 하리로다 18. 그런즉 한 범죄로 많은 사람이 정죄
에 이른 것같이 한 의로운 행위로 말미암아 많은 사람이 의롭다 하심
을 받아 생명에 이르렀느니라 19. 한 사람이 순종하지 아니함으로
많은 사람이 죄인 된 것같이 한 사람이 순종하심으로 많은 사람이 의
인이 되리라 20. 율법이 들어온 것은 범죄를 더하게 하려 함이라 그
러나 죄가 더한 곳에 은혜가 더욱 넘쳤나니 21. 이는 죄가 사망 안에
서 왕 노릇 한 것같이 은혜도 또한 의로 말미암아 왕 노릇 하여 우리
주 예수 그리스도로 말미암아 영생에 이르게 하려 함이라

12절 그러므로 한 사람으로 말미암아 죄가 세상에 들어오고 죄로 말미암아 사망이 들어왔나니 이와 같이 모든 사람이 죄를 지었으므로 사망이 모든 사람에게 이르렀느니라

본 절에는 '대표자 사상' 이 나타나 있습니다. 인류는 그 대표인 아담이 하나님 앞에서 타락했기 때문에 타락한 존재가 되었습니다. 이스라엘 민족은 아브라함이라는 대표자를 통해 하나님의 축복을 받았습니다. 타락한 인류는 다시 그 대표자 예수를 통해 하나님의 축복을 받을 수 있게 되었습니다.

대표자 사상은 성경에서만 사용된 것이 아닙니다. 우리의 실생활에서도 대표자 사상은 존재합니다. 한 가정의 대표자는 가장인 남편입니다. 아무리 아내가 하나님 앞에 의롭고 올바르다고 하더라도 남편이 주님 앞에 바로 서지 못하면 그 가정은 하나님의 축복에서 거리가 멀어지게 됩니다. 물론 아내가 개인적으로는 하나님께 복을 받겠지만 가정 전체는 그렇지 못하다는 뜻입니다. 그렇기 때문에 아내가 가정을 위해 힘써 기

도하여 불신자 남편이 회개하고 주님 앞으로 돌아와 새사람이 되어야 그 때로부터 그 가정에 놀라운 축복이 임하게 됩니다. 개인적인 축복이야 개개인에 따라 좌우되지만, 큰 축복은 대표자를 통해서 나타납니다. 이것은 개인의 가정에만 국한되지 않습니다. 교회도 마찬가지입니다. 한 교회의 대표자는 담임 목사입니다. 아무리 교인들이 헌신적이고 신앙이 좋다고 하더라도 담임 목사에게 잘못이 있으면, 교인 개개인이야 자신들의 신앙에 따라 하나님과의 관계를 갖지만 교회 전체로서는 하나님의 축복을 받을 수 없게 됩니다.

지금 우리가 살피고 있는 이 구절은 이러한 생각을 전제로 하고 있습니다. 인류의 타락은 인류의 대표자인 아담으로 말미암은 결과입니다. 죄는 아담이 지었지만 아담의 혈통에서 태어난 자는 모두 죄인이 되었습니다. 왜냐하면 우리도 이미 아담과 함께 아담을 통해 죄를 지었기 때문입니다. 아담은 인류의 대표자입니다. 우리는 대표자 아담이 죄를 지을 때 그와 함께 죄를 지은 죄인입니다. 그리고 죄의 삯은 사망이기 때문에 우리는 모두 사망에 이르고 만 것입니다.

성경을 보면 "머리에 있는 보배로운 기름이 수염 곧 아론의 수염에 흘러서 그의 옷깃까지 내림 같고 헐몬의 이슬이 시온의 산들에 내림 같도다 거기서 야훼께서 복을 명령하셨나니 곧 영생이로다"(시 133:2-3)라는 말씀이 있습니다. 아론은 제사장입니다. 아론에게 기름 부어진 성령의 기름이 옷깃인 모든 백성에게까지 내려가는데, 이는 마치 헐몬의 이슬이 시온 산들에 내림 같다고 말씀합니다. 복은 언제나 머리에부터 임하는 것입니다. 이런 이유 때문에 교회의 성도들은 담임 목사를 위해 기도를 많이 해야 합니다. 담임 목사가 하나님 앞에 복을 받아야 그 교회의 성도들에게 복이 임하기 때문입니다. 담임 목사가 하나님 앞에 복을 받지 못하면 그 교회에도 복이 임하지 않습니다.

13절 죄가 율법 있기 전에도 세상에 있었으나 율법이 없었을 때에는 죄를 죄로 여기지 아니하였느니라

율법은 무엇이 죄인가를 우리에게 보여 주는 것입니다. 그러므로 우리는 율법이 오기 전에는 죄가 죄인 줄을 몰랐습니다. 그러나 그런 이유만으로 그 죄가 사하여지는 것은 아닙니다. 비록 죄인 줄 몰랐다고 하더라도 그 행위는 하나님 앞에서 죄이기 때문입니다.

앞서 2장에서도 잠깐 살펴보았지만, 율법과 죄에 대해 다시 살펴보겠습니다. 병 속에 들어 있는 약을 예로 들어 봅시다. 병 속에 독약이 한 알 들어 있는데, 그 병에 어떤 종류의 약이 들어 있는지 아무런 표시도 하지 않았습니다. 그런데 어떤 사람이 약병을 발견하고는 무슨 약인지도 모른 채 약을 먹었다고 합시다. 그 사람은 어떻게 되었겠습니까? 물론, 죽었습니다. 독약인지 모르고 먹었지만 독약을 먹었기 때문에 죽은 것입니다. 그 후에 누군가가 그 병에다 '독약 - 손대지 마시오!' 라고 써서 붙였다고 합시다. 그런데도 그것을 먹은 자가 있다고 할 때, 그는 어떻게 되었겠습니까? 물론, 그도 죽고 말았을 것입니다. 자기가 먹는 약이 독약인지 모르고 먹은 자도 죽고, 알고 먹은 자도 죽는 것입니다.

죄도 이와 같습니다. 병에 써 붙인 표시는 곧 율법과 같습니다. 그러나 표시가 있건 없건 독약은 독약인 것같이, 율법이 있건 없건 죄는 죄인 것입니다.

14절 그러나 아담으로부터 모세까지 아담의 범죄와 같은 죄를 짓지 아니한 자들까지도 사망이 왕 노릇 하였나니 아담은 오실 자의 모형이라

율법은 모세를 통해 주어졌습니다. 그러므로 모세 이전의 사람들은 죄가 무엇인지 알 수 없었습니다. 그러나 그들도 죄의 결과인 사망에 구속당했습니다. 이것은 두 가지로 이해할 수 있습니다. 우선은 앞 절에서 지적하였듯이 그들의 죄 된 행위가 비록 죄인 줄 몰랐다고 하더라도 분명히 죄였다는 점입니다. 이 내용은 대표자 사상의 관점에서 이해될 수 있습니다. 비록 아담이 저지른 죄를 직접 범하지 않았다고 해도 그들은 이미 아담을 대표자로 하여 하나님 앞에 범법한 죄인들이었던 것입니다. 그러므로 모세 이전의 율법을 모르던 자들도 사망에 예속된 죄인이었던 것입니다. 이 구절의 절정은 다음에 나옵니다. "아담은 오실 자의 모형이라". '모형' 은 '상징' 이란 뜻입니다. 인류의 타락이 인류의 대표자 아담으로 말미암은 것같이, 인류의 구원은 두 번째 대표자인 예수 그리스도로 말미암는다는 말씀입니다. 즉, 처음 아담 안에서 죽었던 우리가 마지막 아담인 예수 그리스도 안에서 다시 살아났다는 것입니다. 이런 구조 안에서 아담은 예수님의 상징, 곧 모형이 됩니다.

15절 그러나 이 은사는 그 범죄와 같지 아니하니 곧 한 사람의 범죄를 인하여 많은 사람이 죽었은즉 더욱 하나님의 은혜와 또한 한 사람 예수 그리스도의 은혜로 말미암은 선물은 많은 사람에게 넘쳤느니라

대표자 사상이란 얼핏 생각하기에 잘 납득이 안 됩니다. 그러나 성경

이 이야기해 주는 대표자 사상은 일반 역사 가운데서도 적용됩니다. 역사를 통해 훌륭한 지도자로 인해 단체나 국가가 번성한 것을 볼 수 있습니다. 우리의 역사에서도 임진왜란을 예로 들 수 있습니다. 똑같은 장비에 똑같은 군사를 거느렸음에도 불구하고 이순신 장군이 지휘할 때 그 군대는 용맹스러운 정예 부대가 되었습니다. 그러나 원균이 지휘할 때는 오합지졸에 불과했던 것입니다. 부대원들이 다릅니까? 장비가 달랐습니까? 똑같은 군사에 똑같은 장비였습니다. 문제는 지도자에 달려 있었습니다. 유럽의 속담에도 "사자가 통솔하는 양 부대는 양이 지휘하는 사자 부대를 이긴다."는 말이 있습니다. 지도자의 중요성을 절감하게 하는 속담입니다.

본 절에서 '은사'는 하나님께서 예수님을 통해 우리에게 주시는 구원을 뜻합니다. 한 사람의 범죄로 인해 많은 사람들이 죽었듯이, 하나님의 구원이 우리에게 주어지는 것도 한 사람 곧 예수 그리스도를 통해서입니다. 그러므로 처음 아담 안에서 다 죽은 우리들이 이제 마지막 아담인 예수님 안에서 다시 살아납니다. 이것을 믿기만 하면 인류 구원의 대표자 예수님께서 완성해 놓으신 구원에 참여할 수 있게 되고, 이 세상을 사는 동안 넘치는 은혜를 누리게 되며, 하나님께서 예비하신 천국을 선물로 받게 되는 것입니다.

16절 또 이 선물은 범죄한 한 사람으로 말미암은 것과 같지 아니하니 심판은 한 사람으로 말미암아 정죄에 이르렀으나 은사는 많은 범죄로 말미암아 의롭다 하심에 이름이니라

본 절에서는 우리가 아담을 통해 정죄에 이른 것과 예수님을 인해 의

롭다 하심을 받게 된 것을 비교하고 있습니다.

지금까지 아담과 죄에 대한 심판은 '사망' 이란 말로 언급되어 왔습니다.(12, 14-15절). 그런데 여기서는 죄의 심판이 '정죄' 에 이르렀다고 합니다. 사망은 죄의 결과이지만, 정죄는 죄 위에 내려진 선고입니다. 즉, 정죄는 우리가 의롭지 않다고 선언한 법정 선고인 것입니다. 아담 사건과 예수님 사건은 그 구조상 대표자 사상이라는 공통점을 갖고 있습니다. 그러나 그 결과는 전혀 다릅니다. 아담 사건은 우리에게 정죄함과 그 결과로 죽음을 가져다주었고, 예수님 사건은 의롭다 하심과 그 결과인 구원을 가져다주었습니다.

육으로 태어난 사람은 아무리 착하고 예쁘고 아름답게 살아도 결국은 망합니다. 그 이유는 아담의 씨를 받았기 때문입니다. "저 사람은 법이 없어도 살 사람이야! 너무 착하고 좋은 사람이야!" 라는 말을 들어도, 육은 육이지 영이 아닙니다. 예수 그리스도를 믿어야 영적으로 거듭나는 것입니다.

17절 **한 사람의 범죄로 말미암아 사망이 그 한 사람을 통하여 왕 노릇 하였은즉 더욱 은혜와 의의 선물을 넘치게 받는 자들은 한 분 예수 그리스도를 통하여 생명 안에서 왕 노릇 하리로다**

계속해서 사도 바울은 아담 사건과 예수 그리스도 사건을 비교하고 있습니다. 15절에서는 그 사건의 최종적인 결과(죽음과 하나님의 은혜, 곧 구원)를, 그리고 16절에서는 그 결과를 가져다주는 중도적인 결과를 비교했습니다. 본 절은 새로운 표현으로 비교하지만 그 내용은 앞의 두 절과 대동소이합니다.

사망의 명령 앞에서 안 죽을 사람은 아무도 없습니다. 70년을 살든, 80년을 살든 죽습니다. 사망이 왕 노릇 하는 것입니다. 육체만 죽는 것이 아닙니다. 육체가 죽고 난 후 하나님께 버림받는 두 번째 죽음이 있습니다. 첫 번째 죽음은 영과 육이 갈라지는 육체적 죽음이요, 두 번째 죽음은 영원한 지옥 형벌입니다.

아담으로 인해 우리는 죽음의 지배를 받아 왔으나, 예수님으로 인해 죽음의 지배를 받는 자가 아닌 죽음을 지배하는 자로 바뀌게 되었습니다. 전에 우리가 사망에 의해 지배받을 때에는 사망의 영인 마귀가 우리를 점령하여 우리의 육신이 병들었고 우리의 생활은 저주받았습니다. 그런데 예수님께서 오셔서 우리의 죄를 사해 주셨습니다. 병을 고쳐 주셨고 귀신을 쫓아내 주셨으며 죽은 자를 살리셨고 평안과 영생을 우리에게 주셨습니다. 또한 보혜사 성령님을 보내 주셨습니다. 예수님께서는 가시는 곳마다 생명의 주로서 그의 사역을 행하셨습니다. 그러므로 이제 예수님 안에서 의와 은혜의 선물을 넘치게 받은 우리들은 믿음으로 말미암아 생명 안에서 왕 노릇 할 수 있게 된 것입니다.

오늘날 예수 믿는 사람들 가운데 왕 노릇 하지 못하는 사람이 너무 많습니다. 옛날에 내가 고양이 한 마리를 키운 적이 있습니다. 하루는 추운 겨울날 양지바른 곳에서 고양이를 안고 앉아 있는데 갑자기 큰 쥐 한 마리가 나오더니 문지방 옆 쌀 쌓아 놓은 곳 뒤로 들어가는 것이었습니다. 그래서 달려가서 쥐가 들어간 한쪽을 물건으로 막아 놓고는 안고 있던 고양이를 얼른 반대쪽으로 넣었습니다. '이제 쥐를 잡았다.' 라고 생각하고 있는데, 갑자기 고양이가 소리를 내며 나오겠다고 난리가 났습니다. 그래서 쌀가마니를 치우고 보니 쥐가 고양이의 꼬리를 물고 있는 것이었습니다. 이 고양이는 새끼 때부터 귀하게 키워 놓았더니 연단을 못 받아서 고양이 행세를 못한 것입니다. 쥐 앞에서 벌벌 떠니까 쥐가 꼬리를 문 것입니다. 그래서 개를 불러다가 고양이를 구해 준 적이 있습니다.

우리는 처음 아담에서 꺾어져 나와 마지막 아담인 예수님에게 접붙임을 받았습니다. 그러므로 이제 예수님의 진액을 받을 수 있게 되었습니다. 예수님의 진액을 받은 우리는 예수님께서 주신 생명 안에서 기도하고 그 생명으로 더욱 큰 믿음을 갖고 나아가서 생명 안에서 왕 노릇하게 되었습니다. 왕은 지배하는 자입니다. 전에는 마귀의 지배를 받아 우리의 육신이 병들고 아팠지만 이제는 우리가 왕이 되었습니다. 이제 우리 육신의 건강을 지배하는 것은 마귀가 아니라 그리스도 안에서 새 생명을 얻은 우리들입니다.

그러므로 기도할 때마다 "예수님의 이름으로 가정이 평안하라!", "예수님의 이름으로 우리 가정에 기쁨이 넘쳐 나라!", "예수님의 이름으로 복이 임하라!", "예수님의 이름으로 건강할지어다!"라고 외치십시오. 이제 우리는 왕입니다. 지배하는 자입니다. 그러므로 예수님의 이름으로 당당하게 왕 노릇 하십시오.

18절 그런즉 한 범죄로 많은 사람이 정죄에 이른 것같이 한 의로운 행위로 말미암아 많은 사람이 의롭다 하심을 받아 생명에 이르렀느니라

'한 범죄'란 아담의 범죄를 뜻합니다. 아담의 실수로 모든 인류는 정죄를 받았습니다. '한 의로운 행위'란 예수 그리스도께서 십자가에 달려 죽으신 것을 뜻합니다. 예수님의 한 의로운 행위로 많은 사람이 의롭다

하심을 받아 생명에 이르렀습니다.

그런데 이 두 사건에는 중요한 차이가 있습니다. 우리가 죄인이 되는 것은 아담의 실수를 인정하건 인정하지 않건 관계가 없습니다. 그러나 예수님의 구원 사건은 그렇지 않습니다. 성경은 "사람이 물과 성령으로 나지 아니하면 하나님의 나라에 들어갈 수 없느니라"(요 3:5), "영접하는 자 곧 그 이름을 믿는 자들에게는 하나님의 자녀가 되는 권세를 주셨으니"(요 1:12)라고 말씀합니다. 그러므로 성령의 도우심을 받아 그리스도를 구주로 믿어야만 사망의 지배에서 벗어나 생명 안에서 왕 노릇 할 수 있습니다. 즉, 예수 그리스도를 구주로 인정해야 왕 노릇 할 수 있는 것입니다.

이전 것은 이미 영원히 십자가를 통해서 지나갔습니다. 육으로 난 것은 육인데, 육의 것은 영원히 지나갔습니다. 이제 우리는 예수님 안에서 택하신 족속이요, 왕 같은 제사장이요, 거룩한 나라요, 그의 소유된 백성이 된 것입니다.

19절 한 사람이 순종하지 아니함으로 많은 사람이 죄인 된 것같이 한 사람이 순종하심으로 많은 사람이 의인이 되리라

본 절에서 바울 사도는 아담의 실수를 불순종이라고 설명하고 있습니다. 하나님의 명령에 순종하지 않은 행위가 곧 모든 인류를 파멸로 이끈 원인이었습니다. 이에 비해 우리에게 생명을 가져다준 것은 예수님의 순종이었습니다.

우리는 바울 사도가 여기에서도 대표자 사상을 강조하고 있다는 사실을 간과해서는 안 됩니다. 하나님께서는 대표를 통해서 인류를 취급하

십니다. 그렇기 때문에 좋은 대표자, 곧 좋은 지도자를 만나는 것이 아주 중요합니다. 한 국가나 한 가정의 성패는 그 국가의 지도자와 가정의 가장에게 달려 있기 때문입니다. 우리가 영원무궁토록 살 천국에서 우리의 대표자는 바로 예수 그리스도이십니다. 주님이 우리의 대표자이시니 생명 안에서 왕 노릇 할 것은 말할 필요도 없을 것입니다.

20절 율법이 들어온 것은 범죄를 더하게 하려 함이라 그러나 죄가 더 한 곳에 은혜가 더욱 넘쳤나니

사도 바울은 본문에서 율법이 '들어온 것' 이라고 표현하고 있습니다. 사실 율법은 처음부터 주어져 있던 것이 아닙니다. 인류가 살아가는 도중에 들어온 것입니다. 왜 들어왔느냐? 그것은 '범죄를 더하게 하려 함' 이라고 했습니다. 그 뜻은 이렇습니다. 인간은 역사를 시작한 이래 '자, 내가 이 정도로 수양을 하고 올바르게 생활하니 나야말로 의로운 자이다.' 라고 자신들을 과대평가하기 시작했습니다. 인간들은 스스로 종교를 만들고 그 규정을 정하여 자신들을 구원하려고 노력했습니다. 그리고는 그 노력이 결국 자신을 구원할 것이라는 착각을 사실처럼 받아들이고 말았습니다. 그래서 하나님은 인간들의 착각이 얼마나 무섭고 엉터리인가를 깨닫게 하시려고 의로움의 기준을 주셨습니다. 그것이 곧 율법입니다. 율법은 우리를 구원하기 위해 존재하는 것이 아닙니다. 율법은 우리가 생각하기에 의롭고 올바르다는 삶이 하나님 앞에서는 얼마나 추하고 냄새나는 삶인가를 알려 주려고 들어온 것입니다. 그 결과는 어떻습니까? 옳고 그름을 분명히 명시함으로 이전에는 죄라고 생각하지도 않았던 것들이 새로운 죄로 등장했습니다. 결국 범죄가 더해진 것입니다. 율

법은 우리에게 들어와 우리가 죄인인 것을 더욱 분명하게 해 주었고 우리에게 더욱 많은 범죄를 더해 주었을 뿐입니다. 그런데 오히려 죄가 더해지므로 우리에게 내리는 주님의 은혜가 더욱 충만하게 되었으니 어찌 할렐루야를 높이 외치지 않겠습니까?

죄가 더해지고 인간이 더욱 분명한 죄인이 되었기 때문에, 하나님께서 값없이 주시는 그리스도를 통한 구원의 은혜는 그 가치가 더욱 분명해졌습니다. 같은 값이라도 더욱 필요로 하는 자에게 더 큰 가치를 나타내지 않습니까? 똑같은 음식이라도 배고픈 자와 배부른 자에게는 그 가치가 다를 것입니다.

나에게는 세 자녀가 있는데 이 아이들이 밥이 맛이 없다는 둥, 반찬이 나쁘다는 둥 밥투정을 가끔 하곤 했습니다. 그런데 언젠가부터 일 년에 한 차례씩 일주일 금식을 하게 되자 그 뒤로는 절대로 밥투정을 하지 않았습니다. 금식하는 일주일 동안 "밥, 밥, 밥!" 하며 평상시 먹는 밥의 소중함을 깨달았기 때문입니다.

세계적으로 유명한 빌리 그래함 목사님에게 프랭클린 빌리 그래함이라는 아들이 있습니다. 그는 유명한 목사님의 아들로 자라면서 "너는 빌리 그래함 목사님의 아들이니까 훌륭한 사람이 되어야 한다."라는 말을 수없이 들으며 자랐습니다. 초등학교에 들어가서 조금만 잘못해도 "빌리 그래함 목사님 아들이 왜 그렇지? 빌리 그래함 목사님 아들이 그런 말을 하니?"라는 말을 들었습니다. 그 스트레스로 나가서 술도 마시고 마약도 하고 폭주족이 되기도 했습니다. 이 때문에 목사님과 사모님이 눈물을 흘리며 기도를 많이 했습니다. 그 기도의 응답으로 하나님께서 역사하셔서 그는 40세에 아버지의 집회에 참석하여 회개하고 구원을 받게 되었습니다. 타락하기 전보다 더 깊은 은혜를 받고 새로운 사람이 된 것입니다. 그리고 지금은 그 아버지의 뒤를 이어 빌리 그래함 전도 협회를 이끄는 복음 전도자가 되어 사역을 하고 있습니다.

우리에게 오는 하나님의 은혜도 그렇습니다. 율법이 들어와 내가 심각한 죄인인 것을 깨달아야 예수님의 용서를 받을 때에 감사가 넘치는 것입니다. 자신이 죄인인 것을 모르고 구원의 은혜를 받는 자는 그 사랑의 깊이를 잘 알 수 없습니다. 그러나 율법을 통해 내가 죄인이고 하나님 앞에서 절대로 구원받을 수 없다는 사실을 아는 사람은 예수 그리스도의 은혜가 무한히 귀중하게 느껴지는 것입니다.

율법은 죄를 더하는 것이 목적입니다. 그러나 실상은 그리스도의 은혜를 더욱 풍성하게 하려는 것이 율법의 최종적인 목적입니다.

21절 이는 죄가 사망 안에서 왕 노릇 한 것같이 은혜도 또한 의로 말미암아 왕 노릇 하여 우리 주 예수 그리스도로 말미암아 영생에 이르게 하려 함이라

죄는 사망 안에서 왕 노릇 합니다. 영을 죽이고, 마음을 죽이고, 몸을 죽이고, 생활을 죽이고, 모든 사람에게 사망을 가져다줍니다. 죄는 사망 안에서 왕 노릇 하여 도둑질하고 죽이고 멸망시킵니다. 그러나 이제 예수 그리스도로 말미암아 하나님의 사랑이 우리에게 은혜로 다가왔으며, 이 은혜는 의로 말미암아 왕 노릇 하여 우리를 영생으로 인도합니다. 죽었던 영이 살고, 마음이 살며, 생활과 몸이 새롭게 됩니다. 이는 오직 예수 그리스도를 믿는 믿음을 통해서만 가능합니다.

그러므로 여러분, 크게 외치십시오. "사망아 너의 승리가 어디 있느냐

사망아 네가 쏘는 것이 어디 있느냐" (고전 15:55). 사망이 쏘는 것은 죄입니다. 그런데 이제 그 죄는 예수 그리스도의 보혈의 능력으로 인하여 우리를 지배할 수 없게 되었습니다. 이제 우리는 이 세상에서 복된 생명을 누리고 더 나아가 죄와 상관이 없는 영원한 삶을 얻어 누리게 되었습니다. 이 사랑과 은혜를 받았으니 웬 은혜인지, 웬 사랑인지 말로 다 할 수 없습니다. 우리가 성경을 바로 깨닫고 나면 예수님을 믿는 것이 얼마나 복된 것인지 알게 됩니다.

처음 아담 안에서 죽은 우리가 마지막 아담 안에서 살아나게 되었습니다. 처음 아담 안에서는 죄가 사망을 가지고 왕 노릇 했지만, 마지막 아담 안에서는 은혜가 의로 말미암아 생명 안에서 왕 노릇 합니다. 영혼이 잘됨같이 범사가 잘되고 강건한 생명 속에서 왕 노릇 합니다. 그리고 나아가서 예수님 안에서 영생을 얻게 됩니다. 그러므로 우리는 주 예수 앞에 무릎을 꿇어 경배하고, 주 예수 앞에 감사하며, 오직 예수 그리스도를 위해서만 살겠다는 신앙 자세를 가져야 할 것입니다.

본 장에서 우리는 믿음으로 의롭다 하심을 얻은 자의 행복에 관해 은혜를 나누었습니다. 놀랍고 영광스러운 행복, 즉 하나님의 은혜가 주 예수를 믿고 그분을 경배하는 모든 자들에게 준비되어 있는 것입니다.

제 6 장

성화(聖化)

A COMMENTARY ON
THE EPISTLE TO THE
ROMANS

사도 바울은 지금까지 믿음으로 의롭게 되는 도리를 가르쳤습니다. 이제 본 장부터는 하나님 앞에서 의롭게 된 성도들의 새 생활에 대해 언급합니다. 믿음으로 의롭게 되는 것은 순간적인 사건이지만 성결의 생활은 성도의 일생을 통하여 계속되어야 할 과제입니다.

1. 그리스도와 함께 죽고 함께 산다(6:1-14)

1. 그런즉 우리가 무슨 말을 하리요 은혜를 더하게 하려고 죄에 거하
겠느냐 2. 그럴 수 없느니라 죄에 대하여 죽은 우리가 어찌 그 가운
데 더 살리요 3. 무릇 그리스도 예수와 합하여 침례를 받은 우리는
그의 죽으심과 합하여 침례를 받은 줄을 알지 못하느냐 4. 그러므로
우리가 그의 죽으심과 합하여 침례를 받음으로 그와 함께 장사되었
나니 이는 아버지의 영광으로 말미암아 그리스도를 죽은 자 가운데
서 살리심과 같이 우리로 또한 새 생명 가운데서 행하게 하려 함이라
5. 만일 우리가 그의 죽으심과 같은 모양으로 연합한 자가 되었으면
또한 그의 부활과 같은 모양으로 연합한 자도 되리라 6. 우리가 알
거니와 우리의 옛 사람이 예수와 함께 십자가에 못 박힌 것은 죄의
몸이 죽어 다시는 우리가 죄에게 종노릇하지 아니하려 함이니 7. 이
는 죽은 자가 죄에서 벗어나 의롭다 하심을 얻었음이라 8. 만일 우
리가 그리스도와 함께 죽었으면 또한 그와 함께 살 줄을 믿노니 9.
이는 그리스도께서 죽은 자 가운데서 살아나셨으매 다시 죽지 아니
하시고 사망이 다시 그를 주장하지 못할 줄을 앎이로라 10. 그가 죽

으심은 죄에 대하여 단번에 죽으심이요 그가 살아 계심은 하나님께 대하여 살아 계심이니 11. 이와 같이 너희도 너희 자신을 죄에 대하여는 죽은 자요 그리스도 예수 안에서 하나님께 대하여는 살아 있는 자로 여길지어다 12. 그러므로 너희는 죄가 너희 죽을 몸을 지배하지 못하게 하여 몸의 사욕에 순종하지 말고 13. 또한 너희 지체를 불의의 무기로 죄에게 내주지 말고 오직 너희 자신을 죽은 자 가운데서 다시 살아난 자같이 하나님께 드리며 너희 지체를 의의 무기로 하나님께 드리라 14. 죄가 너희를 주장하지 못하리니 이는 너희가 법 아래에 있지 아니하고 은혜 아래에 있음이라

1절 그런즉 우리가 무슨 말을 하리요 은혜를 더하게 하려고 죄에 거하겠느냐

본 장에서 시작되는 이 질문은 앞 장의 마지막 부분을 받아서 한 것입니다. "죄가 많은 곳에 은혜가 넘친다. 그러니 은혜를 넘치게 받기 위해서 죄를 자꾸 지으면 되지 않겠는가?" 라는 질문이 있을 것이라는 말입니다. 이는 본래 배를 많이 곯아 본 사람이 밥의 고마움을 깊이 아는 것처럼, 율법으로 말미암아 자신의 죄의 심각성을 깨달은 사람이 예수님의 용서하심을 마음속 깊이 느낀다는 의미입니다. 그런데도 이것을 잘못 이해해서 '죄 많은 곳에 은혜가 많다니 죄를 많이 짓자. 그러면 은혜를 받을 것이다.' 라고 잘못 생각하는 사람이 있을 것이라는 말입니다. 이것은 믿음으로 말미암는 칭의(稱義)의 교리를 반대하는 율법주의자들의 잘못된 주장입니다.

2절 그럴 수 없느니라 죄에 대하여 죽은 우리가 어찌 그 가운데 더

살리요

사도 바울은 위와 같은 율법주의자들의 주장에 대해 "그럴 수 없다. 죄 가운데 거할 수 없다."라고 단호하게 말하고 있습니다. 예수님을 믿는 사람은 이미 죄에 대해 죽은 사람인데 어떻게 예수님을 믿고 난 다음 자꾸 죄를 짓고 죄 안에서 살겠느냐는 것입니다. 신자는 죄에 대해서 죽었고, 그렇기 때문에 더 이상 죄의 영역 가운데 있지 않다는 것입니다.

3절 무릇 그리스도 예수와 합하여 침례를 받은 우리는 그의 죽으심과 합하여 침례를 받은 줄을 알지 못하느냐

신자가 죄에 대해 죽었다는 것의 이유를 침례의 의미를 통해 설명하고 있습니다. 우리가 예수님을 믿으면 그다음 단계로 반드시 침례를 받게 됩니다. 침례는 물 무덤 속에 풍덩 들어갔다가 다시 나오는 것입니다. 예수님을 믿고 난 후 침례를 받아야 구원을 받는다고 말할 수는 없으나, 하나님과 사람 앞에 예수 믿고 구원받아 주님과 연합되었다는 일종의 선포식으로서 침례를 받아야 합니다. 주님께서도 요단 강에서 침례를 받으셨을 뿐 아니라 침례를 베풀 것을 명령하셨습니다. 그러므로 진실한 신앙인이라면 반드시 침례를 받아야 합니다. 침례 속에는 주님이 가르치시는 깊은 의미와 교훈이 들어 있기 때문입니다.

신앙이 어릴 적에는 예수님께서 갈보리 십자가에서 우리를 위해 돌아가심으로 우리가 구원받게 되었다는 것만을 압니다. 그래서 자신의 일생의 죄가 다 청산되었음을 알고 기뻐하게 됩니다. 그러나 신앙의 단계가 조금 더 깊어지면 예수님이 자신을 위해 죽은 사실뿐만 아니라, 자신이 예수 그리스도와 연합하여 함께 죽고 함께 장사되고 함께 부활하고 함께 승천했다는 연합 의식을 분명히 갖게 됩니다. 예수님은 당신 자신을 위해서가 아니라 우리를 위해 십자가에 못 박히셨고 무덤에 들어가셨으며 부활하시고 승천하셔서 하늘 보좌에 앉아 계신 것입니다. 우리는 주님과의 연합을 통해 십자가에 못 박혔고 무덤에 들어갔으며 부활했고 하늘 보좌에 앉아 있는 것입니다. 이와 같은 그리스도와의 연합을 깨달아야 어린아이와 같은 신앙생활을 면할 수 있습니다. 침례는 이와 같은 사실을 우리에게 보여 주는 하나의 의식인 것입니다.

목사님이 교회에 준비되어 있는 침례 장소나 혹은 강이나 시내로 우리를 데리고 가서 침례 의식을 거행할 때 "성부와 성자와 성령의 이름으로 ○○○에게 침례를 베푸노라!" 고 선포하고 물속에 푹 잠기게 합니다. 이 때 우리의 몸이 물속에 잠기는 것은 우리가 예수 그리스도와 함께 무덤 속에 내려갔다는 것을 상징적으로 보여 줍니다. 그다음 물속에서 일으켜지는 것은 예수 그리스도의 부활하심과 함께 우리가 부활한 사실을 상징적으로 보여 주는 깊은 의미가 담겨 있습니다. 침례 의식을 통해 우리의 죄된 옛 사람은 물속에 장사 지내 버리고 새 생명을 입은 새사람으로 부활하여 그리스도와 연합한 생활을 해야 함을 보여주는 것입니다.

우리는 그리스도 예수와 합하여 침례를 받았습니다. 그러므로 '예수 죽음 내 죽음, 예수 부활 내 부활, 예수 승천 내 승천!' 이 되는 것입니다. 사람들은 우리의 삶을 통해 예수님의 삶을 봅니다. 그러므로 교회에 갔을 때만 "주여! 주여!" 하고 집에서나 직장에 있을 때에는 예수님을 떠나서 살아가는 삶은 어리석고 어린 신자의 생활입니다. 신자는 예수님과 하나 된 사람이요, 신자 자체가 그리스도의 몸 된 교회이기 때문에 일단 예수님을 구주로 모신 사람은 사나 죽으나 예수님과 연합된 것입니다.

오늘날 많은 사람들이 교회에 가면 예수님이 계신 곳에 왔다고 점잖고 거룩한 척하다가, 일단 교회 밖에 나가면 이제 예수님을 떠났다고 생각하고 자기 마음대로 행동하고 살아갑니다. 이러한 것은 신앙을 크게 오해한 행동입니다. 신앙과 생활은 일치되어야 합니다. 왜냐하면 우리는 '그리스도와 연합' 되었기 때문입니다.

4절 그러므로 우리가 그의 죽으심과 합하여 침례를 받음으로 그와 함께 장사되었나니 이는 아버지의 영광으로 말미암아 그리스도를 죽은 자 가운데서 살리심과 같이 우리로 또한 새 생명 가운데서 행하게 하려 함이라

"우리가 그의 죽으심과 합하여 침례를 받음으로 그와 함께 장사되었나니". 이 말씀은 침례 받을 때 물 무덤 속에 들어가듯이 우리가 예수 그리스도와 그 죽으심에 합쳐졌다는 뜻입니다. 그러므로 우리가 침례를 받을 때 자신이 스스로 들어가지 않습니다. 목사님이 눕혀 줍니다. 왜냐하면 죽은 사람이 자기 스스로 무덤 속에 들어갈 수 없기 때문입니다. 물 속에 잠기는 것은 땅 속에 장사 지낸 것을 상징합니다.

침례를 베풀어 보면 힘들 때가 종종 있습니다. 그것은 물에 안 들어가려고 버둥거리고 발버둥 치는 성도들이 있기 때문입니다. 아직 못 맡겨서 그렇습니다. 목사님에게 자신을 맡겨 버리고 순종하면 침례를 베풀기가 쉽습니다. 마찬가지로 예수님께 우리의 생활과 삶 전체를 전적으로 의지하고 맡겨 버리면 우리의 옛 사람이 죽고 새 생명을 누리는 삶을 살 수 있는 것입니다.

이렇게 우리가 예수님과 합하여 침례를 받으므로 주님과 함께 죽고 장

사 된 후, 아버지의 영광의 성령께서 우리에게 임하셔서 예수님을 부활시키신 것처럼 우리도 함께 부활의 생명에 참여하게 하시는 것입니다. 예수님을 믿는 사람의 속에는 부활의 영이신 성령께서 들어오셔서 죽을 수밖에 없는 옛 생명, 즉 육을 입은 생명인 '푸쉬케' (ψυχή) 생명이 아니라 이제 영원히 사는 하나님의 생명, 즉 새 생명인 '조에' (ζωή) 생명을 주시는 것입니다.

새 생명이 우리 가운데 들어왔으니 우리는 새로운 말, 새로운 생각, 새로운 행동을 할 수밖에 없습니다. 우리가 새 생명을 받았는데도 말과 생각과 행동이 새로워지지 않는다면 무언가 잘못된 것입니다. 그 사람이 정말 거듭난 사람인지 의심스러운 것입니다. 물론 신자가 단번에 천사처럼 되지는 않습니다. 종종 옛 성품이 나와서 우리의 영혼이 만신창이가 되고 피 흘리기까지 싸울 때가 있습니다. 그래도 우리 속에는 이미 새 생명이 역사하고 있음을 느낄 수 있습니다. 끊임없이 옛 성품이 우리에게 다가와서 새로워진 우리를 공격합니다. 이런 갈등과 심적인 싸움을 겪는다고 해서 우리가 옛 사람이냐 하면 그렇지 않습니다. 예수님으로 인해 새 생명이 들어오면 옛 말을 하다가도 새 말이 튀어 나오고, 옛 행동으로 달음질치다가도 새 행동이 그것을 제쳐 놓고, 옛 성품이 나오다가도 새 성품이 나와서 그것을 정복합니다. 그리하여 우리들은 점점 새 생명을 풍성히 누리게 되고 그 가운데서 성장하고 힘을 얻게 됩니다. 주님 오시는 날 마침내 새 생명은 우리 가운데서 활짝 꽃피어서 우리를 영화롭게 변화시킬 것입니다. 우리는 이미 우리 속에 부활의 새 생명을 담고 있습니다. 그러므로 우리는 그 새 생명 가운데서 말하고 생각하고 행동해야 합니다.

5절 만일 우리가 그의 죽으심과 같은 모양으로 연합한 자가 되었으면 또한 그의 부활과 같은 모양으로 연합한 자도 되리라

'연합' 이란 서로 합치는 것을 말합니다. 한 가지 예를 들어 보겠습니다. 여기 찬송가 속에 내 손수건을 넣었습니다. 찬송가를 탁자 위에 놓으면 손수건은 어디에 있습니까? 또한 찬송가를 땅에 묻어 버리면 손수건은 어디 있습니까? 물론, 찬송가와 연합되었기 때문에 찬송가가 있는 곳에 함께 있습니다.

이처럼 우리는 예수 그리스도와 연합한 자가 되었기 때문에, 그의 죽으심과 부활하심에 참여한 바 되었습니다. 진리란 시간과 공간을 초월하여 영원한 것입니다. 또한 과거와 현재와 미래를 초월합니다. 그러므로 예수님과 함께 연합된 영혼은 하나님 보좌 우편에 앉아 있습니다. 그렇기 때문에 우리의 지위는 악의 영들보다, 사탄보다, 천사보다 높습니다. 하나님 보좌 우편에 그리스도와 연합하여 같이 앉아 있으니 그와 함께 생명 안에서 왕 노릇 할 수가 있습니다. 그리하여 진리를 깨달은 사람이 예수 이름으로 명하면 귀신이 쫓겨 나가고, 예수 이름으로 명하면 병이 낫고, 예수 이름으로 명하면 환경에 변화가 다가오게 되는 것입니다.

그러나 이것은 현재 우리의 육체가 죽고 부활했다고 주장하는 것이 아닙니다. 우리의 영적 지위와 위치, 죄에 대한 우리의 죽음과 영적 생명에 대한 우리의 부활을 설명하고 있는 것입니다. 우리의 육체는 성경 말씀대로 마지막 나팔에 순식간에 홀연히 다 변화하여 썩지 아니할 몸을 입을 것입니다(고전 15:51-53).

6절 우리가 알거니와 우리의 옛 사람이 예수와 함께 십자가에 못 박

힌 것은 죄의 몸이 죽어 다시는 우리가 죄에게 종노릇하지 아니하려 함이니

여기서 '안다' 는 말은 머리로 아는 것이 아니라 경험을 통해 안다는 뜻의 헬라어 '기노스코' (γινώσκω)입니다. 우리가 경험으로 알거니와 첫 아담에게 태어난 육의 사람인 옛 사람이 예수와 함께 십자가에 못 박힌 것입니다. 이는 "죄의 몸이 죽어 다시는 우리가 죄에게 종노릇하지 아니하려 함이니"라고 본문은 말합니다. 죄의 몸 가운데서 육신의 정욕과 안목의 정욕과 이생의 자랑이 만발하게 꽃을 피웠습니다. 그래서 옛 아담에 속한 몸을 죄의 몸이라고 부릅니다. 그런데 우리 속사람, 영혼은 그리스도로 말미암아 의의 영이 되었으나 아직 몸은 구원받지 못했습니다. 그래서 속으로 탄식하며 우리 몸의 구원을 기다리는 것입니다(8:23). 이 몸은 부활할 때에 의의 몸으로 변화 받습니다. 우리의 영은 예수 그리스도로 말미암아 의롭게 되었지만 우리 몸은 아직도 죄의 몸을 가지고 있으므로 편한 날이 없습니다. 우리 속사람이 주님 뜻대로 살려하면 죄의 몸이 내리 누르고 또 죄의 몸이 시키는 대로 하려 하면 속에 있는 의의 영이 '안 된다' 고 합니다. 그래서 종종 우리 몸이 전쟁터로 변화되고 맙니다. 예수님을 믿기 전에는 죄의 몸이 시키는 대로 하면 되었기 때문에 그와 같은 갈등을 경험할 이유가 없었습니다. 그러나 이제는 죄와 의의 싸움이 갈등을 통해서 우리 속에서 일어나는 것입니다.

예수님께서 우리를 대신해서 십자가에 못 박히심으로 죄의 몸은 이미 사형을 받았습니다. 그러나 아직까지 우리는 현실적으로 이 몸을 걸치고 삽니다. 그렇기 때문에 마귀는 이 죄의 몸을 통해 정욕을 일으키고 그로 인해 우리를 죄의 포로로 삼으려고 애를 쓰고 있는 것입니다. 그러나 법

적으로 우리 죄의 몸이 예수님과 함께 십자가에서 못 박혀 죽었기 때문에 다시는 죄의 몸에 종노릇할 의무가 없습니다. 십자가 상에서 죄의 몸은 마치 치아와 발톱을 다 뽑힌 사자와 같이 무장 해제 당했습니다. 죄가 와서 공갈 협박을 해도 예수 믿는 사람에게는 힘을 쓸 수가 없습니다. 죄의 힘은 십자가에서 사형당했고, 그 결과 우리의 영이 살게 되었으며 부활의 영이신 성령께서 우리 가운데 거하시므로 죄의 몸이 정복당하게 되는 것입니다.

7절 이는 죽은 자가 죄에서 벗어나 의롭다 하심을 얻었음이라

우리를 대신해서 죽으신 예수님께서 죄를 다 청산하시고 의로움을 가지고 부활하셨습니다. 그러므로 예수님과 연합된 우리들은 믿음을 통해 죄에 대해 죽었으므로 죄와는 인연이 끊어졌고 죄의 몸에서 벗어나 의롭다 하심을 얻게 된 것입니다.

8절 만일 우리가 그리스도와 함께 죽었으면 또한 그와 함께 살 줄을 믿노니

우리가 예수 그리스도와 함께 십자가에 못 박혀서 죽었으면 또한 그와 함께 살 줄을 믿는다고 하였습니다. 예수님의 부활의 생명이 그의 죽으심과 합하여 그리스도와 연합된 사람들에게 속하게 됩니다. 예수님의 부활이 내 부활이 되어, 오늘날 우리가 사는 것도 자신의 힘으로 사는 것이 아니라 부활하신 예수님과 연합해서 함께 사는 것입니다.

9절 이는 그리스도께서 죽은 자 가운데서 살아나셨으매 다시 죽지

아니하시고 사망이 다시 그를 주장하지 못할 줄을 앎이로라

예수 그리스도께서 죽은 자 가운데서 다시 살아나셨기 때문에 사망은 완전히 철폐되고 정복되어 버렸습니다. 그래서 주님께서 다시 죽지 아니하시고 사망이 주님을 다시 주장하지 못할 줄을 우리가 알고 있습니다. 이처럼 우리도 예수님 안에서 이미 죽었고 예수님 안에서 살아났기 때문에 우리에게 다시는 사망이 없습니다. 오직 이 육신의 장막집이 무너지면 영원한 생명의 근원으로 올라갈 따름이지 하나님과 분리되어 버림받는 사망에 매이지 않는 것입니다.

10절 그가 죽으심은 죄에 대하여 단번에 죽으심이요 그가 살아 계심은 하나님께 대하여 살아 계심이니

예수님은 하나님의 아들로 오셔서 우리를 대신하여 단번에 아담으로부터 시작해서 마지막까지 온 인류의 죄를 청산해 버리셨습니다. 구약 시대처럼 제사장이 짐승의 피를 가지고 거듭거듭 제사를 드리는 것같이 할 필요가 없습니다. 예수님께서 단번에 십자가에 죽으심으로 우리 일생의 죄는 단번에 청산되어 버렸습니다. 그리스도 보혈의 공로는 이처럼 큰 것입니다.

또한 그의 살아 계심은 하나님께 대하여 살아 계심이라고 합니다. 우리를 구원하신 것은 우리와 우리의 삶을 하나님께 드리기 위한 것입니다. 그러므로 우리 삶의 목표는 하나님께 영광 돌리는 데 있습니다. 옛 사람은 그리스도와 연합하여 죽어 장사 지내고, 그리스도와 함께 일어나서 죄와 상관없이 여생을 하나님 섬기기 위해서 삽니다. 성경은 "그런즉 너희가 먹든지 마시든지 무엇을 하든지 다 하나님의 영광을 위하여 하라"

(고전 10:31)고 말씀합니다.

오리는 끊임없이 입에서 나오는 기름으로 날개를 칠하여 물 위에 떠다니며 생활합니다. 이처럼 우리 예수 믿는 사람들이 죄악 된 세상에 살면서도 물들지 않고 승리의 삶을 살 수 있는 비결 역시 항상 성령의 기름 부음을 충만히 받아 삶의 자리에서 하나님께 영광 돌리는 삶을 사는 데 있습니다. 이러한 삶이 그리스도인의 삶이요, 하나님께 대하여 사는 삶인 것입니다.

11절 이와 같이 너희도 너희 자신을 죄에 대하여는 죽은 자요 그리스도 예수 안에서 하나님께 대하여는 살아 있는 자로 여길지어다

이 말씀은 우리 그리스도인이 "나는 이제 예수님 안에서 죽어 장사 지냈고 그리스도 안에서 해방되고 부활하여 하나님을 위해서 살게 되었다."고 고백하고 이 사실을 마음속에 이미 이루어진 사실로 받아들이고 그렇게 여기라는 말씀입니다. 다시 말하면 '없는 것을 있는 것같이 생각하라' 는 말입니다. 무엇이 어떻게 되어서 이렇게 되었는가 하는 이유를 모르고 이성적으로 이해되지 않는 부분이 있을지라도 이것을 진리라고 여기라는 것입니다. 이것이 우리의 신앙인 것입니다. 마음을 새롭게 하고 믿고 시인하면 그것을 따라서 성령의 역사가 일어납니다. 하나님께서는 우리의 온갖 구하는 것이나 생각하는 것에 넘치도록 능히 해 주시는 분입니다(엡 3:20). 믿음의 조상 아브라함이 그 나이 100세가 되어 그 몸의 죽은 것 같음과 그 아내 사라의 태가 죽은 것 같음을 알고도 믿음이 약하여지지 아니하고 믿음에 굳게 서서 하나님께 영광 돌리며 약속하신 이가 반드시 이루실 줄을 확신하였더니 과연 그대로 되고만 사실을

우리는 기억할 수 있습니다. 하나님께서는 죽은 자를 살리시며 없는 것을 있는 것같이 부르시는 분이십니다.

그러므로 오늘 이 순간부터 '예수 죽음 내 죽음, 예수 부활 내 부활, 예수 승천 내 승천, 예수 승리 내 승리'가 된 줄로 믿고 시인하고 받아들이시기를 바랍니다. 이렇게 할 때, 우리 속에 임재하신 하나님의 성령께서는 우리의 변화된 생각과 믿음을 통해 나타나셔서 그리스도를 향한 생활의 열매를 맺게 하시고 옛 사람의 정과 욕심을 넘어서게 하시는 것입니다. 늦가을 어느 저녁에 비가 촉촉이 내리고 바람이 불고 나니 느티나무가 그 잎을 다 떨어뜨리듯이, 예수님과의 연합됨을 믿고 시인하는 신자들에게 하나님의 성령의 역사가 임하여 죄악이 힘없이 그 생활 가운데서 떨어져 나가는 것입니다.

12절 그러므로 너희는 죄가 너희 죽을 몸을 지배하지 못하게 하여 몸의 사욕에 순종하지 말고

진리를 깨달아 알았은즉 이제 죄에 대하여 어떤 태도를 취해야 할 것인지를 말하고 있습니다. 즉, 죄가 우리 죽을 몸에 왕 노릇 하지 못하게 하여 몸의 사욕에 순종하지 말라고 말합니다. 우리의 몸은 다 죽을 몸이요, 썩어질 몸입니다. 주님 오시는 날에는 이 몸이 변화되어 부활의 몸으로 새롭게 될 것이요, 이미 주 안에서 죽은 자도 새로운 부활의 몸을 입을 것입니다. 죄가 이 죽을 몸을 이용해서 여러 가지 정욕을 가져옵니다. 죄가 왕 노릇 하려 하고 이 죽을 몸을 휘어잡으려 합니다. 그러나 우리는 죄에 대해 죽었기 때문에 합법적으로 죄가 우리에게 왕 노릇 할 권리는 전혀 없습니다. 그러므로 죄가 와서 우리를 유혹해도 "잔소리 마라! 나는 죄에

대해 죽었다! 죄와의 인연이 끊어졌으니 물러가라!" 고 외쳐야 합니다. 이렇게 할 때 몸의 사욕에 순종하지 않게 되는 것입니다.

13절 또한 너희 지체를 불의의 무기로 죄에게 내주지 말고 오직 너희 자신을 죽은 자 가운데서 다시 살아난 자같이 하나님께 드리며 너희 지체를 의의 무기로 하나님께 드리라

죄는 우리 몸을 불의의 무기로 쓰려고 합니다. 술 취하게 하고 음란하게 하고 방탕하게 하고 싸움을 하게 하는 등, 죄는 우리 몸을 이 세상을 파괴할 무기로 사용하는 것입니다.

내가 목포에 집회를 갔을 때 들은 얘기입니다. 도박에 빠진 한 남자가 있었는데, 그 정도가 너무 지나쳐 가산을 탕진하고도 정신을 못 차리는 것이었습니다. 그래서 이를 보다 못한 부모와 형제들이 그를 잡아다가 손가락을 작두로 잘라 버렸습니다. 그랬더니 그는 한동안 도박을 하지 못했습니다. 그런데 손이 낫자 그는 그 뭉툭한 몽당손으로 도박을 또 시작하더라는 것입니다. 말 그대로 도박의 노예가 된 것입니다. 마귀와 죄의 종이 되면 이렇게 혹독하게 부림을 당하고 그저 끌려 다닙니다. 보통 사람의 힘으로는 마귀와 죄를 이길 수 없습니다. 그러나 예수 그리스도를 믿으면 해방됩니다. 그뿐 아니라 예수 그리스도의 의의 종이 되므로 마음속으로부터 저항할 힘이 생깁니다. 이제는 우리 지체를 불의의 무기로 죄에게 주어서는 안 되며 또 그럴 필요가 없습니다. 우리는 더 이상 죄의 노예가 아니기 때문입니다. 우리의 주인은 예수 그리스도이십니다. 오히려 우리의 몸을 의의 무기로 하나님께 드려야 합니다. 술잔을 들던 그 손에 성경을 들고, 음란과 방탕으로 질주하던 그 발걸음을 구역 심

방으로 돌리고, 세상 쾌락을 좇던 그 걸음이 하늘나라의 영광을 좇는 걸음이 되게 해야 합니다.

14절 죄가 너희를 주장하지 못하리니 이는 너희가 법 아래에 있지 아니하고 은혜 아래에 있음이라

옛 사람은 죄의 종이므로 예수 믿기 전에는 죄가 사람을 주관할 권리가 있었습니다. 그러나 새사람이 된 우리들은 죄에 대해 죽어서 인연이 끊어졌기 때문에 우리가 자원하지 않는 이상, 죄가 우리를 주관하지 못합니다. 새사람은 더 이상 법, 즉 율법 아래 있지 않습니다. 율법은 행위와 노력을 요구합니다. 노력하다 보니 실패하게 되고, 실패하니 죄가 되고, 죄를 지으니 죽을 수밖에 없습니다. 죄는 언제나 율법으로 공갈 협박을 합니다. 우리가 율법 아래에 있다면 죄의 지배와 통치를 받을 수밖에 없겠지만, 우리는 은혜 아래 있기 때문에 죄의 지배를 받지 않습니다. 은혜 아래 있기 때문에 행위로 구원받는다는 조건을 요구하지 않습니다. 하나님께서 예수님의 피를 통해 우리의 죄를 인정하지 않으시니 이것이 바로 은혜 아래 있다는 말입니다. 우리는 할 수 없습니다. 그러나 하나님께서 우리의 죄를 십자가 보혈의 공로로 다 용서해 주시고 성령을 보내 주셔서 성령의 힘으로 우리가 능히 하나님의 영광을 위해서 살 수 있도록 해 주신 것입니다. 이것이 은혜입니다.

그러므로 이제 우리는 죄에 대해서는 철저하게 항거하고, 하나님께 대해서는 우리 몸을 의의 무기로 자원하여 드리는 순종의 자세를 취해야 할 것입니다.

2. 의의 종(6:15-23)

15. 그런즉 어찌하리요 우리가 법 아래에 있지 아니하고 은혜 아래에 있으니 죄를 지으리요 그럴 수 없느니라 16. 너희 자신을 종으로 내주어 누구에게 순종하든지 그 순종함을 받는 자의 종이 되는 줄을 너희가 알지 못하느냐 혹은 죄의 종으로 사망에 이르고 혹은 순종의 종으로 의에 이르느니라 17. 하나님께 감사하리로다 너희가 본래 죄의 종이더니 너희에게 전하여 준바 교훈의 본을 마음으로 순종하여 18. 죄로부터 해방되어 의에게 종이 되었느니라 19. 너희 육신이 연약하므로 내가 사람의 예대로 말하노니 전에 너희가 너희 지체를 부정과 불법에 내주어 불법에 이른 것같이 이제는 너희 지체를 의에게 종으로 내주어 거룩함에 이르라 20. 너희가 죄의 종이 되었을 때에는 의에 대하여 자유로웠느니라 21. 너희가 그때에 무슨 열매를 얻었느냐 이제는 너희가 그 일을 부끄러워하나니 이는 그 마지막이 사망임이라 22. 그러나 이제는 너희가 죄로부터 해방되고 하나님께 종이 되어 거룩함에 이르는 열매를 맺었으니 그 마지막은 영생이라 23. 죄의 삯은 사망이요 하나님의 은사는 그리스도 예수 우리 주 안에 있는 영생이니라

15절 그런즉 어찌하리요 우리가 법 아래에 있지 아니하고 은혜 아래에 있으니 죄를 지으리요 그럴 수 없느니라

사도 바울은 우리가 율법 아래 있지 않고 율법이 우리와 무관하니 죄를 범해도 좋다는 그릇된 추론에 대해 경고하고 있습니다. 우리가 법 아

래 있지 않고 또 우리 일생의 죄가 다 용서받았으니 이제는 마음대로 죄를 지어도 되지 않은가 하는 논리에 대해 그럴 수 없다고 단언한 것입니다. 이미 앞 절에서도 말했듯이 죄에 대하여 이미 죽은 우리가 어떻게 자꾸 죄를 짓겠느냐는 말입니다.

16절 너희 자신을 종으로 내주어 누구에게 순종하든지 그 순종함을 받는 자의 종이 되는 줄을 너희가 알지 못하느냐 혹은 죄의 종으로 사망에 이르고 혹은 순종의 종으로 의에 이르느니라

나는 언젠가 TV를 통해 '뿌리' 라는 영화를 보았습니다. 특별히 시간을 내서 보았는데 마음 깊이 감동을 받았습니다. 그중에서도 사람이 자신의 뿌리를 어디 두었느냐에 따라 인생의 희비와 운명이 엇갈린다는 사실이 가슴에 와 닿았습니다.

이 영화를 보면, 아버지가 미국에 노예로 팔려 오니 그를 통해 태어난 무고한 자식도 태어날 때부터 노예로 팔려 3백달러, 5백달러 등의 가격이 매겨지는 것이었습니다. 어떤 대학생이 내게 찾아와 이런 항의를 했습니다. "죄야 아담이 지었지 제가 지었습니까? 하나님이 저를 지옥에 보낸다면 불공평합니다." 그러나 이 영화를 보십시오. 아무리 인물이 잘나도 종의 자식으로 태어나면 종입니다. 별 도리가 없습니다. 무슨 이변이 나지 않는 한 말입니다. 에덴동산에서 아담은 자기를 값없이 죄와 마귀에게 팔아 버렸습니다. 종으로 팔렸으니 주인이 시키는 대로 해야 하고 섬겨야 합니다. 종이란 팔린 사람이요, 주인의 소유물이기 때문입니다. 우리들은 아담 안에서 죄에게 팔려 죄의 종이 되어 버렸습니다. 죄가 가라면 가고 먹으라면 먹고 방탕한 삶을 살라고 하면 방탕한 삶을 살 수

밖에 없었습니다.

영화에서 보니 어느 날 노예 해방령이 내려 노예들이 해방되었습니다. 그들은 옛 주인에게서 풀려났으며 이젠 자기 의사대로 모든 일을 할 수 있게 되었습니다. 이처럼 우리도 과거에 죄를 주인으로 섬기다가 예수 그리스도로 인해 죄에 대해서 죽고 새 생명을 얻어 부활해서 의의 주인인 예수님을 주인으로 섬기게 된 것입니다.

인간은 누구든지 한 주인을 섬겨야 합니다. 죄와 마귀를 섬기든지 아니면 하나님과 의를 섬기든지 해야 합니다. 중립이란 절대로 있을 수 없습니다. 죄의 종이 되어 사망에 이르든지, 순종의 종이 되어 의와 생명에 이르든지 해야 합니다. 주님은 이와 같이 말씀하셨습니다. "죄를 범하는 자마다 죄의 종이라" (요 8:34).

17-18절 하나님께 감사하리로다 너희가 본래 죄의 종이더니 너희에게 전하여 준바 교훈의 본을 마음으로 순종하여 죄로부터 해방되어 의에게 종이 되었느니라

노예 시장에 아프리카에서 잡혀 온 한 부부가 서로 끌어안고 벌벌 떨며 앉아 있었습니다. 노예 상인은 손님들에게 남자 노예는 나이가 젊고 이빨이 튼튼하고 건강한데다가 부인도 몸이 튼튼하니 일을 잘 할 수 있을 것이라고 설명하고 있었습니다. 그때 미국 북방에서 온 한 사업가가 이 비참하고 슬픈 장면을 보고는 최고의 값을 주고 이 노예 부부를 샀습니다. 그리고 이 사업가는 노예 상인으로부터 건네받은 노예 문서를 이들 부부에게 주면서 "이제 당신들은 자유요! 마음대로 가세요!" 라고 말했습니다. 그때 이 부부가 무릎을 꿇고서 하는 말이 "당신같이 사랑 많고

훌륭한 백인은 보지 못했습니다. 지금 우리가 노예 문서를 가지고 밖에 나가도 또 잡혀서 노예가 될 뿐입니다. 차라리 당신의 종이 되게 해 주십시오!"라고 하는 것이었습니다. 너무 애절하게 간청을 하자 이 사업가는 이 부부를 데려다가 종으로 삼지 않고 한가족처럼 살았다는 이야기가 있습니다. 어차피 종이 될 바에야 주인을 잘 만나야 하는 것입니다.

일단 종으로 팔려 가면 자기 힘으로 풀려날 수 없습니다. 누군가 돈 많은 사람이 사서 풀어 주어야 합니다. 이처럼 우리도 죄의 종이었는데 하나님께서 예수님을 보내셔서 그 보혈로 우리 죄를 청산하시고 우리를 값 주고 사셨습니다. 그러니 우리는 하나님께 감사할 도리밖에 없습니다.

"너희에게 전하여 준바 교훈의 본을 마음으로 순종하여". 예수 그리스도의 복음을 마음으로 순종했다는 말입니다. 이는 우리가 행위의 법으로 구원받은 것이 아니라 믿음의 법으로 구원받은 사실을 말하고 있습니다. "내가 나의 법을 그들의 속에 두며 그들의 마음에 기록하여"(렘 31:33)라고 성경은 말씀합니다. 속에 두고 마음에 기록해 주는 법은 믿음의 법인 것입니다.

이처럼 우리는 마음으로 순종하고 믿어서 죄로부터 해방되어 의의 종이 되었습니다. 죄에서 해방되면 스스로 독립할 줄 알았는데 즉시로 의의 종, 예수님의 종이 된 것입니다. 스스로 독립하는 것보다 의와 평강의 왕이신 예수 그리스도의 종이 되는 것이 좋습니다. 그분은 우리의 주인이 되실 뿐 아니라 신랑이 되시기 때문에 그 친밀함이 어떠한지 짐작할 수 있을 것입니다.

19절 너희 육신이 연약하므로 내가 사람의 예대로 말하노니 전에 너희가 너희 지체를 부정과 불법에 내주어 불법에 이른 것같이 이제는 너희 지체를 의에게 종으로 내주어 거룩함에 이르라

'육신이 연약하다' 는 말은 영적 지혜가 자라지 못했음을 말합니다. 즉, 너희가 아직 영적 지혜가 성장하지 못했으므로 사람의 예대로 말하겠다는 것입니다. '사람의 예대로 말한다' 는 것은 이 세상에서 일어나는 인간의 경험 가운데서 예를 들어 말하겠다는 뜻입니다. 영적 진리를 인간의 예를 들어 말한다는 것은 힘든 일일 것입니다.

"전에 너희가 너희 지체를 부정과 불법에 내주어 불법에 이른 것같이". 우리가 옛 사람으로 있을 때는 몸 전체를 부정과 불법에 드렸습니다. 그래서 온갖 더러움에 거하고 하나님의 법을 어김으로써 불법의 열매를 맺었습니다. 이는 곧 "음행과 더러운 것과 호색과 우상 숭배와 주술과 원수 맺는 것과 분쟁과 시기와 분 냄과 당 짓는 것과 분열함과 이단과 투기와 술 취함과 방탕함과 또 그와 같은 것들"(갈 5:19-21)처럼 육체의 일의 열매를 말합니다.

"이제는 너희 지체를 의에게 종으로 내주어 거룩함에 이르라". 이제는 우리 지체를 예수님께 드려서 거룩함에 이르라는 것입니다. 예수님의 성품과 인격을 배우고 그 말씀에 거할 때에 우리는 거룩함에 이를 수 있습니다. 이전에 부정과 불법의 주인을 따라간 것처럼 이제 우리는 의의 주인을 따라 나서야 하는 것입니다.

20절 너희가 죄의 종이 되었을 때에는 의에 대하여 자유로웠느니라

우리가 죄의 종일 때에는 의와 인연이 없었습니다. 한 종이 두 주인을 겸하여 섬길 수 없기 때문입니다(마 6:24). 그래서 의에 대하여 자유로웠

고 전혀 무관심했습니다.

21절 너희가 그때에 무슨 열매를 얻었느냐 이제는 너희가 그 일을 부끄러워하나니 이는 그 마지막이 사망임이라

우리가 의에 대해 무관심하고 전적으로 죄의 종이 되어 죄를 섬겼을 때에는 무엇 하나 선한 열매를 맺지 못했습니다. 그래서 우리는 그 일을 부끄러워하고 그것을 수치로 여기는 것입니다. 그 부끄러운 일의 마지막은 사망이요, 그 결국은 지옥으로 떨어지는 것뿐입니다.

죄에게 시집가서 죄의 종이 되면 죄의 자식을 낳습니다. 별 수 없이 죄를 따라가면 죄의 열매를 맺게 되어 있습니다. 마귀와 죄를 따라가면 죄의 열매를 맺고 결국에는 사망에 이르게 되는 것입니다.

22절 그러나 이제는 너희가 죄로부터 해방되고 하나님께 종이 되어 거룩함에 이르는 열매를 맺었으니 그 마지막은 영생이라

21절이 죄의 종이 된 결과를 보여 준다면, 본 절은 죄로부터 해방된 결과를 보여 줍니다. 즉, 우리가 죄로부터 해방되고 하나님의 종이 되면 거룩함에 이르는 열매를 맺고 결국 썩지 않을 영원한 생명을 소유하게 되는 것입니다.

열매는 우리의 힘으로 맺는 것이 아닙니다. 우리가 예수님을 믿자마자 성령님이 오셔서 우리 속에 거하십니다. 우리 속에 계신 성령님은 사랑과 희락과 화평과 오래 참음과 자비와 양선과 충성과 온유와 절제 같은 열매를 맺게 하시는 것입니다(갈 5:22). 성령의 역사로 성화되는 것이지 우리의 힘으로는 성화될 수 없는 것입니다. 예수 믿고 보혈로 씻음 받아

구원받고 성령께서 오셔서 도우심으로 우리가 죄인에서 거룩하게 변화되어 가는 것입니다.

성령 없는 신앙은 물 없는 우물이요, 비 없는 구름이요, 열매 없는 나무요, 불 없는 화로와 같습니다. 아무리 열심히 교회에 나오고 율법을 지키고 "주여! 주여!" 고함을 쳐도 생명력이 없습니다. 성령은 우리 신앙생활의 내용인 것입니다.

23절 죄의 삯은 사망이요 하나님의 은사는 그리스도 예수 우리 주 안에 있는 영생이니라

사망은 죄의 불가피한 결과입니다. 우리가 죄를 부지런히 따라가면 그에 대한 삯을 줍니다. "죄를 따라오느라고 수고했다." 하고 주는 값은 바로 불과 유황으로 타는 못입니다.

"하나님의 은사는 그리스도 예수 우리 주 안에 있는 영생이니라". 은혜의 마음에서 주는 선물을 은사라고 합니다. 하나님께서 우리에게 부어 주시는 은사는 곧 영생입니다. 사망은 사람이 죗값으로 얻어 가진 것이나 영생은 순전히 무료요, 하나님의 선물입니다. 그런데 이 영생은 그리스도 예수 우리 주 안에 있는 영생입니다. 신자들은 그리스도 예수를 떠난 존재로 생각될 수 없으며 그리스도 없이 영생의 복을 받을 수도 없습니다. 또한 그리스도와의 연합을 떠나서 누릴 수 있는 복은 하나도 없습니다.

본 장에서는 우리에게 중대한 진리를 계시해 주고 있습니다.

1절부터 11절까지는 우리가 예수 그리스도의 죽음과 부활에 연합되

어 하나가 되었다는 것을 가르칩니다. 즉, 예수 죽음 내 죽음, 예수 무덤 내 무덤, 예수 부활 내 부활, 예수 승천 내 승천, 예수 보좌 내 보좌가 되는 것을 말해 주고 있습니다. 이는 그리스도와의 연합을 실천하는 신앙생활을 말합니다.

12절부터 14절까지는 이렇게 그리스도와 연합되어 진리를 깨달은 자가 죄에 대해 취할 태도를 말하고 있습니다. 즉, 더 이상 죄에 순종하지 말라는 것입니다. 우리는 정죄하는 율법 아래 있지 않고 은혜 아래 있기 때문에, 마음에 결심만 하면 더 이상 죄에 대해 종노릇하지 않고 오히려 성령의 도움으로 능히 죄를 이기고 승리할 수 있습니다.

15부터 23절까지는 죄의 종과 의의 종의 결과를 서술하고 있습니다. 우리 인생은 죄의 종이 되든지 또는 의의 종이 되든지 둘 중 하나에 속할 수밖에 없는 존재입니다. 죄의 종은 부정과 불법의 열매를 맺고 결국 사망을 삯으로 얻게 됩니다. 그러나 예수 그리스도로 말미암아 의의 종이 된 우리는 하나님의 종이 되어 거룩함에 이르고 마침내 영생을 얻게 됩니다.

그러므로 구원받은 우리는 이 놀라운 복음의 도를 열심히 전파해야겠습니다.

제 7 장

구원받은 성도의 싸움

율법과 은혜 7:1-6
율법과 죄의 관계 7:7-13
자아 속의 싸움 7:14-25

A COMMENTARY ON
THE EPISTLE TO THE
ROMANS

사도 바울은 본 장에서 은혜 아래 살고 있는 그리스도인은 이미 자아와 죄로부터 해방되었을 뿐 아니라 율법에서도 해방되었음을 설명하고 있습니다.

바울은 부부 관계의 비유를 통해 성도가 율법 아래 있지 않고 은혜 아래 있음을 강조합니다. 또한 믿음으로 의롭다 하심을 받은 자의 성결은 율법에 있지 않고 오직 성령 안에서 가능함을 보여 주고 있습니다.

1. 율법과 은혜(7:1-6)

1. 형제들아 내가 법 아는 자들에게 말하노니 너희는 그 법이 사람이
살 동안만 그를 주관하는 줄 알지 못하느냐 2. 남편 있는 여인이 그
남편 생전에는 법으로 그에게 매인 바 되나 만일 그 남편이 죽으면
남편의 법에서 벗어나느니라 3. 그러므로 만일 그 남편 생전에 다른
남자에게 가면 음녀라 그러나 만일 남편이 죽으면 그 법에서 자유롭
게 되나니 다른 남자에게 갈지라도 음녀가 되지 아니하느니라 4. 그
러므로 내 형제들아 너희도 그리스도의 몸으로 말미암아 율법에 대
하여 죽임을 당하였으니 이는 다른 이 곧 죽은 자 가운데서 살아나신
이에게 가서 우리가 하나님을 위하여 열매를 맺게 하려 함이라 5.
우리가 육신에 있을 때에는 율법으로 말미암는 죄의 정욕이 우리 지
체 중에 역사하여 우리로 사망을 위하여 열매를 맺게 하였더니 6.
이제는 우리가 얽매였던 것에 대하여 죽었으므로 율법에서 벗어났
으니 이러므로 우리가 영의 새로운 것으로 섬길 것이요 율법 조문의
묵은 것으로 아니할지니라

1절 형제들아 내가 법 아는 자들에게 말하노니 너희는 그 법이 사람이 살 동안만 그를 주관하는 줄 알지 못하느냐

사도 바울은 유대인과 구약에 정통한 이방인을 포함한 모든 그리스도인들을 향해 "형제들아!"라고 부르면서, 율법의 원칙과 효력은 사람이 살아 있는 동안만 적용된다는 사실을 강력하게 강조합니다. 여기서 말하는 '법'이란 모세의 율법을 포함한 율법 일반을 가리킵니다. 실로 율법의 원칙과 효력은 사람이 살아 있는 동안만 그에게 적용되지 결코 죽은 자에게는 적용되지 않습니다. 우리는 대한민국 사람으로서 대한민국에 살아 있을 동안에만 대한민국 법의 적용을 받습니다. 그러나 만일 우리가 죽어서 장례식을 치르고 사망 신고를 하면 대한민국 법의 적용을 받지 않습니다. 이와 같이 법이란 죽은 사람에게는 적용되지 않기 때문에 그때는 국가에 대한 의무나 국가에 대한 권리도 없는 것입니다.

2절 남편 있는 여인이 그 남편 생전에는 법으로 그에게 매인 바 되나 만일 그 남편이 죽으면 남편의 법에서 벗어나느니라

'남편 있는 여인'이란 '남자 아래 있는 여자'라는 뜻으로서 여인이 남편에게 복종하는 위치임을 말합니다. 곧 여성에게 있어서 결혼은 남편의 소유가 되어 남편의 구속 아래 놓이는 것이 그 당시의 결혼관이었습니다. 고대 혼인법은 남자 중심적이어서 아내는 남편에게 종속적인 관계에 있었습니다. 또한 아내가 원하여 남편과 이혼할 수는 없었습니다(신 24:1). 그렇기 때문에 아내는 남편이 살아 있는 동안에는 남편에게 법적으로 매여서 살아야 했으며 만일 다른 남성과 사귀면 그것은 곧 범죄였습니다. 그러나 만일 남편이 죽으면 그 법적 효력이 상실되어 남편에게 매인 상태에서 놓여나게 됩니다. 아내는 남편이 살아 있을 때에는 남편이 잘났든 못났든 남편에게 묶여 있습니다. 그러나 남편이 죽으면 남편과의 혼인 계약이 무효화되므로, 법적으로 자유롭게 되는 것입니다.

3절 **그러므로 만일 그 남편 생전에 다른 남자에게 가면 음녀라 그러나 만일 남편이 죽으면 그 법에서 자유롭게 되나니 다른 남자에게 갈지라도 음녀가 되지 아니하느니라**

남편이 살아 있을 동안에 다른 남자를 따라가서 살면 간음죄를 범하는 것이고 음부(淫婦)란 이름을 받게 됩니다. 그러나 남편이 죽으면 아내는 남편의 법에서 벗어나게 되므로 다른 남자에게 가서 살아도 음부가 되지 않고 정당한 재혼이 되는 것입니다. 남편도 마찬가지입니다. 부인이 살아 있는 동안에 임의로 부인을 버리고 다른 여인에게 장가들면 간음한 것이 됩니다.

여기서 사도 바울이 혼인법의 비유로 밝히려고 하는 원리는, 법적 효력이나 구속력은 죽은 자에게는 미치지 않으며 또한 상대방의 죽음으로 소멸된다는 것입니다. 이러한 원리는 우리 그리스도인과 율법과의 관계에 있어서도 그대로 적용되는 진리입니다. 은혜 아래 살고 있는 그리스도인은 이미 죄로부터 해방되었을 뿐 아니라 율법에서도 해방되었습니다. 그러한 사실을 사도 바울은 4절 이하에서 설명합니다.

그런데 성경에는 두 가지 경우에 상대방이 살아 있어도 재혼을 허용하고 있습니다. 그 첫 번째가 상대방이 간음한 경우입니다. 레위기 20장 10절을 보면 "누구든지 남의 아내와 간음하는 자 곧 그의 이웃의 아내와 간음하는 자는 그 간부와 음부를 반드시 죽일지니라" 고 기록되어 있습니다. 그렇기 때문에 남편이 살아 있는 아내나 혹은 아내가 살아 있는 남편이 다른 사람과 간음하다가 상대방에게 들키면 그 간음한 자는 죽은 것과 같습니다. 그러므로 간음한 아내나 남편과 이혼하고 다른 사람과 재혼한다고 해서 그것이 죄가 되지는 않습니다. 그러나 할 수만 있다면 헤어지지 않고 사는 것이 좋습니다. 이혼으로 인해 파생되는 문제가 너무나 크기 때문입니다.

재혼이 가능한 두 번째 경우는 고린도전서 7장 12절부터 15절까지에 기록되어 있습니다. 사도 바울은 부부 중에 한 사람이 예수님을 잘 믿는다는 이유 때문에 믿지 않는 상대방이 갈라서자고 하면 그 문제 때문에 괴로워하지 말고 갈라서라고 권면했습니다. 그러나 예수 믿는 사람이 먼저 갈라서자고 제안해서는 안 된다고 했습니다. 그러나 이러한 내용은 당시 초대 교회의 상황에 비추어 해석되어야 합니다. 위에서 언급한 두 가지 경우 외에는 상대방이 살아 있을 경우에 재혼이 허락되지 않습니다.

이혼이란 하나님께서 세우신 결혼의 항구성(恒久性)을 인정하지 않는 것이 되므로 그 자체가 옳지 못합니다. 원래 하나님께서는 이혼을 허용하지 않으셨습니다. 예수님께서는 이혼을 옳지 않다고 하시면서 부정(不貞)의 경우만을 예외로 하셨습니다(마 5:32; 19:9). 하나님께서는 이혼하는 것을 미워하십니다(말 2:16). 결혼 생활이란 어떤 연습이나 임시적인 과정이 아닙니다. 또한 인간의 뜻에 의해 마음대로 파기할 수 있는 것도 아닙니다. 그러므로 그리스도인들은 사랑과 관용으로 가정의 파탄을 미리 막고 가정에 어려움이 올 경우에는 서로 양보하고 서로를 존중함으로 가정을 지켜야 합니다.

4절 그러므로 내 형제들아 너희도 그리스도의 몸으로 말미암아 율법에 대하여 죽임을 당하였으니 이는 다른 이 곧 죽은 자 가운데서 살아나신 이에게 가서 우리가 하나님을 위하여 열매를 맺게 하려 함이라

본 절을 이해하기 위해 우리는 1절로 돌아가야 합니다. 율법은 그 사람이 살아 있을 동안에만 그를 지배합니다. 만약 지배받는 사람이 죽는다면 율법은 더 이상 그를 지배할 수 없습니다.

바울 사도의 말씀을 들어 봅시다. "예수 그리스도가 우리의 죄를 지고 십자가에서 돌아가셨을 때 우리도 그로 말미암아 죽었습니다." 한 여인이 한 남자에게 시집을 가면 평생토록 그 남편에게 구속되듯이 인간은 누구든지 태어나면서 죽을 때까지 율법의 지배 아래 들어갑니다. 율법이 우리에게 준 것은 우리의 연약함에 대한 심판뿐입니다. 우리가 율법의 지배 아래에서 얻은 것은 죄밖에 없습니다. 죄의 삯은 사망입니다(6:23). 그런데 예수님께서 친히 오셔서 우리를 대신하여 율법의 저주 아래에서 죽으셨습니다. 예수님과 함께 우리의 옛 사람도 죽었습니다(6:4). 그러므로 더 이상 율법이 우리를 지배할 수 없습니다. 우리는 율법의 속박에서 자유를 얻었습니다. 그러나 우리가 계속 죽은 상태라면 그 자유가 무슨 소용이 있겠습니까?

바울은 이에 대해서 계속 말합니다. "우리는 주님과 함께 죽은 바 되었다가 주님과 함께 부활하였고 하나님께 유용한 사람이 되었습니다." 십자가에서 돌아가신 예수님은 사흘 만에 사망의 권세를 깨뜨리고 부활하셨습니다. 그렇기 때문에 주님과 함께 율법에 대하여 죽었던 우리도 다시 살게 되었습니다. 예전에는 율법의 지배를 받는 존재였지만 이제는

새롭게 태어나 하나님의 자녀가 된 것입니다. 그러므로 이제 율법은 더 이상 우리를 지배할 수 없습니다. 우리는 이제 더 이상 율법 아래 있지 않습니다. 우리는 오직 하나님의 은혜 안에 있습니다. 그러므로 고린도후서 5장 17절에서 바울은 "이전 것은 지나갔으니 보라 새것이 되었도다"라고 말합니다.

이 모든 것을 위해 우리가 한 일은 아무것도 없습니다. 또한 우리가 할 수 있는 일도 없습니다. 오직 이것은 하나님의 은혜입니다. 율법 아래에서 주님과 함께 죽고 은혜 안에서 주님과 함께 살아나 새로운 피조물이 되는 것은 하나님께서 믿는 자에게 값없이 주시는 은혜입니다.

율법은 단 한 번의 범죄일지라도 그것 때문에 영원히 죽을 것이라고 정죄하지만, 은혜는 예수 그리스도의 보혈로 말미암아 영원히 우리를 용서해 주고 온전하게 합니다.

또한 주님께서는 성령을 보내 주셔서 그리스도의 형상을 닮도록 이끌어 주십니다. 그렇기 때문에 우리의 겉사람은 부패하지만 속사람은 날로 새로워져 하나님의 영광스러운 열매를 맺게 되는 것입니다.

5절 우리가 육신에 있을 때에는 율법으로 말미암는 죄의 정욕이 우리 지체 중에 역사하여 우리로 사망을 위하여 열매를 맺게 하였더니

'육신에 있을 때'란 아직 '예수를 믿지 않을 때'를 의미합니다. '육신'은 원어로 '사륵스'(*σάρξ*)라고 합니다. 그런데 육신을 나타내는 또 다른 말로 '소마'(*σῶμα*)가 있습니다. '소마'가 우리 육체의 뼈와 살 등을 의미한다면, '사륵스'는 추상적인 의미로서의 육신, 곧 타락한 아담의 부패

한 성품을 뜻합니다. 그러므로 바울이 '우리가 육신에 있을 때' 라고 말한 것은 우리가 거듭나기 전에 아담의 후손으로서 죄 가운데 거한 육신의 상태를 가리키는 것입니다.

우리가 육체의 부패한 성품 가운데 있을 때에는 율법으로 인해 죄의 정욕이 우리 지체 중에서 역사했습니다. 마귀는 율법을 어기게 하려고 우리를 충동질합니다.

어린 시절 시골에서 먹던 간식 중에 감과 엿이 있습니다. 그때만 해도 음식이 귀한 때라 감이나 엿은 주로 아버님께서 드시곤 했습니다. 그런데 감이나 엿이 어디 있는지 모르면 상관없는데, 어머님께서는 어디 나가실 때 마다 꼭 이렇게 말씀하셨습니다. "저 옷장 위에 얹어 놓은 감과 엿은 아버지 드실 음식이니까 손대면 안 돼!" 그러니 나와 동생들은 그 방을 떠날 수가 없습니다. 말을 안 하셨으면 나가 놀았을 것인데, 맛있는 감과 엿이 옷장 위에 있다고 하니, 도무지 나가 놀 수 없는 것입니다. 안 먹고는 못 배기는 것입니다. 결국은 내가 엎드리고 동생들이 올라타 겨우겨우 끄집어내서 다 먹고 어머님께 얻어맞았던 기억이 있습니다.

법이 없다면 죄를 인식할 수 없습니다. 그런데 율법으로 인해 우리에게 죄가 인식되게 되었습니다. 마귀는 와서 우리의 죄의 정욕을 충동질하여 율법을 어기게 합니다. 죄의 삯은 사망이기 때문에 결국 우리는 사망의 열매를 맺을 수밖에 없었습니다. 이와 같이 우리가 예수님을 믿기 전 세상에서 살 동안에 맺은 모든 것은 사망의 열매뿐입니다.

6절 이제는 우리가 얽매였던 것에 대하여 죽었으므로 율법에서 벗어났으니 이러므로 우리가 영의 새로운 것으로 섬길 것이요 율

법 조문의 묵은 것으로 아니할지니라

옛날 우리 교회에 남편을 박해하는 부인이 있었습니다. 이 부인이 얼마나 남편을 박해했는가 하면, 남편이 교회 다닌다고 밥을 안 주는 것은 다반사이고 남편이 새벽 기도를 마치고 가면 문을 안 열어 줘서 남편이 해가 뜰 때까지 문밖에 서서 떨고 있었던 적이 한두 번이 아니었습니다. 한번은 남편이 철야 기도를 마친 후에 집으로 돌아와 문을 열려고 했더니, 문을 열자마자 이 부인이 방망이로 머리를 때려 응급실에 입원하기도 했습니다. 얼마나 무서웠던지 내가 심방을 못 갈 정도였습니다. 그렇게 남편을 괴롭히더니 그만 그 부인이 먼저 죽고 말았습니다. 그런데 장례식장에서 그 남편이 싱글벙글하는 것이었습니다. 그동안 얼마나 마음이 답답하고 힘들었으면 저럴까 싶은 생각이 들었습니다. 그러더니 6개월이 안 되어 착한 부인을 만나 결혼하는 것을 보았습니다. 율법에서 해방을 얻은 것입니다.

우리가 예수님을 믿기 전에는 사망의 열매를 맺었지만 이제는 그렇지 않습니다. 이제 우리는 율법에 대해 죽어서 그 제약을 벗어났기 때문입니다. 십자가에 달리신 예수님과 함께 우리는 죽었습니다. 법은 죽은 자에게 그 효력을 미칠 수 없습니다.

또한 우리는 부활하신 주님과 함께 다시 살아났습니다. 율법 아래서 죽었던 우리는 그리스도의 은혜 가운데 새 생명을 얻은 것입니다. 그러므로 이제 우리는 묵은 율법 조문(條文)을 따라 섬길 필요가 없습니다. '조문' 이란 문자를 뜻합니다. 문자로 기록된 율법이나 계명을 조문이라고 합니다. 믿음으로 구원을 얻은 이상 조문, 즉 법조문을 따라 살 필요가 없습니다. 성령님께서 주시는 새로운 생명으로 섬기게 되었기 때문입니다. 우리가 예수님을 믿음으로 성령님이 우리 가운데 임재하시게 되고, 임재하신 성령님께서 우리 속에 생명이 넘치도록 하셔서 하나님을 섬길 수 있게 해 주십니다.

하나님께서 우리에게서 율법을 제하셨습니다. 법이 없으니 죄도 없습니다. 그러나 "자, 이제 법이 없으니 마음대로 죄를 짓자."고 이야기하지는 마십시오. 비록 율법이 제하여져서 정죄가 없어졌다고 해도 우리 속에 죄의 뿌리와 속성이 남아 있어 성령님의 뜻을 거스르는 일을 하게 하기 때문입니다. 육체의 소욕은 성령님을 거스르고 성령의 소욕은 육체를 거스릅니다. 그렇기 때문에 새로운 생명을 주시는 성령님을 모신 우리가 죄를 지으면 새 생명의 성품에 어긋나기 때문에 괴로워 견딜 수가 없습니다. 독을 먹으면 배가 뒤틀리고 아파서 견딜 수 없는 것처럼, 죄가 우리 속에 들어오면 괴로워서 견딜 수가 없습니다. 성령님도 탄식하시고 우리의 마음도 괴롭습니다.

전에는 율법이 주어져 외부적인 강제에 의해 하나님의 법을 준행해야 했습니다. 그러나 이제는 성령의 새로운 생명이 우리 속사람에게 주어져 내부에서부터 자율적으로 하나님의 법을 따르게 합니다. 그래서 사도 바울은 "영의 새로운 것으로 섬길 것이요, 율법 조문의 묵은 것으로 아니할지니라."고 권면했던 것입니다.

2. 율법과 죄의 관계(7:7-13)

7. 그런즉 우리가 무슨 말을 하리요 율법이 죄냐 그럴 수 없느니라 율법으로 말미암지 않고는 내가 죄를 알지 못하였으니 곧 율법이 탐내지 말라 하지 아니하였더라면 내가 탐심을 알지 못하였으리라 8. 그러나 죄가 기회를 타서 계명으로 말미암아 내 속에서 온갖 탐심을 이루었나니 이는 율법이 없으면 죄가 죽은 것임이라 9. 전에 율법을 깨닫지 못했을 때에는 내가 살았더니 계명이 이르매 죄는 살아나고 나는 죽었도다 10. 생명에 이르게 할 그 계명이 내게 대하여 도리어 사망에 이르게 하는 것이 되었도다 11. 죄가 기회를 타서 계명으로 말미암아 나를 속이고 그것으로 나를 죽였는지라 12. 이로 보건대 율법은 거룩하고 계명도 거룩하고 의로우며 선하도다 13. 그런즉 선한 것이 내게 사망이 되었느냐 그럴 수 없느니라 오직 죄가 죄로 드러나기 위하여 선한 그것으로 말미암아 나를 죽게 만들었으니 이는 계명으로 말미암아 죄로 심히 죄 되게 하려 함이라

7절 그런즉 우리가 무슨 말을 하리요 율법이 죄냐 그럴 수 없느니라 율법으로 말미암지 않고는 내가 죄를 알지 못하였으니 곧 율법이 탐내지 말라 하지 아니하였더라면 내가 탐심을 알지 못하였으리라

본 절부터 13절까지는 율법과 죄의 관계에 관한 내용입니다. 1절부터 6절까지 우리는 결혼 관계에 비유된(2-3절) 율법과 은혜와 구원받은 성도

의 삼각관계에 대하여 알아보았습니다. 예수님을 믿기 전에 우리는 율법의 지배 아래 있었습니다. 그러나 주님과 함께 죽음으로 율법의 지배에서 벗어났습니다. 또한 부활하신 주님과 함께 다시 살아남으로 은혜 안에서 하나님의 자녀가 되었습니다. 그러므로 이전에 율법 조문에 얽매어 하나님을 섬기던 우리는 이제 성령님의 새로운 생명에 의지하여 하나님을 섬기게 된 것입니다. 그러면 이제 율법과 죄는 어떤 관계에 있을까요?

율법이 옴으로 죄가 왔다는 사실은 이미 앞에서도 언급했던 내용입니다. 그러나 율법이 죄를 가져왔으므로 율법이 바로 죄라고 생각하는 것은 잘못된 생각입니다. 율법은 죄가 아닙니다. 비록 우리가 율법을 통해 죄를 알았다고는 하지만 율법 때문에 죄를 짓거나 잘못 행하는 것은 아니기 때문입니다. 율법은 우리에게 죄가 무엇인지 알게 해 줍니다. '탐내지 말라' 는 율법은 우리에게 탐욕이 죄라는 사실을 알려 줍니다. 그러나 그 계명 때문에 죄 곧 탐욕이 생기는 것은 아닙니다. 탐욕은 율법 이전에도 있었습니다. 그러나 율법이 없었으므로 탐욕이 죄가 되지는 않았습니다. 율법에 탐욕이 죄라고 명시된 후에야 비로소 탐욕이 죄가 된 것입니다. 그러므로 율법은 우리에게 죄를 깨닫게 하는 것이지 우리에게 죄를 가져다주는 것은 아닙니다.

율법이 있기 전부터 인간은 죄악 속에서 그 죄악을 먹고 마시며 살았습니다. 그러다가 율법으로 인해 우리는 비로소 우리가 죄악 속에서 죄악을 먹고 마시고 있다는 사실을 알게 되었을 뿐입니다. 그러므로 율법은 죄가 아닙니다.

죄를 깨닫기 전에는 아무렇지도 않게 잘 살아가던 인간들도 율법으로 죄를 깨닫고는 그 심령이 뒤틀리고 영혼이 괴로워서 죽게 되는 것입니다. 죄악으로 어둡게 된 심령을 감싸 쥔 인간들은 영혼의 치료자이신 예수님께 나아가야만 합니다. 우리 안에 있는 모든 죄를 다 토해 내고 예수 그리스도를 구주로 모셔야 합니다. 그럴 때에만 우리는 하나님의 은혜로 죄에 대해 죽을 수 있습니다. 또한 죄에 대해 죽어야만 죄를 가르쳐 주는 율법에 대하여 자유를 얻을 수 있게 됩니다. 자유를 얻고 나면 성령님의 도우심으로 매일 주님을 닮아 가는 생활을 할 수 있게 됩니다.

바울 사도가 '탐심'을 죄의 대표로 언급한 것은 참으로 의미심장합니다. 죄의 가장 근본이 탐심이기 때문입니다. 영적으로 가장 큰 죄인 우상숭배의 경우도 그 근본은 탐심입니다. 하나님을 섬기지 않고 내 마음에 잘못된 욕심이 생겨 그 욕심을 이루려고 우상을 섬기는 것이 바로 우상숭배이기 때문입니다. 살인의 경우도 그렇습니다. 살인이란 나 혼자만이 잘되려고 다른 사람을 죽이기까지 하는 것이므로 탐심이 그 근본 동기인 셈입니다. 그러므로 죄의 가장 근본이 되는 것이 탐심임을 잊지 말아야 합니다. 그러면 이 탐심을 물리칠 수 있는 요소는 무엇일까요? 그것은 바로 하나님의 사랑입니다. 하나님을 사랑하면 나의 탐욕을 위하여 우상을 섬기지 않습니다. 이웃을 사랑하면 나의 이익을 위하여 남에게 해가 되는 일을 하지 않습니다. 은혜의 근본은 사랑이고 죄의 근본은 탐욕이기 때문에 바울 사도는 '탐욕'을 죄의 뿌리로 설명했던 것입니다.

8절 그러나 죄가 기회를 타서 계명으로 말미암아 내 속에서 온갖 탐심을 이루었나니 이는 율법이 없으면 죄가 죽은 것임이라

죄가 율법을 도구로 이용하여 인간의 마음속에 온갖 탐욕을 일으켰습

니다. 그러므로 율법이 없었다면 죄는 죽은 것과 같습니다. 이 죄의 배후에는 마귀가 있습니다. 마귀가 죄를 품고 기회를 보고 있다가 율법이 오자마자 뛰어나옵니다. 그리고는 인간들로 하여금 계명을 어기도록 인간의 마음속에 있는 정욕을 충동질합니다. 각양 탐심을 우리에게 주어서 계명을 어기도록 인간의 정욕을 충동질합니다.

만약 법이 없었다면 죄도 없었을 것이고 마귀가 달려들어 우리의 정욕을 충동질하고 탐심을 가져다주지도 않았을 것이기 때문에 법이 없으면 곧 죄는 죽은 것이 되는 것입니다.

9절 전에 율법을 깨닫지 못했을 때에는 내가 살았더니 계명이 이르매 죄는 살아나고 나는 죽었도다

"전에 율법을 깨닫지 못했을 때에는 내가 살았더니", 여기서 '살았더니' 는 하나님께서 보시기에 살았다는 뜻이 아닙니다. 죄 안에 살면서도 양심의 고통이나 괴로움 없이 평화롭게 살 수 있었다는 의미입니다. 그런데 이제 계명이 들어오고 보니 죄가 죄로 나타납니다. 죽었던 죄가 살아납니다. 죄가 살아났으니 그 삯인 사망이 우리에게 알려졌고 따라서 우리는 죽었다는 사실을 깨닫게 됩니다. 그러므로 비록 예수님을 믿지 않고 율법의 밝은 빛 아래 있지 않는 사람이라 해도 실상 그는 죽은 자입니다. 다만 인간들이 자신들의 죽은 상태를 볼 수 없을 뿐입니다. 하나님의 법과 계명이 나타나야만 자신이 죄 가운데 있다는 사실을 알고 영적으로 하나님 앞에서 죽어 있다는 사실도 알 수 있습니다.

10절 생명에 이르게 할 그 계명이 내게 대하여 도리어 사망에 이르게

하는 것이 되었도다

원래 하나님께서 우리에게 율법을 주신 것은 우리가 살아가면서 주님의 뜻을 준행하여 생명에 이르게 하기 위함이었습니다. 그런데 율법을 받은 인간들이 너무 약하고 추해서 그 계명들을 지킬 능력이 없었습니다. 아담의 후손은 그 누구도 이 법을 지킬 힘이 없었습니다. 계명이 주어지니 마귀가 달려들어 정욕을 발동시키고 계명을 어기게 하려고 온갖 수단을 사용합니다. 인간을 죽이려고 모든 방법을 씁니다. 율법을 지키면 살 수 있다는 사실을 모두 잘 알고 있습니다. 그리고 그 율법의 내용이 무엇인지도 잘 알고 있습니다. 그런데 문제는 그 법을 지킬 만한 힘이 없다는 사실입니다. 그렇기 때문에 생명에 이르게 할 그 계명이 우리에게 대하여 도리어 사망으로 인도하는 결과가 되고 만 것입니다.

11절 죄가 기회를 타서 계명으로 말미암아 나를 속이고 그것으로 나를 죽였는지라

하나님께서 율법을 주시니 마귀는 그것을 기회로 삼아 우리를 엄습해 옵니다. 그리고 우리를 속여서 계명을 어기게 합니다. 우리가 마귀에게 속아서 계명을 어기면 결국 죽어야만 합니다. 죄의 삯은 사망이기 때문입니다(6:23).

마귀와 정욕은 함께 일합니다. 정욕은 우리 속에 있고 마귀는 우리 밖에 있습니다. 밖의 마귀가 안의 정욕을 충동해서 계명을 어기고 죄를 낳게 합니다. 계명을 어기면 하나님 앞과 사람 앞에서 죄인이 되고 죄인은 지옥에 가야만 합니다. 마귀는 어떻게 해서든지 한 사람이라도 더 많이 지옥에 끌고 감으로써 하나님을 대적하려고 발악을 합니다.

12절 이로 보건대 율법은 거룩하고 계명도 거룩하고 의로우며 선하도다

'율법' 은 하나님이 주신 법 전부를 말하고, '계명' 은 하나님의 법의 구체적인 조항들을 말합니다. 그러므로 계명이 모여서 율법을 이루게 되는 것입니다.

11절에서 바울 사도는 "죄가 기회를 타서 계명으로 말미암아 나를 속이고 그것으로 나를 죽였다." 고 말했습니다. 그러나 그 계명, 즉 죄가 나를 죽이기 위해 이용한 그 계명은 어디까지나 거룩하고 정당한 것이라고 본 절에서 강조하고 있습니다. 율법을 주신 분은 하나님이시기 때문에 비록 그 율법이 우리에게 죽음을 가져다주는 심판을 행했다 하더라도 그 율법 자체는 거룩하고 의로우며 선한 것입니다. 거룩함과 의로움과 선함은 하나님의 본성입니다.

13절 그런즉 선한 것이 내게 사망이 되었느냐 그럴 수 없느니라 오직 죄가 죄로 드러나기 위하여 선한 그것으로 말미암아 나를 죽게 만들었으니 이는 계명으로 말미암아 죄로 심히 죄 되게 하려 함이라

우리에게 죄와 죽음을 가져다준 것이 무엇인지 분명히 알아야 합니다. 하나님께서 주신 거룩하고 의로우며 선한 율법이 우리에게 죽음을 가져다주었을까요? 아닙니다. 절대로 그렇지 않습니다. 실상은 악한 죄가 선한 율법을 매개로 우리에게 죽음을 가져다주었습니다. 어떤 사람이 수술용 칼로 다른 사람을 찔러 죽였을 때, 사람을 죽인 것은 칼이 아니라 그 칼을 사용하여 다른 사람을 찌른 바로 그 사람입니다. 비록 그 칼이

잠시 사람을 죽이는 도구의 역할을 했지만 죽어 가는 환자를 소생시키는 수술용 칼임에는 변함이 없는 것입니다. 우리를 죽인 것은 율법이 아니라 죄입니다. 죄가 율법을 통해 우리에게 죽음을 가져다주었습니다. 그래서 죄는 죄로서 밝히 드러나게 되었고 계명으로 인해 그 죄가 얼마나 악독한 것인지도 밝히 드러나게 되었습니다. 이제 하나님의 율법으로 우리는 우리의 상태를 알게 되었습니다. 죄 가운데에서 죄를 지으면서 살던 우리들은 어두워서 죄를 알지 못했지만, 우리들의 실상이 하나님의 밝은 빛 아래에서 적나라하게 드러나고 만 것입니다.

요한 웨슬리가 영국에서 집회를 인도할 때, 많은 폭력배들과 억센 탄광 노동자들이 야유하고 희롱을 했습니다. 그러나 설교를 듣고 난 후에는 그들 중 많은 사람들이 자신이 죄인인 것을 깨달았다는 것입니다. 말씀이 들어오기 전에는 자신이 의인인 줄 알았는데, 말씀이 들어오자 죄가 드러나고 자신이 죄인임을 알게 된 것입니다.

3. 자아 속의 싸움(7:14-25)

14. 우리가 율법은 신령한 줄 알거니와 나는 육신에 속하여 죄 아래
에 팔렸도다 15. 내가 행하는 것을 내가 알지 못하노니 곧 내가 원하

는 것은 행하지 아니하고 도리어 미워하는 것을 행함이라 16. 만일
내가 원하지 아니하는 그것을 행하면 내가 이로써 율법이 선한 것을
시인하노니 17. 이제는 그것을 행하는 자가 내가 아니요 내 속에 거
하는 죄니라 18. 내 속 곧 내 육신에 선한 것이 거하지 아니하는 줄
을 아노니 원함은 내게 있으나 선을 행하는 것은 없노라 19. 내가 원
하는바 선은 행하지 아니하고 도리어 원하지 아니하는바 악을 행하
는도다 20. 만일 내가 원하지 아니하는 그것을 하면 이를 행하는 자
는 내가 아니요 내 속에 거하는 죄니라 21. 그러므로 내가 한 법을 깨
달았노니 곧 선을 행하기 원하는 나에게 악이 함께 있는 것이로다
22. 내 속사람으로는 하나님의 법을 즐거워하되 23. 내 지체 속에서
한 다른 법이 내 마음의 법과 싸워 내 지체 속에 있는 죄의 법으로 나
를 사로잡는 것을 보는도다 24. 오호라 나는 곤고한 사람이로다 이
사망의 몸에서 누가 나를 건져 내랴 25. 우리 주 예수 그리스도로 말
미암아 하나님께 감사하리로다 그런즉 내 자신이 마음으로는 하나
님의 법을 육신으로는 죄의 법을 섬기노라

14절 우리가 율법은 신령한 줄 알거니와 나는 육신에 속하여 죄 아래 에 팔렸도다

이 구절은 '율법은 영적인 것이고 나(바울)는 육정을 따라서 죄의 종으로 팔렸다' 라는 의미입니다. 그러므로 영적인 율법과 육정을 따라 죄의 종 된 우리(죄인)와는 상관이 없는 것입니다. 우리는 예수님을 믿어 구원을 받았지만 아직까지 부패한 육신의 성품이 남아 있기 때문에 자꾸 죄를 짓게 됩니다. 죄를 지을 때 우리는 괴로워서 하나님께 회개합니다. 회개를 해도 또 죄를 짓게 됩니다. 이와 같이 죄짓고 회개하고 또 죄짓는 생활이 바로 죄 아래 팔린 생활입니다.

15절 내가 행하는 것을 내가 알지 못하노니 곧 내가 원하는 것은 행하지 아니하고 도리어 미워하는 것을 행함이라

바울 사도는 본 절에서 자신에 대한 윤리적인 평가를 내리고 있습니다. 자신이 행하는 바를 알지 못한다고 한 것은 지식적인 알고 모름이 아니라 그 뒤에 나오는 '미워하는' 이라는 말과 같은 뜻입니다. 즉, '안다' 라는 의미는 '좋아한다' 또는 '사랑한다' 라는 뜻입니다. 바울 사도는 자신이 행하는 바를 좋아하지 않는다고 고백합니다. 왜냐하면 하려고 생각하는 것은 행하지 아니하고 해서는 안 되겠다고 생각하는 것만 행하기 때문입니다.

우리도 마찬가지입니다. 인간이 육신을 입고 사는 이상 아담으로부터 물려받은 부패한 성품이 남아 있습니다. 마귀가 노리는 것이 바로 이 부패한 성품입니다. 마귀는 이것을 충동질하여 죄를 짓게 하고 멸망의 구렁텅이로 빠지게 합니다. 이러한 일은 예수님을 믿지 않는 사람에게만 나타나는 것이 아닙니다. 예수님의 피로 죄 사함을 받고 성령의 충만함을 입은 사람들에게도 이러한 일이 일어납니다. 그렇기 때문에 예수님을 믿고 구원받은 사람들의 마음속에는 부패한 성품과 성령께서 주시는 새 생명과의 싸움이 항상 있기 마련입니다. 바울 사도는 사도 중의 사도요, 하나님의 종들 중에서도 가장 뛰어난 종입니다. 그럼에도 불구하고 이와 같은 몸부림이 있었고 또 그것을 숨김없이 솔직하게 고백하고 있습니다.

이와 같이 우리들도 내적 갈등이 있습니다. 우리가 원하는 것은 하지 아니하고 도리어 우리가 미워하는 행동을 자꾸 행합니다. 미워하는 것을 하고 난 다음에는 하나님 앞에서 탄식하고 통곡합니다. 예수님을 믿고

난 다음에 나만 그런 것이 아닌가라고 생각하며 갈등을 느끼기도 합니다. 이러한 갈등은 아무리 성령이 충만하고 신앙생활을 잘하는 사람도 느낍니다. 그런데 예수님을 믿고 성령으로 충만한 생활을 하면 성령님께서 정욕과 싸워 주시기 때문에 죄를 짓는 빈도수나 갈등의 빈도수가 줄어듭니다. 그러나 우리가 육신을 입고 있는 한 결코 없어지지는 않습니다. 우는 사자와 같이 마귀가 와서 충동함으로 죄를 짓도록 하기 때문입니다.

16절 만일 내가 원하지 아니하는 그것을 행하면 내가 이로써 율법이 선한 것을 시인하노니

본 절은 내가 행하는 그런 일들을 해서는 안 된다고 깨닫는 것을 통해 율법이 좋은 것임을 알 수 있다는 의미입니다. 우리는 마음속에 법을 지키고 싶고 법을 어기기 싫음에도 불구하고 원하지 않는 일을 행하여서 법을 어기고 맙니다. 이를 보건대 분명 율법은 선한 것이라고 고백할 수 있습니다.

17절 이제는 그것을 행하는 자가 내가 아니요 내 속에 거하는 죄니라

율법이 선하고 좋은 것이기 때문에 율법을 어기고 죄를 짓는 나쁜 행동의 주체는 내가 아니고 내 속에 있는 죄라고 사도 바울은 고백합니다. 신령한 율법을 어기는 것은 아담으로부터 물려받은 부패한 죄의 성품으로 말미암은 것입니다. 이미 구원을 받은 우리들도 우리의 육정 속에 아담의 부패한 죄의 성품을 갖고 있습니다. 그래서 죄를 짓게 되는 것입니다. 그런데 예수님을 믿지 않는 사람들과 믿는 우리들의 다른 점은, 비록

똑같이 죄의 충동을 받아 율법을 어기지만 믿는 우리에게는 이래서는 안 된다는 몸부림이 있다는 사실입니다.

18절 내 속 곧 내 육신에 선한 것이 거하지 아니하는 줄을 아노니 원함은 내게 있으나 선을 행하는 것은 없노라

바울 사도는 '내 속' 과 '내 육신' 을 구분하고 있습니다. 이것은 앞의 17절에서 '나' 와 '내 속에 거하는 죄' 를 구분한 것과 같은 방식입니다. "내 육신에 선한 것이 거하지 아니한다." 는 바울의 고백은 '나' 의 일부인 '내 육신' 속에 선한 것이 거하지 않았다는 뜻입니다. 중생하지 않은 사람은 그의 죄악된 육신이 곧 그 자신입니다. 그러나 중생한 성도들은 육신이 남아 있기는 하지만 육신이 곧 그 자신은 아닙니다. 육신과는 전혀 상관없는 새로운 부분, 곧 예수 그리스도의 성령을 통해 충만하게 하시는 새 생명의 풍요로움이 있습니다. 그래서 우리 안의 새로운 마음에서는 선을 행하려고 합니다. 그러나 아담의 유산인 죄의 육신 때문에 선을 행할 능력을 갖고 있지 못합니다. 오직 성령만이 선을 행할 수 있게 해 주십니다. 성령을 받기 전에는 많이 넘어지지만 성령을 받고 난 다음에는 이길 수 있는 힘을 받아 승리할 수 있습니다.

19절 내가 원하는바 선은 행하지 아니하고 도리어 원하지 아니하는 바 악을 행하는도다

본 절은 앞의 15절을 되풀이하고 있습니다. '원하는 선은 행하지 아니하고 원하지 아니하는 악을 행한다' 는 것은 많은 기독교인들의 공통된 신앙 체험입니다. 비록 그 정도의 차이는 있을지언정 이러한 경험을 하

지 않는 성도는 거의 없습니다.

20절 만일 내가 원하지 아니하는 그것을 하면 이를 행하는 자는 내가 아니요 내 속에 거하는 죄니라

원하지 않는데도 자꾸 죄를 짓는 것은 바로 육의 성품이 아직도 남아 있다는 증거입니다. 사람은 그 누구도 자신할 수 없습니다. 비록 구원받고 중생했다고는 하지만, 육의 성품이 남아 있어서 정욕에 이끌려 법을 어기고 죄를 지을 수 있는 가능성이 있기 때문입니다. 이러한 모든 것의 원흉이 바로 내 속에 있는 죄입니다. 인간은 살아 있을 동안 항상 죄의 유혹을 받습니다. 구원받은 우리도 죄의 유혹을 피할 수는 없습니다. 그렇기 때문에 항상 기도해야 하고 항상 회개해야 합니다. 우리가 죽어서 육신의 장막을 떠날 때에는 죄의 유혹에서 영원히 자유를 얻을 것입니다. 주님께서 다시 오셔서 죽었던 육체가 부활하게 될 때에는 죄의 성품이 하나도 없고 순전하고 깨끗한 육체로 부활하게 됩니다. 그러므로 우리가 부패한 육신의 장막을 벗어 버리기까지는 늘 싸워야 합니다. 회개하고 싸우고 성령님께 도우심을 간구하고 싸우는 등 계속해서 죄와 싸워 나갈 때 우리는 점점 성결하게 되고 그리스도의 형상을 닮아 가는 것입니다. 그리고 하나님께서는 이렇게 죄와 부단히 싸워 성화에 이르는 우리에게 영광의 상급으로 갚아 주실 것입니다.

구원은 믿음으로 주어지는 은혜의 선물입니다. 행함으로 구원을 얻을 수 있는 사람은 한 사람도 없습니다. 그러면 믿음으로 구원받은 우리들은 율법을 어떻게 받아들여야 할까요? 율법은 영적 거울입니다. 구원받은 우리들이 날마다 자신의 상태를 점검하기 위하여 필요한 거울인 것입

니다. 거울에 비추어 보면 잘못된 점을 알 수 있습니다. 그리고 잘못된 점은 성령의 도우심으로 고쳐 나갈 수 있습니다. 잘못을 고치는 것은 우리 힘으로는 안 됩니다. 우리의 능력으로도 안 됩니다. 이것은 오직 야훼의 영, 곧 성령으로만 됩니다(슥 4:6).

마음은 원이지만 육신이 약하여 죄를 짓게 되고 결국에는 죄에 떨어져 구원의 확신마저도 희미하게 되는 경우가 많이 있습니다. 이럴 때 마귀가 틈타 절망감과 좌절감을 가져다줍니다. 마귀는 '이제 너는 파멸이다.', '너는 너무나 절망적인 상태에 처했기에 구원받을 수 없다.' 는 등의 자멸적인 생각을 가지고 우리를 넘어뜨리려고 합니다. 그러나 절망할 필요는 없습니다. 좌절하여 실망하는 대신 회개하고 성령님께 새롭게 해 달라고 기도해야 합니다. 율법을 좇아 선하고 착하게 살지는 못할지라도 믿음으로 구원은 받을 수 있습니다. 그러나 그 구원은 아무 상급도 없는 부끄러운 구원입니다. 율법의 명령을 따라 오직 최선을 다하여 투쟁하는 기독교인에게는 하나님께서 친히 영광의 면류관을 씌워 주실 것입니다.

21절 그러므로 내가 한 법을 깨달았노니 곧 선을 행하기 원하는 나에게 악이 함께 있는 것이로다

이제 바울은 본 절부터 23절까지에 걸쳐 앞에서 논의된 이야기를 결론적으로 요약하고 있습니다. 바울 사도는 자신의 신앙 체험으로부터 배운 한 가지 중요한 사실을 이야기합니다. 선을 행하기 원하는 속사람과 함께 악이 있다는 사실은 바울뿐만 아니라 믿는 성도들의 공통된 고백입니다. 예수님을 믿고 구원받아 선을 행해야 한다는 소원을 갖게 되었지만 옛 아담의 부패한 속성이 아직도 남아 있어서 분쟁의 원인을 제공합니

다. 차라리 예수님을 믿기 전에는 이러한 갈등이 없었습니다. 이는 구원받기 전에는 선한 것을 생각할 수조차 없다는 뜻입니다.

산적의 경우를 생각해 보겠습니다. 산적들은 숨어 있다가 지나가는 나그네를 때리고 그의 소유를 빼앗습니다. 어떤 때는 무고한 백성의 목숨을 빼앗기도 합니다. 선한 것과는 관계가 없는 무리들입니다. 그러나 그런 도둑들 사이에서도 법은 있습니다. 빼앗긴 물건을 공평하게 나누어 갖는다든지, 도둑끼리는 도둑질을 하지 않는다는 등의 법이 있습니다. 어떤 도둑이 아프면 다른 도둑이 도와줍니다. 그러나 그 선행은 다른 사람들이 볼 때는 아무것도 아닙니다. 자기 친구를 도와준다고 해서 자신이 범한 죄를 용서받는 것은 아닙니다. 그것은 의리일 뿐이지 선행은 아닙니다.

죄인인 인간이 아무리 선하다고 해도 그 선함은 하나님께서 보시기에 아무것도 아닙니다. 그래서 어거스틴은 구원받지 않은 사람들의 선은 '빛나는 악덕' 이라고 말했습니다. 그러므로 예수님을 믿기 전에는 진정한 선이 없다고 말할 수 있습니다. 그러나 예수님을 믿고 난 다음에 선의 근본 되시는 예수님께서 내 마음속에 들어오시고 성령께서 역사하시면 선을 행해야겠다는 뜨거운 소원이 일어납니다. 속사람이 살아 일어나서 하나님만을 섬기고 십일조도 드리며 주일도 지키는 등 율법에 명시된 대로 깨끗하게 살려고 노력하는 모습이 나타납니다. 그러나 마음에 일어나는 소원과는 반대로 마귀와 세상 환경은 그렇지 못합니다. 자꾸 유혹을 해서 넘어지게 만듭니다. 이런 유혹에 넘어지지 않기 위해 열심히 기도하고 말씀을 보며 하나님 중심으로 생활해야 합니다.

우리 안에 반대되는 두 개의 세력이 싸웁니다. 선을 행하려는 마음과 악을 행하려는 마음이 대결합니다. 선과 악의 대결은 기독교인의 특징입니다. 구원받은 증거입니다. 구원받은 성도에게 선과 악의 투쟁이 없다면 무엇인가 잘못된 것입니다. 선을 행하려는 나에게 악이 함께 있는 것은 구원받은 증거입니다. 문제는 성령님의 도우심을 받아 이 투쟁에서 승리해야 한다는 점입니다.

22-23절 내 속사람으로는 하나님의 법을 즐거워하되 내 지체 속에서 한 다른 법이 내 마음의 법과 싸워 내 지체 속에 있는 죄의 법으로 나를 사로잡는 것을 보는도다

구원받은 인간의 깊은 곳에서는 하나님의 법을 즐거워하며 그 법을 따르고자 하는 마음이 있습니다. 그러나 동시에 그러한 마음에 정반대되는 마음이 있어 인간을 죄의 법의 노예가 되게 합니다. 하나님의 법을 즐거워하고 하나님의 법을 준행하려고 하는 마음은 구원받은 성도의 마음입니다. 그러나 이를 실천에 옮길 수 있는 능력이 인간에게는 없습니다. 인간은 약한 존재입니다. 결국에는 선을 행할 수 없는, 그래서 더욱 깊은 절망의 수렁에 빠지고 마는 슬픈 존재가 바로 인간입니다. 자신의 눈앞에서 죽어 가는 자식을 바라보고만 있어야 하는 부모의 심정이 얼마나 애처롭겠습니까? 구원받고 선하게 살려고 하는 성도의 마음이 바로 그런 심정입니다. 해서는 안 되는 줄 알면서도 약하기 때문에 어쩔 수 없이 죄를 범하는 인간의 심정이 바로 쓰리고 아프고 애절하고 초조한 심정입니다.

24절 오호라 나는 곤고한 사람이로다 이 사망의 몸에서 누가 나를 건져 내랴

불광동에서 목회할 때의 일입니다. 한 자매님이 일찍 과부가 되어서 보따리 장사를 하면서 아이들을 길렀습니다. 열심히 새벽 예배도 나오고 철야 예배도 나오면서 신앙이 깊어졌다 싶었는데, 하루는 나를 찾아와 "목사님, 나 그만 할래요."라고 말하는 것이었습니다. 내가 놀라서 "그렇게 열심히 예수님 섬기던 분이 갑자기 왜 그러세요?"라고 물었더니, 그 자매님이 "내가 예수님 믿기 전에는 죄인인 줄 몰랐어요. 10원 주고 산 물건을 100원 주고 샀다고 거짓말해서 150원 받고 가짜를 진짜라고 거짓말해서 팔아도 전에는 마음이 편했는데, 예수 믿고 난 후에는 너무 고통스러워요."라고 말하는 것이었습니다. 그래서 내가 "그 고통이 바로 예수 믿는 증거입니다. 예수 안 믿는 사람은 고통당하지 않아요. 하지만 예수 믿는 사람은 잘 믿으면 믿을수록 더 고통을 많이 당하는 거예요. 고통을 당하면서 계속 회개하세요. 거짓말하지 않고 살도록 도와 달라고 하나님께 자꾸 부르짖으세요. 세월이 흘러가면 신앙도 자라고 환경도 변하도록 하나님께서 도와주십니다."라고 말했습니다. 그랬더니 그 자매님은 "정말 그렇게 되나요?"라고 말하고는, 이후 예배 때마다 밤낮 땅을 치고 회개하는 것이었습니다. 그 후에 자식들이 다 커서 미국으로 건너가면서 그 자매님도 장사를 정리하고 미국으로 건너갔습니다. 그렇게 자신의 연약함과 죄로 인해 애통해 하더니 이제는 그 보따리 장사 그만 두고 미국에서 편안하게 "할렐루야!" 하고 살고 있습니다.

바울 사도는 가장 훌륭한 하나님의 종이었습니다. 구약에서 모세가 가장 큰 하나님의 종이었듯이 예수님 이후로 가장 큰 주님의 종은 바울입니다. 그런 바울 사도조차도 자신의 내부에서 선한 영과 악한 영이 투쟁하는 아픔을 맛보았습니다. 본문에서 '곤고한' 으로 번역된 헬라어

'탈라이포로스' (ταλαίπωρος)의 뜻은 '심한 노력과 어려움에서 견디는 상태' 를 말합니다. '곤고하다' 라는 뜻은 '비참하다', '근심하다' 입니다. 이러한 바울 사도의 절규는 선과 악의 투쟁과 현실에 대한 자신의 좌절감을 나타낸 말입니다.

"이 사망의 몸에서 누가 나를 건져 내랴". 곤고한 사람이라고 바울이 탄식하는 이유가 여기에서 분명해집니다. 사망의 몸에서 구원받을 수 없기 때문입니다. 주 예수 그리스도를 믿음으로 구원을 받았고 법적으로는 율법에서 완전히 자유를 얻었습니다. 이렇게 우리의 영은 살아났는데도 육체 속에 자리 잡고 있는 죄의 법은 아직도 남아 있어 우리를 충동하여 하나님의 법을 거스르게 합니다. 그러니 "나는 곤고한 사람이라! 이 사망의 몸에서 누가 나를 건져 낼 것인가?" 라고 탄식하는 것입니다.

25절 우리 주 예수 그리스도로 말미암아 하나님께 감사하리로다 그런즉 내 자신이 마음으로는 하나님의 법을 육신으로는 죄의 법을 섬기노라

이 말은 하나님께서 우리 주 예수 그리스도를 통해 우리를 구해 주신다는 뜻입니다. 즉, 앞 절의 "사망의 몸에서 누가 나를 건져 낼 것인가?" 라는 질문에 대한 대답이 본 절의 말씀입니다. 우리 주 예수 그리스도를 통해 하나님의 구원이 온다는 말입니다. 스가랴 4장 6절은 다음과 같이 말씀합니다. "이는 힘으로 되지 아니하며 능력으로 되지 아니하고 오직 나의 영으로 되느니라". 오직 하나님의 영으로만 우리를 사망의 몸에서 건져 낼 수 있습니다.

본 장의 내용은 율법으로부터 자유를 얻었으나 육의 정욕이 남아 있어

괴로워하는 신앙인의 고백입니다. 이 고백의 결론이 본 절입니다. 마음으로는 하나님의 법을, 육신으로는 죄의 법을 섬기는 인간의 구원은 오직 예수 그리스도를 통해서만 가능합니다. 죄와의 투쟁에서 곤고하여 낙심할 때조차도 우리는 감사하고 즐거워할 수 있습니다. 우리 주 예수 그리스도를 통한 하나님의 구원이 더욱 분명해지기 때문입니다.

예수님의 피 흘리심이 없었다면 모든 인간의 상황은 절망뿐입니다. 감사할 것도 찬송할 것도 생각할 것도 없습니다. 오직 절망과 좌절과 고통과 낭패뿐입니다. 그러나 이 모든 것에도 불구하고 감사하며 찬송하며 할렐루야를 높이 외칠 수 있는 이유는 예수님의 십자가 때문입니다. 예수님은 인간의 연약함을 잘 아셨습니다. 하루에 일곱 번씩 일흔 번이라도 서로 용서하라고 하셨습니다. 그러나 이러한 명령이 결코 죄를 조장하는 것은 아닙니다. 죄를 지으면 짓는 사람 자신에게 손해가 되기 때문입니다. 죄를 지으면 그 마음속에 있는 신앙이 파괴되고 성령이 소멸되며 괴롭습니다. 우리는 예수님의 보혈로 구원받았고 이미 하나님께 사로잡혔기 때문에 하나님이 주신 구원을 잃지 않기 위해서는 피 흘리기까지 죄와 싸워야 합니다.

예수님의 십자가 대속 사건으로 우리는 '칭의의 전쟁', 즉 의롭다 하시는 전쟁에서는 이미 승리했지만 '성화의 전투', 즉 거룩해지는 전투는 계속해야 합니다. 미국은 제이 차 세계 대전이라는 큰 전쟁에서 승리했습니다. 하지만 국지전(局地戰)이었던 필리핀 전투와 괌 전투 그리고 사이판 전투에서는 패배하였습니다. 이처럼 우리들도 이미 2천 년 전 십자가에 달리신 예수님을 통해 구원의 전쟁에서 승리했지만 천국에 가기까지는 아직도 여러 가지 전투를 치러야만 합니다. 하나님의 법과 죄의 법이 싸워 이쪽이 이기기도 하고 저쪽이 이기도 하면서 전투가 계속되는 것입니다. 이 전투에서 많이 이길수록 더욱 많은 훈장이 준비되어 있습니다. 전투에서 늘 패배만 하면 훈장은 하나도 없습니다.

그렇다면 어떻게 해야 육체 속에 남아 있는 죄의 속성을 이기고 이 전투에서 승리할 수 있을까요? 8장은 이에 대한 답을 기록하고 있습니다.

제 8 장

성도의 특권

생명의 성령의 법	8:1-17
모든 피조물이 구원을 고대하다	8:18-30
그리스도의 사랑, 하나님의 사랑	8:31-39

A COMMENTARY ON
THE EPISTLE TO THE
ROMANS

앞 장에서는 곤고하여 패할 수밖에 없는 인간의 비참한 현실이 적나라하게 드러났습니다. 그러나 본 장에서는 그리스도 예수 안에 있는 자에게 성령으로 말미암아 승리가 주어졌다는 사실을 희망에 가득 찬 논조로 선포하고 있습니다. 또한 장차 하나님의 뜻 가운데 영화(榮華)롭게 될 것이라는 놀라운 복의 약속이 주어졌음을 말하고 있습니다. 성도들의 참소망이 여기에 있습니다.

"우리가 알거니와 하나님을 사랑하는 자 곧 그의 뜻대로 부르심을 입은 자들에게는 모든 것이 합력하여 선을 이루느니라"(28절).

1. 생명의 성령의 법(8:1-17)

1. 그러므로 이제 그리스도 예수 안에 있는 자에게는 결코 정죄함이
없나니 2. 이는 그리스도 예수 안에 있는 생명의 성령의 법이 죄와
사망의 법에서 너를 해방하였음이라 3. 율법이 육신으로 말미암아
연약하여 할 수 없는 그것을 하나님은 하시나니 곧 죄로 말미암아 자
기 아들을 죄 있는 육신의 모양으로 보내어 육신에 죄를 정하사 4.
육신을 따르지 않고 그 영을 따라 행하는 우리에게 율법의 요구가 이
루어지게 하려 하심이니라 5. 육신을 따르는 자는 육신의 일을, 영
을 따르는 자는 영의 일을 생각하나니 6. 육신의 생각은 사망이요
영의 생각은 생명과 평안이니라 7. 육신의 생각은 하나님과 원수가
되나니 이는 하나님의 법에 굴복하지 아니할 뿐 아니라 할 수도 없음
이라 8. 육신에 있는 자들은 하나님을 기쁘시게 할 수 없느니라 9.
만일 너희 속에 하나님의 영이 거하시면 너희가 육신에 있지 아니하
고 영에 있나니 누구든지 그리스도의 영이 없으면 그리스도의 사람
이 아니라 10. 또 그리스도께서 너희 안에 계시면 몸은 죄로 말미암
아 죽은 것이나 영은 의로 말미암아 살아 있는 것이니라 11. 예수를

죽은 자 가운데서 살리신 이의 영이 너희 안에 거하시면 그리스도 예수를 죽은 자 가운데서 살리신 이가 너희 안에 거하시는 그의 영으로 말미암아 너희 죽을 몸도 살리시리라 12. 그러므로 형제들아 우리가 빚진 자로되 육신에게 져서 육신대로 살 것이 아니니라 13. 너희가 육신대로 살면 반드시 죽을 것이로되 영으로써 몸의 행실을 죽이면 살리니 14. 무릇 하나님의 영으로 인도함을 받는 사람은 곧 하나님의 아들이라 15. 너희는 다시 무서워하는 종의 영을 받지 아니하고 양자의 영을 받았으므로 우리가 아빠 아버지라고 부르짖느니라 16. 성령이 친히 우리의 영과 더불어 우리가 하나님의 자녀인 것을 증언하시나니 17. 자녀이면 또한 상속자 곧 하나님의 상속자요 그리스도와 함께한 상속자니 우리가 그와 함께 영광을 받기 위하여 고난도 함께 받아야 할 것이니라

1절 그러므로 이제 그리스도 예수 안에 있는 자에게는 결코 정죄함이 없나니

그리스도 예수 안에 있는 자에게는 결코 정죄함이 없습니다. 이는 그리스도 안에서 그리스도와 함께 그리스도와 하나 되어 살기 때문입니다. 여기서 '정죄'(定罪)라는 것은 '죄로 정한다' 는 뜻으로, 유죄 판결을 통해 죄인으로 정한다는 의미입니다. 즉, "당신은 죄인이기 때문에 형벌을 받아야 합니다." 라고 결정하는 것을 말합니다. 그러므로 그리스도 안에서 정죄함이 없다는 것은 그리스도 안에서는 형벌이 없다는 뜻입니다.

옛날에는 율법이 우리를 때리는 자였는데 이제 율법은 단지 우리가 불결하다는 것을 알려 주는 거울이 되었다는 것입니다. 이제 우리는 율법을 들여다보고 우리에게 먼지나 티끌이 묻은 것을 발견하고 회개하고 예수님의 보혈로 씻어 버리면 되는 것입니다. 옛날에는 심판자였던 율법이

이제는 우리를 정결하게 살 수 있게 하는 초등 교사가 된 것입니다.

왜 그리스도 안에는 정죄함도 형벌도 없을까요? 이에 대한 설명이 다음 절에 나옵니다.

2절 이는 그리스도 예수 안에 있는 생명의 성령의 법이 죄와 사망의 법에서 너를 해방하였음이라

모든 인간은 죄와 사망의 법에 의해 지배를 받습니다. 인간은 태어나자마자 죄와 사망의 법의 통치 안에 있게 됩니다. 모든 인간은 그에게 주어진 하나님의 율법을 모두 지켜야만 의롭다 함을 입을 수 있고 생명에 이를 수 있게 되었습니다. 구약에 나타난 율법은 모두 613개의 조항으로 되어 있습니다. 이 중 하나라도 위배하면 의롭다 함을 얻지 못하고 죄인이 됩니다. 죄의 삯은 사망이기 때문에 죄인은 죽어야만 합니다. 이미 앞 장에서 살펴보았듯이 인간은 그 누구도 인간 스스로의 힘으로 하나님의 법을 따를 수가 없습니다. 그러므로 모든 인간은 다 죄와 사망의 법의 지배를 받아야만 합니다.

그런데 하나님의 독생자이신 예수 그리스도께서 우리에게 다른 법을 주셨습니다. 그것이 바로 율법의 저주에서부터 해방을 선포하는 구원의 복음인 것입니다. "주의 성령이 내게 임하셨으니 이는 가난한 자에게 복음을 전하게 하시려고 내게 기름을 부으시고 나를 보내사 포로 된 자에게 자유를, 눈먼 자에게 다시 보게 함을 전파하며 눌린 자를 자유롭게 하고 주의 은혜의 해를 전파하게 하려 하심이라"(눅 4:18-19; 사 61:1-2).

죄와 사망의 법에 포로 되었던 우리에게 자유를 선포하시기 위해, 하나님의 아들 예수 그리스도께서 친히 인간의 몸을 입으셨으며 우리의 모

든 죄악을 지시고 십자가에 달리셨습니다. 누구든지 이 사실을 믿기만 하면 생명이신 성령의 법의 지배를 받게 됩니다. 그 순간부터 죄와 사망의 법은 그 힘을 잃게 됩니다. 예수님께서 죄와 사망의 법이 요구하는 바를 다 치르셨기 때문입니다. 우리는 죄와 사망의 법으로부터 벗어나 자유를 얻었습니다. 이제 누구도 예수 안에 있는 우리를 정죄할 수 없습니다.

인간이 죄인이라고 정죄함 받는 것은 죄와 사망의 법에 의해서입니다. 죄와 사망의 법이 인간에게 죄의 대가를 요구하기 때문입니다. 예수님을 믿지 않는 사람들은 그들 스스로가 이 요구를 지불해야만 합니다. 그러나 예수님을 믿는 우리들은 그럴 필요가 없습니다. 예수님께서 이미 2천 년 전에 이 모든 요구를 충족시켜 주셨기 때문입니다. 그러므로 우리는 주님의 십자가 공로로 말미암아 담대하게 외칠 수 있습니다. "그리스도 예수 안에 있는 생명의 성령의 법이 죄와 사망의 법에서 나를 해방하였다!"

3절 율법이 육신으로 말미암아 연약하여 할 수 없는 그것을 하나님은 하시나니 곧 죄로 말미암아 자기 아들을 죄 있는 육신의 모양으로 보내어 육신에 죄를 정하사

인간은 그 본성이 약하기 때문에 율법의 아무것도 이룰 수 없습니다. 율법은 하나님의 뜻을 이루기 위해 주어진 거룩한 법입니다. 율법이 명하는 대로 순종만 하면 의롭게 되고 영원한 생명을 얻게 됩니다. 그러나 약한 인간의 본성 때문에 율법의 목적은 달성될 수 없었습니다. 아담의 부패한 성품이 인간의 육체에 남아 있어 하나님의 법을 거역하는 데 앞장섰기 때문입니다. 인간 스스로의 힘이나 능력으로는 도저히 어찌할 수 없게 되었습니다. 그런데 성경은 율법이 육신으로 말미암아 연약하여 할

수 없는 이것을 하나님께서 하셨다고 기록하고 있습니다.

그러면 과연 하나님께서 어떻게 이것을 하셨을까요? "곧 죄로 말미암아 자기 아들을 죄 있는 육신의 모양으로 보내어 육신에 죄를 정하사". 하나님께서는 아들을 죄 많은 인간의 모습으로 보내어 그 육체를 십자가에 달리게 하심으로 이 세상의 죄를 없이 하셨습니다. 하나님의 아들이 세상의 죄를 대신 지시고 죽으심으로 율법이 이룰 수 없던 것을 이루셨습니다. 인간 스스로는 도저히 해결할 수 없는 불가능한 문제이기 때문에, 하나님께서 친히 해결해 주셨습니다. 하나님께서는 우리 인간을 극진히 사랑하셨습니다. 죄 가운데 버림받아 죽음에 이를 수밖에 없었던 우리들을 구원하시기 위해 독생자 예수 그리스도를 이 땅에 보내 주셨습니다. 예수 그리스도께서 천한 인간의 모습으로 이 땅에 오신 것은 하나님의 사랑이 우리에게 나타난 것입니다. 하나님께서는 인간으로 오셨을 뿐 아니라, 친히 죄와 사망의 법이 요청하는 율법의 요구를 이루시기 위해 피를 흘리시고 그 육체를 죽음 앞에 내어 놓으셨습니다. 그 결과 이 세상의 죄는 더 이상 우리를 얽어맬 수 없게 되었습니다.

4절 육신을 따르지 않고 그 영을 따라 행하는 우리에게 율법의 요구가 이루어지게 하려 하심이니라

예수님께서 친히 육신으로 세상의 죄를 담당하시고 죽으심으로, 성령을 따라 사는 우리 속에서 율법의 요구가 모두 충족되었습니다. 율법의 요구란 하나님 앞에서 모든 규례를 충실히 지킨 자는 의롭다 함을 받는 것이고, 그렇지 못한 죄인은 하나님 앞에서 영원히 죽임을 당하는 것입니다.

우리 죄인에게 주어진 율법의 요구는 그 죄로 인해 저주 아래 죽는 것입니다. 율법의 행위로 의롭다 함을 받을 수 없기 때문입니다. 예수님께서 친히 저주 아래 죽임을 당하셨으므로, 누구든지 이 사실을 믿고 육체를 따르지 않고 성령을 따라 살면 예수님의 죽으심이 곧 자신의 죽음이 되고 그분이 치르신 죗값이 자신의 죗값이 되므로 자연히 율법의 모든 요구는 충족되는 것입니다.

이 구절에서 살펴보아야 할 것은 바울이 '육신'과 '영'을 대조시키고 있다는 사실입니다. 바울이 '육신'이라고 할 때는 대략 세 가지 의미를 포함합니다. 첫째, 말 그대로 인간의 육체, 즉 몸을 의미하는 것으로 예를 들어 '육신의 할례'와 같은 경우에 쓰입니다(2:28). 둘째, 인간의 생각이나 인간의 판단 혹은 인간의 관계를 뜻하기도 합니다(1:3; 9:3). 셋째, 부패한 인간의 약함이나 무능을 뜻합니다(7:5; 8:5; 8:12). 바울이 사용한 '영'이라는 단어는 하나님의 영, 성령을 뜻합니다. 여기서 바울은 인간의 타락한 죄성과 하나님의 영을 대조시키고 있습니다. 인간의 약함을 탓하며 죄에 머물러 있는 자는 성령의 법 아래 있지 않은 자입니다. 오직 위로부터 내리는 성령의 도우심을 믿고 의지하는 사람만이 예수 그리스도를 통해 모든 요구를 만족시킬 수 있습니다. 하나님의 성령은 멀리 계신 것이 아니라 바로 우리 안에 내주(內住)하고 계십니다. 성령님을 전폭적으로 믿고 의지할 때에 성령은 우리에게 임하셔서 우리가 믿음으로 인해 승리하게 하시고 율법의 요구를 이루게 하십니다.

5절 육신을 따르는 자는 육신의 일을, 영을 따르는 자는 영의 일을 생각하나니 부패한 육신에 의해 사는 사람은 늘 마음속에 육신의 정욕과 안목의 정욕과 이생의 자랑과 같은 썩어질 것만 생각합니다. 누구든지 육신에 속한 일들이 그 사람의 생각을 지배하면 그 사람은 육신에 있는 사람입니다. 불신자뿐 아니라 신자에게도 이러한 생각이 늘 다가옵니다. 따라서 육신의 생각과 영의 생각이 늘 싸우며 갈등합니다. 하지만 구원받은 사람은 육신의 생각이 잠시 떠오르다가도 대부분 영의 생각이 그 마음을 차지하여 육신의 생각을 이길 수 있게 합니다. 가장 바람직한 신앙의 상태인 '신령한 사람' 은 육신에 속한 사람이 신앙으로 성장하여 성령 충만한 단계에 도달한 상태입니다. 신령한 사람은 자신의 모든 것을 주님께 다 맡겨서 성령에 의해 점령당한 사람입니다. 그래서 그들은 항상 신령한 것을 생각하고, 그들 삶의 중심에는 항상 신령한 영이신 성령께서 거하시며 활동하십니다.

6절 육신의 생각은 사망이요 영의 생각은 생명과 평안이니라

육신의 생각이 가져다주는 것은 죽음뿐입니다. 그러나 예수 그리스도를 중심으로 한 영의 생각은 생명과 평안을 가져다줍니다. 영의 생각을 하면 성령의 내주하심으로 생명이 주어지고, 그 결과 마음에 평안이 있게 됩니다. 구원받은 성도들이 갖는 공통된 특징 중 하나는 마음의 평안입니다. 어디서 와서 무엇 때문에 살며 어디로 가는지를 확실히 알기 때문에 항상 그 마음에 평안함이 넘칩니다. 잘되면 잘되어서 평안하고, 못되면 그 못되는 것을 통해서 많은 것을 배울 수 있어서 평안하고, 또한 영원한 천국을 소망할 수 있으니 평안합니다.

이러므로 우리는 우리의 생각을 점령하고 있는 것이 무엇인지 살펴서, 늘 하나님의 말씀을 듣고 성경을 읽고 기도함으로 하나님 중심으로 생각하고 먼저 그의 나라와 그의 의를 구하는 신앙인들이 되도록 힘써야 할 것입니다.

7절 육신의 생각은 하나님과 원수가 되나니 이는 하나님의 법에 굴복하지 아니할 뿐 아니라 할 수도 없음이라

앞 절에서 "육신의 생각은 사망이요."라고 분명히 밝힌 사도 바울은 왜 육신의 생각이 사망인가를 본 절에서 설명하고 있습니다. 그것은 육신의 생각이 하나님과 원수가 되기 때문에 사망인 것입니다. 육신의 생각은 하나님과 원수가 됨으로 하나님의 법에 굴복하지 않을 뿐 아니라 또 굴복할 수도 없게 됩니다. 하나님과 원수가 된다는 것은 죄 가운데 있는 인간이 전적으로 부패되어 있다는 사실을 보여 줍니다. 인간은 전적으로 부패하여 타락했습니다. 그러므로 인간 스스로의 노력으로는 절대로 하나님께 나아갈 수가 없습니다. 하나님께서 일방적으로 주시는 은혜의 손길 외에는 전혀 희망이 없습니다. 그렇기 때문에 하나님께서는 예수 그리스도를 통한 구원의 길을 제시해 주신 것입니다(요 14:6). 그 외에 다른 구원의 길은 없습니다. 아무리 선행을 많이 하고 타인을 위해 희생한다고 해도 인간은 본래 완전히 타락했기 때문에 어떠한 인간의 노력으로도 구원받을 수 없습니다. 오직 예수 그리스도를 믿음으로만 구원받게 됩니다.

8절 육신에 있는 자들은 하나님을 기쁘시게 할 수 없느니라

인간은 죄의 문제를 해결하는 데 있어 전적으로 무능합니다. 전적으로

타락한 인간이 전적으로 무능한 것은 당연한 이치입니다. 하나님과 원수 된 사람이 하나님을 기쁘시게 할 수 없기 때문입니다. 여기서 '육신에 있는 자'는 구원받지 못한 자들로서, 인간의 본능에 따라 육의 포로가 되어 사는 자들입니다. 그들은 결코 하나님을 기쁘시게 할 수 없습니다.

9절 만일 너희 속에 하나님의 영이 거하시면 너희가 육신에 있지 아니하고 영에 있나니 누구든지 그리스도의 영이 없으면 그리스도의 사람이 아니라

하나님의 영은 곧 성령을 뜻합니다. 성령이 우리 안에 내주(內住)하시면 그때부터 우리는 육신에 있지 않고 영에 있게 되는 것입니다. 그렇게 될 때 우리는 그리스도의 사람으로 자격이 있게 되는 것입니다. 그러므로 누구든지 그리스도의 영이 없으면 그리스도의 사람이 아닙니다. 이 말은 매우 중요합니다. 이 말을 거꾸로 하면 모든 그리스도인들에게 그리스도의 영 곧 성령이 함께하신다는 내용이 됩니다. 그리스도 안에서 진정으로 거듭난 모든 그리스도인들에게는 성령이 내주하고 계십니다. 왜냐하면 성령으로 아니하고는 누구든지 예수님을 구주로 고백할 수 없기 때문입니다(고전 12:3).

인간은 완전히 타락해서 하나님과 원수가 되었습니다. 그리하여 인간의 힘으로 아무리 노력해도 회복할 수 없는 상태에 떨어지고 말았습니다. 이러한 인류를 위해 하나님께서 친히 그 아들 예수 그리스도를 보내셔서 모든 세상 죄를 담당하게 하셨습니다. 이것이 복음입니다. 이것이 곧 기독교의 진리입니다. 이 진리가 우리를 자유롭게 합니다(요 8:32). 이것을 믿는 모든 자에게, 곧 예수 그리스도의 이름을 믿는 모든 자에게 하

나님께서는 하나님의 아들이 되는 권세를 주셨습니다(요 1:12). 이 복음을 믿게 하시는 분이 곧 성령이십니다. 성령께서 우리 마음에 임하셔서 우리에게 그리스도 예수를 믿게 해 주시고 천국에 이르는 그날까지 승리하도록 이끌어 주십니다.

10절 또 그리스도께서 너희 안에 계시면 몸은 죄로 말미암아 죽은 것이나 영은 의로 말미암아 살아 있는 것이니라

육신을 따르는 사람은 하나님과 원수인 육신의 생각에 사로잡혀 사망에 이르기 때문에 하나님을 기쁘시게 할 수 없습니다. 그러나 그리스도의 영을 받은 우리들은 생명과 평안을 가져다주는 영의 생각이 충만하기 때문에 하나님을 기쁘시게 할 수 있습니다.

우리가 의롭다 함을 받는다는 것은 하나님과 원수 되었던 우리가 정상적인 상태로 회복되는 것을 뜻합니다. 우리가 의롭게 된 순간 죄로 말미암아 죽었던 우리의 영은 다시 살아나게 되었습니다.

"몸은 죄로 말미암아 죽은 것이나"라고 할 때의 '몸'은 우리가 갖고 있는 육신을 뜻합니다. 헬라어로 '사륵스'(*σάρξ*)가 사용되었는데, 이는 부패한 성품을 갖는 타락한 존재로서 영혼과 대립되는 육체를 뜻합니다(7:5). 그러나 헬라어로 '소마'(*σῶμα*)라고 하면 우리가 갖고 있는 살과 뼈 등의 육체를 뜻합니다. 이 절에서 몸이라고 할 때는 '사륵스'가 아니라 '소마'가 사용되었습니다. 우리의 육신이 죄로 인해 죽은 것은 창세기 3장 19절에 잘 나타나 있습니다.

11절 예수를 죽은 자 가운데서 살리신 이의 영이 너희 안에 거하시면

그리스도 예수를 죽은 자 가운데서 살리신 이가 너희 안에 거하시는 그의 영으로 말미암아 너희 죽을 몸도 살리시리라

앞 절에서 바울 사도는 죄 때문에 죽은 우리 몸과 그리스도의 의로 인하여 살게 된 영을 비교하여 설명하였습니다. 영은 영원히 살지만 몸은 죽어야 합니다. 그러면 어떻게 영원히 사는 영과 죽은 몸이 함께 있을 수 있을까요? 이 질문에 대해 바울 사도는 이렇게 대답합니다. "너희 안에 거하시는 그의 영으로 말미암아 너희 죽을 몸도 살리시리라".

'예수를 죽은 자 가운데서 살리신 이' 는 바로 아브라함과 이삭과 야곱의 하나님이십니다. 모세를 통하여 애굽에서 이스라엘을 구원하신 하나님이십니다. 이 하나님께서 예수님을 죽은 자 가운데서 살리신 분이십니다(행 2:32).

우리의 죽을 수밖에 없는 몸이 살아나기 위해서는 하나님의 영이 우리 안에 거해야만 한다고 성경은 기록하고 있습니다. 어떻게 하나님께서 우리를 살리실까요? 그런데 본문을 자세히 보면 '살리시리라' 고 되어 있습니다. 이 말은 '살리다' 라는 동사의 미래형입니다. 즉, 부활 승천하신 예수님께서 이 세상을 심판하러 다시 오시는 그날, 하나님께서 성령을 통해 죽은 몸을 다시 살게 하시겠다는 뜻입니다. 물론 시간과 우주 만물을 지배하시는 만왕의 왕이요, 만주의 주이신 하나님께서는 지금도 인간들을 살리십니다. 과거에도 살리셨습니다. 그러나 동시에 미래에도, 인류 역사의 최후에도 죽은 몸을 다시 살리실 것입니다.

이 구절에서 우리는 우리 몸을 치료하시는 하나님의 역사를 배울 수 있습니다. 죽을 기한이 되지 않았는데 우리 몸에 죽을 병이 다가옵니다.

암, 폐병, 관절염, 신장염, 고혈압, 당뇨병 그리고 갖가지 치료하기 힘든 병들이 기한이 차지 않은 우리 몸에 찾아와서는 생명을 위협합니다. 하나님께서는 친히 성령을 통해 이러한 질병들을 고쳐 주십니다. 하나님께서는 미래에 죽을 몸을 살려 주실 뿐 아니라, 현재 우리 육체를 괴롭히는 죽음의 그림자, 즉 질병도 없애 주십니다. 우리 하나님은 치료하시는 하나님이십니다(출 15:26). 예수님께서 채찍에 맞으심으로 우리의 병은 고침을 받았습니다(사 53:5). 하나님께서는 우리 안에 거하시는 성령을 통하여 지금도 우리의 죽을 몸을 살려 주시는 것입니다. 그러므로 "네 영혼이 잘됨같이 네가 범사에 잘되고 강건하기를" (요삼 1:2) 간구하던 사도 요한의 기원이 오늘 우리에게도 이루어질 수 있는 것입니다.

성령이 우리 안에 계시면 우리의 영은 의로 인하여 살아납니다. 또한 죄로 인해 죽은 우리의 몸도 성령을 통해 매일매일 고침 받고 세상 끝날 주님 오실 때 다시 부활하여 영원한 새 하늘과 새 땅에 거하게 될 것입니다.

12절 그러므로 형제들아 우리가 빚진 자로되 육신에게 져서 육신대로 살 것이 아니니라

바울 사도는 우리를 가리켜 '빚진 자' 라고 부르고 있습니다. 우리가 빚을 지고 있다고 한 것은 영적으로 수행해야 할 의무가 있다는 것을 의미합니다. 여기서 빚은 영적으로 거듭난 자로서의 의무와 책임을 뜻합니다.

우리는 우리의 죄를 사하여 주신 그리스도의 용서와 사랑의 빚진 자입니다. 그러나 우리는 영적으로 빚진 자이지 육신에 빚을 진 자가 아닙니다. 바울 사도는 15절에서 우리가 받은 영은 '종의 영' 이 아니라 '양자(養

子)의 영' 이라고 분명히 밝히고 있습니다. 그러므로 우리는 육신을 따라 사는, 육신의 빚진 자들이 아닌 것입니다.

13절 너희가 육신대로 살면 반드시 죽을 것이로되 영으로써 몸의 행실을 죽이면 살리니

육체를 따라 살면 죽습니다. 그러나 성령의 힘으로 몸의 행실을 죽이면 살게 됩니다. 사도 바울은 육신대로 사는 삶은 사망으로 끝난다고 경고하고 있습니다. 육신을 따르는 자는 죽게 됩니다. 육신의 생각은 사망이기 때문입니다(6절). 성령의 힘을 입어 연약한 몸의 행실을 죽이는 자가 살게 됩니다. 여기서 '죽이면' 은 헬라어로 '다나투테' (θανατοῦτε)인데 이는 '정복한다' 라는 의미를 갖고 있습니다. 결국 성령의 능력으로 몸의 행실을 정복하면 살게 된다는 것입니다.

성령의 아홉 가지 열매 중에서 마지막으로 절제의 열매가 있습니다(갈 5:23). 절제는 자기 자신의 욕망이나 격정 혹은 정욕 등을 스스로 조절할 수 있는 사람의 덕스러운 성품을 뜻하는 말입니다. 절제의 열매를 인간의 힘으로만 맺기는 불가능합니다. 성령의 열매이기 때문에 성령께서 도와 주셔야만 가능합니다.

14절 무릇 하나님의 영으로 인도함을 받는 사람은 곧 하나님의 아들이라

하나님 앞에서 우리의 감사가 넘쳐 나는 것은 성령의 도우심을 통해 새 생명을 얻게 되었을 뿐 아니라, 하나님의 자녀가 되었기 때문입니다. 누가 하나님의 자녀입니까? 하나님의 영 곧 성령으로 인도함을 받는 모

든 사람이 하나님의 자녀입니다.

그러면 성령은 어떻게 우리를 인도하십니까? 이에 대해 사도 바울은 "너희 안에서 행하시는 이는 하나님이시니 자기의 기쁘신 뜻을 위하여 너희에게 소원을 두고 행하게 하시나니"(빌 2:13)라고 말씀하십니다.

거듭난 우리들을 하늘나라 갈 때까지 거룩한 삶으로 인도하기 위해 성령께서 우리 안에 함께 계십니다. 그러므로 우리 삶의 중심에 하나님을 모셔 들이기만 하면, 성령께서 우리 마음에 소원을 주심으로 매일매일 우리의 삶을 하나님의 기뻐하시는 길로 인도해 주시는 것입니다. 하나님 중심에 서서 말씀에 의지하여 간절히 기도할 때 마음속에 뜨거운 소원이 일어나면, 이는 성령께서 주시는 소원입니다. 하나님께서는 우리 마음에 소원을 주심으로 인도하십니다. 신앙생활을 하던 중 어려운 선택의 기로에 서게 될 때가 많이 있습니다. 이럴 때 누구에게 물어보고 자문을 구할 것이 아니라 먼저 그의 나라와 그의 의를 구하는 자세로 하나님의 말씀 위에 굳게 서서 주님께 기도하십시오. 성령께서 여러분의 마음에 소원을 주셔서 하나님의 뜻을 나타내 보여 주실 것입니다.

15절 너희는 다시 무서워하는 종의 영을 받지 아니하고 양자의 영을 받았으므로 우리가 아빠 아버지라고 부르짖느니라

우리가 받은 성령은 우리를 또 다른 상태의 종으로 만들어서 공포에 몰아넣으시는 분이 아닙니다. 우리를 하나님의 자녀로 만들어 주시는 분이십니다. 그래서 우리는 그 성령에 힘입어 하나님을 '아빠 아버지' 라고 부릅니다.

성령을 받기 전, 예수님의 보혈로 죄 씻음을 받기 전에는 죄와 사망의

법이 우리를 지배했습니다. 우리는 죄와 사망에 종노릇하였습니다. 그것은 무섭고 두렵고 괴롭고 힘든 일이었습니다. 그러나 이제 그리스도의 구원의 은총으로 죄의 삯이 지불되었습니다. 예수님께서 친히 십자가에 달리셔서 피 흘려주심으로 우리의 죄는 사하여진 것입니다. 주께서 친히 당신의 핏값으로 우리를 사셨습니다. 그러므로 우리의 옛 주인이었던 죄와 사망과 저주는 이제 더 이상 우리와 아무 관계가 없게 되었습니다.

그러면 사탄으로부터 우리를 구원하신 주님은 우리를 어떻게 대우해주실까요? 죄의 노예였던 우리의 신분은 어떻게 바뀌었습니까? 하나님께서는 당신의 아들을 죽음에 내어 줌으로 우리를 다시 사셨을 뿐 아니라, 우리의 신분을 죄의 노예에서 하나님의 자녀로 바꾸어 주셨습니다. 이제 우리는 당당한 자유인이 되었습니다. 이제는 하고자 하는 바를 우리 자신의 결단에 의해 선택할 수 있는 자유인이 된 것입니다. 이에 대한 증거로 하나님의 영이 우리와 함께 거하시는 것입니다. 그러므로 이 영 곧 성령은 종의 영이 아니라 양자(養子)의 영입니다. 죄에 대하여 종노릇하던 사람들이 구원의 은혜와 강건하게 하시는 성령의 역사를 통해 하나님의 자녀가 된 것입니다. 그래서 하나님을 아버지라고 부르게 된 것입니다.

'무서워하는 종의 영' 이란 불순종의 아들들 가운데서 역사하는 공중의 권세 잡은 자들의 영입니다(엡 2:2). 곧 죄와 마귀의 영인 귀신의 영을 뜻합니다.

세상을 살아가는 믿지않는 많은 사람들이 하나님 아버지와 예수님에 대해서 하루에 일초도 생각하지 않습니다. 육신의 사람 그 속에 마귀의 영이 들어와서 완전히 육신을 따라 살도록 만들기 때문입니다. 여기에서 조심해야 할 것은, 그렇다고 해서 그 사람이 마귀는 아니라는 것입니다. 믿지 않는 사람을 마귀라고 표현해서는 안 됩니다. '육신의 사람' 이라고 표현하는 것이 맞습니다.

우리 교회 구역장님 한 분이 예수님을 믿지 않는 남편만 들어오면 "마귀 들어왔다."라고 말하므로 아이들이 그 말을 듣고는 아버지가 오면 "마귀 왔다."라고 하고 회사에 출근하면 "마귀 나갔다."라고 했습니다. 어느 날 그 소곤거리는 소리를 듣고 화가 난 남편은 "그래! 너희 교회 목사가 그렇게 가르치더냐?" 고 하면서, 늦은 저녁 우리 집에 전화를 걸었습니다. 내가 "여보세요!" 하니, 수화기 저편에서 "마귀다!"라고 말하는 것이었습니다. 내가 다시 "여보세요!"라고 했더니, "그래! 나 마귀다! 당신 교회 구역장이 내 마누라야. 어떻게 가르쳤기에 우리 마누라가 날 보고 마귀라고 해! 자식들에게까지 나를 마귀라고 가르치고! 그렇게 밖에 못 가르치냐!"라고 화를 내는 것이었습니다. 그제야 내가 "오해이십니다. 안 믿는 사람들은 마귀의 영향을 받는다고 했지, 마귀라고 말한 적은 없습니다."라고 설명을 했던 기억이 있습니다.

'양자의 영' 을 받았다는 것은 우리가 예수님과 함께 하나님의 자녀가 되었다는 뜻입니다. 하나님의 자녀가 된 우리는 이제 하나님을 '아빠 아버지' 라고 부릅니다. 여기서 '아빠' 라는 것은 '아버지' 를 가리키는 말입니다. 예수님께서 겟세마네 동산에서 기도하실 때 이 말을 사용하셨으며(막 14:36), 초대 교회 성도들이 하나님 아버지에 대한 사랑을 강조하기 위해 기도할 때 사용한 말입니다.

16절 성령이 친히 우리의 영과 더불어 우리가 하나님의 자녀인 것을 증언하시나니

성령 곧 양자의 영(15절)이 친히 우리가 하나님의 자녀가 되었음을 증언하십니다. 그뿐 아니라 우리의 마음에도 이런 확신이 있습니다. 어떤 사람이 누구의 양자가 되었을 때 그 사실을 확인해 보려면 호적을 살펴보면 됩니다. 양부의 호적에 자기 이름이 올라 있으면 그 사람은 분명히 그의 양자입니다. 우리도 이제 하나님의 자녀가 되었는데 이 사실을 어떻게 알 수 있을까요? 여러분 마음속에 성령이 함께 하십니까? 그렇다면 여러분은 하나님의 자녀입니다. 성령께서 친히 우리가 하나님의 자녀인 것을 증언하시기 때문입니다.

17절 자녀이면 또한 상속자 곧 하나님의 상속자요 그리스도와 함께 한 상속자니 우리가 그와 함께 영광을 받기 위하여 고난도 함께 받아야 할 것이니라

자녀로서 갖는 권리 중 상속권이 있습니다. 부모의 소유를 물려받을 수 있는 권리가 상속권입니다. 상속권을 갖고 있는 사람을 상속자라고 합니다. 그러므로 하나님의 자녀인 우리는 하나님의 상속자입니다. 우리는 하나님께서 갖고 계시는 모든 것을 물려받을 수 있습니다. 장차 우리는 그리스도로 더불어 천 년 동안 왕 노릇 할 것이며, 새 하늘과 새 땅에서 주님과 함께 영원히 거할 것입니다(계 20:4; 21:1-3).

우리가 하나님의 상속자가 될 수 있게 된 것은 오직 그리스도의 은혜로 말미암은 것입니다. 하나님의 아들이신 예수님께서 친히 우리를 위해 십자가에 달려 죽으심으로 우리는 주와 함께 하나님의 자녀가 되었습

니다. 예수님과 함께 자녀 된 우리는 이제 예수님과 함께 하나님의 상속자가 되었습니다. 이 땅에서 부(富)를 소유해 보아야 얼마나 누릴 수 있으며, 이 땅에서 명성을 얻어 보아야 얼마나 얻을 수 있겠습니까? 믿는 자들의 보배는 세상의 부귀나 명예나 권력이 아닙니다. 우리의 참보배는 세상의 부귀나 명예나 권력이 아닙니다. 우리의 참보배는 주님과 함께 동행하는 일입니다. 주님과 함께 하나님의 상속자가 되고 주님과 함께 하나님의 사랑을 전하는 것이 기독교인이 취해야 하는 옳은 태도입니다. 인류의 역사가 끝나고 승천하신 주께서 다시 오시는 날, 새 하늘과 새 땅이 열리는 그날에 우리는 예수님과 함께 영광을 받게 됩니다. 그러므로 비록 현재에 여러 가지 어려움들이 우리를 괴롭힌다고 해도 절대로 실망하지 맙시다. 예수님께서 항상 우리와 함께 하시기 때문입니다. "볼지어다 내가 세상 끝 날까지 너희와 항상 함께 있으리라"(마 28:20).

2. 모든 피조물이 구원을 고대하다(8:18-30)

18. 생각하건대 현재의 고난은 장차 우리에게 나타날 영광과 비교할
수 없도다 19. 피조물이 고대하는 바는 하나님의 아들들이 나타나는
것이니 20. 피조물이 허무한 데 굴복하는 것은 자기 뜻이 아니요 오
직 굴복하게 하시는 이로 말미암음이라 21. 그 바라는 것은 피조물
도 썩어짐의 종노릇한 데서 해방되어 하나님의 자녀들의 영광의 자

유에 이르는 것이니라 22. 피조물이 다 이제까지 함께 탄식하며 함
께 고통을 겪고 있는 것을 우리가 아느니라 23. 그뿐 아니라 또한 우
리 곧 성령의 처음 익은 열매를 받은 우리까지도 속으로 탄식하여 양
자 될 것 곧 우리 몸의 속량을 기다리느니라 24. 우리가 소망으로 구
원을 얻었으매 보이는 소망이 소망이 아니니 보는 것을 누가 바라리
요 25. 만일 우리가 보지 못하는 것을 바라면 참음으로 기다릴지니
라 26. 이와 같이 성령도 우리의 연약함을 도우시나니 우리는 마땅
히 기도할 바를 알지 못하나 오직 성령이 말할 수 없는 탄식으로 우
리를 위하여 친히 간구하시느니라 27. 마음을 살피시는 이가 성령
의 생각을 아시나니 이는 성령이 하나님의 뜻대로 성도를 위하여 간
구하심이니라 28. 우리가 알거니와 하나님을 사랑하는 자 곧 그의
뜻대로 부르심을 입은 자들에게는 모든 것이 합력하여 선을 이루느
니라 29. 하나님이 미리 아신 자들을 또한 그 아들의 형상을 본받게
하기 위하여 미리 정하셨으니 이는 그로 많은 형제 중에서 맏아들이
되게 하려 하심이니라 30. 또 미리 정하신 그들을 또한 부르시고 부
르신 그들을 또한 의롭다 하시고 의롭다 하신 그들을 또한 영화롭게
하셨느니라

18절 생각하건대 현재의 고난은 장차 우리에게 나타날 영광과 비교할 수 없도다

한 전도자가 복음을 전하다 로마에서 잡혔습니다. 로마 황제는 "당장 저 놈의 목을 잘라 처형하라!" 고 말했습니다. 그때 한 신하가 "안 됩니다. 예수 믿는 자들은 목이 잘리는 것을 최고의 영광으로 생각합니다. 오히려 저들은 순교당하기를 즐겁게 기다리고 있습니다. 황제께서 순교를 시키면 그 사람은 하늘나라의 영광스러운 반열에 들어가게 됩니다." 라

고 말했습니다. 그러자 황제는 "그럼, 독방에다 가두어라!" 고 말했습니다. 그런데 그 신하가 또 "안 됩니다. 예수 믿는 사람들은 독방에 있기를 좋아합니다. 독방에 있으면 예수님께서 찾아오시기 때문에 싱글벙글 웃으며 기도하고 찬송합니다."라고 말하는 것이었습니다. 이 말에 황제는 "그럼, 저놈을 극악한 죄수들과 함께 넣어 두어라!" 고 명령하자, 그 신하는 "안 됩니다. 저들은 모든 죄수들을 전도하여 구원으로 이끕니다. 그 죄수들이 저들과 똑같이 변하고 맙니다."라고 대답했습니다.

바울 사도는 로마 교인들에게 "장차 우리에게 나타날 영광에 비추어 보면 현재 우리가 받고 있는 고난은 아무 것도 아니다."라는 위로의 말씀을 주고 있습니다. 이 구절을 통해 이 세상에서 겪어야 할 고난과 장차 하나님의 자녀들이 누릴 영광 사이에는 엄청난 차이가 있음을 알 수 있습니다. 여기서 '생각하건대' 는 바울이 잘 사용하는 말로 자신의 주장을 강조할 때 쓰는 말입니다. 바울은 확신을 가지고 장차 다가 올 영광에 대해 말하고 있습니다.

'현재' 는 '앞으로 다가올 시기' 와 대조를 이루는 '이 시대' , '현 세대' 를 뜻합니다(마 12:32; 막 10:30; 눅 16:8; 20:34-35; 롬 12:2; 갈 1:4; 엡 1:21). 앞으로 다가올 시기는 부활과 영광이 나타날 시기입니다. 사도 바울이 '장차 우리에게 나타날 영광' 이라고 한 것은 죽음으로 얻게 되는 영광을 의미한 것이 아니라, 부활과 영광이 나타날 때를 말한 것입니다. 그러므로 '비교할 수 없도다' 라고 할 때 그 비교는 현재의 고난과, 새 하늘과 새 땅에서 예수님과 함께 누릴 영광을 비교한 것입니다.

19절 피조물이 고대하는 바는 하나님의 아들들이 나타나는 것이니

이 구절은 앞의 구절과 연결되는 구절로 신자들에게 인내와 믿음을 갖고 주의 오심을 고대해야 함을 말씀하고 있습니다. '피조물이 고대하는 바는' 이라는 구절에서 이 점이 분명해집니다. 여기서 '피조물' 이란 창조된 모든 만물을 가리킵니다.

본문에서 피조물이 '하나님의 아들들이 나타나는 것' 을 기대한다고 했는데, 이것은 인류의 역사가 끝나고 "주께서 호령과 천사장의 소리와 하나님의 나팔 소리로 친히 하늘로부터 강림하시리니 그리스도 안에서 죽은 자들이 먼저 일어나"(살전 4:16)는 예수님의 재림 사건을 뜻합니다. 그러므로 '하나님의 아들들' 은 부활할 주의 성도들입니다. 바울 사도는 본 절에서 세상의 모든 피조물들이, 예수님이 재림하실 때 다시 살아나는 그때를 고대하고 있다고 말합니다.

20절 피조물이 허무한 데 굴복하는 것은 자기 뜻이 아니요 오직 굴복하게 하시는 이로 말미암음이라

지구 위에 존재하는 모든 피조물들은 허무한 데 굴복하고 있습니다. 썩고 부패되는 운명에 처해 있는 것입니다. 왜 피조물들이 이렇게 되어야만 할까요?

성경을 보면 하나님은 인간을 창조하신 후에 "생육하고 번성하여 땅에 충만하라, 땅을 정복하라, 바다의 물고기와 하늘의 새와 땅에 움직이는 모든 생물을 다스리라"(창 1:28)고 축복하셨습니다. 인간이 세상의 모든 피조물의 주인으로 임명받은 것입니다. 그런데 주인인 인간이 하나님의 명령을 거역함으로 허무한 데 굴복하고 부패하고 말았습니다. 주인인 인간이 허무한 데 굴복함으로 그 밑에 있던 모든 피조물들도 허무

한 데 굴복하게 되었습니다. 이것은 전혀 그들의 뜻이 아닙니다. 주인인 인간이 잘못되었기 때문에 어쩔 수 없이 잘못되었을 뿐입니다. 세상의 피조물들이 그 주인의 뒤를 따라 허무한 데 굴복하는 것이 '굴복하게 하시는 이' 곧 창조주 하나님의 뜻입니다. 그러나 이들은 소망 가운데에서 굴복합니다. 절망적인 상태에서 허무에게 굴복하는 것이 아닙니다. 그러므로 피조물들이 굴복하게 하시는 이의 뜻을 따라 허무한 데 굴복하기는 하지만 그 가운데에는 소망이 있습니다. 어떠한 소망입니까? 다음 절에 이 소망의 내용이 나옵니다.

21절 그 바라는 것은 피조물도 썩어짐의 종노릇한 데서 해방되어 하나님의 자녀들의 영광의 자유에 이르는 것이니라

앞 절에서 바울 사도는 "피조물은 본의가 아니게 허무한 데 굴복하게 되었다. 그러나 거기에는 소망이 있다."고 말했습니다. 왜냐하면 장차 피조물도 멸망의 사슬에서 풀려나서 하나님의 자녀들이 누리는 영광스러운 자유에 참여하게 될 것이기 때문입니다.

'하나님의 자녀들의 영광의 자유'란 죄의 저주의 상태에서 해방되어 하나님의 영광으로 충만하게 된 자유로운 상태를 말합니다.

22절 피조물이 다 이제까지 함께 탄식하며 함께 고통을 겪고 있는 것을 우리가 아느니라

피조물은 '이제까지' 탄식하며 고통을 겪고 있습니다. 이 말은 두 가지 점을 시사해 줍니다. 아직까지 고통이 계속되고 있다는 사실과 그럼에도 불구하고 피조물에게 아직도 소망이 살아 있다는 점을 말해 줍니다.

피조물이 이제까지 함께 탄식하며 함께 고통을 겪는다고 할 때 '함께' 라는 말은, 피조물 자체의 연합을 뜻합니다. 전체 우주는 하나의 거창한 탄식의 심포니를 연주하고 있습니다. 그러나 이런 고통과 탄식은 사망의 고통이 아닙니다. 그것은 새로운 기쁨을 위한 고통입니다. 피조물의 탄식은 헛되고 효과가 없는 탄식이 아닙니다. 왜냐하면 결국에는 기쁘고 복된 열매를 낼 것이기 때문입니다.

23절 그뿐 아니라 또한 우리 곧 성령의 처음 익은 열매를 받은 우리까지도 속으로 탄식하여 양자 될 것 곧 우리 몸의 속량을 기다리느니라

피조물만이 아니라, 성령을 하나님의 첫 선물로 받은 우리 자신도 하나님의 자녀가 되는 날과 우리의 몸이 해방될 날을 고대하면서 속으로 신음하고 있다고 사도 바울은 기록하고 있습니다.

'성령의 처음 익은 열매' 는 예수님을 믿고 구원받은 우리의 심령 속에 성령께서 임하셔서 충만하게 하심을 뜻합니다. 성령의 충만하심은 성령의 처음 익은 열매입니다. 그러면 성령의 마지막 열매는 무엇일까요? 마지막 완성의 때에 성령의 풍성함이 부활한 성도의 몸을 온전히 주장하는데, 이것이 바로 성령의 마지막 열매입니다. 성령의 처음 익은 열매는 부활할 때 수여될 풍성한 성령의 보증입니다. 현재 우리가 받은 성령의 충만하심은 성령의 선물의 한 징표에 불과합니다.

'속으로 탄식하여' 라는 것은 마음속의 내적인 탄식입니다. 신자들 사이의 탄식이 아닌, 각자 개인의 마음속에서의 내적인 탄식을 뜻합니다. 그러나 이 탄식은 절망에서의 한숨이나 좌절에서의 자포자기와는 다릅

니다. 이 탄식은 목적이 있습니다. 탄식은 '양자 될 것 곧 우리 몸의 속량을' 위한 탄식으로 구원 사업이 완성에 이를 것을 고대하는 탄식 입니다. 여기서 '양자' 는 '구원' 이나 '속량' 과 같은 의미입니다. 원래 이 개념은 현재 우리가 누리고 있는 양자의 권리와 미래에 주어질 양자의 선물 등 두 가지 모두를 뜻하고 있습니다. 어떤 때는 현재의 특권을 뜻하고(롬 1:16; 3:24; 11:11; 엡 1:7) 어떤 때는 미래의 선물을 뜻합니다(롬 13:11; 엡 1:12; 4:30; 빌 2:12). 이곳에서의 양자는 미래의 선물로서의 양자입니다.

'우리 몸의 속량' 은 양자의 존재를 더욱 확실하게 해 줍니다. 우리 몸의 속량은 죽지 않고 썩지 않을 몸을 입게 되는 부활을 뜻합니다. 그러므로 '양자' 는 곧 몸의 부활입니다. 하나님의 구원 사업의 완성은 우리의 비천한 몸이 그리스도의 영광의 몸과 같이 되는 변화입니다(빌 3:21). 하나님의 아들들이 탄식하며 기대하는 것이 바로 이와 같은 최후의 완성입니다.

24절 우리가 소망으로 구원을 얻었으매 보이는 소망이 소망이 아니니 보는 것을 누가 바라리요

소망이란 눈에 보이는 것을 바라는 것이 아니라 보이지 않는 것을 기대하는 것입니다. 그런데 우리가 구원을 받은 것은 바로 이 소망에 의해서입니다. 우리 눈에 보이지 않는 소망에 의해 구원을 받은 것입니다. 이 말이 뜻하는 바는 이미 구원받은 성도에게 영원한 미래에 대한 소망이 있다는 사실입니다. 그러므로 우리의 구원은 소망에 의해 규정되고 또한 소망을 향해 나아가는 구원인 것입니다.

25절 만일 우리가 보지 못하는 것을 바라면 참음으로 기다릴지니라

우리의 바라는 것은 보이는 소망이 아닙니다. 우리는 '보지 못하는 것' 을 바라고 있습니다. 그러므로 참고 기다려야 합니다. 우리는 현재의 고난과 시련과 탄식에도 불구하고 참아야만 합니다. 그것은 우리가 약하고 무능하기 때문이 아니라 우리에게 확실한 미래가 보장되어 있기 때문입니다. 환난은 인내를, 인내는 연단을, 연단은 소망을 이루는 것입니다(5:3-4). 그리스도인은 소망으로 인해 기꺼이 인내하고 죄와의 싸움을 계속할 수 있는 존재입니다.

기다리던 것은 기어코 다가옵니다. 우리는 주님 오실 날을 간절히 기다리고 있습니다. 어느 날 갑자기 주께서 호령과 천사들의 소리와 하나님의 나팔 소리로 하늘로부터 강림하실 것입니다.

26절 이와 같이 성령도 우리의 연약함을 도우시나니 우리는 마땅히 기도할 바를 알지 못하나 오직 성령이 말할 수 없는 탄식으로 우리를 위하여 친히 간구하시느니라

'이와 같이' 라는 표현은 앞 문장을 전제로 한 것입니다. 성도들이 고난과 탄식 중에서도 능히 소망으로 인내하듯이, 성령께서 우리를 도우신다는 말씀입니다. 성령께서 우리의 연약함을 돕는다는 것은 매우 중요한 사실입니다. 우리가 예수님을 믿는 것 자체가 성령의 도우심의 결과입니다. 성령께서 역사하시지 않으시면 아무도 예수님을 믿을 수 없기 때문입니다. 어떤 사람은 성령의 역사하심을 인정함으로 성령의 충만함을 받지만, 어떤 사람은 성령의 역사하심을 인정하지 못하고 자신의 아집을 세움으로 성령의 충만함을 받지 못합니다. 그러나 이 두 종류

의 사람 모두를 성령께서는 도와주십니다. 정도의 차이는 있지만 모두가 성령의 도우심으로 예수님을 믿는 것입니다.

"우리는 마땅히 기도할 바를 알지 못하나". 인간은 연약하고 부족한 존재입니다. 단 몇 치 앞도 내다볼 수 없습니다. 우리는 우리가 마땅히 기도해야 할 바도 알지 못하는 존재입니다. 그래서 성령께서 항상 우리 곁에 계셔서 말할 수 없는 탄식으로 우리를 위해 기도해 주십니다. 하나님은 무소부재하시고 전지전능하십니다. 그러나 하나님께서는 항상 인간을 통해 역사하십니다. 우리의 기도는 하나님의 보좌를 움직이는 힘이 됩니다. 그런데 우리 인간들이 구할 바를 알지 못하기 때문에 성령께서 친히 우리를 위해 말할 수 없는 탄식으로 간구하시는 것입니다. 성령의 말할 수 없는 탄식에는 방언 기도가 포함됩니다. 성령께서 친히 방언을 통해 간구해 주심으로 우리의 어려움을 해결해 주십니다.

미국에 '베일러스' 라는 목사님이 계셨습니다. 하루는 식구들과 함께 저녁을 먹는데 갑자기 마음이 답답해지면서 말할 수 없는 탄식이 나왔습니다. 식사 도중에 어쩔 수 없이 꿇어앉아 기도를 시작했습니다. 그러자 방언 기도가 나오는데 삼십 분이나 계속되었습니다. 기도를 마치고 다시 식사를 하는데 이번에는 그렇게 마음이 기쁘고 즐거울 수가 없었습니다. 식사를 끝내고 자주 가는 찻집에 갔는데 그 집 주인이 사색이 되어 목사님께 소식을 전했습니다. 약 십오 분 전에 목사님의 부모님이 타고 가던 승용차가 거대한 트럭과 충돌하여, 지금 두 분이 병원에 계시다는 소식이었습니다. 사고의 내용으로 보아 두 분은 분명 죽었을지도 모른다는 것이었습니다. 놀란 베일러스 목사님이 택시를 타고 병원에 달려가 보니 목사님 어머님의 얼굴에 약간 긁힌 자국만이 있을 뿐 두 분 모두 무사했습니다. 분명히 대형 트럭과 충돌하여 타고 가던 승용차가 트럭 밑에 깔린 사고였는데, 두 분이 어떻게 살아 계신지 궁금했습니다. 아버님으로부터 자초지종을 들은 목사님은 자신이 저녁 식사 중에 기도한 것이 바로 부모님께서 당하실 교통사고 때문이었다는 사실을 알았습니다. 아버님의 말씀은 사고를 당하는 순간, 죽었다는 생각이 들었는데 그 순간 누군가가 강한 힘으로 자신들을 차 밖으로 던져냈다는 것입니다. 그래서 어머니가 얼굴을 조금 다쳤을 뿐 무사할 수 있었다는 것입니다. 목사님의 기도를 통해 하나님께서 역사하신 것입니다.

이와 같이 하나님은 성도의 기도를 통해 역사하십니다. 보혜사 성령님은 오늘도 우리들이 간구해야 하는 바를 친히 그의 탄식을 통하여 간구하심으로 우리의 연약함을 도와주십니다.

27절 마음을 살피시는 이가 성령의 생각을 아시나니 이는 성령이 하나님의 뜻대로 성도를 위하여 간구하심이니라

'마음을 살피시는 이' 는 하나님이십니다. 하나님께서는 우리의 마음을 항상 살피십니다. 하늘 높이 떠 있는 한낮의 태양이 풀 한 포기, 개미 한 마리에게까지 자신의 따스함을 보내 주듯이, 하나님께서는 우리의 마음 상태 하나하나를 감찰하십니다. 하나님께서 우리를 위해 말할 수 없는 탄식으로 간구하시는 성령의 생각을 아십니다. 성령은 하나님의 뜻을 따라 간구하시기 때문입니다. 그러므로 하나님의 뜻대로 기도한다는 것은 매우 중요합니다. 하나님의 영광을 위해, 하나님의 뜻을 따라 기도하면 응답해 주십니다.

기도의 응답을 받기 위해서는 하나님의 뜻을 분명히 알아야 합니다.

그러면 어떻게 하나님의 뜻을 알 수 있을까요? 하나님의 말씀인 성경을 통해 혹은 설교를 통해 하나님의 뜻을 알 수 있습니다. 또한 기도할 때 성령께서 깨달음을 주심으로 하나님의 뜻을 알 수도 있습니다. 하나님의 뜻을 알고 난 후에 하나님의 뜻대로 기도하면 하나님께서는 분명히 응답해 주십니다.

또한 성령께서 친히 탄식으로 간구하실 때에는 그 간구가 하나님의 뜻과 일치하기 때문에 항상 그 기도는 응답을 받습니다. 이렇게 성령께서는 하나님의 뜻을 따라 성도들을 대신해서 간구해 주시는 것입니다. 그러므로 우리는 성령님을 환영하여 모셔 들임으로, 항상 성령님께서 인도하시는 삶을 살아야 합니다. 그렇게 될 때 우리의 삶이 주 안에서 형통하게 될 것입니다.

28절 우리가 알거니와 하나님을 사랑하는 자 곧 그의 뜻대로 부르심을 입은 자들에게는 모든 것이 합력하여 선을 이루느니라

인간이 구원을 받는 것은 하나님의 뜻입니다. 인간의 뜻과는 전혀 무관하게 하나님께서 친히 정하십니다. 구원은 하나님의 절대 주권에 속하는 문제입니다. 하나님의 뜻대로 부르심을 입어 구원을 얻는 자들에게는 하나님을 사랑한다는 특징이 있습니다. 구원받은 자 개개인에 따라 사랑의 정도에 차이는 있겠지만 하나님을 사랑한다는 점에 있어서 일치합니다.

부르심을 받아 거듭난 자 곧 하나님을 사랑하는 모든 사람에게는 모든 일이 합력하여 선을 이루게 됩니다. 하나님께서 우리의 목자이시고 우리는 그의 양이기 때문입니다. 하나님께서는 분명 우리를 푸른 풀밭에 누이시며 쉴만한 물가로 인도하실 것입니다(시 23:2). 비록 우리가 처해 있

는 환경이 힘들고 어렵더라도, 그것은 푸른 풀밭과 쉴만한 물가로 연결된 길입니다. 기뻐하고 감사하며 믿음으로 기다리면 주께서 친히 우리를 인도하며 좋은 것으로 채워 주실 것입니다. 하나님을 사랑하는 사람들 곧 그의 계획에 의하여 부르심을 받은 사람들에게는 모든 일이 서로 작용해서 좋은 결과를 이루게 됩니다.

29절 하나님이 미리 아신 자들을 또한 그 아들의 형상을 본받게 하기 위하여 미리 정하셨으니 이는 그로 많은 형제 중에서 맏아들이 되게 하려 하심이니라

이 말씀은 앞의 28절에 나오는 하나님의 뜻을 설명해 주고 있습니다. '하나님이 미리 아신 자들' 이란 그의 뜻에 의해 구원받은 우리들을 가리킵니다. 여기서 미리 아셨다는 것은 하나님의 예지(豫知)를 말합니다. 전지전능하신 하나님께서 모든 일을 완전히 그리고 미리 아십니다. 구원받은 우리가 그리스도의 형상을 본받는 것은 하나님의 예정 가운데 이미 정해져 있는 것입니다. 그리스도는 부활의 첫 열매로 모든 구원받는 자들의 처음이 되십니다. 여기서 '맏아들' 이라는 표현은 그리스도의 우선권과 우월성을 나타내고 있습니다(골 1:15; 18; 히1:6; 계1:5). 하나님의 은혜로 거듭난 우리들이 예수 그리스도와 함께 '형제들' 로서 그리스도와 같은 형제의 계열에 속한다는 것은 정말 놀라운 축복입니다(히 2:11-12). 하나님께서는 이미 오래 전에 택하신 사람들이 당신의 아들과 같은 모습을 가지도록 미리 정하셨습니다. 그래서 예수 그리스도께서는 형제들 중에서 맏아들이 되신 것입니다.

30절 또 미리 정하신 그들을 또한 부르시고 부르신 그들을 또한 의롭다 하시고 의롭다 하신 그들을 또한 영화롭게 하셨느니라

'미리 정했다' 는 것은 예정을 뜻하며, '부르셨다' 는 것은 소명을 뜻합니다. 또한 '의롭다 하심' 은 칭의(稱義)를 의미하고, '영화롭게 하심' 은 영화(榮華)를 뜻합니다. 구원에는 네 가지 과정(요소)이 있습니다. 하나님의 예정, 하나님의 소명(택하심), 하나님의 칭의, 하나님의 영화, 이 네 가지입니다. 우리는 창세전 우주와 만물이 지음받기 전, 시간과 공간이 생겨나기 전에 하나님의 뜻 안에서 영원히 존재하기로 예정되었습니다. 예수님께서 채찍에 맞으시고 십자가에 달리시어 당하신 고통은 우리를 향한 하나님의 부르심입니다. "우리는 다 양 같아서 그릇 행하여 각기 제 길로 갔거늘 야훼께서는 우리 모두의 죄악을 그에게 담당시키셨도다" (사 53:6). 하나님께서는 자신의 독생자를 인간의 죗값으로 내어 주심으로 당신의 사랑을 보여 주셨습니다. 또한 하나님의 부르심을 믿고 순종하는 모든 자에게는 이제 정죄함이 없으며, 의롭다 해 주시는 구원의 은총이 아무 대가 없이 주어지게 되었습니다.

이것이 전부가 아닙니다. 인간의 역사가 끝나고 주께서 구름을 타고 호령과 천사장의 나팔로 이 땅에 다시 오실 때에 우리는 모두 그분과 같이 거룩한 몸을 입게 되어 영원히 그분과 함께 왕 노릇 할 것입니다. 이것이 우리에게 약속된 영화(榮華)입니다. 하나님께서는 우리를 예정하셨고 불러 주셨습니다. 이제 부르심에 응하기만 하면 의롭게 되고 영화롭게 됩니다. 이 모든 과정의 주체는 하나님이십니다.

3. 그리스도의 사랑, 하나님의 사랑(8:31-39)

31. 그런즉 이 일에 대하여 우리가 무슨 말 하리요 만일 하나님이 우
리를 위하시면 누가 우리를 대적하리요 32. 자기 아들을 아끼지 아
니하시고 우리 모든 사람을 위하여 내주신 이가 어찌 그 아들과 함께
모든 것을 우리에게 주시지 아니하겠느냐 33. 누가 능히 하나님께
서 택하신 자들을 고발하리요 의롭다 하신 이는 하나님이시니 34.
누가 정죄하리요 죽으실 뿐 아니라 다시 살아나신 이는 그리스도 예
수시니 그는 하나님 우편에 계신 자요 우리를 위하여 간구하시는 자
시니라 35. 누가 우리를 그리스도의 사랑에서 끊으리요 환난이나
곤고나 박해나 기근이나 적신이나 위험이나 칼이랴 36. 기록된바
우리가 종일 주를 위하여 죽임을 당하게 되며 도살 당할 양같이 여김
을 받았나이다 함과 같으니라 37. 그러나 이 모든 일에 우리를 사랑
하시는 이로 말미암아 우리가 넉넉히 이기느니라 38. 내가 확신하
노니 사망이나 생명이나 천사들이나 권세자들이나 현재 일이나 장
래 일이나 능력이나 39. 높음이나 깊음이나 다른 어떤 피조물이라
도 우리를 우리 주 그리스도 예수 안에 있는 하나님의 사랑에서 끊을
수 없으리라

31절 그런즉 이 일에 대하여 우리가 무슨 말 하리요 만일 하나님이 우리를 위하시면 누가 우리를 대적하리요

'이 일' 이라 함은 앞에서 이야기했던 하나님의 구원, 즉 예정, 소명,

칭의, 영화를 의미합니다. 이 모든 구원의 주체는 하나님이십니다. 절대 주권자이신 하나님께서 뜻하시고 행하시는데 우리가 감히 무슨 말을 할 수 있겠습니까? 구원받은 우리들은 이제 하나님께서 친히 책임져 주십니다. 그러니 그 누가 감히 우리와 맞설 수 있겠습니까? 만왕의 왕이요, 만주의 주가 되시는 하나님께서 우리의 하나님이 되시고, 우리는 그분의 백성이 되었으니 이제 무엇이 두렵겠습니까?

32절 자기 아들을 아끼지 아니하시고 우리 모든 사람을 위하여 내주신 이가 어찌 그 아들과 함께 모든 것을 우리에게 주시지 아니하겠느냐

하나님께서는 우리를 사랑하십니다. 자신의 아들까지라도 인간을 위해 아낌없이 버리셨습니다. "나의 하나님, 나의 하나님, 어찌하여 나를 버리셨나이까"(마 27:46)라는 예수님의 비통에 찬 절규는 하나님께서 이토록 우리를 사랑하고 계신다는 사실을 명백히 보여 줍니다. 사랑에는 막힘이 없습니다. 아쉬움도 없습니다. 사랑은 자신의 모든 것을 주는 것입니다. 하나님께서 우리를 사랑하시니 무엇이든지 다 주시지 않겠습니까?

33절 누가 능히 하나님께서 택하신 자들을 고발하리요 의롭다 하신 이는 하나님이시니

하나님께서 예정하시고 불러 주셨는데 누가 감히 우리를 그의 품에서 빼앗아 갈 수 있겠습니까? 우리를 낳아 준 부모님은 우리를 버릴지 모르지만, 우리를 택해 주신 하나님은 우리를 결코 포기하지 않으십니다. 우리를 의롭다고 하신 분은 하나님이십니다. 하나님께서 의롭다 해 주셨는

데 누가 우리를 정죄할 수 있겠습니까? 우리는 죄인입니다. 그러나 누구도 우리를 죄 있다고 말할 수 없습니다. 그렇게 되면 예수 그리스도의 죽으심이 허사가 되기 때문입니다. 하나님께서 우리를 의롭다 칭하시고 죄 없다 하시는데 누가 우리를 상대로 고발할 수 있겠습니까?

34절 누가 정죄하리요 죽으실 뿐 아니라 다시 살아나신 이는 그리스도 예수시니 그는 하나님 우편에 계신 자요 우리를 위하여 간구하시는 자시니라

본 절은 앞 절의 내용이 반복되어 요약되어 있습니다. 누가 하나님께 의롭다 함을 받은 우리를 정죄할 수 있겠습니까?

예수님은 십자가에 달려 돌아가셨습니다. 죄가 있어서 돌아가신 것이 아닙니다. 우리 인간들의 죄를 사하시기 위해 희생 제물이 되신 것입니다. 그러나 예수님은 장사된 지 사흘 만에 죽은 자 가운데서 다시 살아나셨습니다. 부활의 첫 열매가 되셨습니다. 그러므로 예수와 함께 십자가 위에서 죽었던 우리들도 이제 부활하신 주와 함께 다시 살아났습니다. 승천하신 예수님은 약속대로 우리를 고아와 같이 내버려 두지 않으시고 다른 보혜사 성령을 보내 주셨습니다. 하나님 우편에 계신 예수 그리스도는 오늘 이 시간 우리를 위해 성령을 통해 간구하십니다. 그분께서 우리를 정죄하신다는 일은 있을 수 없습니다. 이 세상에 그 누구도 우리를 정죄하지 않습니다. 우리는 구원받아 의롭게 된 의인이기 때문입니다.

35절 누가 우리를 그리스도의 사랑에서 끊으리요 환난이나 곤고나 박해나 기근이나 적신이나 위험이나 칼이랴

세상에서 가장 강한 것이 사랑의 밧줄입니다. 그러나 부모와 자식의 사랑, 형제간의 사랑, 부부간의 사랑과 같은 세상적인 사랑은 하나님과 우리에 대한 사랑에 비교할 수가 없습니다. 부부간의 사랑은 헬라어로 '에로스'(ἔρως)라고 합니다. 이는 정욕에 입각한 사랑을 말합니다. 이보다 더 강한 사랑이 '필레오'(φιλέω)입니다. 이는 친구들 사이의 사랑으로 정신적 사랑을 말합니다. 그러므로 부부의 사랑이 에로스의 사랑으로 남아 있으면 얼마 있지 않아 사라집니다. 에로스의 사랑을 넘어 필레오의 단계가 되어야 합니다. 부부가 서로 친구가 되는 것입니다. 그러나 친구 사이의 사랑도 이해관계에 부딪히면 서로 원수가 될 수 있습니다. 그러므로 이것도 영원하지는 못합니다. 그보다 더 강한 사랑은 '스톨게'(στοργή)입니다. 이는 부모 자식 간의 사랑을 말합니다. 부모 자식 간의 사랑은 이 세상에서 말하는 사랑 중에 가장 강한 사랑이지만, 이것도 자기 부모나 자기 자식만을 사랑하는 이기적인 사랑에 머무는 경우가 대부분입니다. 따라서 최고의 사랑은 '아가페'(ἀγάπη) 사랑입니다. 이는 하나님께서 예수 그리스도를 통해 우리에게 주신 사랑을 말합니다.

중요한 것은 하나님께서 우리를 사랑하시는 것이지 우리가 하나님을 사랑하는 것이 아닙니다. 하나님을 대적하거나 그분과 견줄만한 존재는 결코 있을 수 없습니다. 그러므로 누가 우리를 하나님의 사랑에서 끊을 수 있겠습니까? 환난이 있을 수 있습니다. 또한 역경이 있을 수도 있습니다. 그러나 이런 것들 때문에 그리스도와의 관계가 끊어질 수는 없습니다. 박해도 우리의 관계를 약화시킬 수는 없습니다. 기근이나 적신도 그리스도의 사랑을 끊을 수 없습니다. 적신(赤身)이라 함은 '벌거벗었음'을 뜻합니다. 벌거벗음은 수치를 의미합니다. 넓게 생각하면 죄의식도 됩니다. 창세기를 보면 아담과 하와가 죄를 범한 후 자신들의 벌거벗은 것을 보고 부끄러워했다고 했습니다. 그러므로 적신은 부끄러움과 죄의식을 뜻합니다. 그러나 이것도 예수님의 사랑에서 우리를 끊을 수 없습니다. 위험이나 칼도 우리를 그리스도로부터 돌아서게 할 수 없습니다. 그리스도께서 우리를 사랑하시고 우리를 위하시니 그 누구도, 그 어떤 것도 우리를 어찌할 수 없습니다.

36절 기록된바 우리가 종일 주를 위하여 죽임을 당하게 되며 도살 당할 양같이 여김을 받았나이다 함과 같으니라

바울 사도는 위에서 이야기한 환난과 곤고와 박해과 기근과 적신과 위험과 칼을 구약에 나오는 구절을 통해 한 번 더 반복해서 묘사하고 있습니다. "우리가 종일 주를 위하여 죽임을 당하게 되며 도살할 양같이 여김을 받았나이다 주여 깨소서 어찌하여 주무시나이까 일어나시고 우리를 영원히 버리지 마소서"(시 44:22-23). 비록 죽임을 당하고 비록 도살당할 양 같은 대우를 받는다고 해도 우리가 그리스도의 사랑에서 끊어짐을 받을 수는 없습니다. "우리를 영원히 버리지 마소서"라는 시편 기자의 간구가 우리에게 응답되었습니다. "볼지어다 내가 세상 끝 날까지 너희와 항상 함께 있으리라"(마 28:20)고 예수님께서 약속하셨기 때문입니다.

37절 그러나 이 모든 일에 우리를 사랑하시는 이로 말미암아 우리가 넉넉히 이기느니라

'이 모든 일' 은 앞의 35절과 36절의 절박한 상태를 뜻합니다. 이 모든 어려움을 이길 수 있는 것은 주께서 우리와 함께하시기 때문입니다. 우

리를 사랑하시는 주님께서 함께 계시는 한, 우리는 이것들을 이길 힘이 있습니다. 성경에 예수님은 "통치자들과 권세들을 무력화하여 드러내어 구경거리로 삼으시고 십자가로 그들을 이기셨느니라"(골 2:15)고 기록하고 있기 때문입니다. 우리의 구원이 예수님을 통해 주어지듯이, 우리의 승리도 예수님을 통해 주어집니다. 그러나 그 승리는 겨우 견디어 내는 승리가 아니라 '넉넉히 이기는' 차고 넘치는 승리입니다. 우리 하나님은 좋으신 하나님이실 뿐만 아니라 풍요의 하나님이십니다. 예수님께서 이 땅에 오신 것은 양으로 생명을 얻되 더욱 풍성히 얻게 하려 하시기 위함이었습니다(요 10:10). 그러므로 우리도 이 모든 역경을 넉넉히 이깁니다.

38-39절 내가 확신하노니 사망이나 생명이나 천사들이나 권세자들이나 현재 일이나 장래 일이나 능력이나 높음이나 깊음이나 다른 어떤 피조물이라도 우리를 우리 주 그리스도 예수 안에 있는 하나님의 사랑에서 끊을 수 없으리라

사도 바울의 강하고 담대한 신앙 고백이 담긴 이 두 구절은 앞 장과 본 장의 총결론입니다.

구원받은 우리들이 이 세상에서 고통받으며 살아가지만, 그럼에도 불구하고 예수 그리스도를 통해 나타난 하나님의 사랑에서 우리를 끊을 수 있는 것은 아무것도 없다고 바울 사도는 단호하게 이야기합니다. '사망과 생명'은 인간이 존재하는 상태에 대한 대조입니다. '천사와 권세자'는 영적인 강자와 육적인 강자 모두를, 즉 평범한 성도를 초월하는 존재를 나타냅니다. 마귀는 천사와 같이 영의 세계에 속한 타락한 천사입니다. 권세자라 함은 기독교를 박해하는 권력자를 뜻합니다. '현재와 장

래' 는 시간적인 대조이며 동시에 수평적인 비교입니다. '높음과 깊음' 은 공간적이고 수직적인 대조입니다. 바울 사도는 여기에서 인간이 생각할 수 있는 모든 영역을 다 동원하여 그다음에 나오는 '다른 어떤 피조물' 의 범위를 결정해 주고 있습니다. 인간 실존의 존재 양태, 인간의 영육 간의 외부적인 환경, 시간과 공간의 모든 영역 안에서 하나님의 사랑을 끊을 수 있는 피조물은 하나도 없습니다. '다른 어떤 피조물' 이란 표현은 우주 안의 모든 영역에 있는 존재나 사물들 그 어느 하나도 제외되지 않고 다 포함시키려는 의도에서 사용되었습니다.

'우리 주 그리스도 예수 안에 있는 하나님의 사랑' 이라는 표현은 십자가의 사건을 요약한 구절이라고 할 수 있습니다. 십자가 사건의 주체는 하나님이십니다. 십자가 사건의 내용은 하나님의 사랑입니다. 그리고 십자가 사건의 결과는 하나님의 아들이신 예수께서 자신을 내어 주사 자신의 피와 살을 우리의 영생하는 양식으로 주셨다는 사실입니다. 하나님의 사랑이 그리스도의 죽으심으로 인류 앞에 나타났기 때문에 하나님의 사랑이 그리스도 안에 있는 것입니다.

이 사실이 현재를 살고 있는 우리에게 2천 년이라는 시간적 차이와 유대 땅이었다는 공간적 차이를 넘어 전달되는 것은 성령의 역사하심 때문입니다. 삼위일체 되신 하나님의 사랑은 영원불변한 것으로 그 어떤 존재도 이 사랑을 방해할 수는 없습니다.

제 9 장

하나님의 예정과 이스라엘

A COMMENTARY ON
THE EPISTLE TO THE
ROMANS

사도 바울은 본 서 1장부터 8장을 통하여 오직 믿음으로만 구원을 받는다는 '이신득의'(以信得義)의 대교리를 선포하였습니다. 그는 그리스도의 복음의 위대성을 설파하고 승리의 노래를 높이 불렀으며 박해와 환난 중에도 하나님의 사랑에 충만했습니다. 그러나 이와 같은 바울의 심정에도 한 가지 가슴 아픈 일이 있었습니다. 그것은 그의 동족 이스라엘의 불신앙이었습니다. 유대인들은 전통적인 율법주의와 우상 숭배에 사로잡혀서 끝까지 예수 그리스도의 복음을 영접하지 않았던 것입니다. 그래서 바울은 비통한 마음으로 이스라엘 민족에 대한 하나님의 뜻과 그 이스라엘의 거부와 회복에 관련된 하나님의 구원의 역사를 설명하고 있습니다. 본 장에서는 이스라엘의 불신앙이 하나님의 예정에 입각한 것임을 말하고 10장에서 그 불신앙의 내용과 성격을 밝힌 후에 11장에서 이방인의 구원과 이스라엘의 구원을 비교 설명하면서 그의 구원론의 대단원을 맺고 있습니다. 즉, 본 장부터 11장까지 세 장은 하나님의 인류 구원의 역사요, 바울의 역사철학(歷史哲學)이라고 할 수 있습니다.

1. 바울 사도의 뜨거운 동포애(9:1-5)

1-2. 내가 그리스도 안에서 참말을 하고 거짓말을 아니하노라 나에게 큰 근심이 있는 것과 마음에 그치지 않는 고통이 있는 것을 내 양심이 성령 안에서 나와 더불어 증언하노니 3. 나의 형제 곧 골육의 친척을 위하여 내 자신이 저주를 받아 그리스도에게서 끊어질지라도 원하는 바로라 4. 그들은 이스라엘 사람이라 그들에게는 양자 됨과 영광과 언약들과 율법을 세우신 것과 예배와 약속들이 있고 5. 조상들도 그들의 것이요 육신으로 하면 그리스도가 그들에게서 나셨으니 그는 만물 위에 계셔서 세세에 찬양을 받으실 하나님이시니라 아멘

1-2절 내가 그리스도 안에서 참말을 하고 거짓말을 아니하노라 나에게 큰 근심이 있는 것과 마음에 그치지 않는 고통이 있는 것을 내 양심이 성령 안에서 나와 더불어 증언하노니

'그리스도 안에서' 라는 말은 그리스도와의 사귐을 뜻하는데, 바울이

즐겨 쓰던 용어로서 바울 자신이 예수 그리스도와 항상 교제하고 있음을 나타내 줍니다.

그런데 바울의 마음속에는 이스라엘의 불신앙으로 인하여 고통과 근심으로 가득 차 있었습니다. 이것은 나라와 민족에 대한 바울의 뜨거운 애국심의 발로이기도 합니다. 이러한 일에 대하여 바울은 자신의 양심이 성령 안에서 고통과 번민으로 괴로워하고 있다고 말했습니다. 다시 말하면 하나님의 영이신 성령께서 인간과 함께 탄식하시며 괴로워하고 계신다는 것입니다.

3절 나의 형제 곧 골육의 친척을 위하여 내 자신이 저주를 받아 그리스도에게서 끊어질지라도 원하는 바로라

이러한 바울의 마음은 동포에 대한 진실한 사랑과 애국심의 표현입니다. 여기서 '나의 형제 곧 골육의 친척' 은 동족 이스라엘 백성을 뜻합니다. 사도 바울은 자기 동족인 이스라엘 백성들이 구원을 받을 수만 있다면 자신은 저주를 받아 그리스도에게서 끊어진다고 해도 좋다고 말했습니다. 이것은 아무나 흉내 낼 수 없는 놀라운 동포애이며 사랑의 극치입니다. 민족을 위해서라면 기꺼이 모든 것을 희생시킬 수 있다는 뜨거운 사랑의 표현입니다.

바울의 이 기도는 구약의 모세의 본을 따라 행한 사랑의 고백입니다. 출애굽기 32장 31절부터 32절을 보면 모세는 "슬프도소이다 이 백성이 자기들을 위하여 금신을 만들었사오니 큰 죄를 범하였나이다 그러나 이제 그들의 죄를 사하시옵소서 그렇지 아니하시오면 원하건대 주께서 기록하신 책에서 내 이름을 지워 버려 주옵소서" 라고 기도합니다.

보통 사람들의 경우는 동족보다 자기 자신이 먼저입니다. '내가 살고 난 다음에야 민족이 있지, 내가 죽으면 나라와 민족이 어떻게 되든 그게 나와 무슨 상관이 있느냐?' 라고 생각합니다.

그러나 모세와 바울같이 하나님의 손에 사로잡힌 사람은 자신의 안위에 앞서 나라와 민족의 미래를 생각합니다. 나라와 민족을 위해 자신의 목숨을 초개와 같이 버립니다.

사실 우리나라에도 사도 바울과 같이 자신보다 나라와 민족을 먼저 생각하신 분이 있었습니다. 바로 안중근 의사나 윤봉길 의사 같은 분들입니다. 이분들은 나라와 민족을 위해 자기 목숨을 헌신짝처럼 버렸습니다. 그 덕분으로 오늘날 우리들이 이만큼 잘 살 수 있게 된 것입니다. 정말로 감사하지 않을 수 없습니다.

우리 예수 그리스도를 믿는 성도들은 비록 모세나 바울이나 안중근 의사 정도는 못 될지라도 그 누구보다도 애국자들임에 틀림이 없습니다. 왜 그렇습니까? 성도들만큼 나라와 민족을 위해 기도하는 사람들이 없기 때문입니다. 우리 크리스천들도 때로는 정치에 대한 불만을 터뜨리기도 하지만, 우리들은 기도할 때마다 나라와 민족을 위한 기도를 빠트리지 않습니다. 그러므로 성도들이야말로 그 누구보다 애국자들인 것입니다. 앞으로도 더욱 나라와 민족을 위한 기도를 많이 하는 우리들이 되어야겠습니다.

4절 그들은 이스라엘 사람이라 그들에게는 양자 됨과 영광과 언약들과 율법을 세우신 것과 예배와 약속들이 있고

본 절은 하나님의 택하심을 받은 이스라엘 백성들이 누리는 여러 가지

특권에 관한 내용입니다. 이스라엘 백성들에게는 하나님의 자녀가 되는 특권이 있고 하나님을 모시는 하나님의 백성으로서의 영광이 있습니다. 또한 그들은 하나님과의 계약에 의해 하나님께서 주신 율법을 갖고 있으며 참된 예배와 하나님의 약속을 소유한 자들입니다.

그런데 유대인들 가운데는 "우리가 유대인이어서 좋은 것이 무엇이냐? 하나님은 우리에게 지나칠 정도로 간섭하고 너무 많은 요구를 하신다."라고 불평하는 사람이 있었습니다. 이것은 자신을 비하하는 말입니다. 하나님의 은혜를 모르는 무지한 사람의 말입니다.

이스라엘 백성들은 하나님으로부터 장자로 택함을 받은 사람들입니다. 수많은 민족 가운데 특별히 택함을 받았다는 사실이 얼마나 감격적인 일입니까?

보통 사람들은 높은 지위에 있는 사람에게 초대를 받아도 매우 감격스러워합니다. '무슨 옷을 입을까? 첫 인사를 어떻게 할까? 머리 손질은 어떻게 하는 것이 좋을까? 선물은 무엇을 준비해야 할까?' 갖은 상상을 하며 들뜬 마음으로 약속 날짜를 기다립니다. 하물며 하나님의 택함을 받았다는 사실은 이와는 비교도 할 수 없는 영광이요, 감격스런 일인 것입니다.

옛날에 내가 대조동과 서대문에서 목회하던 아주 어려운 때 일입니다. 가끔 존 허스튼 목사님께서 우리 가족을 초대해 주셨습니다. 그런데 그분이 초대하는 장소는 워커힐 호텔의 양식당이었습니다. 그 당시는 하루 세 끼도 제대로 못 챙겨먹던 처지였으므로 워커힐 호텔과 같이 우리나라 최고의 호텔 식당에서 식사를 한다는 것은 정말로 상상도 못할 일이었습니다.

드디어 처음으로 초대 받은 날, 존 허스튼 목사님은 멋진 자동차를 몰고 와서 우리 가족들 앞에 세우더니 타라고 하시는 것이었습니다. 나는 가족들과 함께 그 차를 타고 가면서 호텔에 도착할 때까지 계속 창문을 열어 놓고 갔습니다. 밖에서 누가 나를 봐 주기를 바라서였습니다.

식당에 가서 식사를 할 때도 제가 무슨 음식을 먹었는지 전혀 기억에 없습니다. 당연히 맛이 있었는지 없었는지조차도 모릅니다. 나중에는 여러 번 가다 보니 좀 익숙해져서 스테이크를 자르던 기억도, 꿀맛 같았던 음식 맛도 기억이 납니다. 그때 나는 말로만 듣던 스테이크를 자르며, "이런 팔자도 있구나! 내 팔자에도 이럴 때가 있구나!"라고 감격했습니다. 얼마나 내 자신이 자랑스러웠는지 모릅니다.

하물며 하나님께서 선택하여 양자로 삼으셨다면, 그 영광이 얼마나 크겠습니까? 감히 상상하기도 어려울 것입니다. 그런 영광의 자리에 있는 사람이 하나님의 간섭을 받는 것은 당연합니다.

이 세상에서 '낳은 정'과 '기른 정' 중에서 어느 정이 더 큽니까? 당연히 기른 정이 더 큽니다. 낳은 사람은 애틋한 혈육으로서의 막연한 정이 있을 뿐이지만, 기른 사람은 다릅니다. 아이가 배 속에 있을 때에는 차라리 편하지만 그 아이가 밖으로 나오는 순간 양육의 고난이 시작됩니다. 아이를 기를 때 그 수고와 고통이 얼마나 큽니까? 그것도 자신이 낳은 아이도 아닌 남의 자식을 데려다가 그렇게 희생적으로 양육하는 '기른 정'은 훨씬 더 숭고하고 귀한 것입니다. 이스라엘 백성들이 바로 그러한 하나님의 은혜를 입었습니다. 그리고 그 이스라엘 백성들이 받았던 하나님의 은혜는 오늘날 예수 그리스도를 믿는 우리들에게도 동일하게 주어졌습니다. 예수 그리스도를 믿는 우리들도 영적인 이스라엘로서 이들과 동일한 양자의 약속을 소유한 자들인 것입니다.

5절 조상들도 그들의 것이요 육신으로 하면 그리스도가 그들에게 서 나셨으니 그는 만물 위에 계셔서 세세에 찬양을 받으실 하나님이시니라 아멘

본 절에서도 4절의 내용이 이어지고 있습니다. 이스라엘 백성들은 또한 위대한 신앙을 소유했던 조상들의 후손입니다. 예수 그리스도께서도 인성(人性)으로 말하자면 이들의 후손입니다. 예수님께서는 성경의 예언대로 다윗의 반열에서 태어나셨기 때문입니다.

사도 바울은 그리스도 안에서 이스라엘에 대한 하나님의 모든 약속이 성취되었다는 사실을 강조하기 위해 그리스도께서 이스라엘의 혈통에서 나셨다는 사실을 강조하며 상기시키고 있는 것입니다.

이와 함께 바울은 이 예수 그리스도를 '만물 위에 계셔서 세세에 찬양을 받으실 하나님' 이라고 말하여 그리스도의 신성(神性)도 강조하고 있습니다. 예수 그리스도는 참사람이신 동시에 참하나님이신 분입니다.

2. 이스라엘 백성과 하나님의 선택(9:6-13)

6. 그러나 하나님의 말씀이 폐하여진 것 같지 않도다 이스라엘에게

서 난 그들이 다 이스라엘이 아니요 7. 또한 아브라함의 씨가 다 그
의 자녀가 아니라 오직 이삭으로부터 난 자라야 네 씨라 불리리라 하
셨으니 8. 곧 육신의 자녀가 하나님의 자녀가 아니요 오직 약속의 자
녀가 씨로 여기심을 받느니라 9. 약속의 말씀은 이것이니 명년 이때
에 내가 이르리니 사라에게 아들이 있으리라 하심이라 10. 그뿐 아
니라 또한 리브가가 우리 조상 이삭 한 사람으로 말미암아 임신하였
는데 11. 그 자식들이 아직 나지도 아니하고 무슨 선이나 악을 행하
지 아니한 때에 택하심을 따라 되는 하나님의 뜻이 행위로 말미암지
않고 오직 부르시는 이로 말미암아 서게 하려 하사 12. 리브가에게
이르시되 큰 자가 어린 자를 섬기리라 하셨나니 13. 기록된바 내가
야곱은 사랑하고 에서는 미워하였다 하심과 같으니라

6절 그러나 하나님의 말씀이 폐하여진 것 같지 않도다 이스라엘에게서 난 그들이 다 이스라엘이 아니요

만약 4절과 5절에서 묘사된 특권, 곧 '하나님의 양자 됨과 영광과 언약들과 율법과 예배와 약속' 이 이스라엘 백성들의 것임에도 불구하고 사도 바울이 탄식하는 대로 이스라엘 백성이 버림받은 바 되었다면 하나님의 말씀이 폐하여졌다는 말입니까? 그렇지 않습니다. 하나님의 말씀은 폐하여지지 않았습니다. 본 절부터 11장까지는 비록 이스라엘이 실패했다 할지라도 하나님의 말씀은 폐하여지지 않았음을 설명합니다.

이스라엘 백성에 속했다고 해서 모두가 이스라엘은 아닙니다. 그러면 누가 참이스라엘입니까? 참이스라엘이란 오직 하나님과의 계약에 의하여 믿음으로 거듭난 자가 참이스라엘인 것입니다(갈 3:7; 6:16).

7절 또한 아브라함의 씨가 다 그의 자녀가 아니라 오직 이삭으로부터 난 자라야 네 씨라 불리리라 하셨으니

바울은 이스라엘 백성이라고 해서 모두 약속된 이스라엘 백성이 아니라는 주장을 구약에 나타난 분명한 역사를 예로 들어 논증하고 있습니다. 아브라함은 여덟 명의 자녀가 있었습니다(창 25:1-2). 그러나 그들 모두가 약속된 자녀는 아니었습니다. 이삭을 제외한 나머지 아들들은 육신의 자녀였지 약속의 자녀는 아니었습니다. 그러므로 이스라엘은 약속의 아들이었던 이삭으로부터 난 자들에게만 국한되었습니다(창 21:12).

8절 곧 육신의 자녀가 하나님의 자녀가 아니요 오직 약속의 자녀가 씨로 여기심을 받느니라

본 절은 창세기 21장 12절에 대한 해석입니다. 이삭에게서 난 자라야만 아브라함의 자손으로 인정할 것이라는 하나님의 말씀은, 육신의 자녀가 아닌 오직 약속의 자녀만이 하나님의 자녀로 인정받는다는 말씀입니다. 그것은 이스마엘과 이삭의 차이일 뿐 아니라 육적 혈통의 이스라엘과 영적 이스라엘과의 차이이기도 합니다.

오늘날 이 세상에 사는 우리들도 마찬가지입니다. 아무리 착하고 선한 사람이라 해도 그것이 사람들로부터 칭찬받을 만한 조건은 될지언정, 천국 가는 조건이 되지 못합니다. 예수님을 믿고 성령으로 거듭나지 않은 사람은 아무리 착하고 의로운 일을 해도 여전히 육의 사람이기 때문입니다.

그러므로 우리는 의로운 일을 하더라도 예수 그리스도를 믿고 구원받은 후 믿음 안에서 선하고 의롭게 살아야 하나님의 인정을 받을 수 있는

것입니다.

9절 약속의 말씀은 이것이니 명년 이때에 내가 이르리니 사라에게 아들이 있으리라 하심이라

앞 절에서 약속의 자녀만이 하나님의 자녀로 인정받는다고 했는데, 창세기 18장 10절과 14절을 인용한 본 절에서는 그 약속의 내용이 무엇인지를 보여 주고 있습니다. 여기서 '약속' 이란 하나님의 말씀을 말합니다. 하나님의 말씀에 의한 자만이 참이스라엘입니다. 하나님의 말씀과는 무관한 아브라함의 아들들은 진정한 아브라함의 후손이 아닙니다.

그러므로 아무리 이스라엘 백성이라고 하여도 하나님의 말씀이신 예수 그리스도(요 1:1-18)에 의하지 아니하고는 하나님의 백성이 될 수 없습니다. '혈통으로나 육정으로나 사람의 뜻으로 나지 아니하고 오직 하나님께로부터 난 자' (요 1:13), 곧 '예수 그리스도를 영접하고 그 이름을 믿는 자' (요 1:12)만이 하나님의 백성이 될 수 있는 것입니다.

10절 그뿐 아니라 또한 리브가가 우리 조상 이삭 한 사람으로 말미암아 임신하였는데

이스라엘 민족을 하나님의 백성으로 삼은 것은 하나님의 약속에 의한 것이었습니다. 그것은 하나님의 절대적인 선택에 의한 것이었습니다. 이러한 하나님의 약속은 이삭의 탄생 가운데도, 그리고 야곱의 축복 가운데도 잘 나타나 있습니다. '이삭 한 사람으로 말미암아' 라는 표현은 아브라함이 두 여인, 즉 하갈과 사라에게서 각각 이스마엘과 이삭을 얻은 데 반하여, 리브가는 한 사람 이삭에 의하여 두 아들 에서와 야곱을 얻었다

는 것을 나타내고 있습니다.

다시 말하면 사라와 하갈은 본처와 후처라는 차이라도 있었으나, 리브가는 둘 다 자신이 낳은 아들들임에도 택함 받은 아들과 택함 받지 못한 아들이 있음을 나타내고 있는 것입니다.

이것은 전적인 하나님의 선택이요, 전적인 하나님의 주권입니다.

11-12절 그 자식들이 아직 나지도 아니하고 무슨 선이나 악을 행하지 아니한 때에 택하심을 따라 되는 하나님의 뜻이 행위로 말미암지 않고 오직 부르시는 이로 말미암아 서게 하려 하사 리브가에게 이르시되 큰 자가 어린 자를 섬기리라 하셨나니

에서와 야곱은 한 아버지 이삭을 모셨고 한 어머니 리브가에게서 나왔지만 그들 사이에는 큰 차별이 있었습니다. 그 차별은 그들이 아직 이 땅에 태어나지도 아니하고 무슨 선이나 악을 행하기도 전에 이미 존재하고 있었습니다. 이러한 차별은 하나님의 절대적인 주권과 하나님의 계획의 절대성으로 말미암은 것입니다. 사도 바울은 이러한 사실에 대해 "택하심을 따라 되는 하나님의 뜻이, 행위로 말미암지 않고 오직 부르시는 이로 말미암는다."고 말했습니다. 사도 바울은 하나님의 계획이 인간적인 현실이나 환경에 의하여 변경되거나 폐지되지 않는다는 것을 강조하고 있습니다.

"리브가에게 이르시되 큰 자가 어린 자를 섬기리라"는 말씀은 하나님께서 야곱과 에서가 아직 어머니 리브가의 태중에 있을 때 리브가에게 주신 말씀입니다(창 25:22-23). 즉, 큰 자인 에서가 어린 자인 야곱을 섬기게 될 것이라는 하나님의 예언의 말씀입니다.

13절 기록된바 내가 야곱은 사랑하고 에서는 미워하였다 하심과 같으니라

이 말씀은 말라기 1장 2절부터 3절을 인용한 말씀으로, 이 말씀 또한 선택에 있어서 하나님의 주권을 강조한 말씀입니다. 아브라함의 아들 이삭과 다른 아들들 사이에는 뚜렷한 차이가 있었습니다. 이삭은 본처의 후손이지만 다른 아들들은 모두 후처의 자손이었기 때문입니다. 그러므로 아브라함의 정통 후손인 이삭이 곧 약속된 아들이라고 생각할 수 있습니다.

그러나 이 생각은 잘못된 생각입니다. 10절부터 본 절에 나오는 야곱과 에서의 선택의 예를 볼 때 그 이유가 분명해집니다. 에서나 야곱은 모두 한 아버지 밑에서 한 어머니를 통해 태어난 쌍둥이입니다. 그런데 그들이 세상에 나오기도 전에, 즉 선과 악을 알기도 전에 하나님은 이미 야곱을 이삭의 참된 아들로 정하셨다고 약속하셨습니다(창 25:23).

하나님의 약속은 인간의 선행을 보시고 하신 것이 아닙니다. 당신의 뜻대로 불러 주시고, 선택의 원리에 의해서 당신의 계획을 이루시는 하나님이시기 때문입니다. 하나님의 약속의 말씀에 의해 야곱은 동생이었음에도 불구하고 형 에서를 대신하여 장자권을 상속받았습니다. 하나님의 약속에 의하지 않고서는 하나님의 참된 백성이 될 수 없습니다. 그리고 하나님의 약속은 하나님의 주권적인 선택에 의하여 이루어집니다.

아브라함과 이삭과 야곱을 택하신 하나님의 선택은 당신의 구원 계획을 이루시기 위한 준비 작업이었습니다. 이 작업은 하나님의 절대 주권적인 사건이기 때문에 인류를 구원하시려는 구속사의 전체 역사 안에서

이해되어야만 합니다. 하나님께서는 그의 뜻을 이루기 위해 사람을 들어 쓰실 때 그 사람의 선행을 보고 불러 주시는 것이 아니라, 하나님의 선택의 원리에 의하여 하나님의 뜻에 따라 부르심으로 자신의 계획을 이루십니다.

3. 하나님의 절대 주권(9:14-18)

**14. 그런즉 우리가 무슨 말을 하리요 하나님께 불의가 있느냐 그럴
수 없느니라 15. 모세에게 이르시되 내가 긍휼히 여길 자를 긍휼히
여기고 불쌍히 여길 자를 불쌍히 여기리라 하셨으니 16. 그런즉 원
하는 자로 말미암음도 아니요 달음박질하는 자로 말미암음도 아니
요 오직 긍휼히 여기시는 하나님으로 말미암음이니라 17. 성경이 바
로에게 이르시되 내가 이 일을 위하여 너를 세웠으니 곧 너로 말미암
아 내 능력을 보이고 내 이름이 온 땅에 전파되게 하려 함이라 하셨
으니 18. 그런즉 하나님께서 하고자 하시는 자를 긍휼히 여기시고
하고자 하시는 자를 완악하게 하시느니라**

14절 그런즉 우리가 무슨 말을 하리요 하나님께 불의가 있느냐 그럴 수 없느니라

하나님의 주권적인 선택에 의하여 일방적으로 구원받는 백성이 결정

된다면 공평하지 않은 일이라고 생각될 수도 있습니다. 그러나 사실은 그렇지 않습니다. 모든 존재에게는 그 존재가 가지고 있는 권리가 있습니다.

한 개에 100원씩 하는 사과를 구입한다고 할 때 500원으로는 다섯 개만 살 수 있습니다. 그러나 주인의 입장에서 보면 자기와 친분이 있는 사람에게는 500원에 여섯 개나 일곱 개를 줄 수도 있습니다. 이것은 주인의 절대 주권적인 선택이기 때문에 사과를 받는 입장에서는 뭐라고 이야기할 수가 없습니다.

반대로, 사는 사람은 500원을 내고 다섯 개의 사과를 고를 수 있는 권리가 있습니다. 사과 주인이 사과를 팔기로 하고 500원을 받은 이상, 사는 사람은 자기 마음에 드는 사과를 다섯 개 고를 권리가 있습니다. 이것이 바로 사고파는 사람 각자에게 주어진 권리입니다.

하나님께서도 그의 유업을 물려받을 백성을 선택하실 때 이러한 권리를 갖고 계십니다. 그것은 절대 주권적인 하나님의 결정권입니다. 그렇기 때문에 이에 대하여 누구도 하나님의 선택에 불의가 있다고 말할 수 없습니다. 우리에게도 권리는 주어졌습니다. 우리는 하나님의 부르심을 향해 응답할 수도 있고 응답하지 않을 수도 있습니다. 이것이 우리의 권리입니다.

15절 모세에게 이르시되 내가 긍휼히 여길 자를 긍휼히 여기고 불쌍히 여길 자를 불쌍히 여기리라 하셨으니

'긍휼히 여긴다' 는 것은 자비를 베푼다는 뜻입니다. '불쌍히 여긴다.' 는 것은 동정하는 것을 뜻합니다. 바울 사도는 하나님의 절대 주권적인

결정권을 출애굽기 33장 19절을 인용하여 증명하고 있습니다.

하나님께서는 스스로 자비를 베풀기도 하시고 동정하기도 하십니다. 하나님께서 어떤 결정을 내리시는 것은 오로지 하나님 스스로의 뜻에 따라서입니다. 그것은 인간의 정의라든가 윤리를 초월한 하나님의 주권적 자유입니다. 인간의 의문이 하나님의 주권성과 절대성에 대립할 수는 없는 것입니다.

16절 그런즉 원하는 자로 말미암음도 아니요 달음박질하는 자로 말미암음도 아니요 오직 긍휼히 여기시는 하나님으로 말미암음이니라

하나님의 구원은 하나님의 절대 주권적인 결정에 의해서 행하여집니다. 하나님의 선택을 받고 안 받는 것은 인간의 의지나 노력에 달려 있는 것이 아닙니다. 그것은 오직 하나님의 자비하심에 달려 있습니다.

'원하는 자'는 인간의 의지와 소원을 나타냅니다. '달음박질하는 자'는 인간의 노력을 나타냅니다. 그러나 이런 것과는 무관하게 하나님의 긍휼은 오직 하나님의 의지에 의해 선택되어진다고 바울 사도는 기록하고 있습니다.

17절 성경이 바로에게 이르시되 내가 이 일을 위하여 너를 세웠으니 곧 너로 말미암아 내 능력을 보이고 내 이름이 온 땅에 전파되게 하려 함이라 하셨으니

인간의 선택이 하나님의 자비하심에만 의존한다고 한 주장을 증언하기 위하여 바울 사도는 이와는 반대되는 사건, 곧 하나님께서 결정하셔

서 인간을 완악하게 만드신 구약의 사건을 예로 들고 있습니다.

본 절은 출애굽기 9장 16절의 인용입니다. 바로는 모세를 통해 나타난 하나님의 권능을 보고도 하나님의 말씀을 청종하지 않았습니다. 그리하여 열 번에 걸친 재앙이 온 애굽을 휩쓸게 되었습니다. 하나님께서 그의 백성 이스라엘을 구하시기 위하여 열 번씩이나 재앙을 내리실 필요는 없었습니다. 단번에 온 애굽을 쓸어버릴 수도 있었습니다. 그러나 하나님께서는 그렇게 하지 아니하셨습니다.

또 하나님께서 원하신다면 바로의 마음을 감동시키셔서 단번에 출애굽을 허락하도록 하실 수도 있었습니다. 그러나 하나님은 그렇게 하지 않으셨습니다. 바로의 마음을 완악하게 하셔서 하나님의 능력을 보이시고 그 이름이 온 땅에 전파되게 하셨던 것입니다.

이와 같이 하나님께서는 자신의 구원 계획을 선택의 원리에 따라 자의(自意)로 행하시는 분이십니다.

18절 그런즉 하나님께서 하고자 하시는 자를 긍휼히 여기시고 하고자 하시는 자를 완악하게 하시느니라

바로의 경우와 마찬가지로 하나님께서는 어떤 사람에게는 자비를 베푸시고 또 어떤 사람은 완악하게도 하십니다. 하지만 하나님께서 누구는 택하시고 누구는 택하지 않으셨다고 원망하거나 불평할 수가 없습니다. 우리는 모두 죽을 수밖에 없는 죄인들이기 때문입니다. 우리의 의지나 노력으로는 도저히 구원을 받을 수 없습니다. 그런데 감사하게도 하나님께서는 우리들을 택하셔서 구원의 반열에 들게 하셨습니다. 이것은 그 무엇으로도 표현할 수 없는 벅찬 감격입니다. 그런데 어떻게 우리가 '왜

누구누구는 택하지 않으셨는가?' 하고 하나님께 대항할 수 있겠습니까? 하나님께서는 오직 자신의 뜻대로 자비를 베풀기도 하시고 완악하게도 하시는 것입니다.

우리 성도들이 예수님을 믿고 구원받은 것, 이것이 모두 하나님의 은혜입니다. 사람들이 인간적인 의지나 노력으로 교회에 출석하고 성경을 읽는다고 해서 그 마음에 믿음이 들어오고 살아 계신 하나님을 체험하게 되는 것은 아닙니다. 신앙은 배움이나 가르침의 결과가 아닙니다. 신앙이란 하나님의 절대 주권적인 부르심입니다. 많은 사람들이 기독교 계통의 학교에서 성경을 배웁니다. 그러나 그러한 교육을 통하여 주님께 돌아오는 사람들은 그렇게 많지 않습니다. 하나님께서 선택하시고 예정하신 자들만이 그러한 구체적인 과정에서 살아 계신 주님과 만나게 되는 것입니다.

4. 하나님의 진노와 자비(9:19-29)

19. 혹 네가 내게 말하기를 그러면 하나님이 어찌하여 허물하시느냐
누가 그 뜻을 대적하느냐 하리니 20. 이 사람아 네가 누구이기에 감
히 하나님께 반문하느냐 지음을 받은 물건이 지은 자에게 어찌 나를
이같이 만들었느냐 말하겠느냐 21. 토기장이가 진흙 한 덩이로 하나
는 귀히 쓸 그릇을, 하나는 천히 쓸 그릇을 만들 권한이 없느냐 22.

만일 하나님이 그의 진노를 보이시고 그의 능력을 알게 하고자 하사
멸하기로 준비된 진노의 그릇을 오래 참으심으로 관용하시고 23. 또
한 영광 받기로 예비하신바 긍휼의 그릇에 대하여 그 영광의 풍성함
을 알게 하고자 하셨을지라도 무슨 말을 하리요 24. 이 그릇은 우리
니 곧 유대인 중에서뿐 아니라 이방인 중에서도 부르신 자니라 25.
호세아의 글에도 이르기를 내가 내 백성 아닌 자를 내 백성이라, 사
랑하지 아니한 자를 사랑한 자라 부르리라 26. 너희는 내 백성이 아
니라 한 그곳에서 그들이 살아 계신 하나님의 아들이라 일컬음을 받
으리라 함과 같으니라 27. 또 이사야가 이스라엘에 관하여 외치되
이스라엘 자손들의 수가 비록 바다의 모래 같을지라도 남은 자만 구
원을 받으리니 28. 주께서 땅 위에서 그 말씀을 이루고 속히 시행하
시리라 하셨느니라 29. 또한 이사야가 미리 말한 바 만일 만군의 주
께서 우리에게 씨를 남겨 두지 아니하셨더라면 우리가 소돔과 같이
되고 고모라와 같았으리로다 함과 같으니라

19절 혹 네가 내게 말하기를 그러면 하나님이 어찌하여 허물하시느냐 누가 그 뜻을 대적하느냐 하리니

앞에서 설명했듯이 하나님의 절대 주권은 인간을 구하기도 하시고 인간으로 하여금 완악하게도 하십니다. 그렇다면 혹 어떤 사람은 "인간이 악하여 잘못한다고 해도 그것은 전적으로 하나님의 책임이지 인간의 책임은 아니지 않은가?"라는 의문을 제기할 것입니다. 그러나 하나님은 절대 선하신 분으로 허물이 있을 수 없습니다.

내가 일본에서 부흥회를 할 때 있었던 일입니다. 나는 설교 중에 "하나님께서는 우리 한국 사람은 많이 선택하시고 일본 사람들은 많이 선택하지 않으셨습니다. 그 결과 한국에는 성령님을 보내셔서 많은 사람이 회

개하고 예수님을 믿지만, 일본은 이삭줍기하듯 소수의 사람들만이 구원을 받았습니다."라고 말했습니다. 그러자 한 일본의 여목회자가 매우 불쾌하게 생각하고 내게 항의를 했습니다.

"목사님! 목사님이 한국 사람이라고 해서 그렇게 말씀하시면 어떻게 합니까? 왜 하나님께서 일본 사람들은 적게 선택하셨겠습니까? 그것은 너무 편벽된 말씀입니다." 이렇게 말한 뒤 그녀는 아주 불쾌한 표정을 지으며 돌아갔습니다.

그런데 며칠 후에 그녀가 내게 와서는 매우 정중한 자세로 사과를 하며 이렇게 말하는 것이었습니다.

"한국은 많은 사람들이 구원을 받는데 비해 일본은 소수의 사람들만이 구원을 받는 것이 하나님의 뜻이라는 목사님의 말씀에 저는 매우 불만이었습니다. 그래서 '왜 하나님께서 이처럼 불공평하게 행하셨는가?' 하고 불평하는 기도를 하고 잠이 들었습니다. 그런데 그날 밤에 꿈을 꾸었습니다. 내 앞에 큰 그릇이 놓여 있는데 그릇 속에는 구더기가 가득 차서 우글거리고 있었습니다. 이때 하늘에서 젓가락이 내려오더니 구더기 몇 마리를 밖으로 집어냈습니다. 그러자 그 구더기들이 사람으로 변하여 걸어가는 것이었습니다. 이때 하늘에서 '이 많은 구더기들을 모두 구더기로 그냥 놔 둘 권리도, 이 중 몇 마리를 선택하여 사람으로 만들 권리도 내게 있는 것을 네가 모르느냐? 왜 네가 불평하느냐?' 라는 큰 호통소리가 들렸습니다."

그 호통 소리에 그 여목회자는 꿈을 깼다고 합니다. 꿈을 깬 후 가만히 생각해 보니 자기가 불평할 일이 아니라 오히려 감사해야 할 일이더랍니다. "구더기 같은 나를 하나님께서 선택하셔서 사람으로 만들어 주셨으니 이 얼마나 감사한 일인가! 그런데 더 많은 구더기들을 사람으로 만들지 않았다고 불평했으니 이 얼마나 잘못된 일인가!" 생각하고는 한없이 회개했다고 합니다. 그리고는 내게 달려온 것이었습니다.

그렇습니다. 우리는 그 누구도 하나님의 뜻에 대항할 수 없습니다. 온 세상 만물의 주인 되시는 하나님의 주권에 대하여 우리는 그저 "아멘!" 하고 순종해야 할 뿐입니다.

20절 이 사람아 네가 누구이기에 감히 하나님께 반문하느냐 지음을 받은 물건이 지은 자에게 어찌 나를 이같이 만들었느냐 말하겠느냐

바울 사도는 위와 같은 질문에 대해 단호하게 말합니다. "사람이 무엇이기에 감히 하나님께 따지느냐?" 즉, 하나님의 절대 주권에 대한 질문 그 자체가 불가능하다는 것입니다. 어떻게 인간이 하나님께 따지고 들겠습니까? 이는 불가능한 일입니다. 하나님의 선택과 구원, 이 모든 것이 계시된 하나님의 은혜이지 인간의 논란의 대상이 아닙니다. 인간이 하나님의 뜻대로 움직여 어떤 결과를 초래하였고, 그 결과로 인하여 또다시 하나님께로부터 허물의 사하심을 받았다고 해도 그것은 하나님의 결정이기 때문에 우리는 관여할 수 없는 문제입니다. 그것을 가지고 원인이 어떠니 누가 책임을 져야 하느니 하며 왈가왈부하는 것은 타당하지 못하다고 바울 사도는 말하고 있습니다. 그렇기 때문에 바울 사도는 본 절에서 "지음을 받은 물건이 지은 자에게 어찌 나를 이같이 만들었느냐 말하겠느냐?" 고 지적한 것입니다.

형 집행일을 하루 남겨 놓은 어떤 사형수가 있었습니다. 그런데 그날

갑자기 대통령 특별 사면으로 그 사형수가 석방되었다고 가정해 봅시다. 그런 경우 함께 있던 다른 사형수들이 "왜 저 사람만 구해 주고 나는 이렇게 죽게 하는가?" 라고 따질 수 있습니까? 없습니다. 특사의 결정은 대통령에게 있고 그 외의 어떤 누구도 대통령의 결정에 관하여 뭐라고 이야기할 수 없습니다. 하물며 감방에 갇혀 집행 날짜를 기다리는 사형수야 어떠하겠습니까? 자신에게 특사가 내려지면 감사하지만 그렇지 않으면 그뿐입니다. 인간의 구원도 마찬가지입니다. 하나님이 우리를 택하셔서 구원하시면 감사하지만 그렇지 못하여 죄인인 그대로 죽을 수 밖에 없다면 그뿐인 것입니다.

바울 사도는 본 절에서 이사야 29장 16절을 인용하여 그와 같은 내용을 설명해 줍니다. 만들어진 물건이 그 물건을 만든 사람에게 "왜 이렇게 만들었느냐?" 고 따질 수 없는 것처럼, 창조주이신 하나님께서 피조물인 인간에 대하여 어떠한 선택의 결정을 하시더라도 인간은 하나님께 대하여 결코 따질 수 없는 것입니다.

21절 **토기장이가 진흙 한 덩이로 하나는 귀히 쓸 그릇을, 하나는 천히 쓸 그릇을 만들 권한이 없느냐**

바울 사도는 토기장이가 자기 마음대로 천하게 쓸 그릇과 귀하게 쓸 그릇을 만들어 내지 않느냐고 반문합니다. 그렇습니다. 토기장이조차도 같은 진흙 한 덩이를 가지고 자기 마음대로 그릇의 용도를 결정합니다. 하물며 만유의 주가 되시고 만왕의 왕이 되시는 우리 하나님께서야 어떠하겠습니까? 누구는 귀히 쓸 그릇으로, 곧 구원받을 존재로, 그리고 누구는 천히 쓸 그릇으로 결정하신다 해도 피조물인 인간은 이에 대하여 이의(異議)를 제기할 수 없습니다. 이 구절은 예레미야 18장 6절의 인용으로 하나님의 절대 주권을 나타내는 비유로 자주 인용되고 있는 말씀입니다. 이 말씀은 또한 사람이 흙으로 지음을 받았다는 직접적인 암시이기도 합니다(창 2:7).

22절 만일 하나님이 그의 진노를 보이시고 그의 능력을 알게 하고자 하사 멸하기로 준비된 진노의 그릇을 오래 참으심으로 관용하시고

본 절을 보면 하나님께서는 멸망할 수밖에 없는 진노의 그릇에 대하여서도 오래 참으심으로 관용하신다는 것을 알 수 있습니다. 이는 죄인에게 회개할 기회를 주기 위해서입니다. 그렇기 때문에 성경은 "오직 주께서는 너희를 대하여 오래 참으사 아무도 멸망하지 아니하고 다 회개하기에 이르기를 원하시느니라"(벧후 3:9)고 말합니다. 그러나 죄인이 이러한 하나님의 인내와 긍휼을 끝내 외면하고 악행을 계속한다면 그는 멸망을 받을 수밖에 없습니다. 이는 하나님의 형벌이 아니라 자신의 잘못으로 멸망을 자초한 것입니다.

이와 같이 하나님께서 하나님의 진노와 능력을 나타내려는 데 목적이 있는 진노의 그릇에 대해 오래 참으심으로 관용하신다고 하여도 우리는 뭐라고 말할 수 없습니다. 이는 하나님의 절대 주권이기 때문입니다.

23절 또한 영광 받기로 예비하신바 긍휼의 그릇에 대하여 그 영광의 풍성함을 알게 하고자 하셨을지라도 무슨 말을 하리요

또한 하나님께서 긍휼의 그릇에게 마지막 날에 얻게 될 풍요로운 영광

이 어떠하겠음을 알게 하시기 위해 오래 참으시고 관용하십니다. 이것 역시 하나님의 절대 주권이기에 우리는 뭐라고 말할 수 없습니다. 하나님께서 진노의 그릇에 대해서는 오래 참으심으로 관용하시고 긍휼의 그릇에게는 영광의 풍성함을 알게 하신들 이 모든 것이 하나님의 절대 주권이라는 것입니다.

24절 이 그릇은 우리니 곧 유대인 중에서뿐 아니라 이방인 중에서도 부르신 자니라

영광의 풍요로움을 맛보기로 되어 있는 긍휼의 그릇은 바로 우리 믿는 신자입니다. '우리'는 예수 그리스도의 보혈을 믿음으로 죄와 사망에서 자유로워진 사람들, 곧 믿는 성도의 무리를 뜻합니다. 이 무리에는 육적으로 아브라함의 후손인 이스라엘 백성도 포함되어 있고, 이방인들도 포함되어 있습니다.

그렇다면 우리가 이 무리에 포함된 것은 행위가 의로워서입니까? 남들보다 잘났기 때문입니까? 아닙니다. 오로지 하나님께서 불러 주셨기 때문입니다. 그러므로 우리는 구원받은 것에 대하여 자랑할 것이 없습니다. 목에 힘주고 어깨를 으쓱거릴 일이 전혀 없습니다. 다만 감사할 뿐입니다.

그러므로 우리는 정말로 복 받은 사람들입니다. 지금은 잘 실감이 나지 않겠습니다만, 주님이 강림하실 때는 우리가 진정으로 실감하게 될 것입니다.

25-26절 호세아의 글에도 이르기를 내가 내 백성 아닌 자를 내 백성

이라, 사랑하지 아니한 자를 사랑한 자라 부르리라 너희는 내 백성이 아니라 한 그곳에서 그들이 살아 계신 하나님의 아들이라 일컬음을 받으리라 함과 같으니라

본문의 말씀은 호세아서 1장 10절과 2장 23절의 말씀을 결합하여 자유로이 인용한 말씀입니다. 호세아가 불신앙의 이스라엘에 대하여 말하고 있는데 반하여 사도 바울은 이방인에 대하여 말하고 있습니다. 호세아서에서 말씀하고 있는 주제는 배신한 이스라엘 민족에 대한 하나님의 절대적인 사랑입니다.

'내 백성 아닌 자' 는 하나님을 배반하고 하나님께 버림받은 이스라엘 민족에 대하여 사용되고 있으나, 여기서는 이방인에 대하여도 사용되고 있습니다. '사랑하지 아니한 자' 는 하나님의 백성이 아니며 하나님의 사랑을 받을 수 없게 된 이스라엘 민족을 가리키는데, 하나님께서는 아직도 그들을 사랑하실 뿐만 아니라 그들을 '사랑한 자' 곧 하나님의 백성으로 삼으셨습니다. 이와 같은 놀라운 사랑으로 하나님께서는 이방인들도 하나님의 백성으로 삼으시고 무한히 사랑하십니다. 사도 바울의 호세아서 인용은 하나님의 절대적 사랑의 본질과 정신을 가장 적절히 표현한 말씀입니다.

이와 같이 사도 바울은 이스라엘 백성들이 고집해 오던 '자신들만이 하나님의 택하심을 받은 특별한 민족' 이라는 선민사상을 반대합니다. 이방인들도 유대인들과 함께 구원받는다는 사실은 선민의식에 사로잡혀 있던 유대인들에게는 상당히 충격적인 선언이었습니다.

27-28절 또 이사야가 이스라엘에 관하여 외치되 이스라엘 자손들

의 수가 비록 바다의 모래 같을지라도 남은 자만 구원을 받으리니 주께서 땅 위에서 그 말씀을 이루고 속히 시행하시리라 하셨느니라

사도 바울은 호세아서의 말씀을 인용한 다음에 이사야 선지자의 예언을 인용하면서(사 10:22-23) 이방인의 구원을 입증하고 있습니다. 이사야는 비록 육적인 아브라함의 후손이 마치 바다의 모래같이 많을지라도, 오직 남은 자만이 구원을 받을 것이라고 예언했습니다. '남은 자' 란 본래 포로로 바벨론이나 앗수르로 잡혀가지 않고 조국에 남겨 둔 자를 표현 하는 말이었습니다. 그러나 이사야는 야훼 하나님께 택함 받고 회심하여 주님께 돌아와 구원받은 자들로 최후까지 신앙을 지킨 자들의 의미로 사용했습니다. 사도 바울도 이사야와 거의 같은 의미로 사용하면서 모든 이스라엘이 아니라 남은 이스라엘 ,곧 그리스도의 보혈의 공로를 의지하여 구원받은 사람들이 바로 참이스라엘이 된다는 것을 설명하고 있습니다.

"주께서 땅 위에서 그 말씀을 이루고 속히 시행하시리라 하셨느니라"는 말씀은 주님께서 약속하신 말씀들이 신속하고도 정확하게 이 땅 위에 이루어질 것이라는 의미입니다.

29절 또한 이사야가 미리 말한 바 만일 만군의 주께서 우리에게 씨를 남겨 두지 아니하셨더라면 우리가 소돔과 같이 되고 고모라와 같았으리로다 함과 같으니라

본 절은 "만군의 야훼께서 우리를 위하여 생존자를 조금 남겨 두지 아니하셨더면 우리가 소돔 같고 고모라 같았으리로다"는 이사야 1장 9절

말씀을 인용한 것입니다. 아합이 북이스라엘의 왕이 되자 그의 왕후인 이세벨은 자신의 고향에서 가져온 바알 종교를 북이스라엘에 유포시켰습니다. 이로 인해 모든 백성들이 바알 앞에 무릎을 꿇게 되자 엘리야 선지자가 부르짖었습니다. "내가 만군의 하나님 야훼께 열심이 유별하오니 이는 이스라엘 자손이 주의 언약을 버리고 주의 제단을 헐며 칼로 주의 선지자들을 죽였음이오며 오직 나만 남았거늘"(왕상 19:10). 그러자 하나님께서는 이렇게 응답하셨습니다. "내가 이스라엘 가운데에 칠천 명을 남기리니 다 바알에게 무릎을 꿇지 아니하고 다 바알에게 입 맞추지 아니한 자니라"(왕상 19:18). 이처럼 바알 앞에 절하지 아니한 7천 명의 이스라엘인과 같은 자들이 바로 본 절에서 말하는 '만군의 주께서 우리에게 남겨 주신 씨' 입니다. 이와 같은 자들이 없었더라면 이스라엘은 소돔과 고모라와 같이 멸망하여 흔적도 찾을 수 없었을 것입니다.

소돔과 고모라는 창세기 10장 19절, 13장 10절, 14장 그리고 18장 이하에 나오는 지명입니다. 하나님은 그 땅에 거하는 백성들이 너무 타락하자 그들을 멸하셨습니다. 지금은 그 흔적도 찾아볼 수 없이 역사 속으로 사라진 땅이 되고 만 것입니다. 소돔과 고모라는 하나님의 진노로 씨도 없이 멸망해 버린 대표적인 죄악의 소굴입니다. 만약 이스라엘에도 의인 7천 명이 없었더라면 소돔과 고모라와 같은 운명에 처했을 것입니다.

바울은 아합 왕 때 7천 명의 이스라엘인이 전체 이스라엘 민족을 구했듯이 이제 예수 그리스도를 영접하고 구원받은 소수의 유대인들이 7천 명의 역할을 해야 하겠다는 뜻에서 이 구절을 인용한 것입니다.

5. 이방인의 믿음과 유대인의 율법(9:30-33)

30. 그런즉 우리가 무슨 말을 하리요 의를 따르지 아니한 이방인들
이 의를 얻었으니 곧 믿음에서 난 의요 31. 의의 법을 따라간 이스라
엘은 율법에 이르지 못하였으니 32. 어찌 그러하냐 이는 그들이 믿
음을 의지하지 않고 행위를 의지함이라 부딪칠 돌에 부딪쳤느니라
33. 기록된바 보라 내가 걸림돌과 거치는 바위를 시온에 두노니 그
를 믿는 자는 부끄러움을 당하지 아니하리라 함과 같으니라

30절 그런즉 우리가 무슨 말을 하리요 의를 따르지 아니한 이방인들 이 의를 얻었으니 곧 믿음에서 난 의요

본 절은 지금까지 설명한 내용의 결론입니다. "그런즉 우리가 무슨 말을 하리요"라는 질문은 14절에 있는 것과 동일한 형태의 질문입니다. 의를 추구하지 않던 이방 사람들이 믿음으로 의를 얻었다고 해서 유대인들이 무슨 할 말이 있겠느냐고 바울 사도는 반문합니다.

이방인인 우리는 하나님으로부터 십계명을 받지도 않았습니다. 그래서 하나님의 법도 몰랐습니다. 그러므로 우리는 계명을 지키려고 애를 쓴 적도 없고 하나님께서 명하신 제사 의식도 행하지도 않았습니다. 우리는 법도 없이, 제사 의식도 없이 그냥 들풀처럼 자랐습니다. 그런 우리들에게 하나님께서 예수님을 보내 주셨습니다. 예수님이 십자가에 못

박혀 몸 찢기고 피 흘리셔서 우리의 모든 죄를 다 용서해 주셨습니다. 이렇게 우리의 죄를 사해 주신 하나님께서는 우리에게 이 진리를 믿으라고 말씀하셨습니다. 그래서 우리는 그 말씀대로 믿었을 뿐입니다. 그런데 바로 그 '믿음' 으로 말미암아 우리가 의롭게 되었다는 것입니다. 이것이 곧 믿음에서 난 의인 것입니다.

31절 의의 법을 따라간 이스라엘은 율법에 이르지 못하였으니

이스라엘의 율법은 하나님과 좋은 관계를 맺는데 필요한 조건이었습니다. 이스라엘은 의를 얻기 위하여 이 법에 매달렸습니다. 율법을 지키려고 무던히도 노력하고 애썼습니다. 그들은 자신의 힘으로 의를 이루려고 애썼습니다. 그러나 결과는 어떻게 되었습니까? 이스라엘 백성들은 하나님께서 주신 십계명과 제사법을 따라갔지만 결국 실패하고 말았습니다. 하나님의 법을 어겼으니 죄인이 되었습니다. 의의 법을 좇아 간 유대인들이 죄인이 되자 그들의 실패를 보시고 또 다른 법을 세우신 분이 바로 예수 그리스도이십니다. 이 예수 그리스도를 믿는 자는 유대인들뿐 아니라 이방인들도 구원을 얻게 되었습니다.

그런데 믿음으로 의에 이른 이방인들은 처음에는 의에 대하여 관심도 없던 사람들이었습니다. 이러한 현상은 의의 법을 추구하다가 의는커녕 법에도 이르지 못한 이스라엘 백성과 좋은 대조가 됩니다. 구하지 아니한 이방인은 얻었고 구한 이스라엘은 얻지 못하였습니다. 이것이 바로 기독교 신앙의 역설입니다.

32절 어찌 그러하냐 이는 그들이 믿음을 의지하지 않고 행위를 의지

함이라 부딪칠 돌에 부딪쳤느니라

사도 바울은 본 절에서 행위를 가지고 열심히 의를 구한 이스라엘이 의에 이르지 못한 이유를 설명합니다. 이스라엘은 믿음이 아닌 자신들의 행위로 구원을 받으려고 노력하였기 때문에 하나님의 의에 이르지 못했습니다. 그 결과 돌, 즉 반석이 되시는 예수 그리스도에게 부딪쳤습니다. 믿음을 의지하여 하나님께 나아가는 자는 그리스도가 그 믿음의 대상이 되지만 행위를 의지하는 자에게는 부딪치는 돌이 됩니다.

참으로 구원은 예수 그리스도를 믿는 믿음으로만 가능합니다. 인간의 죄악은 자신의 노력으로 없앨 수도 없고 막을 수도 없습니다. 오직 위로부터 값없이 주시는 구원의 은총, 곧 예수 그리스도를 믿음으로써만 가능합니다. 예수 그리스도의 은혜만을 전적으로 의지할 때 죄와 사망의 멍에에서 벗어나 자유함을 얻을 수 있는 것입니다. 이것이 복음입니다. 구원은 어떤 노력이나 대가도 없이, 오직 믿는 자에게 주어지는 은혜입니다.

하나님의 아들이 십자가에 달리셔서 여러분과 나의 죄를 청산하셨습니다. 그분이 죽은 지 사흘 만에 다시 사셔서 우리에게 영원한 생명을 약속해 주셨습니다. 이를 믿은 우리들은 예수님과 함께 죄에 대하여 죽었다가 예수님과 함께 의에 대하여 다시 살아날 수 있게 되었습니다. 그리고 주님께서 호령과 천사장의 소리와 함께 다시 오시는 날 영원한 영광에 참여하게 될 것입니다. 이 사실을 믿고 이 사실을 받아들이는 모든 자들에게는 하나님의 아들이 되는 권세가 주어집니다. "하나님이 세상을 이처럼 사랑하사 독생자를 주셨으니 이는 그를 믿는 자마다 멸망하지 않고 영생을 얻게 하려 하심이라"(요 3:16)고 성경은 기록하고 있습니다.

믿음을 의지하지 않고 행위를 의지하는 자는 오히려 구원의 은혜에 부딪쳐 넘어지고 맙니다. 구원의 은혜는 자신의 행위를 의지하는 자들에게는 부딪치는 돌이 되기 때문입니다. "그가 성소가 되시리라 그러나 이스라엘의 두 집에는 걸림돌과 걸려 넘어지는 반석이 되실 것이며 예루살렘 주민에게는 함정과 올무가 되시리니"(사 8:14)라고 예수님께서 오시기 훨씬 이전에 이사야는 예언했습니다. "그러므로 주 야훼께서 이같이 이르시되 보라 내가 한 돌을 시온에 두어 기초를 삼았노니 곧 시험한 돌이요 귀하고 견고한 기촛돌이라 그것을 믿는 이는 다급하게 되지 아니하리로다"(사 28:16).

33절 기록된바 보라 내가 걸림돌과 거치는 바위를 시온에 두노니 그를 믿는 자는 부끄러움을 당하지 아니하리라 함과 같으니라

바울은 앞 절의 "부딪칠 돌에 부딪쳤느니라"는 표현이 자기 자신의 주장이 아니라 이사야 선지자의 예언이 이루어진 것이라는 사실을 이사야 8장 15절을 인용함으로써 확증시켜주고 있습니다. '걸림돌과 거치는 바위'는 예수 그리스도를 뜻합니다. 이 예수 그리스도를 믿는 자는 부끄러움, 곧 정죄함을 받지 아니할 것입니다.

본 장에서 사도 바울은 이스라엘 백성들의 불신앙을 지적하면서 이제 하나님의 구원이 만민에게 선포되었음을 확증하고 있습니다. 아브라함의 후손인 이스라엘만이 하나님의 백성이던 때는 지났습니다. 믿음으로 구원에 이른 우리들도 하나님의 백성이요, 그의 자녀입니다. 행함이 없는 믿음은 죽은 믿음이지만 믿음이 없는 행함은 무의미한 것이 되고 맙니

다. 우리는 모두 예수 그리스도를 믿음으로 구원받았습니다. 예수님께서 나의 죄를 대속하셨음을 마음으로 믿어 의에 이르고, 입으로 시인하여 구원에 이르렀기 때문입니다.

이러한 구원은 하나님의 절대 주권적인 선택에 의한 것입니다. 그러므로 우리 구원받은 성도가 할 일은 오직 하나님께 감사와 찬양과 영광을 돌리며, 하늘나라에 가는 그날까지 주의 복음을 전하는 증인으로서의 사명을 다하는 것입니다.

제 10 장

이스라엘의 불신앙

A COMMENTARY ON
THE EPISTLE TO THE
ROMANS

앞 장에서 사도 바울은 하나님의 자비하심과 선택하심에 대하여 말하면서, 이스라엘의 불신앙을 언급했습니다. 이스라엘은 믿음이 아닌 율법과 행위에 의하여 구원을 받으려고 했기 때문에, 그들에게 있어 예수 그리스도가 부딪치는 돌이 되고 말았습니다. 이제 사도 바울은 본 장에서 다시 한번 이스라엘의 불신앙의 근본 원인을 언급하면서 율법이 아닌 믿음에 의한 의(義)를 강조합니다.

사도 바울은 조국 이스라엘의 구원을 위하여 뜨겁게 기도하고 있음을 밝히며, 이스라엘도 오직 믿음으로만 구원받을 수 있음을 재차 강조합니다. 그리고 그 믿음은 그리스도의 말씀을 들음으로 인해 생겨날 것이며, 그 말씀은 이미 온 땅에 퍼졌으므로 말씀을 듣지 못해서 구원에 이르지 못하였다는 핑계는 결코 성립될 수 없음을 말하고 있습니다.

1. 사도 바울의 뜨거운 기도(10:1-4)

1. 형제들아 내 마음에 원하는 바와 하나님께 구하는 바는 이스라엘을 위함이니 곧 그들로 구원을 받게 함이라 2. 내가 증언하노니 그들이 하나님께 열심이 있으나 올바른 지식을 따른 것이 아니니라 3. 하나님의 의를 모르고 자기 의를 세우려고 힘써 하나님의 의에 복종하지 아니하였느니라 4. 그리스도는 모든 믿는 자에게 의를 이루기 위하여 율법의 마침이 되시니라

1절 형제들아 내 마음에 원하는 바와 하나님께 구하는 바는 이스라엘을 위함이니 곧 그들로 구원을 받게 함이라

바울의 간절한 기도는 그의 동포 이스라엘 민족이 구원을 얻는 것이었습니다. 여기서 '형제들' 은 사도 바울의 육적인 동포인 이스라엘 민족을 말하며, '내 마음에 원하는 바' 란 사도 바울의 마음의 소원을 의미합니

다. 실로 사도 바울은 자기중심의 뜻이나 하나님께 대한 기도에서나 늘 이스라엘의 구원을 생각하였습니다. 예수 그리스도를 믿는다는 이유로 말미암아 동족에게서 배척을 당했지만 오히려 그는 그들을 위하여 기도를 그치지 않았던 것입니다.

우리는 9장 3절에서 사도 바울의 동족을 향한 뜨거운 마음을 살펴보았습니다. "나의 형제 곧 골육의 친척을 위하여 내 자신이 저주를 받아 그리스도에게서 끊어질지라도 원하는 바로라". 참으로 그는 인간으로서 표현할 수 있는 가장 극단적인 말을 하면서까지 동족 이스라엘의 구원을 원했던 것입니다. 그런데 또다시 본 절에서 강한 민족애(民族愛)를 보여 주고 있습니다.

신앙에 국경은 없어도 신앙인에게는 조국이 있습니다. 우리 그리스도인들은 동서양을 막론하고 그리스도 안에서는 국경을 초월한 형제자매이지만, 신앙인으로서의 개인은 조국을 생각하지 않을 수 없습니다. 우리는 이곳 삼천리 반도의 강토에 살고 있는 대한민국 국민입니다. 그러므로 우리가 예수 그리스도를 믿어 하나님을 사랑한다면, 동시에 우리의 조국과 민족도 사랑해야 합니다. 사도 바울과 같이 마음속에서 우러나오는 뜨거운 사랑으로 조국과 민족의 구원과 번영을 위하여 기도해야 할 것입니다.

간혹 예수 그리스도를 믿으면 이제 더 이상 대한민국 국민도 아니고 대한민국을 사랑할 필요도 없다고 말하는 사람이 있습니다. 그러나 이러한 신앙의 태도는 올바른 것이 못됩니다. 올바른 신앙의 태도를 지닌 성도는 자신이 속해 있는 조국과 자신과 같은 문화권 속에서 살고 있는 동족을 위하여 기도하는 사람입니다.

우리들은 과연 사도 바울과 같이 대한민국과 동포들을 위하여 끊임없이 기도하고 있는지 다시 한번 되돌아 봐야 하겠습니다.

2절 내가 증언하노니 그들이 하나님께 열심이 있으나 올바른 지식을 따른 것이 아니니라

바울은 이스라엘 민족의 불신앙과 잘못된 내용을 설명합니다. 그는 자신의 동족인 이스라엘의 하나님께 대한 열심이 올바른 지식에 기초한 것이 아닌 것에 통탄합니다. 여기서 '지식' 이란 헬라어로 '에피그노시스' (ἐπίγνωσις)로서 하나님의 뜻을 깊고 예리하게 파악하는 정확하고 바른 지식을 의미합니다.

그들의 열심은 믿음으로 말미암아 구원을 받는다는 이신득의(以信得義)의 신앙 지식에 기초를 둔 것이 아니라, 율법을 지키고 도덕적인 행위를 지키려는 인간적인 열심이었습니다. 즉, 그들은 하나님에 대한 올바른 지식이 결여된 채, 열심만을 내었던 것입니다. 그 결과 그들은 하나님의 구원의 은총을 맛볼 수 없었습니다. 이처럼 올바른 지식에 입각하지 않은 열심이란 무서운 결과를 초래할 수 있습니다.

이스라엘 사람들만큼 종교적으로 열심인 민족도 드뭅니다. 그들은 예수님 당시에도 열심이 대단하여서 일주일에 두 번씩 금식하고 십일조 생활도 철저하게 하는 등 하나님의 율법을 지키려고 엄청나게 노력했습니다. 오늘날도 유대인들은 토요일이 되면 불도 피우지 않으며 세상 이야기를 절대 하지 않습니다. 그런데 문제는 그 모든 행위로는 구원을 받을 수가 없다는 데 있습니다. 그들은 구원에 대한 올바른 지식이 없으므로 잘못된 방법으로 구원을 받으려고 합니다.

열심만 있으면 된다고 생각하는 것은 큰 잘못입니다. 오늘날 어떤 사람은 말하기를 무슨 종교든지 열심히 믿으면 된다고 주장하면서 유대교, 유교, 불교, 이슬람교, 도교 등 모든 종교를 인정하려고 합니다. 그러나 열심히 뛰고 열심히 걸어만 가면 부산에 갈 수 있다고 생각하면서, 평양 쪽을 향하여 열심히 걷고 뛰어간다면 결국 부산은 구경도 하지 못하고 말 것입니다. 올바른 지식을 가지고 올바른 방향으로 가야만 목적지에 온전히 도착할 수 있듯이, 오직 예수 그리스도를 통해서만이 구원이라는 목적지에 이를 수 있는 것입니다.

우리는 이와 같은 교훈을 가인과 아벨의 제사 사건에서도 찾아볼 수 있습니다. 가인도 하나님을 위해서 열심히 자기 밭에서 추수한 곡식으로 제단을 쌓았고, 아벨도 하나님을 위하여 열심히 양을 잡아 제단을 쌓았습니다. 그런데 하나님은 가인과 그 제물을 받지 않으시고 아벨과 그 제물만을 받으셨습니다(창 4:2-5). 똑같은 열심을 가지고 똑같이 예배를 드렸지만 하나님은 두 사람에게 다르게 역사하셨습니다. 왜 그랬을까요? 가인은 잘못된 지식에 의해 제물을 드렸고, 아벨은 올바른 지식에 의하여 제물을 드렸기 때문입니다.

땅은 아담과 하와의 범죄로 인해 저주를 받았습니다(창 3:17). 가인은 스스로의 판단에 의해 믿음 없이 저주받은 땅에서 난 곡식으로 하나님께 제물을 드렸기 때문에 하나님께서는 받지 않으신 것입니다.

이에 반하여 아벨은 예수 그리스도를 상징하는 어린 양을 잡아서 그 피와 함께 믿음으로 하나님께 예배를 드렸기 때문에 하나님께서는 아벨과 그의 제물을 받으신 것입니다.

오늘날에도 수많은 종교, 수많은 교파, 수많은 교회가 있지만 하나님에 대한 올바른 지식을 좇아 열심을 내는 곳은 그리 많지 않습니다. 많은 사람들이 올바른 지식을 따라 맹목적인 충성과 열심을 가지고 하나님을 섬기고 있습니다. 하나님은 항상 우리와 함께 계시면서 우리를 축복하기 원하십니다. 하지만 우리가 올바른 믿음의 법칙을 따라 신앙생활을 하지 않는다면 하나님의 기적이 우리 생활 가운데 나타날 수 없습니다. 그러므로 우리에게 필요한 참신앙은 올바른 지식에 입각한 열심입니다.

3절 하나님의 의를 모르고 자기 의를 세우려고 힘써 하나님의 의에 복종하지 아니하였느니라

사도 바울은 이스라엘 민족의 열심이 올바른 지식에 의한 것이 아니었음을 구체적으로 설명합니다. 여기서 '하나님의 의' 란 '믿음으로 말미암은 의' 를 말하는 것으로, 하나님의 독생자 예수 그리스도를 믿음으로 죄 사함을 받고 하나님의 의롭다 하심을 받는 것을 의미합니다. 또한 '자기 의' 란 '율법으로 말미암은 의' 로 자기의 노력이나 공로를 내세우는 것을 말합니다. 이스라엘 백성의 잘못은 '하나님의 의' 를 인정하려고 하지 않고 자기들의 인간적인 공로만 내세우려고 했던 데에 있었습니다.

의(義)에는 '사람의 의' 와 '하나님의 의' 가 있습니다. 그런데 '사람의 의' 를 가지고는 하나님 앞에 서지 못합니다. 그래서 하나님 앞에 서려면 '하나님의 의' 를 가져야 하는데 그렇게 하지 않고 자신의 인간적인 의를 내세우려고 하기 때문에 하나님께 버림을 당하는 것입니다. 그러면 '하나님의 의' 는 무엇일까요? 이는 바로 예수 그리스도이십니다.

하나님께서는 예수 그리스도를 통하여 인간의 모든 죄를 영원히 청산해 버리셨으며, 그로 말미암아 예수 그리스도를 믿는 자는 멸망하지 않고 영생을 얻게 해 주셨습니다. 그리하여 예수 그리스도를 믿으면 하나님께 의롭다 함을 얻게 되는 것입니다. 우리가 죄짓고 불의하며 추악하여 하나님으로부터 버림을 받아야 마땅함에도 불구하고, 죄를 짓지 않은 상태로 마귀에게 참소를 당하지 않고 하나님 앞에 부끄러움 없이 설 수 있는 자격을 부여받는다는 것은 참으로 놀라운 일입니다. 자기의 의를 드러내는 사람은 교만하기 쉽지만, 하나님의 의를 깊이 깨달은 사람은 겸손합니다. 그러므로 우리는 하늘나라 가는 그날까지 하나님의 의를 힘입어 신앙생활을 해야겠으며 자신의 의는 포기하고 늘 하나님과 사람 앞에서 겸손한 생활을 해야겠습니다.

4절 그리스도는 모든 믿는 자에게 의를 이루기 위하여 율법의 마침이 되시니라

이스라엘 민족은 모세의 율법을 절대시하고, 그것을 행할 때에만 구원을 얻는다고 확신했습니다. 하지만 십계명과 거기서 파생된 613개의 율법과 그 율법에서 다시 파생된 6천개의 율법을 완전히 지키는 것은 불가능합니다. 인간은 아무도 이 율법을 완전하게 지킬 수가 없었습니다.

사도 바울은 율법은 일시적인 것이며 미완성의 것이라고 말하고 있습니다. 구약 시대에 주신 율법의 사명은 예수 그리스도가 오시기까지 필요했으며, 사람들을 그리스도에게로 인도하는 데까지만 필요했습니다. 율법은 우리 인간을 그리스도에게로 인도하는 '초등 교사'가 되어 우리로 하여금 믿음으로 말미암아 의롭다 함을 얻는다는 사실을 깨닫게 하는 역할을 합니다(갈 3:24).

그러나 예수 그리스도를 믿는 믿음이 온 후로는 우리가 율법 아래 있

지 않게 되었습니다. 알파와 오메가요, 처음과 나중이 되신 예수님께서 율법 아래 있는 인간의 모든 죄와 율법의 요구를 십자가에서 한꺼번에 청산해 버리셨기 때문입니다. 율법은 예수님 안에서 완성된 것입니다. 예수 그리스도께서 모든 믿는 자에게 의를 이루기 위하여 율법의 마침이 되신 것입니다. 이러한 사실을 깨닫지 못하고 계속 모세의 율법을 주장하는 영적 무지가 바로 이스라엘 민족의 잘못된 점입니다.

2. 믿음으로 말미암는 의(10:5-13)

5. 모세가 기록하되 율법으로 말미암는 의를 행하는 사람은 그 의로
살리라 하였거니와 6. 믿음으로 말미암는 의는 이같이 말하되 네 마
음에 누가 하늘에 올라가겠느냐 하지 말라 하니 올라가겠느냐 함은
그리스도를 모셔 내리려는 것이요 7. 혹은 누가 무저갱에 내려가겠
느냐 하지 말라 하니 내려가겠느냐 함은 그리스도를 죽은 자 가운데
서 모셔 올리려는 것이라 8. 그러면 무엇을 말하느냐 말씀이 네게
가까워 네 입에 있으며 네 마음에 있다 하였으니 곧 우리가 전파하는
믿음의 말씀이라 9. 네가 만일 네 입으로 예수를 주로 시인하며 또
하나님께서 그를 죽은 자 가운데서 살리신 것을 네 마음에 믿으면 구
원을 받으리라 10. 사람이 마음으로 믿어 의에 이르고 입으로 시인
하여 구원에 이르느니라 11. 성경에 이르되 누구든지 그를 믿는 자
는 부끄러움을 당하지 아니하리라 하니 12. 유대인이나 헬라인이나

차별이 없음이라 한 분이신 주께서 모든 사람의 주가 되사 그를 부르는 모든 사람에게 부요하시도다 13. 누구든지 주의 이름을 부르는 자는 구원을 받으리라

5절 모세가 기록하되 율법으로 말미암는 의를 행하는 사람은 그 의로 살리라 하였거니와

사도 바울은 레위기 18장 5절을 인용하면서 본 절부터 7절 율법의 의(義)와 믿음의 의를 대조시키고 있습니다. 본 절의 말씀은 율법의 본질을 가리키는 것으로, 율법이란 행함이 그 요소이기 때문에 율법의 모든 규례를 완전히 지킬 수 있는 사람은 그 율법의 의로써 축복 가운데 살 수 있습니다.

그러나 실제로 율법을 완전히 행하여 의를 얻을 육체는 없음으로(3:20), 그 결과 인간은 모두 다 사망의 권세 아래 있게 되었고 하나님의 심판을 피할 수 없게 된 것입니다(5:12).

6절 믿음으로 말미암는 의는 이같이 말하되 네 마음에 누가 하늘에 올라가겠느냐 하지 말라 하니 올라가겠느냐 함은 그리스도를 모셔 내리려는 것이요

"누가 하늘에 올라가겠느냐 하지 말라"는 말씀은 신명기 30장 12절 말씀을 인용한 것입니다. 이 말씀을 모세는 하나님의 명령은 결코 멀리 떨어져서 이해하기 어려운 것이 아님을 강조하기 위하여 사용하였으나, 사도 바울은 이를 인간의 자기주장과 자기 의를 나타내는 말로 사용했습니다. 인간의 지혜와 능력으로 율법의 의를 이루려는 사람은 하늘까지 올

라가려는 것, 곧 그리스도를 끌어내리려는 것과 같습니다. 이 '하늘에 올라간다' 는 표현에는 인간의 지혜와 능력에 의하여 구원을 얻으려는 율법주의적 의가 숨어 있는 것입니다.

7절 혹은 누가 무저갱에 내려가겠느냐 하지 말라 하니 내려가겠느냐 함은 그리스도를 죽은 자 가운데서 모셔 올리려는 것이라

본 절도 마찬가지로 신명기 30장 13절 말씀을 인용한 것입니다. 인간의 능력에 의해서 무저갱에까지 내려갈 수 있다고 생각하는 것은 마치 자신이 그리스도를 죽은 자 가운데서 모셔 올리려는 것과 마찬가지라는 것입니다. 인간의 힘으로 그리스도를 죽은 자 가운데서 부활하게 한다고 생각하는 것은 교만한 생각입니다.

믿음으로 구원받는 길이란 인간의 힘이나 행위로 하늘에 올라가서 그리스도를 모셔 내려오는 것도 아니며, 무저갱에 내려가서 십자가에 죽으신 그리스도를 모셔 올리는 것도 아닙니다. 우리는 오직 하나님께서 이 땅에 보내 주셔서 십자가에 달려 죽으시고 부활시키신 예수 그리스도를 믿음으로써만이 구원을 받습니다. 결국 믿음으로 구원받는다는 것은 하늘에 올라가거나 음부에 내려가는 등의 실현 불가능한 어려운 일이 아니라 극히 쉬운 일이라는 것입니다.

그러므로 우리는 인간이 구원받는 데에 있어서 수단과 방법과 의식과 형식 등 인간적인 모든 노력이 배제된다는 것을 깨달아야 합니다.

8절 그러면 무엇을 말하느냐 말씀이 네게 가까워 네 입에 있으며 네 마음에 있다 하였으니 곧 우리가 전파하는 믿음의 말씀이라

"그러면 무엇을 말하느냐"라는 말씀의 뜻은 "하나님께 대한 진실한 자세에 대하여 성경은 무엇이라고 말하는가?"라는 의미입니다. 이에 대하여 사도 바울은 신명기 30장 14절 말씀을 인용하여 설명합니다. 구약 시대에 율법의 말씀을 입으로 늘 외우며 마음에 간직하고 있듯이, 예수 그리스도에 관한 믿음의 말씀인 복음도 입술로 외우고 전하며 마음에 간직할 수 있습니다. 실로 복음의 메시지는 누구에게나 주어질 수 있는 현실적인 축복이며, 그것은 믿음으로 말미암아 도달할 수 있는 하나님의 은총입니다.

우리는 하나님께서 우리에게 주신 구원의 기쁜 소식인 복음을 받으러 하늘에 올라갈 필요도 없으며 무저갱에까지 내려갈 필요도 없습니다. 구원받는 것이 바로 우리의 입에서 시인되고 마음으로 믿으면 되는 것이기 때문입니다. 이 얼마나 간단합니까?

그런데 놀랍게도 우리의 입으로 시인하는 내용이 우리의 마음에 신앙으로 뿌리박힌다는 것입니다. 아무리 마음에 믿고 싶어도 입으로 "나는 믿음이 없어요. 나는 기도도 못하고 전도도 못해요."라고 하면 마음에 그러한 말씀이 뿌리를 내리고 맙니다. 그러므로 우리의 입술을 통하여 긍정적이고 창조적인 말을 할 뿐만 아니라 위대한 신앙의 고백을 자주 해야 합니다. 하나님께서 기뻐하시는 말을 계속적으로 하는 가운데 우리의 신앙이 더욱 깊어지게 되는 것입니다.

9절 네가 만일 네 입으로 예수를 주로 시인하며 또 하나님께서 그를 죽은 자 가운데서 살리신 것을 네 마음에 믿으면 구원을 받으리라

사도 바울은 본 절에서 신앙의 대상인 예수님과 신앙의 내용인 예수

그리스도의 죽음과 부활, 그리고 신앙의 방법인 입으로 시인하는 것과 마음으로 믿는 것 등에 대하여 말하고 있습니다.

마음으로의 믿음과 입술의 고백은 불가분의 관계에 있습니다. 마음에 믿음이 없는 입술의 고백은 헛된 것이며, 입술의 고백이 없는 마음의 믿음도 온전하지 못한 것입니다. 예수 그리스도를 우리의 주님으로 모시고 그의 죽음과 부활을 믿으면 자연히 우리 입술에서 '예수 그리스도는 나의 주' 라는 고백이 나옵니다. 믿음이 있기 때문에 주님을 자신의 주라고 고백할 수 있는 것입니다.

내가 주일 예배중에 교회에 처음 출석한 사람들을 일으켜 세우고 반드시 영접 기도를 시키는 이유도 바로 여기 있습니다. 예수님을 믿기로 작정한 사람에게는 반드시 이 영접 기도를 시켜서 속히 구원에 이르도록 도와주어야 합니다. 하나님의 자녀가 되려면 "예수님께서 나를 위하여 죽으시고 나를 위하여 부활하사 나의 구주가 되십니다." 라고 마음으로 믿고 입으로 시인하여 고백해야 하는 것입니다.

사랑하는 성도 여러분! 예수님께서 죽었다가 하나님의 능력으로 부활하신 것을 믿습니까? 예수님께서 나의 구주가 되신 것을 시인하십니까? 그것을 마음으로 믿고 '아멘' 으로 시인하신 분은 구원을 받은 것입니다. 본 절의 말씀이 이를 확실하게 보장을 해 주고 있습니다. 그리고 이러한 기도는 거듭거듭 하는 것이 좋습니다. 거듭할 때마다 나의 구원을 다시 한번 확증하고 시인하는 것이기 때문입니다.

또한 우리가 구원을 받는 데에 있어서 많은 지식이 필요한 것은 아닙니다. 하나님에 대하여 깊이 알지 못하고 혹은 성경책을 다 읽지 못하여 잘 알지는 못할지라도, 하나님의 성령께서 역사하시는 대로 입술로 그리스도를 시인하면 구원을 받게 됩니다. 구원을 받아 영이 거듭나는 그 때로부터 더욱 깊은 기독교의 진리를 알게 되는 것입니다.

10절 사람이 마음으로 믿어 의에 이르고 입으로 시인하여 구원에 이르느니라

사람이 예수 그리스도를 구주로 믿을 때 의롭게 됩니다. 또한 입술로 예수 그리스도를 구주로 시인할 때 구원을 받게 됩니다. 마음에 믿는 것과 입으로 시인하는 것은 본질적으로 같은 신앙적 행위이며, 의에 이르는 것과 구원에 이르는 것도 결국 같은 것입니다. 우리 인간에게 있어서 마음에 일어난 사건은 입술의 사건을 동반하기 마련입니다. 우리의 신앙에도 이 두 가지가 병행되어야 합니다. 신앙 없는 고백은 거짓이 될 수 있으며, 고백 없는 신앙은 죽은 것과 같습니다.

예수님께서도 "나더러 주여 주여 하는 자마다 다 천국에 들어갈 것이 아니요 다만 하늘에 계신 내 아버지의 뜻대로 행하는 자라야 들어가리라"(마 7:21)고 말씀하셨습니다. 또한 마태복음 10장 32절에서도 "누구든지 사람 앞에서 나를 시인하면 나도 하늘에 계신 내 아버지 앞에서 그를 시인할 것이요"라고 말씀하셨습니다. 그러므로 우리는 입술의 고백과 마음의 진실성이 일치하도록 노력해야 할 것입니다. 곧 하나님 아버지의 뜻대로 사는 삶 가운데서 올바른 입술의 고백이 있어야 하며, 우리의 신앙을 날마다 사람들 앞에서 입술로 시인하는 생활이 되어야겠습니다.

11절 성경에 이르되 누구든지 그를 믿는 자는 부끄러움을 당하지 아니하리라 하니

사도 바울은 이사야 28장 16절 말씀을 인용하여 예수 그리스도를 믿는 신앙의 확실성을 강조하고 있습니다. 즉, 예수 그리스도를 믿는 자는 하나님께로부터 부끄러움을 당하지 않는다는 것입니다. 여기서 '부끄러움' 이란 하나님께 영원히 버림받는 것을 의미합니다. 주님을 믿는 사람은 하나님께로부터 버림받아 지옥으로 떨어지는 최대의 부끄러움을 당하지 않습니다. 불과 유황이 타는 못으로 떨어지는 둘째 사망으로 들어간다는 것은 한없는 수치입니다(계 20:14-15; 19:20).

예수 그리스도께서 그 영광 가운데 강림하실 때 구원받지 못하고 남는 사람들의 부끄러움이 어떠할 것인가를 생각해 보시기 바랍니다. 또한 그리스도를 믿지 않는 상태로 이 세상에 취하여 살다가 육신의 장막을 벗고 이 세상을 떠날 때 하나님 앞에 담대히 나가지 못한 영혼들을 생각해 보십시오. 얼마나 안타까운 일입니까?

우리는 창세기 3장에서 하나님과 타락한 아담과 하와의 대화를 통하여 하나님 앞에 서지 못하는 것이 얼마나 비참한 일인가를 깨달을 수 있습니다. 사탄의 유혹에 넘어가 죄를 지은 아담과 하와는 자기들의 몸이 벗은 줄을 알고 무화과나무 잎을 엮어서 치마를 만들어 입었습니다. 그때 그들은 자신들에게 찾아오신 하나님의 음성을 듣자 하나님의 낯을 피하여 동산 나무 사이에 숨었습니다. 죄 짓기 전에는 하나님과 깊은 사랑의 관계였고 친밀한 관계였는데, 죄를 지음으로 말미암아 하나님이 무서워진 것입니다. 이 얼마나 비참한 모습입니까? 그들을 찾아오신 하나님은 아담을 부르시면서 그에게 이르시되 "네가 어디 있느냐?" 라고 물으셨습니다(창 3:9). 그때 아담이 뭐라고 대답했습니까? 그는 "내가 동산에서 하나님의 소리를 듣고 내가 벗었으므로 두려워하여 숨었나이다"

(창 3:10)라고 말합니다.

하나님 앞에 담대히 나아갈 의가 없었다면 우리 인간은 어느 한 사람 예외 없이 하나님 앞에 설 수 없었을 것입니다. 그러므로 하나님의 의가 얼마나 중요한지 모릅니다. 예수 그리스도를 믿음으로 말미암아 하나님께 나아갈 수 있다는 것은 정말 놀라운 축복입니다. 예수 그리스도의 피가 우리의 부끄러움과 두려움을 모두 없애주고 하나님 앞에 담대하게 나아갈 수 있는 담대함을 줍니다.

그러므로 그리스도를 믿는 사람은 히브리서 4장 16절 말씀을 다시 한 번 자신의 신앙 고백으로 담대하게 말할 수 있어야 합니다. "그러므로 우리는 긍휼하심을 받고 때를 따라 돕는 은혜를 얻기 위하여 은혜의 보좌 앞에 담대히 나아갈 것이니라".

12절 유대인이나 헬라인이나 차별이 없음이라 한 분이신 주께서 모든 사람의 주가 되사 그를 부르는 모든 사람에게 부요하시도다

사도 바울은 본 절에서 예수 그리스도를 믿는 자는 모두 다 구원을 얻고 결코 부끄러움을 당하지 않는 이유를 설명합니다. 율법의 시대에는 유대인과 헬라인(이방인)의 차별이 있었습니다. 그러나 예수 그리스도를 믿음으로 말미암아 구원받는 은혜의 시대에는 유대인과 이방인의 차별이 없습니다.

차별이 없는 첫 번째 근거는 한 분이신 주께서 모든 사람의 주가 되시기 때문입니다. 민족이 다르고 교육 수준이 다르며 성별이 다를지라도 주인 되시는 분은 오직 한 분 하나님뿐이십니다. 그러므로 그리스도를 믿는 성도들은 모두가 주 안에서 한 형제자매임을 잊어서는 안 됩니다.

이에 대해 사도 바울은 에베소서 4장 3절부터 6절에서 다음과 같이 말하고 있습니다. "평안의 매는 줄로 성령이 하나 되게 하신 것을 힘써 지키라 몸이 하나요 성령도 한 분이시니 이와 같이 너희가 부르심의 한 소망 안에서 부르심을 받았느니라 주도 한 분이시요 믿음도 하나요 침례도 하나요 하나님도 한 분이시니 곧 만유의 아버지시라 만유 위에 계시고 만유를 통일하시고 만유 가운데 계시도다".

두 번째 근거는 하나님의 은혜가 주의 이름을 부르는 모든 사람에게 부요하시기 때문입니다. 주님은 참으로 부요하신 하나님이십니다. 이 세상의 모든 것이 다 하나님의 것입니다. 부요하신 하나님께서는 믿는 자녀들의 필요한 모든 것을 공급해 주십니다. 죄 사함도, 의로움도 그리고 영생도 주십니다. 하나님께서 부요하게 공급해 주시는 범위는 유대인에게뿐만 아니라 예수 그리스도를 믿는 모든 이방인들에게도 동일합니다. 하나님은 예수 그리스도를 믿어 하나님의 자녀가 된 모든 사람들에게 의(義)의 태양을 비추어 주시며 은혜의 비를 내려 주십니다.

13절 누구든지 주의 이름을 부르는 자는 구원을 받으리라

본 절의 말씀은 사도 바울이 요엘서 2장 32절의 말씀을 인용하여 지금까지 말한 내용을 정리하고 있습니다. 우리가 하나님께 구원을 받기 위해서는 주님을 인정하고 환영하며 영접하고 의지해야 합니다. 그리고 그 방법은 주님의 이름을 부르는 것입니다. 누구든지 주의 이름을 부르는 자는 구원을 받을 수가 있습니다.

그러면 아무나 주님의 이름을 부를 수 있을까요? 그렇지 않습니다. 고린도전서 12장 3절을 보면 다음과 같이 기록되어 있습니다. "하나님의 영으로 말하는 자는 누구든지 예수를 저주할 자라 하지 아니하고 또 성령으로 아니하고는 누구든지 예수를 주시라 할 수 없느니라".

우리가 예수 그리스도를 주님으로 고백하기 위해서는 먼저 성령의 역사가 있어야 합니다. 하나님의 성령이 오셔서 우리 마음속에 예수 그리스도가 구주 되심을 비춰 주고 깨닫게 해 주어야만 예수님을 구주로 고백할 수 있습니다. 길거리에 지나가는 불신자를 붙잡고 "예수님은 나의 구주입니다."라고 고백하라고 한다면 화를 낼 것입니다. 성령의 역사 없이는 아무리 예수님을 주라고 고백하고 싶어도 고백할 수 없기 때문입니다.

이와 같이 우리가 예수님을 구주로 고백하게 되기까지는 무엇보다도 하나님의 은혜와 성령의 역사가 우리의 믿음을 통하여 역사해야 하는 것입니다.

3. 믿음의 중요성과 그 근원(10:14-17)

14. 그런즉 그들이 믿지 아니하는 이를 어찌 부르리요 듣지도 못한
이를 어찌 믿으리요 전파하는 자가 없이 어찌 들으리요 15. 보내심
을 받지 아니하였으면 어찌 전파하리요 기록된바 아름답도다 좋은
소식을 전하는 자들의 발이여 함과 같으니라 16. 그러나 그들이 다
복음을 순종하지 아니하였도다 이사야가 이르되 주여 우리가 전한
것을 누가 믿었나이까 하였으니 17. 그러므로 믿음은 들음에서 나며

들음은 그리스도의 말씀으로 말미암았느니라

14절 그런즉 그들이 믿지 아니하는 이를 어찌 부르리요 듣지도 못한 이를 어찌 믿으리요 전파하는 자가 없이 어찌 들으리요

주의 이름을 부르려면 먼저 믿음이 있어야 합니다. 믿음이 없이는 주의 이름을 부를 수 없고, 믿음이 없이 주의 이름을 불렀다면 그것은 헛된 외침이 될 것입니다(마 7:21). 실로 우리가 우리의 입을 통하여 예수 그리스도를 구주로 부르는 것은 우리가 믿음이 있기 때문입니다. 이스라엘과 이방인이 주의 이름을 부르지 않아 구원을 받지 못함은 믿음이 없었기 때문입니다.

"듣지도 못한 이를 어찌 믿으리요". 믿음은 복음, 즉 그리스도의 말씀을 듣는 데서 출발합니다. 이 말씀을 들어야만 믿음이 생기기 때문에 자주 들어야 합니다. 말씀을 주일에 교회에 나와서 들어야 하며 수요 예배 때도, 구역 예배 때도 나와서 들어야 합니다. 또한 교회에서 실시하는 성경교육반에 들어가서 말씀을 공부하고 들어야 확실하고 올바른 믿음이 생깁니다.

"전파하는 자가 없이 어찌 들으리요". 복음을 전파함이 없이는 들을 수가 없습니다. 듣고 싶어도 복음을 전하는 사람이 없으면 들을 수가 없습니다. 그러므로 오늘날 하나님께서 복음 전하는 자로 주의 종들을 부르셔서 말씀을 전하게 하시는 것입니다. 뿐만 아니라 장로님, 권사님, 집사님, 지역장님, 구역장님, 평신도에 이르기까지 모든 하나님의 백성들에게는 말씀을 전파하도록 능력을 주셨습니다. 심지어는 어린아이에게까지 이러한 선교의 사명을 주기도 하십니다. 그러므로 우리는 때를 얻

든지 못 얻든지 복음 전파에 힘써야 하겠습니다. 우리가 복음을 전해 주어야만 들을 것이고, 들어야만 주님을 믿어 구주로 영접하게 될 것이기 때문입니다. 우리는 본 절을 통하여 복음 전파야말로 믿음의 근원이 됨을 확실히 깨달을 수 있습니다.

15절 보내심을 받지 아니하였으면 어찌 전파하리요 기록된바 아름답도다 좋은 소식을 전하는 자들의 발이여 함과 같으니라

복음 전파는 하나님에 의해서 보내심을 받은 자만이 할 수 있습니다. 누구든지 하나님에 의하여 보냄을 받지 아니하면 복음을 전파할 수가 없습니다. 하나님께서는 복음을 전하는 사람의 행위를 아름답게 보십니다. 이러한 사실을 사도 바울은 이사야 52장 7절 말씀을 인용하여 확증하고 있습니다. 이사야 선지자는 바벨론 포로민에게 해방의 소식을 전하는 전파자의 발을 아름다운 발로 묘사했습니다. 이에 반하여 사도 바울은 예수 그리스도의 복음을 전하는 사람들에게 이 말씀을 적용하고 있습니다. 죄의 포로 된 자들에게 있어서 예수 그리스도로 말미암은 구원의 해방보다 더 좋은 소식이 있을 수 없기 때문입니다.

우리가 주의 종이나 구역장과 같은 교회의 직분을 가지게 된 것은 하나님께서 주셨기 때문입니다. 우리가 사람을 통하여 교회의 직분을 받지만, 이러한 직분을 주신 분은 하나님이십니다. 하나님께서 그들을 통하여 임명하신 것입니다. 우리가 하나님의 일을 할 때 인간이 임명했다고 생각하면서 일을 하면 소명 의식이 약해지기 쉽습니다. 그러나 하나님께서 나를 직접 지명하여 불러 주시고 직분을 주셨음을 믿을 때 우리는 참된 소명 의식을 갖고 열심히 주의 일을 할 수 있습니다.

그런데 주님께서 우리를 불러 교회의 직분을 주신 이유 중의 하나는 복음 전파를 위한 것입니다. 하나님은 영혼 구원에 지대한 관심을 갖고 계시기 때문에 복음 전파에 힘을 쓰는 사람의 행위를 참으로 아름답게 보십니다. 결코 하나님은 사람의 외모나 인간적인 뛰어남을 아름답게 보지 않으십니다. 오히려 하나님은 영혼을 사랑하고 영혼을 구원시키려고 노력하는 뜨거운 마음과 행위를 사랑하시는 것입니다. 그것은 한 영혼이 온 천하보다 귀하며, 한 영혼이 예수 그리스도를 영접하느냐 여부에 따라 그의 운명이 천국과 지옥으로 나누어지기 때문입니다.

여러분은 주님께서 부르셨다는 소명 의식이 있습니까? 영혼 구원을 위한 불타는 마음과 열심이 있습니까? 우리 그리스도인 한 사람이 복음을 전하고 전하지 않음에 따라 한 영혼이 천국 아니면 지옥으로 가게 된다고 생각할 때 우리의 복음 전파 사명이 얼마나 큰지 모릅니다. 그러므로 지금은 우리 모두 복음 전파에 힘을 모아야 할 때입니다.

16절 그러나 그들이 다 복음을 순종하지 아니하였도다 이사야가 이르되 주여 우리가 전한 것을 누가 믿었나이까 하였으니

여기서 '다' 는 유대인과 이방인을 모두 포함하는 것이 아니라 사도 바울의 동포인 유대인들을 가리키는 말입니다. 유대인들은 그들에게 전해진 축복의 복음을 믿고 따르려고 하지 않았습니다. 그들은 복음을 순종하지 않았으며 이로 인해 구원을 받지 못했습니다. 이것은 마치 이사야서 53장 1절에 나와 있는 예언과 같다고 사도 바울은 말합니다.

구약 시대의 사람들도 장차 오실 메시아를 대망했습니다. 그리고 메시아가 오시면 인류를 구원하시기 위해 십자가에 달려서 돌아가실 것에

대해서도 알고 있었습니다. 죄를 지은 자는 짐승을 잡아서 그 피를 제단에 뿌리고 태우는 속죄 제사, 그리고 화목 제사와 감사 제사 등을 통해 장차 메시아가 우리를 위해 제물이 되어 주실 것을 알고 있었습니다.

그러나 정작 예수님께서 메시아로 오셨을 때 그들은 믿지 않았습니다. 예수님이 오셨을 때 대제사장과 서기관, 바리새인들은 끝까지 예수님을 부인하고 결국 십자가에 못 박아 죽였습니다. 그뿐 아니라 그들은 "예수를 죽인 핏값을 우리와 우리 자손에게 돌리라."(마 27:25)고 외쳤습니다. 그런데 이 외침이 얼마나 무서운 결과를 가져왔는지 모릅니다. 주후 70년 로마의 디도 장군이 예루살렘 성을 둘러싸고 무차별적으로 공격하여 약 백만 명의 유대인들이 죽었습니다. 그들이 흘린 피가 강물같이 흘렀다고 했습니다.

그뿐이 아닙니다. 제2차 세계 대전 때는 히틀러에 의해 6백만 명의 유대인들이 비참한 죽음을 당했습니다. 히틀러는 그들의 머리를 깎아서 천을 짜고 몸속의 지방분을 모아서 비누를 만들었으며 뼈를 갈아서 비료로 만들었습니다. 이런 일들은 바로 유대인들의 조상들이 예수님을 십자가에 못 박으며 자신만만하게 "이 죄를 우리와 우리 자손에게 돌리라."고 외친 교만한 죄의 결과였던 것입니다.

그러면 오늘날의 유대인들은 어떻습니까? 그들 역시 예수님을 믿지 않습니다. 예루살렘으로부터 시작하여 이스라엘 전 지역 어느 곳에도 하나님의 교회를 세울 수가 없습니다. 아예 법적으로 복음이 들어올 수 없도록 만들어 놓은 것입니다.

물론 미국이나 유럽, 소련 등에 거주하던 유대인들 중에 예수님을 믿고 돌아온 사람들은 꽤 있습니다만 본국에서는 아직까지도 그리스도의 복음을 배반하고 있습니다. 그러므로 이사야 선지자가 "주여, 우리가 전한 것을 누가 믿었나이까?" 라고 탄식했던 것입니다.

17절 그러므로 믿음은 들음에서 나며 들음은 그리스도의 말씀으로 말미암았느니라

본 절은 14절부터 말해 온 것의 요약으로 믿음의 근원에 대하여 잘 설명하고 있습니다. 즉, 하나님께서 복음을 전할 사람을 부르시고, 부르신 그 사람을 통하여 복음을 전파하게 하시며, 전파를 받은 사람이 들으므로 믿음이 생긴다는 것입니다. '들음' 이라는 말이 14절과 본 절에 나오는 데, 14절에서의 '들음' 은 듣는다는 행위를 나타낸 말이며, 본 절에서의 '들음' 은 단순히 듣는 동작만이 아니라 듣고 순종하는 것을 포함합니다. 또한 '그리스도의 말씀' 이란 그리스도에 대하여 전하는 복음의 내용을 말하는 것으로 믿음은 곧 그리스도의 말씀인 복음을 듣는 데서 생긴다는 것입니다.

예수님을 믿으려면 예수 그리스도의 말씀을 들어야 됩니다. 듣지 않고는 믿을 수가 없기 때문입니다. 왜냐하면 오늘날 하나님은 눈으로 보이지 않으십니다. 예수님을 손으로 만져 볼 수 없습니다. 그러므로 하나님 아버지와 예수님이 어디 계시냐고 물으면 보여 줄 수가 없습니다. 하지만 성경은 말씀하고 있습니다. '말씀' 이 바로 예수님이시라는 것입니다(요 1:14). 말씀이 육신이 되신 분이 바로 예수님이시므로 우리는 말씀을 통하여 예수님을 만날 수 있는 것입니다.

나는 성경 말씀이 얼마나 고맙고 감사한지 모릅니다. 목회하다가 여러 가지 시험과 환난과 고통이 다가와 답답하고 괴로울 때면 나는 말씀

을 찾아갑니다. 시편 91편 2절부터 3절을 보면, "나는 야훼를 향하여 말하기를 그는 나의 피난처요 나의 요새요 내가 의뢰하는 하나님이라 하리니 이는 그가 너를 새 사냥꾼의 올무에서와 심한 전염병에서 건지실 것임이로다"라고 말씀합니다. 또한 시편 91편 5절부터 6절을 보면, "너는 밤에 찾아오는 공포와 낮에 날아드는 화살과 어두울 때 퍼지는 전염병과 밝을 때 닥쳐오는 재앙을 두려워하지 아니하리로다"라고 말씀하고 있습니다. 그 하나님께서 나를 사냥꾼의 올무와 극한 전염병과 공포와 재앙 등으로부터 구해내지 않으시겠습니까?

나는 그 말씀 속에서 하나님을 봅니다. 나의 피난처요, 나의 요새요, 나의 의뢰하는 하나님을 봅니다. 그래서 나는 말씀을 통하여 만난 하나님을 붙잡고 그 하나님께 부르짖고 하소연하고 절규하곤 합니다. 그러는 사이에 문제는 해결되고 나는 다시 힘을 얻어 목회에 전념할 수 있었습니다.

그러므로 우리는 살든지 죽든지 말씀을 전파해야 합니다. 그래야 다른 사람이 들을 수 있기 때문입니다. 내가 다른 사람으로부터 복음을 들음으로 구원을 얻은 것처럼, 나 역시 다른 사람을 위해 복음을 전해야 할 의무가 있습니다. 이처럼 복음을 전하는 것이야말로 그리스도인들에게 주어진 지상 과제인 것입니다.

4. 핑계하지 못하는 이스라엘(10:18-21)

**18. 그러나 내가 말하노니 그들이 듣지 아니하였느냐 그렇지 아니하
니 그 소리가 온 땅에 퍼졌고 그 말씀이 땅 끝까지 이르렀도다 하였
느니라 19. 그러나 내가 말하노니 이스라엘이 알지 못하였느냐 먼저
모세가 이르되 내가 백성 아닌 자로써 너희를 시기하게 하며 미련한
백성으로써 너희를 노엽게 하리라 하였고 20. 이사야는 매우 담대
하여 내가 나를 찾지 아니한 자들에게 찾은바 되고 내게 묻지 아니한
자들에게 나타났노라 말하였고 21. 이스라엘에 대하여 이르되 순종
하지 아니하고 거슬러 말하는 백성에게 내가 종일 내 손을 벌렸노라
하였느니라**

18절 그러나 내가 말하노니 그들이 듣지 아니하였느냐 그렇지 아니하니 그 소리가 온 땅에 퍼졌고 그 말씀이 땅 끝까지 이르렀도다 하였느니라

믿음은 들음에서 비롯된다고 밝힌 사도 바울은 이스라엘 백성들이 불신앙에 대한 핑계를 못하도록 스스로 질문과 대답을 해 나갑니다. 즉, 이스라엘 민족이 믿지 아니하는 것은 예수 그리스도의 복음을 듣지 못했기 때문이 아니라 그 복음을 있는 그대로 믿지 않았기 때문이라는 것입니다. 바울은 이러한 논증을 확실히 하기 위해서 시편 19편 4절의 말씀을 인용했습니다. 예수 그리스도의 복음의 말씀이 이스라엘뿐만 아니라 이

방인에게도 이르렀기 때문에, 이스라엘은 하나님께 듣지 못해서 믿지 못했다는 핑계를 할 수 없다는 것입니다. 그런데 그 시편 19편 4절 말씀이 바로 이 시대에 이루어졌습니다.

오늘날 사람들이 예수 그리스도의 복음을 아무리 듣지 않으려고 해도 다 들리게 되어 있습니다. 바로 매스컴을 통한 복음 전파 때문입니다. 우리 한국만 해도 이미 문서와 라디오와 텔레비전을 통하여 전국적으로 복음이 전파되고 있습니다. 이와 같은 현상은 이제 한국뿐만 아니라 거의 세계 전역에서 나타나는 현상입니다. 문제는 인간의 마음입니다. 복음을 듣고 열린 마음이 되어 예수 그리스도를 믿어야만 구원을 받을 수가 있는 것입니다.

어찌되었든 우리 믿는 자들은 불신자들이 복음을 받아들이든지 그렇지 않든지 상관하지 말고 열심히 땅 끝까지 복음을 전하는 데 전력을 다해야겠습니다.

19절 그러나 내가 말하노니 이스라엘이 알지 못하였느냐 먼저 모세가 이르되 내가 백성 아닌 자로써 너희를 시기하게 하며 미련한 백성으로써 너희를 노엽게 하리라 하였고

본 절은 앞 절과 같이 부정의 형식으로 된 사도 바울의 두 번째 자문자답(自問自答)입니다. 18절에서의 질문은 "듣지 아니하였느냐?" 였는데 본 절의 질문은 "알지 못하였느냐?" 입니다. 사도 바울은 이스라엘 민족이 복음의 소식을 들었으나 알지 못한 것이 아니냐고 물으면서 그들이 들었으나 그것을 믿지 아니했음을 지적합니다. 그러면서 모세가 신명기 32장 21절에서 말씀한 내용을 인용하여 하나님의 백성이라고 생각지도 않았

던 이방인이 하나님의 백성이 된 것을 설명합니다.

신명기 말씀의 뜻은 이스라엘이 우상을 숭배함으로 하나님을 노엽게 하고 시기하시게 한 것처럼, 하나님께서도 이방 민족을 부르심으로 이스라엘이 시기하게 하신다는 것이었습니다. 사도 바울은 이와 같은 구약의 뜻을 거의 같은 취지로 여기에서 사용하고 있습니다. 즉, 이방인들이 복음을 믿음으로 하나님의 사랑을 받게 되어 이스라엘 민족이 시기하고 분노하게 되리라는 것입니다. 신명기 32장 21절의 말씀은 복음이 이스라엘을 넘어서 이방인에게 미칠 것이며, 복음이 일단 이방인을 구원하면 다시 이스라엘로 돌아와 이스라엘 민족이 믿게 될 것이라는 하나님의 계획을 예언한 말씀입니다. 이스라엘 백성이 구약 성경을 믿는다면 이러한 사실을 알고 있어야 했을 것입니다.

20절 이사야는 매우 담대하여 내가 나를 찾지 아니한 자들에게 찾은 바 되고 내게 묻지 아니한 자들에게 나타났노라 말하였고

계속하여 사도 바울은 이사야 65장 1절 말씀을 인용하면서 하나님께서 이방인에게 복음을 허락하셨음을 증언하고 있습니다. 여기서 "나를 찾지 아니한 자"와 "내게 묻지 아니한 자"는 이사야에게 있어서는 이스라엘을 두고 예언한 것이고 사도 바울에게 있어서는 이방인을 가리키는 말입니다. 하나님을 구하지 아니하는 이방인들에게 하나님은 자신을 나타내셨습니다. 하나님께 기도하지 않는 이방인들에게 하나님의 은혜가 나타났습니다. 바로 예수 그리스도의 복음이 이방인들에 의해서 영접된 것입니다. 오늘날 우리 한국에 복음이 전파된 것을 보더라도 이사야 선지자의 예언의 말씀이 그대로 성취되었다는 것을 알 수 있습니다. 우리

한민족이 야훼 하나님을 구하지도 아니하고 야훼 하나님께 문의하지도 아니했는데, 하나님께서 먼저 우리 한민족에게 선교사를 통하여 예수 그리스도의 복음을 보내 주셨던 것입니다.

21절 이스라엘에 대하여 이르되 순종하지 아니하고 거슬러 말하는 백성에게 내가 종일 내 손을 벌렸노라 하였느니라

하나님께서 불신앙의 이스라엘 민족을 영원히 버리실 것인가에 대한 의문에 대하여 사도 바울은 이사야 65장 2절 말씀을 인용하면서 '아니다'라는 결론을 내립니다. 하나님께 불순종하고 하나님께 반역하는 이스라엘 백성을 향하여 하나님은 외면하지 않으시고 여전히 구원의 손길을 내밀고 계시다는 것입니다. 이스라엘 민족은 하나님의 은혜에 대한 불신앙으로 말미암아 하나님께 꺾임을 받았습니다. 그러나 하나님은 인내와 사랑으로 이스라엘을 기다리고 계시며 종국적으로 이스라엘이 하나님께 회개하고 돌아와 그들의 구원을 회복할 것이라고 말씀하셨습니다.

우리는 이방인으로서 하나님께 은혜를 받아 하나님의 자녀가 되었고 그리스도의 신부가 되었습니다. 얼마나 큰 은혜이고 사랑인지 말로 다 할 수 없습니다. 우리가 하나님의 자녀가 되고 그리스도의 신부가 된 것은 무엇으로 말미암은 것입니까? 그것은 바로 '믿음' 입니다. 오직 믿음으로 값없이 의롭다 함을 얻어 하나님과 화목하게 되었고 영생을 얻게 되었으므로 우리는 이 복음을 위해 살아야 합니다.

여러분, 인간이 이 세상에 태어나서 살다가 이 세상을 떠날 때 남기는 것들이 무엇입니까? 결국 따지고 보면 수고와 슬픔뿐입니다. 그렇다면 우리 인간에게 있어서 가장 위대하고 훌륭한 삶의 목적은 무엇입니까?

바로 예수 그리스도를 구주로 모시고 주님의 영광을 위해서 사는 것입니다. 예수님을 믿고 구원을 얻어 남은 인생을 하나님을 위해 살 때 참행복이 있습니다. 결혼을 해도 주님의 영광을 위하여, 사업을 해도 주님의 영광을 위하여, 공부를 해도 주님의 영광을 위해서 하는 등 모든 생활의 목적을 주님의 영광에 둘 때 인생의 보람이 있습니다. 우리의 생활 가운데 주님의 영광을 빼 버리면 아무런 의미와 가치가 없습니다. 참다운 만족이 없으며 참다운 행복이 없습니다.

사람은 다른 동물들과는 달리 배가 부르고 등이 따뜻하다고 해서 다 행복하고 만족스럽지 않습니다. 인간은 다른 피조물과 달리 하나님의 형상과 모양을 따라 지음을 받은 존재이며 영혼을 소유한 존재이기 때문입니다. 그런데 우리의 육신 속에 있는 영혼을 만족시켜 줄 분은 오직 하나님 밖에 없습니다. 하나님께서 우리들의 영혼을 만족시켜 주시기 전까지는 인간에게 참된 만족과 휴식이 없습니다. 하나님의 위로하심이 없는 마음에는 세월이 흘러갈수록 공허함이 더욱 깊어질 뿐입니다. 젊었을 때는 그래도 세상에 무엇이 있을 것을 기대하며 세상을 향하여 열심히 뛰지만 나이가 점점 들어 갈수록 마음에 허전함이 깊어집니다.

그러나 예수 그리스도를 구주로 모신 사람은 갈수록 믿음과 소망과 사랑으로 충만해집니다. 결국 육신의 장막을 벗고 하늘나라에 갈 때 우리의 구원은 완성될 것입니다. 그러므로 우리는 이 땅에 사는 동안 더욱더 하나님 중심으로 살고 하나님의 영광을 위하여 살아야 합니다. 그리고 영원한 안식처인 천국을 우리 이웃들에게 소개해 주어야 합니다. 주님을 위하여 행한 것만이 진실로 영원토록 우리에게 남을 것입니다.

제 11 장

이스라엘의 구원

A COMMENTARY ON
THE EPISTLE TO THE
ROMANS

사도 바울은 한때 자신의 민족인 이스라엘이 혹시 하나님께 영원한 버림을 당하는 것이 아닐까 하는 문제로 많은 고민을 했습니다. 그래서 이에 대한 문제를 주로 9장부터 본 장에 걸쳐 다루고 있습니다. 9장에서는 구원에 대한 하나님의 놀라운 예정에 대하여 언급했고, 10장에서는 이스라엘이 하나님께 불신앙함으로 말미암아 거부되었음을 밝혔습니다. 9장과 10장에서 지나간 역사에 대하여 언급한 사도 바울은 이제 본 장에서 하나님의 미래의 구원에 관하여 전망합니다.

본 장에서는 이방인들이 하나님을 믿음으로 구원을 얻게 되고, 종국적으로는 이스라엘도 하나님의 은혜를 받아 구원을 받게 될 것을 말하고 있습니다.

1. 이스라엘을 버리지 않으신 하나님
(11:1-12)

1. 그러므로 내가 말하노니 하나님이 자기 백성을 버리셨느냐 그럴
수 없느니라 나도 이스라엘인이요 아브라함의 씨에서 난 자요 베냐
민 지파라 2. 하나님이 그 미리 아신 자기 백성을 버리지 아니하셨
나니 너희가 성경이 엘리야를 가리켜 말한 것을 알지 못하느냐 그가
이스라엘을 하나님께 고발하되 3. 주여 그들이 주의 선지자들을 죽
였으며 주의 제단들을 헐어 버렸고 나만 남았는데 내 목숨도 찾나이
다 하니 4. 그에게 하신 대답이 무엇이냐 내가 나를 위하여 바알에
게 무릎을 꿇지 아니한 사람 칠천 명을 남겨 두었다 하셨으니 5. 그
런즉 이와 같이 지금도 은혜로 택하심을 따라 남은 자가 있느니라
6. 만일 은혜로 된 것이면 행위로 말미암지 않음이니 그렇지 않으면
은혜가 은혜 되지 못하느니라 7. 그런즉 어떠하냐 이스라엘이 구하
는 그것을 얻지 못하고 오직 택하심을 입은 자가 얻었고 그 남은 자

들은 우둔하여졌느니라 8. 기록된바 하나님이 오늘까지 그들에게
혼미한 심령과 보지 못할 눈과 듣지 못할 귀를 주셨다 함과 같으니라
9. 또 다윗이 이르되 그들의 밥상이 올무와 덫과 거치는 것과 보응이
되게 하시옵고 10. 그들의 눈은 흐려 보지 못하고 그들의 등은 항상
굽게 하옵소서 하였느니라 11. 그러므로 내가 말하노니 그들이 넘어
지기까지 실족하였느냐 그럴 수 없느니라 그들이 넘어짐으로 구원이
이방인에게 이르러 이스라엘로 시기나게 함이니라 12. 그들의 넘어
짐이 세상의 풍성함이 되며 그들의 실패가 이방인의 풍성함이 되거
든 하물며 그들의 충만함이리요

1절 그러므로 내가 말하노니 하나님이 자기 백성을 버리셨느냐 그럴 수 없느니라 나도 이스라엘인이요 아브라함의 씨에서 난 자요 베냐민 지파라

사도 바울은 앞 장에서 하나님의 사랑을 이스라엘이 거부한 것에 대해서 말했으나 이제 본 장에서는 그것이 결정적인 것이 아님을 말합니다. 그는 본 절로부터 12절에서 먼저 자신의 간증을 말한 다음 엘리야 시대의 남은 자들의 신앙을 들어 지금도 이스라엘의 거부는 일시적이며 부분적이기 때문에 이스라엘이 다시 회복될 가능성이 있음을 밝힙니다. 바울은 이사야와 다윗의 예언을 인용하여 그 사실을 입증하고 있습니다.

9장과 10장에 이어 새로운 논리를 전개하기 위하여 사도 바울은 1절에서 "그러므로 내가 말하노니"라고 서두를 꺼냅니다. 사도 바울은 먼저 '하나님께서 자기 백성, 즉 이스라엘 민족을 버리신 것일까?' 라고 질문합니다. 그리고 그 질문에 대하여 '그럴 수 없느니라' 고 힘 있게 부정하면서 이유를 설명합니다. "나도 이스라엘인이요 아브라함의 씨에서 난 자

요 베냐민 지파라". 사도 바울이 이것을 말한 이유는 자신의 민족적 자랑을 나타내기 위함이 아니고 이스라엘 민족 전체가 버려진 것이 아님을 말하기 위함입니다.

사도 바울은 이스라엘인이며, 베냐민 지파의 혈통을 이어받은 언약의 자손이었습니다(고후 11:22; 빌 3:5). 그는 모든 면에서 순수한 유대인이었습니다. 바울은 여기서 자신이 구원을 얻어 그리스도인이 된 사실이 곧 하나님께서 이스라엘 민족 전체를 버리시지 않은 증거라고 주장합니다.

2절 **하나님이 그 미리 아신 자기 백성을 버리지 아니하셨나니 너희가 성경이 엘리야를 가리켜 말한 것을 알지 못하느냐 그가 이스라엘 하나님께 고발하되**

이스라엘은 하나님께 택함 받은 민족으로서 다른 민족보다 특별한 하나님의 사랑을 받았습니다. 하나님께서는 한 번 작정하시고 택하신 백성은 결코 버리지 않으십니다. 시편 94편 14절에도 "야훼께서는 자기 백성을 버리지 아니하시며 자기의 소유를 외면하지 아니하시리로다" 라고 말씀하고 있습니다. 그러므로 하나님으로부터 택함 받은 우리들도 결코 버림받지 않고 끝까지 보호하심을 받을 것이며 하늘나라까지 인도함을 받게 될 것입니다(요 10:28).

사도 바울은 하나님께서 이스라엘 민족을 버리지 않으셨다는 사실을 구약 성경에 나오는 엘리야 사건을 인용함으로 다시 한번 강조합니다. 엘리야 사건은 너무나 잘 알고 있는 이야기이기 때문에 사도 바울은 "너희가……알지 못하느냐" 고 반문합니다.

3절 주여 그들이 주의 선지자들을 죽였으며 주의 제단들을 헐어 버렸고 나만 남았는데 내 목숨도 찾나이다 하니

엘리야는 이세벨을 피하여 호렙 산에 숨었을 때 하나님께 죽기를 간청했습니다(왕상 19:1-10). 엘리야는 아합 왕 시대에 활약한 이스라엘의 선지자였습니다. 그는 하나님께 기도하여 3년 6개월 동안 이스라엘 땅에 비가 오지 않게 하기도 했습니다(왕상 17:1,7; 약 5:17). 그 후 '내가 비를 지면에 내리리라' 는 하나님의 말씀을 받았을 때(왕상 18:1; 약 5:18) 갈멜 산에서 바알 신을 섬기는 제사장들과 겨루었습니다. 이 싸움은 아합 왕과 이스라엘 백성들이 지켜보는 가운데 어느 신이 참신인가를 판가름 짓기 위한 결전이었습니다. 엘리야가 거짓 선지자들을 향하여 "너희는 너희 신의 이름을 부르라 나는 야훼의 이름을 부르리니 이에 불로 응답하는 신 그가 하나님이니라" (왕상 18:24)고 선언했습니다.

이에 먼저 바알 선지자들이 아침부터 낮까지 바알의 이름을 부르며 하늘로부터 불이 떨어지기를 기원했습니다. 나중에는 큰 소리로 부르짖다가 그 규례를 따라 피가 흐르기까지 칼과 창으로 몸을 자해하며 부르짖었으나 저녁때까지 아무런 역사(役事)도 일어나지 않았습니다. 결국 바알 신으로부터 아무런 응답이 없자 이번에는 엘리야의 차례가 되었습니다. 엘리야는 무너진 야훼의 단을 수축하고 나무를 쌓고 송아지를 잡아 각을 떠서 얹고 물을 가득히 부었습니다. 그리고 하나님께 간절히 기도했습니다. "아브라함과 이삭과 이스라엘의 하나님 야훼여 주께서 이스라엘 중에서 하나님이신 것과 내가 주의 종인 것과 내가 주의 말씀대로 이 모든 일을 행하는 것을 오늘 알게 하옵소서 야훼여 내게 응답하옵소서 내게 응

답하옵소서 이 백성에게 주 야훼는 하나님이신 것과 주는 그들의 마음을 되돌이키심을 알게 하옵소서" (왕상 18:36-37). 이에 하나님께서는 하늘로부터 불을 내리셔서 그 소제물을 다 태우고 흘러넘치는 물까지 마르게 하셨습니다.

그 후에 엘리야는 바알 선지자들을 잡아서 기손 시내에서 다 죽였습니다. 그러나 엘리야가 위풍당당하게 이스라엘 성으로 들어왔을 때, 이세벨은 그를 죽이겠다고 사신을 보내 협박했습니다(왕상 19:1-2). 그 말을 전해 들은 엘리야는 낙심하여 그 길로 호렙 산 광야로 도망쳤습니다. 그곳에서 한 로뎀 나무 아래에 앉아 하나님께 죽기를 간구했습니다. 이에 하나님은 천사를 보내어 엘리야를 격려하셨고 육신과 영혼을 회복시키셔서 호렙 산으로 부르셨습니다.

엘리야가 그곳 굴에 들어가서 기거하고 있을 때 하나님의 말씀이 임했습니다. "엘리야야 네가 어찌하여 여기 있느냐?" (왕상 19:9). 이에 엘리야는 하나님께 이스라엘 민족을 고발합니다. "내가 만군의 하나님 야훼께 열심이 유별하오니 이는 이스라엘 자손이 주의 언약을 버리고 주의 제단을 헐며 칼로 주의 선지자들을 죽였음이오며 오직 나만 남았거늘 그들이 내 생명을 찾아 빼앗으려 하나이다" (왕상 19:10).

엘리야는 우상 섬기기를 거부하고 하나님께 신앙의 충절을 지킨 사람이 자기 혼자뿐인 줄로 착각하고 이스라엘 백성을 송사하였던 것입니다.

4절 **그에게 하신 대답이 무엇이냐 내가 나를 위하여 바알에게 무릎을 꿇지 아니한 사람 칠천 명을 남겨 두었다 하셨으니**

이 구절은 열왕기상 19장에서 엘리야의 호소에 대한 하나님의 응답입니다(왕상 19:18). 엘리야는 모든 이스라엘 백성이 타락한 것으로 송사하였으나 하나님께서는 신앙을 끝까지 지킨 자가 7천 명이나 남아 있다고 하셨습니다. 하나님께서는 자신을 위하여 항상 예비하고 남겨 두시는 분입니다. 사회가 아무리 혼탁하고 죄악이 만연한다 할지라도 하나님을 중심으로 생활하는 신앙인들을 세우시고, 그들을 통하여 역사하시는 것입니다. 그렇기 때문에 우리는 인간적인 눈으로만 우리 주위를 바라보고 실망할 필요가 없습니다. 하나님의 생각은 우리의 생각과 다르고, 하나님의 길은 우리의 길과 다르며 하나님의 생각과 길은 우리의 그것보다 높기 때문입니다(사 55:8-9).

사도 바울이 3절과 본 절에서 엘리야 시대 이야기를 인용한 것은 엘리야 시대와 초대 교회 당시의 모습을 대비하면서 이스라엘을 하나님께서 버리시지 않았다는 것을 증명하기 위함입니다. 엘리야가 살던 시절 대부분의 이스라엘 백성들이 하나님을 배반했지만, 끝까지 신앙을 지킨 사람들도 있었습니다. 이와 같이 초대 교회 시대에도 이스라엘 백성들이 하나님을 거역하고 믿음의 도를 배반하는 등 신앙이 타락한 것은 사실이지만, 그 가운데서도 하나님을 끝까지 섬기고 충성을 보인 유대인들이 있었던 것입니다.

5절 그런즉 이와 같이 지금도 은혜로 택하심을 따라 남은 자가 있느니라

다수의 유대인들은 그리스도의 복음을 반대하고 영접하지 않은 듯이 보이지만 하나님의 은혜로 택하심을 따라 남은 사람들이 있다는 것입니다. 이스라엘의 불신앙과 배교가 아무리 널리 퍼져 있다고 해도 이스라

엘 가운데에 하나님께서 남은 자를 은혜로 택하셨다는 것은 이스라엘을 사랑하시는 증거입니다. 불신앙의 시대에 하나님의 백성이 될 수 있는 것은 자신의 공적이나 노력이 아니라 하나님의 은혜와 택하심에 의한 것입니다.

내가 인도에 복음을 전하러 갔을 때의 일입니다. 나는 인도의 인구가 약 10억 명이나 되는데 그중 기독교인의 수는 고작 5천만 명에 지나지 않는다는 사실에 너무나도 큰 충격을 받았습니다. 더구나 나머지 9억 5천만 명은 모두 힌두교도들입니다. 그러므로 인도에서는 성도들의 모습을 쉽게 찾아 볼 수가 없습니다. 교회당을 찾는 일도 마찬가지입니다.

그래서 나는 크게 좌절하고 호텔에 돌아와 울면서 기도했습니다. "하나님! 전지전능하시고 무소부재하시며 상천하지에 오직 한 분뿐이신 하나님께서 어떻게 힌두교에게 눌려 기독교가 이렇게 초라하도록 내버려 두실 수가 있단 말입니까? 하나님께서 힌두신보다 약하십니까?

이때 하나님께서 내게 깨닫게 해 주셨습니다. "이 사람아! 하나님께서 힌두신보다 약하실 리도 없고 능력이 모자라실 리도 없다. 다만 하나님께서 이 나라 사람들을 많이 선택하지 않으셨을 뿐이다. 많이 택하고 적게 택할 권리는 전적으로 하나님께 있다." 이런 깨달음을 얻은 나는 '아하! 하나님께서 인도인들을 많이 선택하실 수가 없어서도 아니고, 힌두신보다 능력이 약하셔서도 아니라 오히려 이 5천만 명을 인도의 남은 자로 삼으신 것이구나!' 라고 생각하게 되었습니다.

그러므로 구원받은 우리에게는 오직 하나님께 감사만 있을 따름인 것입니다.

6절 만일 은혜로 된 것이면 행위로 말미암지 않음이니 그렇지 않으면 은혜가 은혜 되지 못하느니라

이 말씀은 하나님의 은혜에 대한 강조입니다. 은혜와 행위는 본질적으로 대립되는 개념입니다. 은혜는 값없는 선물이며, 행위는 그 자체가 값이기 때문입니다. 은혜는 무조건적이며 순수한 선물입니다. 은혜가 값을 지불하는 것이라면 은혜가 될 수 없습니다.

그런데 오늘날 복음을 잘못 이해하고 있는 사람들이 있습니다. 율법을 안 지키면 하나님께 버림받는다는 식의 율법주의적인 신앙을 믿고 전하는 사람들입니다. 이러한 신앙은 예수님을 믿는 믿음에 기초를 둔 것이 아니라, 오직 행함에 그 기초를 둡니다. 이런 신앙을 가진 사람은 매우 신실한 것 같지만 지식에 따른 열심이 아니기 때문에 잘못된 방향으로 흘러가기 쉽습니다.

또한 어떤 사람들은 구원을 받기 위해서는 은혜와 행위가 병행되어야 한다고 생각합니다. 하나님께서 예수 그리스도의 십자가 보혈의 공로로 우리에게 구원의 은혜를 베풀어 주셨지만, 우리의 행위의 대가도 있어야만 완전한 구원을 받을 수 있다고 주장합니다. 그렇기 때문에 절대로 하나님의 은혜만으로는 구원받을 수 없다고 말합니다. 바로 이러한 신앙이 은혜와 율법이 섞여 있는 신앙입니다.

그러나 구원 문제에 관한한 우리가 구원받은 것은 전적으로 하나님의 은혜라고 성경은 말씀하고 있습니다. "너희는 그 은혜에 의하여 믿음으로 말미암아 구원을 받았으니 이것은 너희에게서 난 것이 아니요 하나님의 선물이라 행위에서 난 것이 아니니 이는 누구든지 자랑하지 못하게 함이라" (엡 2:8-9).

행위는 하나님의 축복을 받을 수 있는 하나의 조건은 될 수 있습니다. 그러나 행위 그 자체가 우리를 구원하는 것은 아닙니다. 우리가 죄를 지었음에도 불구하고, 못났음에도 불구하고, 버림을 받아야 함에도 불구하고, 웬일인지 웬 은혜인지 주님께서 일방적으로 우리를 사랑해 주셔서 구원시켜 주신 것을 잊지 말아야 합니다. 일생을 통하여 구원의 은총을 베풀어 주신 주님의 은혜에 감사해야 할 것입니다.

7절 그런즉 어떠하냐 이스라엘이 구하는 그것을 얻지 못하고 오직 택하심을 입은 자가 얻었고 그 남은 자들은 우둔하여졌느니라

본 절은 1절로부터 6절까지 언급한 내용의 결론이 되는 말씀입니다. 이스라엘 민족이 구하는 구원은 결국 얻을 수가 없었습니다. 다만 그들 가운데 하나님의 택하심을 받은 사람들만이 구원을 얻고, 대다수의 사람들은 마음이 완고해졌습니다. '우둔하여졌다' 는 말은 영적, 윤리적으로 무감각하게 되었다는 뜻입니다. 이스라엘 민족은 구원을 얻기 위하여 열심히 율법과 제도를 지켰습니다. 그러나 인간의 행위로는 구원을 받을 수 없기 때문에 그들의 대다수는 참된 구원을 얻지 못하고 만 것입니다.

오늘날에도 예수님을 믿지 않는 사람들 가운데는 마음이 우둔한 사람들이 너무나 많습니다. 아무리 복음을 알아듣기 쉽게 설명해 주고 천국을 소개해 주어도 듣지 않을 뿐만 아니라 오히려 저주까지 하는 경우를 많이 봅니다. 잠시 있다 사라지는 안개와 같은 인생을 살다가 영원히 꺼지지 않는 불에 들어가 고통받을 운명임에도 불구하고 복음을 거부하는 것을 볼 때 안타깝기 짝이 없습니다. 그러므로 우리가 하나님의 은혜로

말미암아 복음을 깨닫고 예수님을 믿은 것이 얼마나 기쁜 일인지 모릅니다. 우리의 입에서 '아멘, 할렐루야' 라는 말이 나온다는 것이 얼마나 놀라운 일인지 모릅니다. 우리 모두 은혜로 택해 주시고 우리의 마음을 부드럽게 하여 복음을 깨닫게 해 주신 하나님께 감사해야 합니다.

8절 기록된바 하나님이 오늘까지 그들에게 혼미한 심령과 보지 못할 눈과 듣지 못할 귀를 주셨다 함과 같으니라

이제 사도 바울은 이스라엘 민족이 영적, 윤리적인 면에서 우둔하게 된 것을 구약 성경 말씀을 인용하여 묘사합니다. 본 절은 신명기 29장 4절 말씀과 이사야서 6장 9절과 10절 그리고 29장 9절 말씀을 인용한 것입니다. 이스라엘의 우둔함에 대하여 모세나 이사야가 가졌던 통분된 마음이 사도 바울의 가슴에도 가득했던 것입니다.

본 절에서 '혼미한 심령' 이라 함은 영적, 윤리적 호소에 반응을 보일 수 없게 된 상태로서 심령이 마비된 것을 뜻합니다. 또한 '보지 못할 눈과 듣지 못할 귀' 는 그와 같이 영적 윤리적으로 마비되어 있는 이스라엘 민족의 상태를 구체적으로 표현하는 말입니다. '오늘까지' 는 사도 바울이 로마서를 쓰던 때에 이르기까지라는 의미입니다. 이스라엘 민족이 영적으로 우둔한 상태가 그 당시까지 계속되어 그리스도의 복음을 영접하려고 하지 않는다고 사도 바울은 탄식하고 있는 것입니다.

인간은 죄를 지은 이후 마음이 부패되어 눈과 귀는 있으나 영계(靈界)의 사실을 보지 못하고 듣지도 못하게 되었습니다. 오직 하나님께서 성령으로 말미암아 눈과 귀를 열어 주셔야만 하늘나라의 비밀을 깨달을 수 있습니다.

9-10절 또 다윗이 이르되 그들의 밥상이 올무와 덫과 거치는 것과 보응이 되게 하시옵고 그들의 눈은 흐려 보지 못하고 그들의 등은 항상 굽게 하옵소서 하였느니라

사도 바울은 시편 69편 22절부터 23절까지의 말씀을 인용하여 이스라엘의 율법주의자들을 책망합니다. 본 절에서 '밥상' 이란 하나님 앞에서 행하는 종교적인 의식과 형식을 집행하는 축하연의 식탁을 말합니다. '올무' 와 '덫' 과 '거치는 것' 은 다 같은 의미입니다. 즉, '올무' 는 새나 짐승을 잡는 데 쓰는 올가미이고, '덫' 은 새를 잡는 그물이며, '거치는 것' 은 짐승을 잡는 함정으로 모두 다 함정이란 의미로 쓰인 말들입니다. 또한 '보응' 은 하나님의 심판을 의미합니다. '그들의 눈은 흐려 보지 못하고' 라는 것은 이스라엘 민족이 영적으로 맹인이 되어서 하나님의 진리를 올바로 보지 못하는 것을 말합니다. '그들의 등은 항상 굽게 하옵소서' 라는 말은 언제까지나 율법의 무거운 짐을 지고 있어도 좋다는 뜻입니다.

원문은 다윗 왕이 그를 이해하지 못하고 동정하지 못한 자들이 보복을 받도록 기도한 것으로서 그 뜻은 다음과 같습니다. 즉, 불의한 자가 안일한 중에 향락의 식탁을 받고 있을 때 홀연히 하나님의 심판이 다른 침략군을 통해서 나타나 그들의 향락과 식탁은 오히려 올무가 되고 덫이 되며 하나님의 심판의 보응을 받게 된다는 것입니다. 또한 그들이 포로가 될 때 그들의 눈은 어두워지고 그들의 등은 굽어지게 될 것을 바라는 내용입니다.

위와 같은 원문의 뜻을 사도 바울은 이스라엘의 율법자들에게 적용하고 있습니다. 곧 이스라엘 민족의 다수가 하나님의 선민임을 자랑하면서

하나님의 은혜보다는 율법을 더 중히 여김으로 영안이 흐려지고 율법의 짐이 더 무거워지는 사실에 대해서 사도 바울은 탄식하는 것입니다.

오늘날 그리스도의 은혜를 깨닫지 못하고 율법만을 중히 여기는 사람은 항상 율법과 죄책의 무거운 짐을 걸머지고 살기 때문에 제대로 등 한번 펴지 못하고 늘 등이 굽어진 상태로 살고 있습니다. 마음속에 기쁨과 소망과 자유가 있는 사람은 눈동자가 빛날 뿐만 아니라 어깨를 활짝 펴고 살아갑니다. 문제가 쌓여 있는 사람은 그 걸음걸이가 힘이 없으며 눈동자는 흐릿하고, 어깨는 축 늘어져 있습니다. 수고하고 무거운 짐을 졌기 때문에 그럴 수밖에 없을 것입니다. 그런데 우리 예수 믿는 사람은 빛나는 눈동자를 가지고 등을 편 상태로 이 세상을 살아갈 수 있습니다. 예수님께서 우리의 수고하고 무거운 짐을 대신 져 주시기 때문입니다(마 11:28).

11절 그러므로 내가 말하노니 그들이 넘어지기까지 실족하였느냐 그럴 수 없느니라 그들이 넘어짐으로 구원이 이방인에게 이르러 이스라엘로 시기나게 함이니라

'그들이 넘어짐' 이란 이스라엘 민족이 다시 일어설 수 없는 상태, 곧 멸망에 빠져 버리는 것을 말합니다. 사도 바울은 이스라엘 민족이 그리스도의 복음으로 말미암아 실족하게 된 것이 하나님께 영원히 버림받은 것이 아닌지 스스로 질문해 봅니다. 이러한 질문에 대하여 사도 바울은 '그럴 수 없느니라' 고 단호하게 대답하면서 하나님의 놀라우신 섭리를 선언합니다. 즉, 이스라엘이 실족한 것은 사실이나 그것은 영원한 것이 아니며 하나님의 섭리에 의한 것임을 밝힘으로 그들의 회복의 가능성을 시사하고 있습니다. 복음에 대한 이스라엘 민족의 불신앙으로 인하여 구

원의 은총은 이방인에게 미치게 되었고, 그것은 이스라엘 민족에게 영적인 시기심을 불러 일으키게 만들었습니다. 이스라엘이 넘어짐으로 구원이 이방 지역에 이르게 되었고, 구원이 이방 지역에 이름으로 말미암아 이스라엘에게 시기심을 일으켜 다시 하나님께 돌아오게 된다는 것입니다. 그러므로 결국 이스라엘과 이방인들이 다 같이 구원의 은혜 속에 참여하게 된 것입니다. 우리는 이러한 놀라운 하나님의 역사(役事) 속에서 하나님의 섭리를 엿볼 수 있습니다.

12절 그들의 넘어짐이 세상의 풍성함이 되며 그들의 실패가 이방인의 풍성함이 되거든 하물며 그들의 충만함이리요

본 절에서 '세상'은 하나님을 떠난 불신 세계를 가리키며, 특히 유대인과 대조되는 이방인 세계를 말합니다. '풍성함'은 그리스도의 복음으로 인하여 초래된 구원과 축복을 말하며 '그들의 충만함'이란 이스라엘 민족에 대한 하나님의 계획이 완성되는 것을 의미합니다. 11절에서 우리는 이스라엘 민족의 죄와 실패가 이방인에게 구원의 은총이 임하게 된 원인이 되었다는 것을 알았습니다. 실로 이스라엘이 넘어짐으로 구원의 복음이 이방인에게 미쳐 이방인들로 하여금 하나님의 축복을 받아 풍성하게 되었습니다. 그리고 멀지 않아 이방인이 구원을 얻고 다시 이스라엘 민족에 대한 하나님의 구원의 계획과 섭리가 완성되었을 때 인류는 더욱 풍성함을 누리게 될 것입니다.

2. 이방인은 자긍하지 말라(11:13-24)

13. 내가 이방인인 너희에게 말하노라 내가 이방인의 사도인 만큼 내 직분을 영광스럽게 여기노니 14. 이는 혹 내 골육을 아무쪼록 시기하게 하여 그들 중에서 얼마를 구원하려 함이라 15. 그들을 버리는 것이 세상의 화목이 되거든 그 받아들이는 것이 죽은 자 가운데서 살아나는 것이 아니면 무엇이리요 16. 제사하는 처음 익은 곡식 가루가 거룩한즉 떡덩이도 그러하고 뿌리가 거룩한즉 가지도 그러하니라 17. 또한 가지 얼마가 꺾이었는데 돌감람나무인 네가 그들 중에 접붙임이 되어 참감람나무 뿌리의 진액을 함께 받는 자가 되었은즉 18. 그 가지들을 향하여 자랑하지 말라 자랑할지라도 네가 뿌리를 보전하는 것이 아니요 뿌리가 너를 보전하는 것이니라 19. 그러면 네 말이 가지들이 꺾인 것은 나로 접붙임을 받게 하려 함이라 하리니 20. 옳도다 그들은 믿지 아니하므로 꺾이고 너는 믿으므로 섰느니라 높은 마음을 품지 말고 도리어 두려워하라 21. 하나님이 원가지들도 아끼지 아니하셨은즉 너도 아끼지 아니하시리라 22. 그러므로 하나님의 인자하심과 준엄하심을 보라 넘어지는 자들에게는 준엄하심이 있으니 너희가 만일 하나님의 인자하심에 머물러 있으면 그 인자가 너희에게 있으리라 그렇지 않으면 너도 찍히는 바 되리라 23. 그들도 믿지 아니하는 데 머무르지 아니하면 접붙임을 받으리니 이는 그들을 접붙이실 능력이 하나님께 있음이라 24. 네가 원돌감람나무에서 찍힘을 받고 본성을 거슬러 좋은 감람나무에 접붙임을 받았으니 원가지인 이 사람들이야 얼마나 더 자기 감람나무에 접붙이심을 받으랴

13절 내가 이방인인 너희에게 말하노라 내가 이방인의 사도인 만큼 내 직분을 영광스럽게 여기노니

사도 바울은 로마에 있는 이방인 그리스도인들에게 새로운 각도에서 말합니다. 그는 먼저 이방인의 사도로 하나님께 부름 받음에 대하여 아주 영광스럽게 생각한다고 말합니다(행 22:21; 갈 2:7-9; 딤전 2:7).

똑같은 사도이지만 하나님께서는 베드로를 유대인에게 복음을 전할 사도로 부르셨습니다. 하지만 바울은 하나님으로부터 이방인에게 복음을 전할 직분을 받았습니다. 바울이 이방인들에게 복음을 전하면 이방인들은 그 복음을 듣고 바로 회개하고 주께로 돌아왔습니다. 그런데 이상하게도 바울이 유대인들에게 복음을 전하면 유대인들은 반발하고 심지어 바울을 죽이려고까지 했습니다.

이런 경험은 나에게도 있습니다. 내가 지금까지 수십 년 동안 목회하면서 목회자로서 뿐만 아니라, 부흥사로서 수많은 집회를 했습니다. 그런데 부흥사 초년 시절에 한국에서 부흥회를 열면 그 지역 목회자들이 집단으로 나에게 반발을 하는 것이었습니다. 그래서 한국 내에서 대형 부흥 집회를 하는 것은 매우 힘들고 어려웠습니다. 하지만 내가 해외에만 나가면 어디를 가든지 대환영이었습니다. 미국에서도 또한 구라파나 동남아나 남미를 가도, 오대양 육대주 그 어디를 가도 내게 항의하거나 반발하는 세력들이 없었습니다. 오히려 구름같이 몰려와서 나의 설교를 듣고 회개하며 병을 치유 받고, 갖가지 기적을 경험했습니다. 그래서 내가 깨닫기를 "나도 바울과 같이 해외에 나가서 집회하라는 하나님의 뜻이구나!" 이렇게 생각했던 적이 있습니다.

그것을 깨달은 뒤로 나는 외국에만 나가면 자신감이 넘치는 것이었습니다. 더구나 동양 사람들은 백인들 앞에 서면 위축되기 마련인데, 나는 그 사람들 앞에만 서면 더욱 힘이 솟고, 하나님께서 더 큰 은사와 능력을 부어 주시는 것이었습니다. 그래서 나는 되도록이면 한국 내에서는 우리 여의도순복음교회를 제외하고는 집회를 잘 하지 않았습니다. 그리고 될 수 있으면 외국에서 외국인들을 대상으로 한 집회에 열정을 쏟았습니다.

이처럼 하나님의 백성들은 오직 하나님의 뜻을 따라야 합니다. 사도 바울도 자기의 계획대로 아시아 지역을 먼저 복음화 하겠다고 비두니아로 가려 했지만, 성령님께서 막으시고 마게도냐로 보내셨습니다. 자신의 계획이 꺾이자 어쩔 수 없이 성령님의 인도를 따라 마게도냐로 갔더니 큰 성공을 거둘 수 있었습니다. 빌립보, 데살로니가, 베뢰아, 아덴, 고린도 교회를 시작으로 전 유럽이 복음화 되었습니다.

대개 주의 종들이 처음 개척을 할 때는 자꾸만 서울이나 대도시로 나가려고 합니다. 농어촌이나 산골에는 들어갈 생각을 아예 안 합니다. 하지만 성령님께서 농촌으로 가라시면 가야 합니다. 조그만 섬으로 가라고 하시면 당연히 순종해야 합니다. 성령님께서 농촌으로 가라고 하실 때, 그곳에 교회를 세우면 하나님의 뜻대로 온전한 교회가 세워질 수 있는데, 그곳에 가지 않겠다고 성령님과 씨름하면 목회에 성공할 수가 없습니다.

그래서 바울은 "하나님께서 나를 이방인의 사도로 직분을 주셔서 보내셨기에 나는 내 직분을 영광스럽게 여긴다."라고 말한 것입니다. 사도 바울은 자신을 이방인의 사도로 부르신 것을 진심으로 영광스럽게 생각했습니다. 그리고 그 영광스러운 직분에 사명감을 갖고 목숨을 다해 목회하였던 것입니다.

사도 바울이 이방인의 사도로서의 직분을 영광스럽게 생각했듯이, 우리도 하나님께서 맡겨 주신 직분을 귀하고 영광스럽게 여겨야 합니다. 하나님께서는 자기의 직분에 충실한 사람을 들어 쓰시는 것입니다.

14절 이는 혹 내 골육을 아무쪼록 시기하게 하여 그들 중에서 얼마를 구원하려 함이라

11절의 말씀을 이루기 위한 사도 바울의 노력이 본 절에 보입니다. '골육' 이란 '동포, 동족' 이라는 뜻으로서 본문에서는 이스라엘 민족을 말합니다. 실로 사도 바울이 이방인의 사도로서 이방인들에게 열심히 복음을 전하는 것은 이스라엘 민족으로 하여금 시기하게 하여 어찌하든지 하나님의 구원에 참여하도록 하기 위함이었습니다. 그는 이방인의 사도로 부름 받았으나 항상 이스라엘 민족의 구원의 문제에 대해서도 관심을 가지고 있었던 것입니다. 그러므로 그의 이방인 전도는 이스라엘 민족에 대한 사랑의 한 방법이었으며 동족에 대한 효과적인 선교의 한 방법이기도 했습니다. 사도 바울은 자기 나라와 민족을 사랑할 줄 아는 애국자였습니다.

15절 그들을 버리는 것이 세상의 화목이 되거든 그 받아들이는 것이 죽은 자 가운데서 살아나는 것이 아니면 무엇이리요

본 절은 12절에 대한 보충 설명의 말씀입니다. '세상의 화목' 이란 이방인들이 하나님과 예수 그리스도로 말미암아 화해하게 된 것을 말하며, '받아들인다' 는 것은 하나님의 은혜로 다시 이스라엘 민족이 메시아

왕국에 들어갈 은혜를 얻게 된다는 뜻입니다. 이스라엘이 복음을 거부함으로 복음이 이방인에게 미치고 전 세계는 복음을 통하여 하나님과 화목하게 되었습니다. 그러나 더욱 중요한 것은 이스라엘 민족이 하나님께로 돌아와 하나님의 나라에 들어가게 되는 일입니다. 본 절에서 "죽은 자 가운데서 살아나는 것이 아니면 무엇이리요"라는 말은 하나님 앞에 영적으로 죽은 자가 된 이스라엘 민족이 회개하고 다시 하나님에 의하여 살리심을 받는다는 뜻입니다.

누가복음 15장 11절부터 32절을 보면 탕자 이야기가 나옵니다. 탕자가 아버지의 재산을 가지고 먼 곳에 가서 다 허비한 다음에 집에 돌아왔을 때 아버지는 모든 것을 용서하고 잘 대접해 주었습니다. 그때 밭에서 돌아온 큰 아들이 그것을 보고 아버지께 불만을 표시했습니다. "내가 여러 해 아버지를 섬겨 명을 어김이 없거늘 내게는 염소 새끼라도 주어 나와 내 벗으로 즐기게 하신 일이 없더니 아버지의 살림을 창녀들과 함께 삼켜 버린 이 아들이 돌아오매 이를 위하여 살진 송아지를 잡으셨나이다"(눅 15:29-30).

이에 아버지는 다음과 같은 의미심장한 말을 했습니다. "이 네 동생은 죽었다가 살아났으며 내가 잃었다가 얻었기로 우리가 즐거워하고 기뻐하는 것이 마땅하다"(눅 15:32). 탕자가 아버지의 품을 잠시 떠났다가 돌아왔듯이 하나님의 품을 떠난 이스라엘 민족이 하나님께 돌아오는 그날 주님은 누가복음 15장 32절과 같은 말씀을 하실 것입니다.

그러면 그때가 언제일까요? 7년 환난이 끝나고 주님께서 미리 부활한 이방인 성도들과 함께 재림하시고 천년왕국을 세울 때입니다. 메시아 왕국에 들어갈 때 하나님께 회개하고 돌아온 유대인들도 함께 참여하게 되는 것입니다.

16절 제사하는 처음 익은 곡식 가루가 거룩한즉 떡덩이도 그러하고 뿌리가 거룩한즉 가지도 그러하니라

사도 바울은 민수기 15장 17절부터 21절까지의 비유의 말씀을 인용하면서 유대 민족이 복음을 영접하지 않더라도 하나님의 사랑 가운데 있는 이유를 설명합니다. '처음 익은 곡식과 뿌리' 는 이스라엘 민족의 족장들인 아브라함과 이삭과 야곱을 말하며 '떡덩이와 가지' 는 이스라엘 민족을 가리킵니다. 이스라엘 민족의 족장들이 하나님께 성별되었기 때문에 이스라엘 민족 전체도 성별되었다는 것입니다. 사도 바울은 두 가지 비유를 통하여 이스라엘 민족이 하나님에 의하여 성별된 백성임을 분명하게 강조하고 있습니다.

구약 시대 때 이스라엘 백성들은 추수한 다음에 처음 익은 곡식을 가루로 만들어 하나님께 제사 드렸습니다. 그런 다음 나머지 모든 곡식을 다 하나님 앞에서 거룩함을 입은 곡식으로 간주하고 감사하며 사용하였습니다. 우리가 하나님께 십일조를 드리는 것도 마찬가지 원리입니다. 모든 것이 하나님께로부터 왔으므로 수입의 십일조를 하나님께 드리면 나머지 십 분의 구도 하나님의 것으로서 하나님이 손상되지 않도록 돌보아 주십니다.

17절 또한 가지 얼마가 꺾이었는데 돌감람나무인 네가 그들 중에 접붙임이 되어 참감람나무 뿌리의 진액을 함께 받는 자가 되었은즉

사도 바울은 본 절부터 24절까지 감람나무의 접목 비유를 통하여 유

대인과 이방인과의 관계를 설명합니다. 감람나무는 하나님의 은혜의 나무로서 구약에서 자주 나타나는데(시 52:8; 호 14:6 등), 본 절에서 '감람나무'는 유대인, 그 '뿌리'는 유대인의 조상, '꺾인 가지'는 불신 유대인들, '접붙인 돌감람나무'는 그리스도를 믿게 된 이방인들을 가리킵니다. 즉, 이방인들이 유대인의 조상을 믿음의 조상으로 삼아 복음을 듣고 구원받은 사실을 가리킵니다.

그런데 사도 바울이 말한 접붙임의 비유는 실질상의 접목의 내용과는 조금 차이가 있습니다. 일반적으로는 야생의 생명력 있는 돌감람나무에다 좋은 열매를 맺는 감람나무를 접목하기 때문입니다. 사도 바울이 접목의 방법을 모르고 이 비유를 사용한 것이 아니라 이방인이 언약의 축복에 참여하게 된 것이 얼마나 큰 하나님의 은혜인가를 알려 주기 위해 이러한 비유를 들어 설명하고 있는 것입니다.

실로 우리 이방인이 예수님을 믿어 구원을 받아 하나님의 선민인 아브라함과 이삭과 야곱의 나라에 속하게 된 것은 보통의 방법에 의해서가 아니라 성령의 기적적인 방법에 의해서입니다. 그러므로 우리는 이제 성령의 기적적인 역사로 말미암아 영적 선민인 이스라엘인이 된 것입니다. 참감람나무에 접붙임을 받아 참감람나무 뿌리의 진액을 받은 자가 되었기 때문에 하나님께서 아브라함과 이삭과 야곱에게 약속하신 축복이 우리의 것이 된 것입니다(갈 3:14). 하나님께서 그들에게 약속하신 영원한 천국의 영광도 우리의 것이 되었음을 생각할 때 얼마나 감사한지 모릅니다.

18절 그 가지들을 향하여 자랑하지 말라 자랑할지라도 네가 뿌리를 보전하는 것이 아니요 뿌리가 너를 보전하는 것이니라 돌감람나무인 이방인들은 꺾인 가지인 이스라엘 민족들을 향하여 교만하지 말라고 사도 바울은 경고합니다. 이방인들은 이스라엘 민족에게 접붙임을 받아 참감람나무 뿌리의 진액을 함께 받는 자들이 되었기 때문입니다. 실로 가지가 뿌리를 유지하는 것이 아니라 뿌리가 가지를 유지하기 때문에 이방인은 결코 자랑할 만한 위치에 있지 못합니다. 이방인의 믿음은 유대인의 조상인 아브라함과 이삭과 야곱의 믿음을 계승하고 있을 뿐입니다. 그러므로 우리가 구원받은 것에 대하여 교만할 이유가 없습니다. 우리가 구원을 얻게 된 것이 우리의 행위에서 난 것이 아니고 하나님의 은혜로 말미암았기 때문입니다.

19절 그러면 네 말이 가지들이 꺾인 것은 나로 접붙임을 받게 하려 함이라 하리니

접붙임을 받은 가지로서의 이방인이 뿌리인 이스라엘의 조상들에 대해서 자긍하지 못하는 것은 당연합니다. 그러나 꺾인 가지인 불신 유대인들에 대해서는 자긍을 할 수도 있습니다. 하지만 접붙임을 받은 가지가 그렇게 생각한다는 것은 잘못입니다. 지금 사도 바울은 이방인 그리스도인들의 구원에 대한 확신으로 말미암은 교만에 대해 경고하려고 합니다. 가지들이 꺾인 것은 '나' 로 접붙임을 받게 하려 함이라고 생각하는 것은 너무나 자기중심적인 생각입니다. 많은 사람들이 남이 꺾이는 일을 나에게는 축복이 된다고 생각하면서 살아갑니다. 이런 자기중심적인 생각과 말과 행동은 그리스도인들이 결코 해서는 안 될 일들인 것입니다.

20절 옳도다 그들은 믿지 아니하므로 꺾이고 너는 믿으므로 섰느니

라 높은 마음을 품지 말고 도리어 두려워하라

바울은 19절에서의 이방인 그리스도인들의 생각을 일단은 시인해 줍니다. 그리고 유대인이 꺾인 것이 이방인이 접붙여진 것 모두 믿음의 표준에서 비롯된 것이라고 말합니다. 그러나 그는 믿음은 하나님의 선물이기 때문에 아무도 자랑할 수 없고 또 자랑해서도 안 된다는 사실을 강조합니다. 그러므로 접붙임 받은 우리에게는 오직 감사와 경건의 신앙만이 있을 뿐입니다.

이를 깨우쳐 주기 위해 사도 바울은 교만한 마음을 품지 말고 도리어 두려워하면서 하나님의 은혜에 감사하라고 말씀한 것입니다.

21절 하나님이 원가지들도 아끼지 아니하셨은즉 너도 아끼지 아니하시리라

높은 마음을 품지 말고 오히려 두려워해야 할 이유를 사도 바울은 다시 접붙임의 비유를 사용하여 설명합니다. '원가지' 는 자연대로 성장한 가지로서 이스라엘 민족을 말하며 '너' 는 접붙임을 당한 이방인으로서 그리스도인이 된 사람을 가리킵니다. 사도 바울은 원가지인 이스라엘도 하나님의 은혜를 거부함으로 꺾였다면 접붙여진 가지는 말해 무엇 하겠느냐는 말입니다.

오늘날 그리스도인들 가운데는 한 번 택함을 받으면 절대로 타락할 수 없다고 말하는 사람들이 있습니다. 그러나 성경은 그렇게 말씀하고 있지 않습니다. 택함 받은 사람이 절대 타락할 수 없다면 하나님께서 본 절과 같이 말씀하시지 않았을 것입니다. 하나님께서 우리를 사랑하시므로 선택해 주셨다고 해서 우리의 자유 의지까지 박탈한 것은 아닙니다. 하나

님께서 선택해 주셨지만 인간은 언제나 하나님을 불신앙하고 배반할 수 있는 가능성이 있습니다. 이스라엘 백성들을 보면 알 수 있습니다. 하나님께서 이스라엘 민족을 선민으로 택해 주셨는데도 불구하고 믿음으로 말미암아 구원받는 하나님의 은혜를 거부함으로 일부 믿는 유대인들을 제외하고 모두 다 꺾인 것입니다. 우리 인간은 하나님의 꼭두각시도 아니며 기계도 아닙니다. 하나님께서는 우리가 우리의 자유를 최대한 발휘하여 진실된 마음으로 하나님을 사랑하고 예배하기를 원하십니다. 그러나 우리가 믿음을 저버리고 하나님을 배반하면 버림을 받게 됩니다. 그러므로 하나님의 선택하심은 자유 의지를 완전히 무시하신 선택이 아니라 자유 의지를 존중한 선택인 것입니다.

다시 한번 본 절의 말씀을 살펴보시기 바랍니다. "하나님이 원가지들도 아끼지 아니하셨은즉 너도 아끼지 아니하시리라". 히브리서 6장 4절부터 6절을 보면 다음과 같은 놀라운 경고의 말씀이 기록되어 있습니다. "한 번 빛을 받고 하늘의 은사를 맛보고 성령에 참여한 바 되고 하나님의 선한 말씀과 내세의 능력을 맛보고도 타락한 자들은 다시 새롭게 하여 회개하게 할 수 없나니 이는 그들이 하나님의 아들을 다시 십자가에 못 박아 드러내 놓고 욕되게 함이라". 이러므로 하나님의 부르심을 받아 하나님의 자녀가 된 사람은 하나님께 감사해야 합니다. 그리고 하나님의 주권으로 택하심 받은 반열에 들어왔으므로 이제는 어떠한 일이 있더라도 불신앙으로 말미암아 떨어져 나가지 않도록 해야합니다. 우리가 하나님을 배반하지 않고 성실하게 믿고 따르는 한 하나님은 우리를 끝까지 지켜 주시고 보호해 주시며 하늘나라까지 인도해 주실 것입니다.

예수님은 요한복음 10장 28절에서 "내가 그들에게 영생을 주노니 영원히 멸망하지 아니할 것이요 또 그들을 내 손에서 빼앗을 자가 없느니라" 고 말씀하셨습니다. 우리가 주님께 등을 보이지 않는 한 주님의 능력의 손은 우리를 붙잡고 계실 것입니다.

22절 그러므로 하나님의 인자하심과 준엄하심을 보라 넘어지는 자들에게는 준엄하심이 있으니 너희가 만일 하나님의 인자하심에 머물러 있으면 그 인자가 너희에게 있으리라 그렇지 않으면 너도 찍히는 바 되리라

하나님은 인자와 준엄의 양면성을 지니신 분이십니다. '인자' 는 사랑의 하나님의 모습을, '준엄' 은 공의의 하나님의 모습을 나타내는 말들입니다. 하나님의 인자는 믿음으로 인한 이방인에게 나타났으며 하나님의 준엄은 불신앙한 유대인들에게 각각 나타났습니다. 그러나 만일 이방인으로서 그리스도인이 된 사람들이 하나님의 인자 안에 머물러 있지 않고 불신앙으로 계속 타락하여 간다면 그들도 하나님 앞에서 꺾이게 된다고 사도 바울은 경고합니다.

앞 절에서 보았듯이 우리가 하나님을 저버리면 하나님도 우리를 저버리십니다. 그러나 우리가 하나님을 저버리지 않는 한 하나님도 우리를 저버리시지 않고 끝없는 자비와 인자를 우리에게 계속 허락해 주십니다. 아무리 구원을 받았다 할지라도 하나님을 거역하면 불신앙한 이스라엘인들과 같이 꺾이게 되어 하나님의 영원한 은총 속에 거하지 못하게 됩니다. 그러므로 우리는 항상 선 줄로 생각될 때 넘어질까 조심해야 할 것입니다(고전 10:12).

23절 그들도 믿지 아니하는 데 머무르지 아니하면 접붙임을 받으리니 이는 그들을 접붙이실 능력이 하나님께 있음이라

사도 바울은 이스라엘의 회복에 대하여 말하면서 이스라엘 민족이 불신의 상태에서 떠나 그리스도를 믿게 될 때 꺾인 이스라엘은 다시 접붙인 바 되어 구원에 이른다고 말합니다. 이스라엘이 회개하고 하나님께로 다시 돌아오면 하나님께서는 그들을 다시 하나님의 백성으로 만드실 것입니다. 하나님께는 그들을 회복시킬 능력이 있기 때문입니다. 이것이 하나님께서 택한 사람의 축복입니다. 한 번 하나님이 택한 사람이면 도중에 타락해서 세상으로 나갔다 할지라도 다시 회개하고 돌아서면 하나님께서 받아 주십니다. 예수님께서는 이에 대하여 누가복음 15장 11절로부터 32절에서 탕자의 비유를 통하여 친히 말씀하셨습니다. 아버지의 품을 떠난 탕자가 회개하고 아버지께로 다시 돌아왔을 때 아버지는 꾸짖지 않고 그를 다시 아들로 맞아 주셨고 놀라운 환영까지 해 주셨습니다. 마찬가지로 우리가 하나님의 품을 잠시 떠났다가도 다시 회개하고 돌아서면 주님은 우리를 반갑게 맞아 주시는 것입니다. 이 강해서를 읽는 분들 가운데 하나님의 품을 떠난 분이 계십니까? 하나님께 다시 돌아오십시오. 하나님은 접붙이실 능력이 있으신 분이시기 때문에 여러분의 잃어버린 영혼을 다시 하나님의 사랑에 접붙여 주실 것입니다.

24절 네가 원돌감람나무에서 찍힘을 받고 본성을 거슬러 좋은 감람나무에 접붙임을 받았으니 원가지인 이 사람들이야 얼마나 더 자기 감람나무에 접붙이심을 받으랴

돌감람나무와 같은 이방인들이 성령의 기적으로 인하여 좋은 감람나

무에 접붙인 바 되어 참감람나무와 같이 되었습니다. 불신앙 상태의 이스라엘인은 꺾인 참감람나무입니다. 그렇기 때문에 본성적으로 좋은 감람나무의 요소를 지닌 이스라엘이 다시 좋은 감람나무에 접붙인다는 것이 얼마나 자연스러우며 쉽겠습니까? 결국 이스라엘 민족이 하나님의 은혜에 대한 '믿음' 만 보이면 이스라엘은 다시 하나님의 백성으로서의 위치를 차지하게 되는 것입니다. 이방인이 하나님의 백성이 되는 것보다 원래 하나님의 백성인 이스라엘 민족이 회복되는 편이 더 쉬울 것입니다.

사도 바울이 본 절과 같이 말씀한 이유는 현재 하나님의 축복에 참여하고 있는 이방인 그리스도인이 불신앙으로 하나님과 등지고 있는 이스라엘 민족에 대하여 자랑할 수 없다는 것을 강조하기 위해서입니다. 결국 이방인으로서 그리스도인이 된 사람은 이스라엘에 대하여 자만하거나 교만해서는 안 됩니다. 믿지 않는 이스라엘이 하나님께 믿음을 나타내면 그들은 언제든지 하나님의 백성으로서 다시 회복될 수 있는 소망이 있기 때문입니다.

3. 구원의 완성(11:25-32)

25. 형제들아 너희가 스스로 지혜 있다 하면서 이 신비를 너희가 모르기를 내가 원하지 아니하노니 이 신비는 이방인의 충만한 수가 들

어오기까지 이스라엘의 더러는 우둔하게 된 것이라 26. 그리하여
온 이스라엘이 구원을 받으리라 기록된바 구원자가 시온에서 오사
야곱에게서 경건하지 않은 것을 돌이키시겠고 27. 내가 그들의 죄
를 없이 할 때에 그들에게 이루어질 내 언약이 이것이라 함과 같으니
라 28. 복음으로 하면 그들이 너희로 말미암아 원수 된 자요 택하심
으로 하면 조상들로 말미암아 사랑을 입은 자라 29. 하나님의 은사
와 부르심에는 후회하심이 없느니라 30. 너희가 전에는 하나님께 순
종하지 아니하더니 이스라엘이 순종하지 아니함으로 이제 긍휼을
입었는지라 31. 이와 같이 이 사람들이 순종하지 아니하니 이는 너
희에게 베푸시는 긍휼로 이제 그들도 긍휼을 얻게 하려 하심이라
32. 하나님이 모든 사람을 순종하지 아니하는 가운데 가두어 두심은
모든 사람에게 긍휼을 베풀려 하심이로다

25절 형제들아 너희가 스스로 지혜 있다 하면서 이 신비를 너희가 모르기를 내가 원하지 아니하노니 이 신비는 이방인의 충만한 수가 들어오기까지 이스라엘의 더러는 우둔하게 된 것이라

이스라엘이 넘어진 것이나 이방인이 구원받은 것은 '믿음' 때문이라는 것을 밝힌 사도 바울은 한 걸음 더 나아가 깊은 하나님의 뜻을 가르쳐 줍니다. 그리고 이 더 깊은 하나님의 뜻을 '신비' 라고 말합니다. 그는 이방인 그리스도인들이 이 신비에 대해 모르기를 원하지 아니한다면서 하나님의 신비를 말해 줍니다. 사도 바울이 신비, 즉 비밀을 말해 주는 이유는 이방인 그리스도인들이 스스로 지혜 있다고 자만하는 것을 막기 위해서입니다.

'이방인의 충만한 수' 란 하나님께서 정하신 수를 말하며 그 수는 하나

님만이 아실 것입니다. 사도 바울은 12절에서 이스라엘인의 충만함을 말했고, 본 절에서는 이방인의 충만함을 말하고 있습니다. 하나님께서 원하시는 수가 이방인과 유대인 가운데서 모두 충만해질 때 하나님의 구원의 역사는 완성될 것입니다.

참으로 하나님은 구원받을 이방인의 수를 정해 놓고 계십니다. 언젠가 그 수가 다 채워지면 하나님의 심판은 시작되는 것입니다. 그런데 우리가 하나님께서 계산하신 그 숫자 속에 들어와 있다는 것이 기이한 일입니다. 참으로 감사할 일입니다. 이 세상에 태어나서 세상적으로 높고 뛰어난 인생을 살았다 할지라도 장차 육신의 장막을 벗게 되는 그날 하나님께서 모르신다고 하면 얼마나 비참한 일이겠습니까? 이 세상의 부귀영화가 아무런 소용이 없어지고 우주의 고아가 되어 버리고 말 것입니다. 그러나 이 세상에서 좀 어렵고 부족한 삶을 살았다 할지라도 예수 그리스도를 믿고 하나님을 잘 섬기는 생을 살았다면 그 사람은 참으로 영원한 행복이 보장되어 있는 것입니다.

우리는 누가복음 16장에 나오는 부자와 거지 나사로의 사건을 통하여 하나님께 버림받는다는 사실이 얼마나 무서운 일인가를 깨달을 수 있습니다. 이 세상에 살 동안 하나님도 찾지 않고 하나님께 기도도 하지 않던 부자가 그 뜨거운 음부 가운데서 부르짖는 기도의 내용이 무엇이었습니까? "아버지 아브라함이여 나를 긍휼히 여기사 나사로를 보내어 그 손가락 끝에 물을 찍어 내 혀를 서늘하게 하소서 내가 이 불꽃 가운데서 괴로워하나이다"(눅 16:24). 부자의 이와 같은 고통 소리가 바로 오늘 이 시간 우리의 심령에 들려오지 않습니까? 실로 우리가 하나님께 택함 받아 하나님이 계획하신 영생 안에 들어왔다는 것이 얼마나 큰 축복인지 모릅니다. 그리고 하나님의 영생 안에 들어오지 못한다는 것이 얼마나 무서운 일인지 모릅니다.

여러분은 하나님의 구원 안에 들어와 있습니까? 여러분의 가족과 친척은 어떻습니까? 오늘도 주님은 손을 내미시며 부르고 계십니다. "수고하고 무거운 짐 진 자들아 다 내게로 오라 내가 너희를 쉬게 하리라"(마 11:28).

지금이 은혜 받을 만한 때이며 지금이 구원받을 만한 때입니다(고후 6:2). 하나님의 구원의 날이 끝나기 전에 우리 사랑하는 모든 사람들이 구원을 받도록 힘써야 하겠습니다.

26-27절 그리하여 온 이스라엘이 구원을 받으리라 기록된바 구원자가 시온에서 오사 야곱에게서 경건하지 않은 것을 돌이키시겠고 내가 그들의 죄를 없이 할 때에 그들에게 이루어질 내 언약이 이것이라 함과 같으니라

'온 이스라엘' 은 이스라엘 민족을 가리키는 말로서 사도 바울은 어느 날엔가 이스라엘이 전체적으로 구원받을 것을 내다보았습니다. 그러면서 이사야 59장 20절부터 21절까지의 말씀과 27장 9절 말씀을 인용하여 하나님의 비밀을 밝히고 있습니다. 본문에서 '구원자' 란 이스라엘을 적대하는 자들에게 보복하시고 적의 수중에서 이스라엘을 구출하여 내는 이로서의 메시아를 말합니다. 사도 바울은 그것을 이스라엘 민족에게 적용하면서 이스라엘 민족 가운데서 불경건한 자들을 심판하시고 하나님과의 관계를 회복하는 데 사용하고 있습니다. '시온에서 오사' 란 뜻은 '시온을 위해 오사' 라는 의미인데, 이 '시온' 은 이스라엘 백성을 가리킵니다.

'언약'은 하나님의 백성 이스라엘의 회복을 의미하는 것이며 그것은 메시아의 나타나심으로 성립될 하나님의 종말적 언약을 말합니다. 사도 바울은 하나님께 반역하고 있던 이스라엘 민족이 그 죄를 회개하고 하나님 앞으로 돌아올 때의 축복을 바라보면서 하나님과의 약속의 말씀을 다시 한 번 확신한 것입니다.

28절 복음으로 하면 그들이 너희로 말미암아 원수 된 자요 택하심으로 하면 조상들로 말미암아 사랑을 입은 자라

사도 바울은 복음과 택하심과의 관계에서 이스라엘 민족의 양면성을 밝히 보여주고 있습니다. 곧 그리스도인의 복음에 관하여 말하면 이스라엘 민족은 이방인의 구원을 위하여 하나님께 적대자의 역할을 하고 있으며, 하나님의 선택이라는 관점에서 볼 때에는 언약을 받은 조상들 덕분에 사랑을 입은 백성이라는 것입니다. 이와 같은 이중성 때문에 이스라엘이 하나님께 임시적으로 저버림을 당하는 것 같으나 종국적으로는 구원을 받게 됩니다. 그런데 그들이 이와 같은 하나님의 사랑을 입게 되는 이유는 그 조상들이 뛰어나서가 아니라 하나님께서 아브라함과 이삭과 야곱에게 행하신 언약 때문입니다. 이 언약으로 인하여 하나님은 이스라엘을 완전히 버릴 수가 없는 것이며, 미래 어느 날엔가는 그 언약을 이루실 수밖에 없는 것입니다. 왜냐하면 하나님은 변하지 않으시며 거짓말을 하지 않으시는 분이시기 때문입니다(민 23:19; 말 3:6). 그러므로 우리는 예수님의 재림과 천년왕국 그리고 새 하늘과 새 땅에 대한 하나님의 약속의 말씀을 굳건히 믿을 수 있는 것입니다.

29절 하나님의 은사와 부르심에는 후회하심이 없느니라

하나님은 그의 뜻대로 부르신 이스라엘 민족에게 주신 사랑과 축복을 취소하시는 일이 결코 없으시다는 말씀입니다. 본 절에서의 '은사' 는 하나님의 선물을 말하며 '후회하심이 없다.' 는 의미는 후회하여 취소할 수 없다는 뜻입니다.

실로 하나님은 한번 착수하신 일을 끝까지 이루시며 자신의 계획하신 일을 행하시는데 후회하심이 없으십니다. 하나님께서 일단 부르시고 선물로 주신 것은 후회하시지 않기 때문에 택함 받은 사람이 타락했을지라도 다시 회개하고 돌아오면 받아 주시는 것입니다. 죽기 그 직전에 회개하더라도 사랑의 하나님은 그의 영혼을 받아 주십니다.

30절 너희가 전에는 하나님께 순종하지 아니하더니 이스라엘이 순종하지 아니함으로 이제 긍휼을 입었는지라

여기서 '너희' 는 이방인 그리스도인을 말하는데 사도 바울은 본 절에서 이방인 그리스도인의 과거와 현재를 밝히 말씀하고 있습니다. 이방인 그리스도인들도 전에는 하나님께 순종하지 않았었습니다. 그런데 이스라엘이 하나님께 순종하지 않음으로 인하여 하나님의 긍휼이 이방인에게로 옮겨 가게 되었습니다. 그래서 이방인 그리스도인은 이제 하나님의 사랑을 입게 된 것입니다.

이것은 마치 친자식이 불순종하여 가출해 버리자 할 수 없이 양자를 택하여 양자에게 재산을 상속해 준 것과 마찬가지입니다. 그러자 이것을 본 친자식이 마음에 시기심이 일어나서 돌아와 긍휼히 여겨줄 것을 요청했을 때 그에게도 일부 재산을 상속해 준 것과 같습니다.

31절 이와 같이 이 사람들이 순종하지 아니하니 이는 너희에게 베푸시는 긍휼로 이제 그들도 긍휼을 얻게 하려 하심이라

본 절에서 '이 사람들' 이란 이스라엘 민족을 가리키며 '너희' 는 앞 절과 같은 의미인 이방인 그리스도인을 말합니다. 이방인도 전에는 믿지 않고 하나님께 불순종하였으나 이스라엘인들의 불신앙으로 인하여 하나님의 긍휼을 입게 되었습니다. 이와 같이 이스라엘 민족이 지금은 믿고 있지 않지만 장차 이방인이 받는 하나님의 긍휼에 시기심이 나서 그들도 하나님을 믿게 되고 하나님의 긍휼을 받게 될 것입니다. 결국 이방인과 이스라엘 민족이 구원받게 되는 것은 불순종의 상태에서 믿음의 상태로 변할 때입니다. 즉 하나님께서는 불순종 가운데 있는 이방인들에게 은혜를 베풀어서 구원하시고, 불순종 가운데 있는 이스라엘 민족들에게도 은혜를 베풀어서 구원하십니다. 우리는 행위로써가 아니라 오직 하나님의 은혜로 말미암은 믿음으로 천국에 간다는 사실을 다시 한번 확실히 알 수 있습니다.

32절 하나님이 모든 사람을 순종하지 아니하는 가운데 가두어 두심은 모든 사람에게 긍휼을 베풀려 하심이로다

사도 바울은 지금까지 말한 내용의 결론을 본 절에서 내리고 있습니다. 여기에서 말하는 '모든 사람' 이란 이스라엘 민족과 이방인을 포함하여 하나님께 택함 받은 모든 사람을 가리킵니다. 또한 '가두어 두심' 이란 말은 구류(拘留)라는 의미로서 갇혀 있다는 뜻입니다. 전에는 이방인도 불순종의 상태에 있었으며 지금은 이스라엘 민족이 불순종의 상태에 있습니다. 결국 이방인이나 이스라엘 민족이 다 불순종의 감옥에 가두어지

게 되었습니다. 그러나 이러한 불순종은 오히려 하나님의 긍휼하심을 받을 수 있는 조건이 되었습니다. 그래서 이방인들도 하나님의 긍휼로 인해, 이스라엘 민족도 하나님의 긍휼로 인해 구원받게 된 것입니다. 구원은 오직 하나님의 긍휼하심으로 말미암은 것이기 때문에 누구든지 주 앞에서 자랑할 자가 없는 것입니다.

4. 하나님께 영광이(11:33-36)

33. 깊도다 하나님의 지혜와 지식의 풍성함이여, 그의 판단은 헤아
리지 못할 것이며 그의 길은 찾지 못할 것이로다 34. 누가 주의 마음
을 알았느냐 누가 그의 모사가 되었느냐 35. 누가 주께 먼저 드려서
갚으심을 받겠느냐 36 이는 만물이 주에게서 나오고 주로 말미암고
주에게로 돌아감이라 그에게 영광이 세세에 있을지어다 아멘

33절 깊도다 하나님의 지혜와 지식의 풍성함이여, 그의 판단은 헤아리지 못할 것이며 그의 길은 찾지 못할 것이로다

이스라엘 민족과 이방인을 향하신 하나님의 위대하시고 깊으신 계획과 놀라우신 섭리를 깨달은 사도 바울은 속에서 우러나오는 찬양을 금하지 못합니다. 그가 하나님을 찬양한 내용은 다음과 같습니다.

첫째로, 그는 하나님의 지혜와 지식의 풍성함에 대하여 찬양했습니다. 사도 바울은 하나님의 지혜와 지식의 풍성함에 놀라며 진심으로 찬양한 것입니다. 하나님의 놀라우신 계획과 그것을 실현하기 위한 지혜와 지식은 깊고도 깊습니다. 인간의 풍성함은 어느 것을 막론하고 얄팍한 것이라서 그 바닥을 쉽사리 간파할 수 있으나 하나님의 풍성하심은 마치 큰 바다와 같기 때문에 참으로 깊은 것입니다.

하나님은 깊음뿐만 아니라 너비와 길이와 높이에 있어서도 위대하십니다(엡 3:19). 하나님은 현재와 과거와 미래의 모든 일을 한 눈으로 선명하게 보고 계시며 모든 것을 다 알고 계십니다. 또한 세상의 모든 일을 하나님 자신의 영광을 위하여 조정하고 계시며 다스리고 계십니다. 우리는 하나님의 깊으신 지식과 지혜에 대하여 다음과 같이 고백할 수밖에 없습니다. "이 지식이 내게 너무 기이하니 높아서 내가 능히 미치지 못하나이다" (시 139:6).

둘째로, 사도 바울은 하나님의 판단은 헤아리지 못할 것이라고 찬양했습니다. 인류를 향하신 하나님의 계획과 특히 이스라엘 민족에 대한 계획을 안 사도 바울은 하나님의 놀라우신 판단을 찬양한 것입니다. 실로 하나님의 생각은 우리 인생의 생각과 다르며 하나님의 길은 우리 인생의 길과는 다릅니다. 하늘이 땅보다 높음같이 하나님의 길은 우리 인생의 길보다 높으며 하나님의 생각은 인생의 생각보다 높습니다(사 55:8-9). 그렇기 때문에 우리 인생은 땅에서 계획하고 생각하는 반면에 하나님은 높은 하늘에서 계획하시며 생각하시는 것입니다. 우리는 다만 하나님의 놀라우신 판단에 찬양할 따름입니다. "주의 심판은 큰 바다와 같으니이다" (시 36:6).

셋째로, 사도 바울은 하나님의 길은 인간적인 방법으로 찾지 못할 것이라고 찬양했습니다.

하나님의 길은 인간의 길과 다르기 때문에 인간의 지식과 지혜로 하나님의 길을 찾을 수가 없습니다. 하나님의 방법과 자세는 우리 인생의 방법과 자세와 다를 수가 있습니다. 그러나 우리는 하나님의 길인 하나님의 방법과 자세를 선택해야 합니다. 그것이 가장 안전하기 때문입니다. 성경은 이에 대하여 "사람이 마음으로 자기의 길을 계획할지라도 그의 걸음을 인도하시는 이는 야훼시니라"(잠 16:9)고 말씀하고 있습니다.

또한 시편 77편 19절에는 "주의 길이 바다에 있었고 주의 곧은 길이 큰 물에 있었으나 주의 발자취를 알 수 없었나이다"라고 기록되어 있습니다. 우리가 하나님의 길을 완전히 알 수는 없지만 좋으신 하나님을 바라보고 주님께 내 인생길을 맡기면 주님께서 책임져 주실 것입니다.

34절 누가 주의 마음을 알았느냐 누가 그의 모사가 되었느냐

사도 바울은 두 가지 질문을 스스로 하면서 하나님을 찬양합니다.

첫째 질문인 "누가 주의 마음을 알았느냐?"라는 질문은 하나님의 지식에 대한 감탄으로서 하나님의 절대적인 지식을 인간의 상대적인 지식으로는 알 수 없음을 강조한 말씀입니다.

둘째 질문인 "누가 그의 모사가 되었느냐?"라는 질문은 하나님의 지혜에 대한 설명으로서 어느 누구도 하나님 계획의 상담자가 될 수 없음을 강조한 말씀입니다. 그런데 놀랍게도 성경은 우리 그리스도인들이 주의 마음을 가지고 있다고 말씀하고 있습니다. 고린도전서 2장 16절을 보면 "누가 주의 마음을 알아서 주를 가르치겠느냐 그러나 우리가 그리스도의 마음을 가졌느니라" 고 기록되어 있습니다. 우리는 하나님의 영이신 성령님으로 말미암아 하나님의 마음을 가지고 있는 귀한 존재들입니다. 하나님의 마음을 가졌기 때문에 주님의 말씀을 깨달을 수가 있으며, 주님의 계획도 말씀을 통하여 알 수가 있고, 주님의 마음으로 기도할 수 있는 것입니다.

누가 하나님의 마음 가운데 있는 계획을 알 수 있겠습니까? 누가 하나님의 마음 가운데 있는 하나님의 사랑을 알 수 있습니까? 누가 하나님의 마음 가운데 있는 하나님의 열심을 알 수 있습니까? 세상 사람들은 알 수 없지만 하나님의 자녀 된 우리들은 성령으로 말미암아 어느 정도는 알 수 있습니다.

그러므로 우리는 날마다 성령 충만해야 합니다. 성령 충만한 생활을 위해서는 성령님을 인정하고 환영하고 모셔 들이고 의지해야 합니다. 오직 성령님만이 모든 것, 즉 하나님의 깊은 것이라도 통달하여 우리에게 가르치시고 깨닫게 해 주십니다(고전 2:10; 요 14:26).

35절 누가 주께 먼저 드려서 갚으심을 받겠느냐

사도 바울은 욥기 41장 11절 말씀을 인용하면서 셋째 질문으로서 하나님의 풍성하심을 찬양합니다. 이 세상에 하나님께 무엇을 드려서 그 대가를 받을 수 있는 인간은 존재하지 않습니다. 만물이 다 주의 것이기 때문입니다. 주님은 우리에게 너무나 많은 것을 주셨습니다. 주님은 우리에게 햇빛을 주시고 공기를 주시며 물도 주시고 생명도 주셨습니다. 더 나아가 독생자 예수 그리스도까지 우리에게 주셨습니다. 그러므로 누가 하나님께 값을 지불하고 은혜를 받을 수 있겠습니까? 주님의 은혜는 너무나 크기 때문에 그 은혜에 대하여 인간은 대가를 지불할 수가 없는 것입니다.

36절 이는 만물이 주에게서 나오고 주로 말미암고 주에게로 돌아감이라 그에게 영광이 세세에 있을지어다 아멘

본 절은 35절에 대한 설명일 뿐만 아니라 본 장 마지막 부분의 결론이며 더 멀리는 1장으로부터 11장까지의 로마서 교리 전체의 결론이기도 합니다. 실로 하나님은 만물의 근원이시며 그 생성과 발전의 주관자 되시며 종결의 주인 되십니다. 우리가 하나님의 근원성과 절대성을 인정하고 하나님의 종말론적인 관점에서 역사를 바라볼 때 하나님의 놀라우신 계획을 이해할 수 있습니다. 이스라엘 민족의 문제뿐만 아니라 전 인류의 구원의 계획도 깨달을 수가 있는 것입니다. 사도 바울이 하나님의 절대성을 깊이 깨달았을 때 진실한 마음으로 하나님을 찬양할 수 있었습니다. 우리도 하나님이 모든 것의 주인 되심을 깊이 깨달을 때 하나님께 감사의 찬송을 항상 드릴 수가 있는 것입니다.

이 세상의 만물이 하나님께로부터 나오고 하나님으로부터 말미암으며 하나님께로 돌아가기 때문에 '나의 것' 은 하나도 없습니다. 시간도 하나님의 것이고 물질도 하나님의 것이며 내 육신, 내 생명도 다 하나님의 것입니다. 그렇다면 '나' 라는 인생은 하나님께 '빌린' 인생에 불과합니다. 하나님께서는 '은혜' 로 우리에게 영혼을 주시고 육신을 주시고 시간과 물질도 주셔서 우리로 하여금 사용하도록 하신 것입니다. 그러므로 우리는 하나님의 청지기로서 하나님께서 주신 것으로 하나님께 충성하다가 하나님께서 부르시면 하나님께 돌려드리고 가면 그만입니다.

실로 하나님이 만물의 주인이 되시고 우리가 하나님의 청지기라는 것을 깊이 깨달았을 때 우리는 참으로 자유로울 수 있으며 하나님께 감사할 수 있습니다. 그리고 하나님과 사람에게 인색하지 않으면서 인생을 참으로 행복하게 살 수 있습니다.

사도 바울은 하나님의 위대하심을 찬양한 다음, 하나님께 세세토록 영광이 돌아가기를 소리 높여 외칩니다. 지혜와 지식이 넘치시는 하나님은 영광 가운데 계십니다. 하나님께서 이 세상을 창조하시고 인간을 창조하신 목적이 바로 하나님의 영광을 위해서입니다(사 43:7). 이러한 하나님의 영광은 어느 누구도 빼앗을 수 없는, 오직 하나님에게만 속해 있는 것입니다. 그러므로 우리 인간은 하나님께 영광을 돌려야 하며 하나님을 찬양해야 합니다.

여러분은 하나님의 위대하심을 바라보며 살고 계십니까? 여러분은 하나님의 지혜와 지식의 풍성하심을 깨달았습니까? 우리 모두 마음과 정성을 다해 하나님을 찬양하시기 바랍니다.

"내 영혼아 여호와를 송축하라 내 속에 있는 것들아 다 그의 거룩한 이름을 송축하라 내 영혼아 여호와를 송축하며 그의 모든 은택을 잊지 말지어다" (시 103:1-2).

제 12 장

산 제사를 드리자

A COMMENTARY ON
THE EPISTLE TO THE
ROMANS

앞 장까지는 믿음으로 의롭다 함을 얻는다는 '이신득의(以信得義)'를 주제로 한 기독교 교리편이었습니다. 이제 11장으로 교리편은 끝나고 본 장부터는 실천편이 전개됩니다. 바울은 항상 그의 서신에서 먼저 교리를 밝히고 그 교리에 입각한 실천적인 내용을 권면하고 있는데 로마서도 예외가 아닙니다. 지금까지 바울은 교리편의 대강령을 '믿음'으로 본 반면에, 실천편의 주제는 '사랑'으로 요약하고 있습니다. 본 장은 이와 같은 실천편의 시작으로서 교회의 지체인 그리스도인들의 본분과 윤리적 의무를 밝히고 있습니다.

바울은 성도들의 생활 가운데에서 신령과 진정으로 드리는 예배야말로 성도들의 본분임을 밝히고, 그리스도의 지체로서 각자에게 주어진 은사에 따라 서로 협력하여 선을 이룰 것도 함께 권면하고 있습니다. 9절부터는 사랑이 바탕이 된 그리스도인의 생활의 윤리에 대해 설명하고 있습니다.

1. 진정한 예배(12:1-2)

1. 그러므로 형제들아 내가 하나님의 모든 자비하심으로 너희를 권하노니 너희 몸을 하나님이 기뻐하시는 거룩한 산 제물로 드리라 이는 너희가 드릴 영적 예배니라 2. 너희는 이 세대를 본받지 말고 오직 마음을 새롭게 함으로 변화를 받아 하나님의 선하시고 기뻐하시고 온전하신 뜻이 무엇인지 분별하도록 하라

1절 그러므로 형제들아 내가 하나님의 모든 자비하심으로 너희를 권하노니 너희 몸을 하나님이 기뻐하시는 거룩한 산 제물로 드리라 이는 너희가 드릴 영적 예배니라

사도 바울은 지금까지 말한 내용의 전부를 받아서 로마에 있는 성도들에게 권면하고 있습니다. 권면하되 무슨 율법이나 형벌이나 심판과 무서운 채찍으로 권면한 것이 아니라 하나님의 자비하심으로 권면했습니

다. 우리는 여기서 사도 바울의 진실된 신앙과 겸손과 사랑을 발견할 수 있습니다.

여기에서 '몸' 은 살아 있는 몸, 즉 영혼이 있는 몸을 의미합니다. 우리 몸을 드린다는 것은 우리의 있는 그대로의 전인격적인 삶 전체를 하나님께 드리는 것을 뜻합니다. 하지만 그 드리는 방법에 있어서는 몇 가지의 요건이 필요합니다.

첫째 요건은, 우리는 우리 몸을 산 제물로 드리는 것입니다. 제사라고 하는 것은 짐승을 잡아서 제단 위에 올려놓는 것을 말합니다. 그런데 우리가 우리 스스로를 죽여서 제물로 드릴 수는 없습니다. 그렇다면 우리가 어떻게 산 제물이 될 수 있을까요? 그것은 우리가 하나님께 신앙과 진실된 생활을 삶으로써 드리는 예배입니다. 바로 바울이 갈라디아서 2장 20절에서 고백한 것과 같은 생활인 것입니다. "내가 그리스도와 함께 십자가에 못 박혔나니 그런즉 이제는 내가 사는 것이 아니요 오직 내 안에 그리스도께서 사시는 것이라 이제 내가 육체 가운데 사는 것은 나를 사랑하사 나를 위하여 자기 자신을 버리신 하나님의 아들을 믿는 믿음 안에서 사는 것이라".

둘째 요건은, 거룩한 제물로 드리는 것입니다. 하나님은 거룩하신 분입니다. 거룩하신 분에게 나아가기 위해서는 그 드리는 제물도 거룩해야 합니다. 곧 우리의 생각과 말과 행위가 죄에 물들지 않은 삶을 살 때에 거룩한 제물이 될 수 있습니다.

셋째 요건은, 하나님이 기뻐하시는 제물로 드리는 것입니다. 하나님이 기쁘게 받으실 수 있도록 하나님의 뜻을 따라서 드리는 생활이 그리스도인에게 있어서는 참으로 중요합니다. 이에 대하여 성경은 베드로전서 2

장 5절에서 다음과 같이 말씀하고 있습니다. "너희도 산 돌같이 신령한 집으로 세워지고 예수 그리스도로 말미암아 하나님이 기쁘게 받으실 신령한 제사를 드릴 거룩한 제사장이 될지니라".

이와 같은 세 가지 요건하에서 하나님께 드리는 삶이 바로 우리가 하나님께 드릴 영적 예배가 되는 것입니다. 실로 영적 예배는 형식이나 의식을 초월하여 영과 진리로 예배드리는 것을 말합니다(요 4:24).

예배에는 형식적인 예배와 영적인 예배가 있습니다. 구약 시대에는 수많은 사람들이 형식적이고 의식적인 예배를 드렸습니다. 오늘날도 적지 않은 사람들이 교회에 나오지만 형식적이고도 의식적인 예배를 드립니다. 한 주일 동안 세상과 짝하면서 살다가 의무적으로 교회에 나와서 형식적으로 찬송 부르고 형식적으로 기도하면서 그것으로 하나님께 해야 될 의무를 다했다고 생각합니다. 그러나 참된 영적 예배란 우리의 신앙과 삶이 일치되는 예배를 말합니다. 진실한 예배는 마음에 있지 외적 형식에 있지 않기 때문입니다. 일주일 내내 경건하고도 진실한 생활을 하면서, 매일 매 순간마다 우리의 마음을 드려 하나님의 뜻을 따라 살아갈 때 우리는 하나님이 기뻐하시는 영적 예배를 드릴 수 있는 것입니다.

2절 **너희는 이 세대를 본받지 말고 오직 마음을 새롭게 함으로 변화를 받아 하나님의 선하시고 기뻐하시고 온전하신 뜻이 무엇인지 분별하도록 하라**

'이 세대' 라는 것은 오늘날 우리가 살아가는 이 세상의 풍속을 말합니다. 사도 바울은 그리스도인이 하나님께서 기뻐하시지 않는 이 세상의 생활 태도와 풍속을 따라 살아서는 안 된다고 경고합니다. 성경은 "이 세상이나 세상에 있는 것들을 사랑하지 말라……이는 세상에 있는 모든 것이 육신의 정욕과 안목의 정욕과 이생의 자랑이니 다 아버지께로부터 온 것이 아니요 세상으로부터 온 것이라"(요일 2:15-16)고 말씀하고 있습니다.

우리 그리스도인들은 하나님의 성령께서 우리 마음 가운데 와 계시기 때문에(고전 3:16), 이 세상 사람이면서 동시에 하늘나라 시민권을 가진 사람들입니다(빌 3:20). 그러므로 그리스도인들은 이 세상에 사는 동안 하늘나라 시민답게 생각하고 말하고 행동해야 합니다. 그리스도인으로서 이 세상의 잘못된 것을 본받아서는 안 될 것입니다.

또한 사도 바울은 "오직 마음을 새롭게 함으로 변화를 받으라."고 말합니다. 예수님을 구주로 믿을 때에 그 사람의 영은 즉시로 거듭납니다. 그리하여 영 속에 하나님의 영생이 들어오고 성령님이 내주하시게 됩니다. 그러나 영이 다스리는 혼적인 마음은 즉시로 새로워지지 않습니다. 그러므로 마음의 부패한 요소를 영의 능력을 통해서 씻어 내야 합니다. 계속해서 씻어 내고 새롭게 해야 합니다. 예수님을 믿었다고 하여 즉시 스스로 새로워지는 것은 아니기 때문입니다.

그러면 마음을 새롭게 하기 위하여 우리는 어떻게 해야 할까요? 우리의 생각을 새롭게 해야 합니다. 또한 우리의 감정을 새롭게 해야 하며, 우리의 의지를 새롭게 해야 합니다. 마음이 새롭게 되어야만 생활이 변화됩니다.

그러면 마음이 새롭게 되기 위해서는 어떻게 해야 할까요? 하나님의 말씀과 성령의 도우심을 받아 날마다 마음이 교육을 받아야 합니다. 마음이 교육을 받으면 인격이 변화되고 인격이 변화되면 하나님의 말씀을 따라서 하나님의 뜻대로 살게 되는 것입니다.

그리스도인은 하나님의 뜻에 순종해야 합니다. 그러기 위해서는 먼저 하나님의 뜻을 알아야 합니다. 그런데 하나님의 뜻에는 '선하신 뜻' 과 '기뻐하시는 뜻' 과 '온전하신 뜻' , 이 세 가지가 있습니다.

예를 들면, 내가 목사가 되라는 하나님의 부름을 받았다고 합시다. 그런데 내가 그냥 평신도로서 주님을 섬기겠다고 하면, 이는 하나님의 선한 뜻에 머무는 것입니다. 예수를 안 믿는 것보다는 훨씬 낫지만 이는 하나님의 기뻐하시는 뜻과 온전하신 뜻보다는 낮은 단계인 것입니다. 그러다 내가 장로와 같은 교회의 중직자로 하나님과 교회를 섬기겠다고 하면, 이는 하나님의 기뻐하시는 뜻에 머무는 것입니다. 더 많은 봉사와 수고를 하기에 그냥 평신도로서 섬기는 선한 뜻의 단계보다는 훨씬 낫지만 이 역시 하나님의 온전한 뜻보다는 낮은 단계인 것입니다. 그러나 내가 애초에 하나님의 부르신 부름 그대로 목사로 섬기겠다고 하면 이는 하나님의 마음에 흡족한 온전한 뜻을 이루는 것입니다. 물론 이는 모든 사람이 다 목사가 되어야 한다는 의미는 아닙니다. 기왕에 주님을 섬기고 살 바에는 나를 향하신 하나님의 온전하시고 완전하신 뜻, 하나님이 애초에 우리를 위해 계획하고 예비하신 그 뜻이 무엇인지 분별하여 그 뜻대로 살자는 것입니다. 그렇다면 이 뜻은 어떻게 분별할 수 있습니까? 우리가 정말 예수님 중심으로 살 때, 즉 매 순간마다 하나님의 말씀에 의지하여 기도함으로 살 때, 우리는 하나님의 선하시고 기뻐하시고 온전하신 뜻을 잘 분별할 수 있습니다.

그런데 간혹 성도들 중에 하나님의 뜻을 알기 위해서 기도와 하나님의 말씀에 의지하지 않고 예언 기도를 받으러 다니는 사람들이 있는데, 이러한 신앙은 매우 위험합니다. 하나님의 뜻은 일반적으로 우리가 기도를 드릴 때 하나님의 말씀을 통하여 깨닫게 됩니다. 또는 다른 사람이 우리에게 권면의 말을 할 때에, 그것이 이미 주어진 하나님의 말씀과 일치되면 그것은 하나님의 뜻으로 보아 무방할 것입니다. 나아가서 그 말씀이 환경으로 증명되면 더욱 좋습니다. 그렇지 않고 자신의 마음에는 소원도 일어나지 않는데 다른 사람의 예언 기도를 통하여 자신의 운명을 결정한다는 것은 대단히 위험한 것입니다.

자신의 속에서 일어나는 하나님의 소원과 남을 통해 주시는 예언 기도와의 관계에서 갈등이 있을 때에는 하나님의 말씀을 척도로 삼아 살펴보아야 합니다. 그러므로 사업 문제나 결혼 문제, 주의 종이 되기 위한 소명 문제 등으로 고민이 될 때에는, 남에게 예언 기도를 받으려고만 하지 말고 먼저 자신과 하나님과의 관계 속에서 기도와 말씀을 통하여 마음에 일어나는 소원을 살펴보아야 할 것입니다.

2. 그리스도의 지체로서의 의무(12:3-8)

3. 내게 주신 은혜로 말미암아 너희 각 사람에게 말하노니 마땅히 생각할 그 이상의 생각을 품지 말고 오직 하나님께서 각 사람에게 나누어 주신 믿음의 분량대로 지혜롭게 생각하라 4. 우리가 한 몸에 많은 지체를 가졌으나 모든 지체가 같은 기능을 가진 것이 아니니 5. 이와 같이 우리 많은 사람이 그리스도 안에서 한 몸이 되어 서로 지체가 되

었느니라 6. 우리에게 주신 은혜대로 받은 은사가 각각 다르니 혹 예언이면 믿음의 분수대로, 7. 혹 섬기는 일이면 섬기는 일로, 혹 가르치는 자면 가르치는 일로, 8. 혹 위로하는 자면 위로하는 일로, 구제하는 자는 성실함으로, 다스리는 자는 부지런함으로, 긍휼을 베푸는 자는 즐거움으로 할 것이니라

3절 내게 주신 은혜로 말미암아 너희 각 사람에게 말하노니 마땅히 생각할 그 이상의 생각을 품지 말고 오직 하나님께서 각 사람에게 나누어 주신 믿음의 분량대로 지혜롭게 생각하라

하나님께서는 예수 그리스도를 믿는 성도들에게 영적인 믿음을 나누어 주셨습니다. 그러므로 성도는 하나님께서 자신에게 나누어 주신 믿음의 분량에 따라 지혜롭게 신앙생활을 해야 합니다. 믿음의 분량이 적은 사람이 믿음의 분량이 큰 사람의 신앙생활과 똑같이 하려고 하면 문제가 생깁니다. 그러므로 영적인 세계에서도 자신의 분수에 넘치는 생각과 말과 행동을 삼가야 할 것입니다.

오늘날 사업을 하시는 분들이 잘못하여 넘어지는 이유 중의 하나는 마땅히 생각할 그 이상의 생각을 품고서 분수에 넘치도록 사업을 확장하기 때문입니다. 이와 같은 사실은 교회 성장 문제에 있어서도 마찬가지입니다. 이미 있는 장소에서 성도들을 더 이상 수용할 수 없을 때 다른 곳으로 이전하는 것은 괜찮습니다. 그런데 교인들은 얼마 안 되는데 탐심으로 말미암아 분수에 넘치도록 교회를 크게 확장하겠다고 빚을 얻어서 교회를 지었다가 하나님과 세상 사람들 앞에서 수치와 곤욕을 당하는 경우가 있습니다.

우리의 가정생활도 마땅히 생각할 그 이상의 생각을 품지 말고 생활해야만 진정한 행복이 다가옵니다. 남의 가정생활을 지나치게 모방한다든지 자신의 분수에 넘치는 생활을 하려다가는 가정이 파탄되고 맙니다. 행복이란 마음에 평안을 가지고 분수에 맞게 살 때에 다가오는 것입니다. 그러므로 본 절에서 사도 바울이 말한 것과 같이 우리는 마땅히 생각할 그 이상의 생각을 품지 말아야 합니다. 그리고 하나님께서 우리 각자에게 나누어 주신 믿음의 분량대로 지혜롭게 살아가야 할 것입니다.

4절 우리가 한 몸에 많은 지체를 가졌으나 모든 지체가 같은 기능을 가진 것이 아니니

한 몸에는 많은 지체가 있으며 그 각 지체는 모두 다른 기능과 역할을 합니다. 우리 몸의 각 부분이 모두 눈이 되어서는 안 되며 모두 귀가 되어서도 안 됩니다. 눈은 눈의 위치에서, 귀는 귀의 위치에서 자신이 맡은 사명을 다하면 되는 것입니다.

여의도순복음교회는 하나이지만 그 안에는 많은 지체가 있습니다. 교회에는 교역자들을 비롯하여 장로, 안수집사, 권사 그리고 서리집사님도 있습니다. 그뿐입니까? 지·구역장, 양육위원들도 전부 하나님께서 이 여의도순복음교회라는 주님의 몸에 지체로 세우신 분들입니다.

내가 지체가 되었으면 지체로서의 역할에 최선을 다하고 몸을 보양하는 일에 충성해야 합니다. 한 지체가 '나는 훌륭한 자격을 가졌음에도 불구하고 내가 맡은 역할은 사람들에게 칭찬받으며 화려하게 드러나는 것이 아니다. 그래서 나는 이 일을 하기 싫다.' 라고 생각하고 지체로서의 자신의 역할을 감당하지 않는다면 그로 인해 몸 전체가 큰 고통을 당하게

되는 것입니다.

만약 발가락 하나가 '나는 늘 신발 속에 감추어져 있고 밖으로 드러나는 일을 못하니 재미없어서 이 일 못하겠다.' 라고 생각하고 그 발가락 하나를 잘라 버렸다고 합시다. 그러면 그 사람은 잘 걷지 못할 것입니다. 발가락 열 개 중에 한 개가 없다고 뭐 큰 영향이 있겠느냐고 생각할 사람이 있을지 모릅니다만, 그것은 몰라서 하는 소리입니다. 발가락 한 개만 없어도 우리는 균형을 잡기 힘들고 걷는데 보통 불편을 겪는 것이 아닙니다.

이와 같이 우리 몸의 지체 가운데 불필요한 것이 하나도 없습니다. 비록 역할이 조금 다르고 능력에 차이가 있더라도 모두 다 소중한 지체들입니다. 그러므로 우리는 하나님의 몸 된 교회의 지체임을 늘 자랑스럽게 여겨야 할 것입니다.

5절 이와 같이 우리 많은 사람이 그리스도 안에서 한 몸이 되어 서로 지체가 되었느니라

사도 바울은 여기서 우리 몸의 지체를 비유로 들어 교회의 직분을 설명하고 있습니다. 바울은 살아 있는 몸의 관계와 원리를 살아 있는 그리스도의 몸 된 교회에 적용시키고 있습니다. 곧 그리스도인들은 모두 다른 직분을 가진 존재들이지만 동시에 그 많고도 다양한 그리스도인들은 그리스도 안에서 하나의 몸을 이루며 서로를 섬기는 존재라는 것입니다.

본 절의 말씀을 통하여 우리는 크게 두 가지 사실을 깨달을 수 있습니다.

첫째로, 교회는 그리스도 안에서 한 몸이라는 사실입니다. 예수님은

교회의 머리가 되십니다(골 1:18). 또한 교회는 예수님의 몸입니다(엡 1:23). 이러한 관계 속에서 성도들은 교회의 지체들인 것입니다(엡 3:6).

둘째로, 성도들은 한 몸의 지체일 뿐만 아니라 서로 간에 지체가 된다는 것입니다. 이에 대하여 성경은 에베소서 4장 25절에서 "우리가 서로 지체가 됨이라"고 말씀하고 있습니다. 즉, 그리스도인들이 그리스도를 중심으로 한 몸이 될 뿐만 아니라, 한 지체로서 서로가 다른 지체를 위하여 존재한다는 것입니다.

6절 우리에게 주신 은혜대로 받은 은사가 각각 다르니 혹 예언이면 믿음의 분수대로,

하나님은 그리스도의 몸을 이루도록 하기 위하여 그리스도의 지체 된 성도들에게 각각 고유한 은사를 나누어 주셨습니다. 이 은사는 하나님의 성령께서 나누어 주시는 은사를 말하는데 이것은 기술을 습득하거나 공부를 통해서 얻은 것이 아닙니다. 우리가 예수님을 믿을 때 성령께서 선물로 주신 것입니다. 이와 같이 모든 그리스도인들은 서로 다른 은사를 가지고 있기 때문에 그것을 활용하여 서로 섬겨야 합니다. 하나님께서 은사를 주신 것은 은사를 자기 마음대로 사용하면서 군림하라는 것이 아니라 그리스도의 몸 된 교회를 세우고 성도 간에 서로 섬기라고 주신 것입니다.

하나님께서 주신 은사 가운데 '예언'이란 장래의 사건을 예고하는 것이라기보다는 말씀을 전파하는 일반적인 직분을 말합니다. 특별히 이 예언은 선지자 직분으로서의 예언과 달리 권면하고 안위하며 위로하는 역할을 합니다. 그런데 이러한 예언을 할 때에는 믿음의 분수대로 예언하

는 것이 중요합니다. 본 절에서의 '믿음의 분수대로' 라는 말은 3절에 나온 '믿음의 분량대로' 와는 달리 '그 믿음에 비례해서' 라는 뜻입니다. 또 여기에 나온 '믿음' 은 성도들이 가지고 있는 믿음에 관한 것이 아니고 하나님의 말씀을 이해하고 그것을 다른 사람에게 전할 수 있는 영적인 능력으로서의 믿음을 말하는 것입니다.

그런데 예언할 때 주의해야 할 것이 있는데, 간혹 우리가 예언을 잘못 받을 때가 있다는 사실입니다. 사람의 입을 통하여 나오는 예언이 참된 하나님의 말씀이어야 하지만, 때로는 자신의 영이나 마귀의 영의 말일 수도 있다는 것입니다. 그렇기 때문에 반드시 예언에는 올바른 분별이 있어야 됩니다. 그러면 어떻게 예언을 분별할 수 있을까요? 바로 하나님의 말씀으로 해야 합니다. 예언이 하나님의 말씀에 맞으면 그것은 하나님의 성령이 주시는 말씀이고, 하나님의 말씀에 맞지 않으면 그것은 잘못된 예언이므로 예언을 분별없이 함부로 받아들여서는 안 됩니다.

그러므로 예언할 때는 조심해야 하며 예언을 듣는 사람은 하나님의 말씀인 성경으로 분별해야 합니다. 하나님이 주시는 참된 예언을 우리가 잘 분별해서 받아들이면 우리의 신앙생활에 큰 위로와 힘을 얻을 수 있습니다. 그러나 잘못된 예언을 받으면 우리의 신앙생활에 큰 타격을 받게 됩니다.

7절 혹 섬기는 일이면 섬기는 일로, 혹 가르치는 자면 가르치는 일로,

'섬기는 일' 이란 헬라어로 '디아코니아' (*διακονία*)라고 하는데, 원래 이 뜻은 가난한 성도들에 대한 그리스도인의 봉사와 경제적 원조를 의미합니다. 그러나 여기에서는 하나님의 백성의 공동체인 교회의 관리 및

운영과 가난한 성도들에 대한 경제적 섬김의 뜻으로 사용되고 있습니다. 특별히 집사의 직분을 맡으신 분들이 여기에 해당되는데 이분들은 특히 다음과 같은 성경 말씀을 기억해야 할 것입니다. "집사의 직분을 잘한 자들은 아름다운 지위와 그리스도 예수 안에 있는 믿음에 큰 담력을 얻느니라"(딤전 3:13).

가르치는 은사를 받은 사람은 가르치는 일에 정성을 다해야 합니다. 가르치는 일은 성경을 근거로 하여 복음의 진리를 있는 그대로 설명하고 깨우치도록 돕는 것입니다. 이 은사는 그리스도인과 교회의 건전한 육성과 성장을 위하여 지극히 중요한 은사 중의 하나입니다. 그런데 이 가르치는 은사는 주로 가르치는 직분을 가진 사람들에게 주어집니다. 주로 주의 종이나 구역장, 주일학교 교사들이 이 은사와 직분을 가지고 있습니다.

8절 혹 위로하는 자면 위로하는 일로, 구제하는 자는 성실함으로, 다스리는 자는 부지런함으로, 긍휼을 베푸는 자는 즐거움으로 할 것이니라

'위로하는 일' 이란 슬픔을 당하고 고통을 당한 사람을 찾아가서 격려와 권면을 해 주는 것을 말합니다. 살아갈 힘을 잃어버린 상태로 죽지 못해 살고 있거나, 신앙생활 하는 중에도 엄청난 고통 가운데 처한 사람은 어디에나 있습니다. 이러한 사람들을 찾아가서 위로해 주고 권면해 준다는 것은 참으로 귀한 일입니다. 이러한 일을 하는 데에는 특별한 하나님의 영적 은사가 필요합니다. 인간적으로 권면하고 안위해 주려다가 오히려 더 큰 상처를 주는 경우도 있기 때문입니다.

'구제' 란 복음 전파와 가난한 성도들을 위하여 경제적으로 후원하고 자립할 수 있도록 도와주는 것을 말합니다. 여기서 '성실함으로' 란 말은 보답이나 대가를 바라지 않고 순수하게 구제하는 것을 말합니다. 그런데 하나님께서 구제의 은사를 주신 사람에게는 물질 축복의 은혜를 베풀어 주십니다. 물질이 있어야만 하나님의 복음 사업을 지원하고 가난한 사람들을 위하여 쓸 수 있기 때문입니다. 그러므로 구제하는 은사를 받으신 분들은 자신이 가지고 있는 재물이 하나님께서 주신 것이며, 나는 단지 물건을 관리하고 분배하는 역할을 하는 것에 불과하지, 결코 나의 것이 아니라는 청지기적 사상이 필요합니다. 따라서 구제는 자기 자신의 세력을 펴 유익을 얻고자 하는 동기로 해서는 안 되며, 자신을 나타내는 수단으로 해서도 안 되는 것입니다.

'다스리는 자' 라 함은 교회에서 영적으로 또는 물질적으로 지도 감독하는 사람을 말합니다. 주로 치리(治理) 장로들이 여기에 해당됩니다. 이 은사를 받은 사람들은 주의 종들과 함께 교회 행정을 다스리며 잘못된 일을 바로 잡고 하나님의 교회를 든든히 세우기 위해 노력해야 합니다. 이러한 일을 하기 위해서는 부지런해야 합니다. 결코 게을러서는 잘 다스리는 행정가가 될 수 없습니다.

'긍휼을 베푸는 자' 라 함은 어려운 처지에 있는 자를 불쌍히 여겨 자비를 베풀고 돕는 사람을 말합니다. 긍휼을 베푸는 사람은 어떤 사람이 실수하거나 잘못했을 때 함부로 정죄하지 않으며, 오히려 상처를 입은 사람을 따뜻하게 감싸줍니다. 그런데 이러한 일을 할 때에는 즐거움과 온유함으로 해야 합니다. 억지로가 아닌, 사랑에서 우러난 즐거운 표정과 친절한 말씨로 긍휼을 베푼다면, 어려운 문제에 빠져 있는 사람들에게 큰 위로와 기쁨이 될 것입니다.

우리는 이상에서 그리스도의 몸 된 교회를 위하여 하나님께서 각 성도들에게 필요한 은사들을 골고루 주셨다는 것을 살펴보았습니다. 예언의 은사, 섬기는 은사, 가르치는 은사, 위로하는 은사, 구제하는 은사, 다스리는 은사, 긍휼을 베푸는 은사 등이 오늘날의 교회에도 나타납니다.

이 강해서를 읽고 계신 여러분은 하나님께로부터 어떤 은사를 받으셨습니까? 말씀을 다시 한 번 읽어보시고 곰곰이 생각해 보십시오. 그리고 여러분에게 임한 은사가 발견되면 그것을 집중적으로 개발하고 활용하십시오. 그러면 여러분에게 임한 은사가 더욱 성장하여 강하여지게 되며 그 은사를 통하여 그리스도의 몸 된 교회를 크게 성장시킬 수 있을 것입니다.

3. 사랑의 책임(12:9-21)

**9. 사랑에는 거짓이 없나니 악을 미워하고 선에 속하라 10. 형제를
사랑하여 서로 우애하고 존경하기를 서로 먼저 하며 11. 부지런하여
게으르지 말고 열심을 품고 주를 섬기라 12. 소망 중에 즐거워하며
환난 중에 참으며 기도에 항상 힘쓰며 13. 성도들의 쓸 것을 공급하
며 손 대접하기를 힘쓰라 14. 너희를 박해하는 자를 축복하라 축복
하고 저주하지 말라 15. 즐거워하는 자들과 함께 즐거워하고 우는**

자들과 함께 울라 16. 서로 마음을 같이하며 높은 데 마음을 두지 말고 도리어 낮은 데 처하며 스스로 지혜 있는 체하지 말라 17. 아무에게도 악을 악으로 갚지 말고 모든 사람 앞에서 선한 일을 도모하라 18. 할 수 있거든 너희로서는 모든 사람과 더불어 화목하라 19. 내 사랑하는 자들아 너희가 친히 원수를 갚지 말고 하나님의 진노하심에 맡기라 기록되었으되 원수 갚는 것이 내게 있으니 내가 갚으리라 고 주께서 말씀하시니라 20. 네 원수가 주리거든 먹이고 목마르거든 마시게 하라 그리함으로 네가 숯불을 그 머리에 쌓아 놓으리라 21. 악에게 지지 말고 선으로 악을 이기라

9절 사랑에는 거짓이 없나니 악을 미워하고 선에 속하라

그리스도인의 윤리에 있어서 또 하나의 기초는 그리스도 안에 있는 사랑입니다. 그 사랑은 그리스도 안에 있는 공동체적 성격과 밀접하게 관련되어 있기 때문에 사랑으로서만 우리가 하나 될 수 있습니다. 사도 바울은 본 절부터 21절의 말씀을 통하여 그리스도인의 사랑의 윤리에 대하여 교훈하고 있습니다.

먼저 본 절에서 사랑에는 거짓이 없다고 말씀합니다. 참되고 진실한 사랑에는 거짓이 없습니다. '거짓이 없나니' 라는 뜻은 영화나 연극에서 배우가 연기하는 것과 같이 가장이나 위선이 없는 것을 말합니다. 그러므로 그리스도인의 사랑은 어디까지나 진실하고 순수하여야만 하는 것입니다.

또한 사도 바울은 악을 미워하고 선에 속하라고 권면합니다. 진실한 사랑은 악과 선에 대하여 확실한 태도를 취합니다. 악을 용납하고 선을 행하지 않는 사람에게는 진실한 사랑이 있다고 할 수 없습니다. 그런데 본 절에서 바울 사도는 말하기를 악한 사람을 미워하라고 하지 않고, 악을 미워하라고 했습니다. 이것은 무슨 뜻입니까? 그 사람이 행하는 악은 멀리 해야 되겠지만, 악을 행하는 사람을 위해서는 기도해 주고 사랑해 주라는 뜻인 것입니다.

10절 형제를 사랑하여 서로 우애하고 존경하기를 서로 먼저 하며

본 절에서 '형제' 란 예수 그리스도를 믿는 그리스도인들을 말합니다. 우리는 그리스도 안에서 먼저 주님을 믿는 백성들을 사랑해야 합니다. 서로 존경하기를 먼저 해야 하며 남을 나보다 낫게 여길 줄 알아야 합니다(빌 2:3). 다른 사람으로부터 칭찬을 구하거나 기다리지 말고 먼저 다른 사람을 칭찬하고 존경해야 할 것입니다. 항상 '서로 먼저' 라는 생각을 할 때 그리스도의 사랑은 우리 가운데 온전하게 나타나게 되는 것입니다.

그런데 형제에 대한 사랑을 말로만 해서는 안 됩니다. 말로 백 번, 천 번 사랑한다고 말해도 아무 소용이 없습니다. 성경은 "자녀들아 우리가 말과 혀로만 사랑하지 말고 행함과 진실함으로 하자"(요일 3:18)고 말합니다. 진정으로 사랑하는 것은 형제가 기쁠 때 같이 기뻐하고, 형제가 슬플 때 같이 슬퍼하는 것입니다. 그렇기 때문에 형제가 어려움에 빠졌을 때 형제애가 확연히 드러나는 법입니다. 평상시에는 잘 몰라도 형제가 어려움에 빠졌을 때 어떻게 도와주는지를 보면 그 사랑의 진정성을 알 수 있습니다.

내가 그동안 살면서 하나 깨달은 것은, 물론 예외도 없지는 않지만, 형이 잘 살 경우에는 동생들을 잘 돌봐 주지만 동생이 잘 살고 형이 못 사는 경우는 동생들이 형을 도와주는 일이 흔치 않다는 사실입니다. 내리사랑이라는 말은 부모와 자식 간의 관계에서 일어나는 일입니다만 형제지간에 있어서도 다르지 않은 것 같습니다.

그러나 바울은 서로 사랑하고 우애하며 존경하라고 말씀하고 있습니다. 일방적인 것은 오래가지 못합니다. 특히 하나님과는 달리 인간에겐 한계가 있습니다. 형이 아우를 사랑하는 것에 대해 가끔이라도 아우가 고마운 표시를 해야지, 아무리 사랑을 베풀어도 날름날름 받기만 하고 돌아오는 것이 없으면, 형도 더 이상 베풀고 싶은 마음이 사라집니다. 믿음의 형제들 간에도 마찬가지입니다.

그러므로 형제 간에 서로가 존중하고 섬기며 사랑하는 마음을 갖는 것이 형제애를 오래오래 유지하는 비결인 것입니다.

11절 부지런하여 게으르지 말고 열심을 품고 주를 섬기라

'부지런하여 게으르지 말고' 란 뜻은 열심을 내는 데 게으르지 말라는 의미이며, '열심을 품고' 란 뜻은 성령님께서 주시는 불타는 열심을 말합니다. 인간적인 열심은 얼마가지 않아 쉽게 식습니다. 그러나 성령으로 뜨거워진 열심은 쉽게 식지 않습니다. 이 성령의 열심을 얻기 위해 우리는 성령의 충만함을 계속 공급받아야 합니다. 성령의 충만함으로 하나님의 열심이 우리의 심령 가운데서 불탈 때 진정 뜨거운 마음으로 주님을 사랑하며 섬길 수 있게 되는 것입니다. 그러므로 우리는 성령께서 주시는 뜨거운 열심으로 주님을 섬겨야 합니다. 주님은 미지근한 신앙을 싫어하시며(계 3:16), 열정과 열심이 있는 신앙생활을 기뻐하십니다.

12절 소망 중에 즐거워하며 환난 중에 참으며 기도에 항상 힘쓰며

그리스도인에게는 큰 소망이 있습니다. 그리스도인에게는 훗날에 거처할 저 영원한 하늘나라의 소망이 항상 흘러넘칩니다. 또한 이 땅에서 사는 동안에도 우리는 주님의 은혜로 말미암아 내일은 오늘보다 나아지며, 다음 달은 금번 달보다 나아지고, 명년은 금년보다 나아질 수 있다는 소망 가운데 살아갑니다. 이러한 소망이 있기 때문에 우리는 현재의 환경과 여건이 어렵고 고통스러울지라도 흔들리지 않을 수가 있습니다. 오히려 역경 가운데서도 즐거워하고 감사할 수 있는 것입니다.

또한 그리스도인은 환난 중에도 참을 수 있습니다. 환난 중에 참는다는 것은 환난 가운데서도 굳건할 수 있다는 뜻입니다. 왜 그리스도인들이 환난 중에서도 참을 수 있을까요? 환난은 인내를, 인내는 연단을, 연단은 소망을 이루기 때문입니다(5:3-4).

우리가 예수님을 믿는다고 해서 환난이 사라지거나 없어지는 것은 아닙니다. 어떤 면에서는 예수님을 믿기 전보다 더 큰 환난과 박해가 다가올 수도 있습니다. 그러나 그리스도인들이 환난의 풍파를 믿음으로 이겨내면 반드시 그 이후에는 환난만큼의 혹은 그 이상의 축복이 따라옵니다. 다가오는 환난을 바라보았을 때에는 괴롭고 답답하지만 그 환난을 통하여 연단시키시고 축복을 예비하신 주님을 바라보면 우리의 영혼에 새로운 힘이 생겨납니다. 그러므로 우리는 환난을 당할 때 뒤로 물러서거나 포기하지 말고 인내로 참아야 할 것입니다. 하나님은 뒤로 물러서는 사람을 기뻐하지 않습니다(히 10:38).

그리고 그리스도인은 기도에 항상 힘써야 합니다. 하나님은 우리의 기도를 통하여 역사(役事)하십니다. 우리가 믿는 하나님이 아무리 전지전능하시고 무소부재하신 분이시라고 해도 우리의 기도를 통하여 일하시기 때문에 우리는 끊임없이 기도해야 합니다(살전 5:17). 기도하고 싶을 때는 물론이고 기도하기가 싫을 때에도 기도하려고 힘을 써야 합니다. 결코 기도는 우리가 기분 좋을 때에만 하는 것이 아닙니다. 기도는 기분이 나쁠 때에도 해야 되며 원하는 일이 잘 안 될 때에도 해야 하는 것입니다. 기도는 마귀와의 싸움이요, 전쟁인 동시에 하나님의 능력을 움직이는 영적 노동입니다. 기도할 때 기쁨이 나타나며, 기도할 때 감사가 넘쳐흐르는 것입니다.

13절 성도들의 쓸 것을 공급하며 손 대접하기를 힘쓰라

당시 초대 교회는 계속되는 박해 때문에 극심한 곤경에 처한 사람들이 많이 있었습니다. 그들 가운데에는 물론 가난한 사람들도 있었습니다. 오늘날도 가난한 사람들이 많은 것은 마찬가지입니다. 사도 바울은 이러한 어려운 성도들에게 주님의 사랑으로 물질적인 필요를 채워줄 책임이 그리스도인에게 있음을 말합니다. 우리는 능력이 있는 만큼, 기회가 닿는 대로 궁핍한 사람들을 도와야 합니다. 그들과 함께 어려움의 짐을 나누어 질 줄도 알아야 합니다. 우리는 기회 있는 대로 모든 이에게 착한 일을 하되 더욱 믿음의 가정들에게 해야 할 것입니다(갈 6:10). 그것은 성도의 기본적 의무 중의 하나이기 때문입니다.

사도 바울의 그다음 권고도 앞의 내용과 밀접한 관계가 있습니다. "손 대접하기를 힘쓰라". 당시에는 오늘날처럼 여관이나 호텔이 많지 않았습니다. 또한 교통수단이 별로 발달하지 못했기 때문에 나그네에게는 항상 큰 위험과 불안이 뒤따랐습니다. 그러기에 손님을 친절하게 대접하는 것은 그리스도인의 아름다운 사랑의 발로(發露)였습니다. 복음을 전하기 위하여 순회하는 전도자나 여행 중의 그리스도인을 주님의 이름으로 대접한다는 것은 그리스도인의 특권이며 축복이었던 것입니다.

사도 시대뿐만 아니라 손님을 대접하는 일은 오늘날도 계속되어져야 할 아름다운 일인 것입니다.

14절 너희를 박해하는 자를 축복하라 축복하고 저주하지 말라

그리스도인의 사랑은 다만 그리스도 안에 있는 형제자매에 대하여서만이 아니고 나아가서 불신의 이웃들에게도 행해야 합니다. 이 사랑은 심지어 믿는 자를 박해하는 자들에게도 행해져야 합니다. 박해하는 자와 다투지 말고 그들에게 칭찬할만한 점이나 장점이 있으면 그것을 세워 주어야 합니다. 더 나아가서 신자는 그들에게 복수할 생각을 하지 말고 예수님의 이름으로 복을 빌어 주어야 합니다(벧전 3:8-9).

본 절에서 요구하는 말씀은 보복적(報復的) 심정을 억제하는 정도가 아니며 또한 단순히 박해를 참아 견디라는 것도 아닙니다. 오히려 적극적인 자세로 축복하는 가운데 착하고 친절한 마음씨를 품어야 할 것을 말해주고 있습니다. 박해하는 자를 축복한다는 것은 인간으로서는 극히 어려운 일입니다. 하지만 그리스도인이기 때문에 우리는 주님의 능력 안에서 할 수 있습니다. 예수님도 마태복음 5장 44절에서 다음과 같이 말씀하셨습니다. "나는 너희에게 이르노니 너희 원수를 사랑하며 너희를 박해하는 자를 위하여 기도하라".

15절 즐거워하는 자들과 함께 즐거워하고 우는 자들과 함께 울라

이 세상에는 환난과 시련 때문에 우는 사람이 있는가 하면 받은 은혜

를 감사하면서 즐거워하는 사람들도 있습니다. 그러므로 그리스도인은 공동체적 형제의 사랑을 나타낼 줄 알아야 합니다. 잘되는 사람을 시기할 것이 아니라 그들과 더불어 즐거워해야 하며, 그들의 성공을 함께 기뻐해 주어야 할 것입니다. 또한 어려움 속에서 우는 사람들에게 무관심하지 말고 그들에게 관심을 가지고 같이 울어 주며 도와주어야 합니다. 기쁨은 함께 나누면 배가되며, 슬픔은 함께 나누면 반감되는 법입니다.

16절 서로 마음을 같이하며 높은 데 마음을 두지 말고 도리어 낮은 데 처하며 스스로 지혜 있는 체하지 말라

그리스도의 지체된 자들은 서로 마음을 같이해야 합니다. 이 말씀은 그리스도 안에서 일체가 된 자로서 민족과 지위와 성별을 넘어서 한 마음이 되라는 의미입니다. 또한 바울은 마음을 높은 데 두지 말고 도리어 낮은 데 처하라고 권면합니다. 이 말씀은 지위와 명예만을 잡으려고 하는 태도에 대한 경고입니다. 사람들은 인간적으로 높은 것을 좋아하며 높은 지위에 있는 사람들과 어울리는 것을 좋아합니다. 그래서 높은 지위에 있는 사람들과 어떻게 하든지 가까워지고자 하는 반면, 낮은 지위에 있는 사람들에 대해서는 애써 무시하고 무관심하려고 합니다.

우리 그리스도인들은 자기와 비교해서 사회적으로 신분이 낮은 사람들이라고 할지라도 스스로를 낮춤으로 그런 사람들과 친구가 되어야 합니다. 예수님을 머리로 한 교회에서는 결코 특권층이나 귀족 계층이 있을 수 없으며, 가난한 사람을 배격하는 부유층의 무리가 있어서는 안 됩니다. 또한 사회적인 지위와 경제적인 지위를 지닌 자나 교회에서 직분을 맡은 자들이 권위 의식을 가져서도 안 될 것입니다.

마지막으로 강조할 사항은 스스로 지혜 있는 체하지 말라는 것입니다. 스스로 지혜 있다고 생각하는 사람은 자기 지혜 때문에 스스로 올무에 빠집니다. 잠언 3장 7절에서도 "스스로 지혜롭게 여기지 말지어다 야훼를 경외하며 악을 떠날지어다"라고 기록하고 있습니다. 하나님을 떠난 인간은 스스로를 지혜롭게 여기는 잘못을 범하기 쉽습니다.

17-18절 아무에게도 악을 악으로 갚지 말고 모든 사람 앞에서 선한 일을 도모하라 할 수 있거든 너희로서는 모든 사람과 더불어 화목하라

인간은 악에는 악으로서 보복하기 쉬운 존재입니다. 그러나 그리스도인들은 자신에게 악을 행하는 사람에게 악으로 대하지 말고 오히려 그를 위하여 선한 일을 행해야 합니다. 뿐만 아니라 그리스도인은 모든 사람과 평화를 유지하기 위하여 노력을 다해야 합니다. 힘닿는 데까지 참고 인내하면서 화목한 생활을 하도록 노력해야 합니다. 상대의 태도를 문제 삼기보다는 우리 그리스도인 편에서 노력을 계속하고 있는가의 여부가 중요합니다. 그렇다고 죄와 거짓과 더불어 화목하라는 말은 아닙니다. 그런 것은 단호히 배격해야 합니다. 오직 정의와 선함 가운데 화목함을 유지하는 생활을 말하는 것입니다.

19절 내 사랑하는 자들아 너희가 친히 원수를 갚지 말고 하나님의 진노하심에 맡기라 기록되었으되 원수 갚는 것이 내게 있으니 내가 갚으리라고 주께서 말씀하시니라

초대 교회 당시 수많은 그리스도인들이 박해를 받았습니다. 그래서 그

들은 박해를 받을 때마다 박해를 가하는 자들을 미워하면서 스스로 원수를 갚겠노라고 다짐했을 것입니다. 그러나 사도 바울은 이들에게 부드러운 어조로 "내 사랑하는 자들아"라고 부르며 "친히 원수를 갚지 말고 하나님의 진노하심에게 맡기라" 고 권유합니다. 그러면서 그의 권면이 곧 성경의 교훈임을 증언하기 위하여 구약 성경 신명기 32장 35절 말씀을 인용합니다. 하나님은 절대 주권자요, 왕이시며 심판자이시기 때문에 공의(公義)의 문제는 하나님께 맡기는 것이 현명합니다. 무한한 지혜자가 되시며 무한한 능력자가 되시는 하나님 앞에서 모든 행위가 정확한 심판의 저울 눈금에 의해서 측정되며 그에 의하여 하나님은 심판하시기 때문입니다.

그런데 하나님께서는 다른 일은 비교적 오래 참으시고 회개하기를 기다리시지만, 그리스도의 몸 된 교회에 상처를 입히는 자에 대해서는 신속한 심판을 행하십니다. 교회의 머리 되신 예수 그리스도는 이미 2천 년 전에 갈보리 십자가에서 깊은 상처를 입으셨습니다. 상처 입으신 몸에 우리가 또 상처를 입힌다면 그 죄가 얼마나 큰 죄인지 모릅니다. 그리스도의 몸 된 교회에 상처를 입힌 사람치고 잘되는 사람이 없습니다. 그러므로 여하한 일이 있더라도 그리스도의 몸 된 교회에 상처를 입히는 행위를 해서는 절대로 안 됩니다.

20절 네 원수가 주리거든 먹이고 목마르거든 마시게 하라 그리함으로 네가 숯불을 그 머리에 쌓아 놓으리라

우리는 우리를 미워하는 원수들에게 선을 베풀어야 합니다. 원수가 배고파하거든 많이 먹을 수 있도록 해 주고 목말라 하거든 마실 물을 공

급해 주어야 합니다. 심판은 하나님께 맡기고 우리 그리스도인들이 할 일은 원수를 사랑하는 일입니다. 사랑한다는 것은 적극적으로 선을 행하는 것을 말합니다. 사도 바울은 잠언 25장 21절부터 22절까지의 말씀을 인용하면서 그리스도인으로서 적극적인 선을 행할 것을 권면합니다. 우리는 우리를 미워하는 자가 곤경에 처했을 때 적극적인 사랑을 나타냄으로 그를 변화시킬 수 있습니다. "네가 숯불을 그 머리에 쌓아 놓으리라"는 말씀은 원수에게 하나님의 준엄한 심판을 내린다는 의미가 아니라 그에게 사랑을 보임으로 그의 영혼을 감동시켜 회개시킨다는 뜻입니다. 미움과 증오를 가지고 오는 사람에게 사랑을 가지고 나아가면 미움과 증오는 사랑 앞에서 녹아지고 마는 것입니다.

21절 악에게 지지 말고 선으로 악을 이기라

여기서 '선' 이란 헬라어로 '아가도스' (ἀγαθός)라고 하는데 이 의미는 하나님의 뜻에 맞는 일인 동시에 현실에 있어서의 구체적인 선을 말합니다. 우리가 악에게 악으로 대하면 결과적으로 지고 맙니다. 악은 절대로 악에게 지지 않기 때문입니다. 그러나 악을 선으로 대하면 악이 선에 부딪쳐 깨어지고 결국은 선이 이기고 맙니다.

여러분을 괴롭히는 사람이 있습니까? 그를 위하여 기도해 주십시오. 사랑을 가지고 선을 베풀어 주십시오. 좋으신 하나님께서 좋은 것으로 갚아 주실 것입니다.

제 13 장

기독교인의 **사회 윤리**

권세자들에게 복종하라	13:1-7
사랑은 율법의 완성	13:8-10
재림을 대비하여 깨어 있으라	13:11-14

A COMMENTARY ON
THE EPISTLE TO THE
ROMANS

사도 바울은 기독교의 윤리의 기초와 특징에 대하여 말해 왔으나, 이제부터는 기독교의 사회 윤리에 대하여 언급합니다. 기독교인에게 있어서 개인 윤리와 더불어 사회 윤리는 중요합니다. 기독교인 중에는 개인 윤리에 엄격하면서도 사회 윤리에 무관심한 사람이 있고, 사회 윤리에 엄격하면서도 개인 윤리 면에서는 소홀한 사람이 있습니다. 우리는 개인 윤리 면에서뿐만 아니라 사회 윤리 면에 있어서도 적극적으로 행하고 지켜야 할 것입니다.

사도 바울은 본 장에서 권세자에게 복종하는 문제에 대하여, 사랑은 율법의 완성임에 대하여, 또한 성도들이 예수 그리스도의 재림에 대비해서 항상 깨어 있을 것에 대해 권면하고 있습니다.

1. 권세자들에게 복종하라(13:1-7)

1. 각 사람은 위에 있는 권세들에게 복종하라 권세는 하나님으로부
터 나지 않음이 없나니 모든 권세는 다 하나님께서 정하신 바라 2.
그러므로 권세를 거스르는 자는 하나님의 명을 거스름이니 거스르
는 자들은 심판을 자취하리라 3. 다스리는 자들은 선한 일에 대하여
두려움이 되지 않고 악한 일에 대하여 되나니 네가 권세를 두려워하
지 아니하려느냐 선을 행하라 그리하면 그에게 칭찬을 받으리라 4.
그는 하나님의 사역자가 되어 네게 선을 베푸는 자니라 그러나 네가
악을 행하거든 두려워하라 그가 공연히 칼을 가지지 아니하였으니
곧 하나님의 사역자가 되어 악을 행하는 자에게 진노하심을 따라 보
응하는 자니라 5. 그러므로 복종하지 아니할 수 없으니 진노 때문에
할 것이 아니라 양심을 따라 할 것이라 6. 너희가 조세를 바치는 것
도 이로 말미암음이라 그들이 하나님의 일꾼이 되어 바로 이 일에 항
상 힘쓰느니라 7. 모든 자에게 줄 것을 주되 조세를 받을 자에게 조
세를 바치고 관세를 받을 자에게 관세를 바치고 두려워할 자를 두려
워하며 존경할 자를 존경하라

1절 각 사람은 위에 있는 권세들에게 복종하라 권세는 하나님으로부터 나지 않음이 없나니 모든 권세는 다 하나님께서 정하신 바라

하나님께서는 이 우주를 창조하실 때 그의 권세(authority) 있는 말씀으로 지으셨습니다. 하나님께서는 그의 권세에 도전하는 것을 대단히 미워하십니다. 천사장 루시퍼가 사탄이 된 것도 그가 하나님의 전지전능하신 권세에 도전하다가 무서운 심판을 받은 결과입니다. 하나님은 우주의 절대적인 주권자이십니다. 하나님은 정의와 사랑으로 이 우주를 다스리십니다. 그러므로 이 세상의 모든 권세도 하나님으로부터 말미암은 것입니다.

'각 사람' 은 모든 사람들을 의미합니다. 모든 신자들은 개개인이 마음속으로부터 정부에 복종해야 한다는 교훈입니다. '위에 있는 권세' 란 하나님에 의해 제정되고 허락된 국가 권세를 말합니다. 또한 그것은 질서와 체계가 있는 권세를 의미합니다. 그러므로 국가나 사회나 가정이나 교회에서조차도 주어진 권세를 무시하지 말고 세워 주고 복종해야 합니다.

가정을 보면 남편의 권세, 아내의 권세 그리고 자녀의 권세가 있고 교회에서는 목사, 전도사, 장로, 권사, 집사, 지역장, 구역장 등의 권세가 세워져 있습니다. 그리고 권세에는 하나님이 허락하신 위엄이 따릅니다. 그러므로 어떤 처지에 있든지 각 사람은 자신의 위에 있는 권세에 일단 복종해야 할 의무가 있습니다. 여기서 '복종' 이라는 말은 비록 그것이 마음이 맞지 않아 싫더라도 또 강제적이더라도 따르는 것을 뜻합니다.

"모든 권세는 다 하나님께서 정하신 바라" 는 말은 선한 권세일 뿐만 아니라 악한 권세까지도 하나님이 정하셨다는 것을 말해 줍니다. 공산주의

같은 악의 세력도 하나님의 섭리 가운데 허락되지 않으면 세워질 수 없는 것입니다. 그러나 이 악의 권세가 하나님의 정하신 한계를 넘어서 도전해 올 때에는 결국 망하고 맙니다. 세계 역사는 그와 같은 사실을 우리에게 생생하게 보여 줍니다. 애굽, 바벨론, 페르시아, 헬라, 로마 그리고 현대의 제국주의 등이 다 하나님을 대적할 때 망하고 말았습니다.

이와 같이 하나님께서는 사탄에 의한 권세도 허락해 주시지만 그들이 하나님께 순종하지 않고 하나님을 대적하면 그 권세는 얼마 있지 아니하여 망해 버리고 마는 것입니다.

하나님께서 세상의 모든 권세를 주관하시고 세우셨다는 사실은 성경 여러 곳에서 분명하게 말씀하고 있습니다. 다니엘 2장 21절에서 "그는 때와 계절을 바꾸시며 왕들을 폐하시고 왕들을 세우시며" 라고 하셨고, 다니엘서 4장 25절에는 "지극히 높으신 이가 사람의 나라를 다스리시며 자기의 뜻대로 그것을 누구에게든지 주시는 줄을 아시리이다" 라고 하셨습니다. 그리고 이사야 10장 5절부터 6절에서는 "앗수르 사람은 화 있을진저 그는 내 진노의 막대기요 그 손의 몽둥이는 내 분노라 내가 그를 보내어 경건하지 아니한 나라를 치게 하며" 라고 말씀하셨습니다.

그러므로 우리는 북한 공산주의자들을 두려워할 필요가 없습니다. 그들의 권세도 결국 하나님이 허락하신 것이며 따라서 김정일이 아무리 이를 갈고 발버둥을 치더라도 하나님의 권세에 계속 도전하는 한 자멸하고 말 것이기 때문입니다. 또한 3백만 이스라엘 국민이 2억이 넘는 아랍 국가들과 싸워 이길 수 있었던 것도 이스라엘이라는 나라가 하나님의 권세를 받았기 때문입니다.

역사적으로 인간의 권세가 하나님의 권세를 대적해서 종국적으로 승리한 예가 없습니다. 세상 나라의 권세는 하나님의 권세의 모형이요 그림자에 불과하기 때문입니다. 이 구절에서 사도 바울은 결코 하나님의 권세와 지상의 권세가 똑같다거나 지상의 지배적 권세가 항상 옳다고 한 것이 아닙니다. 다만 지상에서의 인간의 지배적 권세는 그 제정과 존립에 있어서 하나님께서 허락하신 것이라는 사실을 말해 주고 있는 것입니다.

2절 그러므로 권세를 거스르는 자는 하나님의 명을 거스름이니 거스르는 자들은 심판을 자취하리라

세상의 권세는 하나님으로 말미암아 세워진 것이므로 세상 권세의 법과 질서를 지키지 않는 것은 곧 하나님의 명령과 제정을 거스르는 것이 됩니다. 그러므로 인간의 권세가 법과 질서를 세우고 하나님의 권세에 도전하지 않는 한 우리는 그 권세에 순복해야 합니다. 잠언 16장 4절을 보면 "야훼께서 온갖 것을 그 쓰임에 적당하게 지으셨나니 악인도 악한 날에 적당하게 하셨느니라" 고 말씀하고 있습니다. 이와 같이 우리는 설사 악한 권세라도 그 권세가 하나님의 절대적 주권하에 있음을 인정하고 순복해야 합니다.

물론 이 세상 권세가 하나님을 대적하고 하나님을 믿고 섬기는 일을 하지 못하게 한다면 우리는 믿는 신자로서 그 세상 권세와 타협할 수 없습니다. 즉, 신앙을 파괴하지 않는 경우에 한해서 우리는 국가의 법을 따라야 합니다.

본 절에서 '심판' 은 현실적으로는 국가 권력에 의한 형벌을 말하고 궁극적으로는 하나님에 의한 종말적인 심판을 가리킵니다. 세상 권세에 대한 바울 사도의 권면을 옳게 이해하려면 우리는 특히 다음과 같은 세 가

지 사실을 염두에 두고 있어야 합니다.

첫째로, 바울의 권면은 사랑의 관점에서 이해해야 합니다. 본질적으로 그리스도인은 국가를 포함한 세상에 대해서 완전히 독립된 존재이며 비판적 입장에 서 있는 자입니다. 그러므로 우리의 복종은 결코 노예적 복종이 아니라 완전히 독립된 주체성을 가진 자로서 '선으로 악을 이기는' 적극적인 사랑의 정신 때문에 하는 복종입니다.

둘째로, 세상 권세의 배후에 있는 하나님의 뜻을 바라볼 수 있어야 합니다. 즉, 우리는 보이는 세상 권세 배후에 보이지 않는 하나님의 예정과 섭리가 역사함을 깨닫기 때문에 복종하는 것입니다.

셋째로, 바울의 권면은 현실적인 권면입니다. 바울은 국가 권력에 대항하기보다 오히려 그리스도의 사랑의 정신으로 복종함으로써 그리스도의 복음이 진전되는 것을 믿고 있던 자입니다. 로마는 무력으로 세계를 정복했지만 기독교는 사랑으로 로마를 정복했다는 말이 곧 그 사실을 잘 나타내 줍니다.

3절 다스리는 자들은 선한 일에 대하여 두려움이 되지 않고 악한 일에 대하여 되나니 네가 권세를 두려워하지 아니하려느냐 선을 행하라 그리하면 그에게 칭찬을 받으리라

이것은 우리가 잘 아는 사실입니다. 일반적으로 권세를 잡은 정부의 다스리는 자들은 선한 일을 하는 사람들을 함부로 대하지 않습니다. 그러므로 우리가 법과 질서를 지키고 적극적으로 선행을 하는 한 우리는 권세자나 지배자들을 두려워할 필요가 없는 것입니다.

바울이 이 로마서를 쓰던 당시의 지배자들은 절대적인 권력을 가지고

있었기 때문에 많은 사람들이 그들을 신뢰하기보다는 두려움을 가지고 있었습니다. 그러나 바울은 적극적으로 선을 행할 것을 권함으로써 평안이 넘치는 승리의 길에 대하여 가르치고 있습니다.

4절 그는 하나님의 사역자가 되어 네게 선을 베푸는 자니라 그러나 네가 악을 행하거든 두려워하라 그가 공연히 칼을 가지지 아니하였으니 곧 하나님의 사역자가 되어 악을 행하는 자에게 진노하심을 따라 보응하는 자니라

바울은 법과 질서를 주관하는 정부의 다스리는 자를 '하나님의 사역자' 라고 말합니다. 이는 세상 다스리는 자와 지배자는 하나님의 일꾼 또는 하나님의 심부름꾼, 즉 '세상을 섬기기 위하여 하나님께로부터 임명된 자' 라는 의미입니다. 그러나 신자가 국가의 법과 질서를 지키지 않고 악을 행한다면 국가의 다스리는 자는 법에 따라 심판을 할 수 밖에 없을 것입니다. 칼을 가졌다는 것은 권력과 심판을 상징합니다. 지배자에게 주어진 권력은 국민의 정의와 복지를 위하여 하나님이 맡기신 것입니다.

'진노' 라 함은 하나님의 공의의 심판을 말합니다. 세상의 지배자는 하나님의 진노를 현실에서 집행하는 자입니다. 즉, 하나님께서는 세상을 다스리는 자들에게 악을 행하는 자들을 심판할 수 있는 권세를 주셨습니다. 여기서 바울은 세상 권세가 하나님의 절대적 권세나 정의와 모순되거나 대립되는 것이라고 생각하기보다는 오히려 그것의 구현이라고 생각하고 있었습니다. 그러므로 성경에 위배되는 요구를 하지 않는 한 국가 권력에 복종하는 것은 타협이나 편의에 의한 행동이 아니라 원칙적인 면에서 하나님의 권세에 복종하는 것이 됩니다.

5절 그러므로 복종하지 아니할 수 없으니 진노 때문에 할 것이 아니라 양심을 따라 할 것이라

구원받아 중생한 사람의 거듭난 양심은 선한 양심입니다(벧전 3:16). 그리스도인은 이 선한 양심으로 하나님을 잘 믿고 섬길 뿐만 아니라 그가 속한 나라의 법과 질서도 잘 순종할 수 있게 됩니다. 그리스도인이 국가의 법과 질서에 순종하는 것이 권력에 대한 두려움이나 형벌 때문이 아니라 그의 자발적인 양심의 발로(發露)라는 것은 매우 중요한 사실입니다. 그리스도인의 복종은 노예적 복종이 아닌 양심적 복종입니다. 그리스도인은 그 본질에 있어서 국가 권력으로부터 독립한 존재로서 맹목적으로 복종하는 일은 하지 않습니다. 그 의미와 목적을 분명히 한 후 주체적으로 복종합니다. 그러므로 만일 그것이 신앙의 양심에 분명히 어긋나는 것이면 우리는 "사람보다 하나님께 순종하는 것이 마땅하니라"(행 5:29)는 베드로의 선언과 같이 행하여야 할 것입니다.

6절 너희가 조세를 바치는 것도 이로 말미암음이라 그들이 하나님의 일꾼이 되어 바로 이 일에 항상 힘쓰느니라

성도가 세금을 마땅히 바쳐야 하는 이유는 지금까지 말한 바와 같이 국가의 권세가 하나님에 의하여 제정된 것이기 때문이며 또한 성도의 신앙적 양심 때문입니다. '조세' 는 당시에 로마 제국을 위하여 바치던 직접세로서 유대인들에게는 원망의 대상이었습니다(막 12:14-17). 그러나 바울은 세금을 바칠 것을 권하고 있습니다. 오늘날도 모든 그리스도인은 나라에서 정한 대로 정당한 세금을 납부해야 할 의무가 있습니다.

본 절의 '하나님의 일꾼' 이란 하나님께로부터 임명을 받아 국가의 직

무에 종사하는 자를 말하는 것으로서 오늘날의 공무원들에 해당됩니다. 그들이 하나님께로부터 임명되어 국가의 직무에 힘쓰고 있으므로 기독교인들도 조세를 바쳐서 그들의 필요에 답하라고 바울은 권면하고 있습니다.

7절 모든 자에게 줄 것을 주되 조세를 받을 자에게 조세를 바치고 관세를 받을 자에게 관세를 바치고 두려워할 자를 두려워하며 존경할 자를 존경하라

"모든 자에게 줄 것을 주되" 라는 말에는 그리스도인의 윤리적 자세가 잘 요약되어 있습니다. 즉, 그리스도인은 하나님은 물론 모든 사람에 대하여 적극적으로 의무를 다하고 선을 행하여야 합니다. 예수님께서도 "가이사의 것은 가이사에게, 하나님의 것은 하나님께 바치라" 고 말씀하신 적이 있습니다(막 12:17). 그러므로 신자는 각종 세금과 공과금을 국가에 납부하고, 영적 세금이라고 할 수 있는 십일조와 헌금도 기쁨으로 하나님께 드려야 합니다. 물론 십일조는 강제적인 규정으로서보다도 감사와 믿음의 씨앗을 심는다는 자세로 드려야 합니다.

'관세' 는 국가를 유지하는데 필요한 재원(財源)으로서 당시에는 간접세적인 것이 많았습니다. 그리스도인은 납세뿐만 아니라 국가의 권세에 대한 적극적인 복종과 지도자들에 대한 적극적인 존경도 필요합니다. 여기서 '두려움' 이 외적인 권력에 대한 것이라면 '존경' 은 내적인 인품에 대한 것입니다. 당시 바울과 같은 순교자들은 신앙과 양심의 문제로 인해 국가의 명령에는 불복하여 죽었으나 이런 두려움과 존경의 태도는 항상 가지고 있었습니다.

2. 사랑은 율법의 완성(13:8-10)

**8. 피차 사랑의 빚 외에는 아무에게든지 아무 빚도 지지 말라 남을
사랑하는 자는 율법을 다 이루었느니라 9. 간음하지 말라, 살인하지
말라, 도둑질하지 말라, 탐내지 말라 한 것과 그 외에 다른 계명이 있
을지라도 네 이웃을 네 자신과 같이 사랑하라 하신 그 말씀 가운데
다 들었느니라 10. 사랑은 이웃에게 악을 행하지 아니하나니 그러므
로 사랑은 율법의 완성이니라**

8절 피차 사랑의 빚 외에는 아무에게든지 아무 빚도 지지 말라 남을 사랑하는 자는 율법을 다 이루었느니라

성도가 빚지지 않고 사는 것은 근본적인 하나님의 뜻입니다. 탐심을 버리고 믿음의 분수대로 하나님 앞에 설 때에 우리는 빚지지 않고 살 수 있습니다. 재벌은 하나님께서 특별히 선택해서 축복하셔야 가능하지만, 부자는 모든 성도가 될 수 있는 축복입니다. 여기서 부자란 '내게 필요한 그 모든 것이 공급되는 삶을 사는 사람', 다시 말하면 이 세상을 사는 동안 부족함이 없이 사는 사람을 말합니다.

축복받는 비결 중의 하나는 하나님께 빚을 지우게 하는 것입니다. 시간과 몸과 물질을 드려 하나님의 교회와 이웃을 위해 봉사하는 것이 곧 하나님께 빚을 지우게 하는 것입니다. 하나님께 많이 꿔어주는 사람일수록 더욱 많은 축복으로 되돌려 받게 됩니다. 그러므로 진실로 참된 축

복을 받기 원하는 사람은 무조건 복 달라고만 하지 말고 생활 가운데서 사랑의 계명을 실천해야 할 것입니다. 왜냐하면 구원은 복음을 믿음으로 받지만, 축복은 하나님의 계명을 지킴으로 받기 때문입니다.

'빚' 이란 상대에게 불만과 불신의 고통을 주며 친한 우정의 관계를 파괴합니다. 그러므로 그와 같은 빚을 방치해 두는 것은 진실로 사랑이 없는 일일 것입니다. 그러나 '사랑의 빚' 은 서로 질 수가 있습니다. 사랑은 갚을 수 없는 무한의 부채요 갚을수록 더욱 커져가는 부채(負債)이기 때문입니다. 또한 사랑의 부채는 인간관계를 완성합니다. 사랑을 받은 자는 사랑하는 것을 배우며, 사랑할 줄 아는 사람은 사랑을 받습니다. 그러므로 남을 사랑하는 자는 이미 율법을 완전히 지키는 자가 됩니다. '남' 이란 자신과 다른 종류의 사람을 의미하기도 하지만 그보다는 현실 속에서 이웃에 사는 사람들을 가리킵니다. 평범한 생활 가운데서 가까운 이웃을 사랑할 때 그는 이미 하나님의 요구하시는 율법을 모두 실행하고 있는 것이 됩니다(레 19:18; 눅 10:26-37).

9절 간음하지 말라, 살인하지 말라, 도둑질하지 말라, 탐내지 말라 한 것과 그 외에 다른 계명이 있을지라도 네 이웃을 네 자신과 같이 사랑하라 하신 그 말씀 가운데 다 들었느니라

사랑의 법은 타인에게 상처를 주지 않습니다. 간음하고 살인하고 도둑질하고 탐내는 것은 필연적으로 다른 사람에게 상처를 주는 범죄 행위입니다. 그러므로 사랑하는 자는 다른 사람들에게 이와 같은 치명상을 주는 일을 할 수 없습니다. 사랑이야말로 구약의 모든 율법을 성취하는 것입니다.

여기에 열거되어 있는 네 가지 계명은 모세의 십계명의 후반부 계명으로서(6-10계명) 사회생활에 관련된 규정입니다(출 20:13-17; 신 5:17-21; 눅 18:20). 그러므로 기독교인의 사회 윤리를 다루는 본 장에 적합한 말씀이라고 할 수 있습니다. 이 십계명을 확대하여 유대인들은 탈무드라는 규범을 제정하여 자랑하고 있습니다. 그러나 이 모든 것들은 "네 이웃을 네 몸과 같이 사랑하라"는 한 마디의 말로 요약됩니다.

이 말씀, 곧 사랑의 계명은 바울이 새로이 말한 것이 아닙니다. 이미 구약 레위기에 기록되었고(레 19:18), 예수님에 의해 강조된 말씀입니다(마 22:39). 본 절에 '다 들었느니라'로 번역된 단어는 헬라어로 '몇 개의 머리들을 한 곳에 모은다'라는 뜻으로, 결국 '요약한다'는 의미입니다.

10절 사랑은 이웃에게 악을 행하지 아니하나니 그러므로 사랑은 율법의 완성이니라

왜 사랑이 율법을 성취할까요? 바울은 여기서 그 이유를 설명하고 있습니다. 사랑은 이웃에게 악을 행하지 않기 때문입니다. 사랑은 이웃에게 상처를 주고 고통스럽게 하고 괴롭히는 일 등의 악을 행하지 않습니다. "사랑은 이웃에게 악을 행하지 아니하나니"라는 말씀은 고린도전서 13장 4절부터 6절의 개요와 같습니다. "사랑은 시기하지 아니하며 사랑은 자랑하지 아니하며 교만하지 아니하며 무례히 행하지 아니하며 자기의 유익을 구하지 아니하며 성내지 아니하며 악한 것을 생각하지 아니하며 불의를 기뻐하지 아니하며".

사랑은 율법의 완성입니다. '완성'이란 헬라어로 '플레로마'(*πλήρωμα*)로서 충만, 성취, 완성 등을 의미합니다. 사랑 안에서만 율법은 완성되고 사랑 안에서만 율법은 성취됩니다. 율법의 공허를 채우고 그 약점을 보강하여 율법이 뜻하면서도 성취하지 못하는 것(7:14-25)을 완성하는 것이 곧 사랑입니다. 이 사랑은 그리스도 안에서의 하나님으로부터의 사랑, 곧 아가페(ἀγάπη)의 사랑입니다. 이 사랑은 상황에 따라 율법을 부정하거나 변질시키는 것 같은 종류의 사랑과는 본질적으로 다릅니다. 세상에서 모든 인간관계는 그리스도 안에 있는 진실한 사랑에 의하여 완성되는 것입니다.

3. 재림을 대비하여 깨어 있으라(13:11-14)

11. 또한 너희가 이 시기를 알거니와 자다가 깰 때가 벌써 되었으니 이는 이제 우리의 구원이 처음 믿을 때보다 가까웠음이라 12 . 밤이 깊고 낮이 가까웠으니 그러므로 우리가 어둠의 일을 벗고 빛의 갑옷을 입자 13. 낮에와 같이 단정히 행하고 방탕하거나 술 취하지 말며 음란하거나 호색하지 말며 다투거나 시기하지 말고 14. 오직 주 예수 그리스도로 옷 입고 정욕을 위하여 육신의 일을 도모하지 말라

11절 또한 너희가 이 시기를 알거니와 자다가 깰 때가 벌써 되었으니 이는 이제 우리의 구원이 처음 믿을 때보다 가까웠음이라

'시기' 는 헬라어로 '카이로스' (καιρός)로서 위기적인 특정한 때이며

그리스도의 재림 전의 시기를 가리킵니다(고전 7:29; 마 16:3; 살전 5:1). 그러므로 그 시기를 안다는 것은 주님께서 다시 오실 재림의 때를 알고 있다는 말입니다.

과연 지금은 주님께서 곧 다시 오실 것을 확실히 알 수 있는 때입니다. 성경에서 예언한 말세의 징조가 그 어느 때보다도 확실합니다. 특히 중동과 구라파를 비롯한 세계의 정치적, 군사적 정세가 성경의 예언과 일치하고 있습니다.

주님의 재림의 때가 가까워 옴을 아는 우리들은 잠에서 깨어나야 합니다. '잠' 이란 영적인 또는 도덕적인 잠으로서 현세와 육신의 일에 도취되어 신령한 일을 등한히 하고 잊어버리는 상태를 의미합니다. 종말이 가까운 이때에 믿는 우리는 영적 잠을 깨어 믿는 일과 봉사하는 일과 전도하는 일에 충실해야 할 것입니다. '벌써 되었으니' 라는 말이 그 사실을 강조해 주고 있습니다.

"우리의 구원이 처음 믿을 때보다 가까웠음이라" 는 말은 우리가 천국에 들어갈 때가 가까워졌다는 뜻입니다. 이는 종말적인 뜻을 가지고 있어서 구원의 완성, 또는 구원의 마지막 단계인 '영화' (榮化, Glorification)를 가리킵니다. 이와 같이 우리의 구원이 완성되는 시기가 처음 믿을 때보다는 한결 가까워졌으므로, 우리는 영적으로나 윤리적으로 깨어서 우리의 신랑 되시는 예수님을 영접하기에 합당한 생활을 해야만 하는 것입니다(마 25:1-13).

12절 밤이 깊고 낮이 가까웠으니 그러므로 우리가 어둠의 일을 벗고 빛의 갑옷을 입자 본 절에서 '밤' 이란 무지와 불신앙의 때(살전 5:5)이며 역경(사 21:12)과 죽음의 때(요 9:4)를 가리킵니다. 즉, 썩어질 세상의 종말이 가까웠다는 것입니다. 반면에 '낮' 이란 헬라어로 '헤메라' (ἡμέρα)로서 본문에서는 새벽이라는 의미로 사용되었습니다. 그것은 의의 태양이신 그리스도의 재림으로 밝아지는 시기를 말합니다(말 4:2; 살전 5:1-2). 밤이 깊을수록 새벽은 가까운 법입니다. 새벽 직전이 가장 깜깜하다고 사람들은 말하고 있습니다. 세상에 죄악이 관영할수록, 불신앙과 부도덕이 심할수록 우리는 주님이 다시 오실 새벽이 가까워졌음을 자각하며 살아야 합니다.

'어둠의 일' 이란 세상의 자랑과 육체의 정욕과 안목의 정욕입니다. 불신앙과 불순종과 부도덕의 생활입니다. 말세가 가까울수록 우리는 이와 같은 어둠의 일을 벗어 버리고 빛의 갑옷인 신앙과 순종과 사랑을 몸에 입고 살아야 합니다. 빛의 갑옷은 곧 예수 그리스도를 믿는 믿음의 옷입니다. 그 옷을 입는다는 것은 예수님처럼 사는 것을 의미합니다. 본 절에서는 밤과 낮(새벽), 어둠과 빛, 어둠의 일과 빛의 갑옷을 비교하면서 종말의 때에 있어서 그리스도인의 삶의 자세에 대하여 권면하고 있습니다.

13절 낮에와 같이 단정히 행하고 방탕하거나 술 취하지 말며 음란하거나 호색하지 말며 다투거나 시기하지 말고

바울의 권면이 계속되면서 점차 구체적인 데까지 나아갑니다. 여기 열거되어 있는 여섯 가지 부도덕은 어둠 속에서 자행되는 것들입니다. 방탕과 술 취함은 육적 죄요, 음란과 호색은 성적 죄요, 다툼과 시기는 감정적 죄들입니다. 이와 같은 무절제와 방종의 죄는 당시 로마 사회에 도도히 흐르던 풍조였습니다. 그와 같은 풍조는 도시가 발달하고 생활이 풍

족한 사회에서는 언제나 볼 수 있는 일들입니다. 기독교인은 시대의 상황에 관계없이 이런 어둠의 일에서 벗어나는 생활을 해야 합니다.

'방탕' 하다는 것은 자기 삶의 중심을 잡지 못하고 세상의 타락한 습성에 몸과 마음을 내던지는 것을 말합니다. 이는 원래 축제의 행렬을 의미했는데 축제의 끝은 의례히 술 취함과 아울러 남녀 간의 방종으로 끝이 났습니다. 술을 먹는 것 자체가 죄라고 할 수는 없지만, 술 취함은 대개 죄악의 모습으로 끝나는 경우가 많습니다. 특히 우리 민족은 술을 절도 있게 먹지 못하고 크게 취하여 문제를 일으키는 경우가 많았습니다. 이로 인해 우리나라에 복음을 전한 선교사들이 술 먹기를 금했고 그 결과 술을 먹지 않는 것이 한국 기독교의 전통이 되었습니다. 그것은 아주 좋은 전통입니다. 아무리 믿음이 크더라도 술자리와 같은 유혹의 자리에는 할 수만 있으면 처음부터 피하는 것이 좋습니다.

'음란' 은 법적으로나 도덕적으로 무절제한 성행위를 가리키며, '호색' 은 말과 행위로 나타내는 애욕주의(愛慾主義)입니다. 당시의 로마 사회는 특히 성도덕이 문란했습니다. 오늘날도 서구 사회는 물론 우리나라까지도 성적 자유를 부르짖으며 순결을 가볍게 여기는 풍조가 만연해 있는 것은 가슴 아픈 일이 아닐 수 없습니다. 기독교인의 순결은 이 방면에서도 지켜져야 하며 세상 풍속을 합리화해서는 안 될 것입니다.

'다툼' 은 감정적인 무절제로 나타나는 격정이고, '시기' 는 그 원인이 될 수 있는 타인의 성공과 축복에 대한 편견과 질투심을 말합니다. 이 두 가지는 모두 잘못된 자기 우월감의 산물입니다.

바울 사도는 이와 같은 죄에서 떠나 낮에와 같이 단정히 행하라고 권면합니다. '낮에와 같이' 라는 말은 '낮이 이미 된 것처럼', 또는 '낮에 행동하는 사람처럼' 이란 뜻입니다. '단정히 행한다는 것' 은 위와 같은 악덕들과 반대되는 절제 있고 질서 있는 태도와 생활 방식을 뜻합니다. 그러므로 그리스도인은 오늘날 자신이 처한 시대와 장소가 악하고 캄캄하다 할지라도 마치 이미 낮이 되어 빛나는 태양 아래 있는 것처럼 진실과 품위를 가지고 살아야 합니다.

낮이 된 후에 낮의 단장을 하려면 이미 늦습니다. 주님께서 오시기 전에 기름을 준비한 슬기 있는 다섯 처녀들처럼 낮이 되기 전에 모든 준비를 마쳐야 하는 것입니다(마 25:1-13).

14절 오직 주 예수 그리스도로 옷 입고 정욕을 위하여 육신의 일을 도모하지 말라

그리스도인은 처음 침례를 받음으로 그리스도로 옷 입었으며(갈 3:27; 롬 6:3), 계속해서 그로 옷 입어야 합니다. '그리스도로 옷 입는다' 는 것은 그리스도와의 영적 결합을 표시하는 말입니다(롬 6:1-11; 갈 3:27; 골 3:10). 우리는 죽음에서 부활하신 그리스도와 유기적으로 결합함으로써 새롭게 사는 자가 되고 옛 성품과 죄의 생활에서 승리하는 힘을 얻게 됩니다. 그것이 곧 바울이 수없이 말한 '그리스도인의 삶' 의 모습입니다. '예수 그리스도로 옷 입는다' 는 말처럼 그리스도 안에서 사는 자의 모습을 간결하면서도 힘 있게 표현한 말은 없을 것입니다.

"정욕을 위하여 육신의 일을 도모하지 말라" 는 말은 육신의 정욕을 위하여 준비해서는 안 된다는 말입니다. '육신의 일' 이란 곧 죄의 성품으로서 성령의 일과 반대되는 일을 말합니다(8:5). 이런 육신의 일을 미리 생각하고 준비하는 일조차 그리스도인으로서는 금해야 할 일이라는 말입

니다.

종교 개혁을 일으킨 마틴 루터는 "육신(flesh)을 기르는 것은 원수를 기르는 것이요, 몸(body)을 멸하는 것은 친구를 멸하는 것과 같다. 우리는 몸을 멸할 것이 아니라 몸의 악한 정욕을 멸해야 할 것이다."라고 말했습니다. 그러므로 우리는 몸은 단련하되 육신은 십자가에 못 박아 성령의 일에 충성함으로써 주님 오시는 날을 영광스럽게 맞이해야 하겠습니다.

제 14 장

신앙생활의 교훈

A COMMENTARY ON
THE EPISTLE TO THE
ROMANS

지금까지 교회적으로(12장), 사회적으로(13장) 기독교인의 윤리를 원리적인 면에서 살펴본 사도 바울은 본 장에서 그 구체적인 적용을 강조합니다. 본 장은 하나님의 명령이나 금령이 없는 신앙의 구체적인 문제를 어떻게 해결해야 하는가에 대한 교훈의 말씀입니다.

당시 로마 교회에는 두 가지 경향의 성도가 있었습니다. 하나는 육식과 음주를 금하며 안식일을 준수하는 등의 율법을 엄수하는 자들이었고, 다른 하나는 이러한 문제에 대하여 너무나 자연스러운 태도를 취하는 자들이었습니다. 이런 두 가지 경향에 대하여 사도 바울은 각각 그 결함을 지적하고 서로 이해하고 조화하여 좋은 성도의 교제를 가질 것을 권면하고 있습니다.

1. 비판보다는 이해하라(14:1-4)

1. 믿음이 연약한 자를 너희가 받되 그의 의견을 비판하지 말라 2. 어떤 사람은 모든 것을 먹을 만한 믿음이 있고 믿음이 연약한 자는 채소만 먹느니라 3. 먹는 자는 먹지 않는 자를 업신여기지 말고 먹지 않는 자는 먹는 자를 비판하지 말라 이는 하나님이 그를 받으셨음이라 4. 남의 하인을 비판하는 너는 누구냐 그가 서 있는 것이나 넘어지는 것이 자기 주인에게 있으매 그가 세움을 받으리니 이는 그를 세우시는 권능이 주께 있음이라

1절 믿음이 연약한 자를 너희가 받되 그의 의견을 비판하지 말라

'믿음이 연약한 자' 는 아직 믿음이 성장하지 못한 초신자를 말합니다. 초신자들은 이제 막 주님을 영접하여 아직 어린아이와 같은 신앙 단계에 있기 때문에 하나님의 깊은 진리를 이해할 수 없습니다(히 5:12). 단지 그

리스도교의 초보를 배우고 이해할 뿐입니다. 그러므로 자연히 율법적인 면에 신경을 많이 쓰고 스스로 금욕적이 됩니다.

바울은 이와 같은 믿음이 연약한 자를 받으라, 즉 용납하라고 했습니다. 왜냐하면 신앙 안에서는 누구든지 한 형제가 되기 때문입니다. 지역교회에서 교회 간에 혹은 성도 간에 견해의 차이가 있다 할지라도, 그리스도 안에서 믿음과 사랑을 갖고 교제함으로 하나님의 나라를 확장시켜 가는 일에 힘써야 합니다. 그러므로 믿음이 연약하다고 판단하여 한 교회 내에서 다른 사람들과 분리시키는 일이 있어서는 안 됩니다.

그리고 바울은 초신자들을 용납하되 "그의 의견을 비판하지 말라" 고 했습니다. 믿음이 약한 초신자들은 믿음이 성장한 성도가 하는 행동에 대해 그릇된 견해와 오해를 가질 수 있습니다. 그러나 이것은 그들의 믿음의 부족에서 야기된 것이기 때문에 이러한 그들의 의견을 비판하고 정죄하여 그들을 부끄럽게 해서는 안 됩니다. 오히려 갓난아기를 돌보듯 그들을 잘 돌보면서 지혜롭게 가르쳐 주어야 할 것입니다. 이에 대해 예수님께서도 "비판하지 말라"(마 7:1)고 말씀하셨습니다. 오직 판단은 하나님만 하실 것이요(10-12절), 성도 간에는 주 안에서 예수님의 사랑을 실천하며 교제하면 되는 것입니다.

2절 어떤 사람은 모든 것을 먹을 만한 믿음이 있고 믿음이 연약한 자는 채소만 먹느니라

바울은 이어서 믿음이 강한 자와 약한 자를 '음식을 먹는 문제' 로 구분합니다. 믿음이 연약한 성도는 신앙생활에 있어서 거리끼는 바가 많습니다. 그러므로 우리는 그것을 잘 가르치고 깨우쳐 주어야 하며 그것을 비

판하여 판단하거나 낙심시키는 일을 해서는 안 될 것입니다. 그 당시에 믿음이 연약한 성도들이 특히 꺼림칙하게 생각했던 사항은 먹고 마시는 문제에 관한 것이었습니다. 모든 종교 의식에는 음식에 관련된 규례가 있습니다.

구약 성경 레위기 11장을 보면 먹을 수 있는 음식과 먹지 못할 음식에 대한 상세한 내용이 기록되어 있습니다. 구약 시대 사람들은 그것을 철저히 지켰습니다. 그러나 신약 시대에 와서는 이러한 금기(禁忌)가 복음 안에서 철폐되고 말았습니다. 누구든지 하나님께 감사하고, 믿음으로 받아들이면 하나님이 지으신 것은 모두 다 깨끗한 것입니다(마 15:16-20).

그러나 신앙이 약한 사람, 즉 유대교의 전통에 젖은 사람이나 믿음이 약하여 하나님의 말씀을 소화하지 못하는 사람은 모든 것을 먹을 만한 믿음이 아직 없습니다. 그 당시에는 우상에게 바쳤던 동물의 고기가 시장에서 판매되고 있었습니다. 그러므로 혹자는 우상에게 바쳤던 고기를 먹는 것은 우상 숭배에 참여하는 것이 된다고 생각하고 '채소 외에는 먹을 수 없다' 고 믿고 있었습니다. 그래서 채소만 먹을 것을 주장했던 것입니다.

3절 **먹는 자는 먹지 않는 자를 업신여기지 말고 먹지 않는 자는 먹는 자를 비판하지 말라 이는 하나님이 그를 받으셨음이라**

이제 바울은 믿음이 강한 자와 약한 자가 서로 만날 때 생기기 쉬운 두 가지 위험에 대해 경고합니다. 그것은 첫째로, 먹는 자가 먹지 않는 자를 신앙이 약하다고 하여 업신여겨 내어 쫓아서는 안 된다는 것이요, 둘째로, 먹지 못하는 자는 자신들만이 철저한 신자라고 생각하여 먹는 자를 불성실하고 불경건한 자라고 비판해서도 안 된다는 것입니다. 사람마다 개성이 있고 주관이 다르므로, 자신의 견해와 다르다고 하여 남을 업신여기거나 비판해서는 안 될 것입니다.

바울이 서로 업신여기거나 비판하지 말라고 권고한 이유는 하나님께서 먹는 자나 먹지 않는 자나 다 같이 하나님의 자녀로 용납하셨으므로 음식 먹는 것을 가지고 서로 비판해서는 안 된다는 말씀입니다. 사람이란 누구나 자기 처지에 따라서 생각하기를 좋아하기 때문입니다.

신앙이란 실상 먹어서 더 좋아지는 것도 아니고 먹어서 더 나빠지는 것도 아니며, 오직 예수 그리스의 십자가 보혈을 통하여 성령의 능력으로 성장하는 것입니다. 그러므로 우리는 이제 안심하고 무엇이든지 먹되 기분이 나쁘거나 양심에 거리낌이 되면 안 먹는 것이 좋습니다.

내가 어느 장로님, 집사님과 함께 사흘 동안 설악산에 간 적이 있었습니다. 거기서 문어와 오징어 등 건어물을 파는 한 상점에 들어갔습니다. 그 상점 주인이 나를 보고 "제가 목사님께 꼭 대접할 것이 있으니 무엇인지 물어보지 마시고 드십시오."라고 말했습니다. 부인이 정성스럽게 준비해서 내어 놓은 것입니다. 특별한 것도 아닌 계란인데 내 마음에 문득 의심이 생겼습니다. 무슨 사연이 있다고 생각이 되어 "보통 계란인데 왜 묻지 말라고 합니까?" 라고 물으니 상점 주인은 "목사님, 먹으면 약이 됩니다. 이것은 이 설악산에서 나는 귀한 계란인데 알고 먹으면 약이 안 되기 때문에 묻지 말고 드세요." 라고 했습니다.

그러나 나는 내용을 모르고는 안 먹겠다고 하면서 도대체 무엇이냐고 물었습니다. 상점 주인은 "목사님께서 그냥 드시면 좋겠는데……사실 이것은 계란이 아니고 구렁이 알입니다." 라고 대답했습니다. 그래서 깜짝 놀란 나는 절대로 못 먹겠다고 했습니다. 그러자 상점 주인은 "계란과 꼭 같아요." 하면서 할 수 없다는 듯 자신이 맛있게 먹고 말았습니다. 그런데 내 마음속에는 나도 모르게 '저 사람이 구렁이 알을 먹었으니 능구렁이 같은 사람이겠구나.' 라고 비판하는 생각이 들었습니다. 그분도 나를 비판했을 것입니다. '무슨 목사가 믿음으로 먹으면 되지 구렁이 알이라고 해서 두려워하고 안 먹을까 ?' 라고 말입니다.

사실 우리는 이런 지엽적인 문제 때문에 서로의 신앙 문제를 밀고 당기는 일이 자주 있는데 그래서는 안 됩니다. 먹을 만한 믿음이 있거든 감사하며 먹고, 먹을 만한 믿음이 없거든 아예 먹지 마십시오. 이것은 우리 자신의 마음의 문제입니다. 근본적인 문제는 얼마나 예수님을 사랑하고 성령 충만한가에 달려 있는 것입니다.

4절 남의 하인을 비판하는 너는 누구냐 그가 서 있는 것이나 넘어지는 것이 자기 주인에게 있으매 그가 세움을 받으리니 이는 그를 세우시는 권능이 주께 있음이라

사도 바울은 용납하는 이유를 먹는 자나 먹지 않는 자나 다 같이 하나님의 종이기 때문이라고 합니다. '남' 이란 누구입니까? 바로 하나님이십니다. 그러므로 우리는 모두가 하나님의 하인입니다. 여기에 나오는 '하인' (*οἰκέτης*)은 사회적으로 천한 '종' (*δοῦλος*)과는 달리 가족의 하나로서 가정의 하인을 뜻합니다. 그러므로 우리는 하나님의 전 가족의 일원인 동시에 하나님의 뜻에 순종하고 따르는 하인인 것입니다. 이러한 하나님의 하인을 비판하는 "너는 누구냐 ?" 고 묻습니다. 비판의 권한은 주인이신 하나님께 있습니다. 하인을 세우거나 폐하는 것이 주인에게

있는 것처럼 음식으로 인하여 성도 간에 서로 비판해서는 안 됩니다.

2. 신앙 양심에 따라 판단하라(14:5-12)

5. 어떤 사람은 이 날을 저 날보다 낫게 여기고 어떤 사람은 모든 날
을 같게 여기나니 각각 자기 마음으로 확정할지니라 6. 날을 중히 여
기는 자도 주를 위하여 중히 여기고 먹는 자도 주를 위하여 먹으니 이
는 하나님께 감사함이요 먹지 않는 자도 주를 위하여 먹지 아니하며
하나님께 감사하느니라 7. 우리 중에 누구든지 자기를 위하여 사는
자가 없고 자기를 위하여 죽는 자도 없도다 8. 우리가 살아도 주를
위하여 살고 죽어도 주를 위하여 죽나니 그러므로 사나 죽으나 우리
가 주의 것이로다 9. 이를 위하여 그리스도께서 죽었다가 다시 살아
나셨으니 곧 죽은 자와 산 자의 주가 되려 하심이라 10. 네가 어찌하
여 네 형제를 비판하느냐 어찌하여 네 형제를 업신여기느냐 우리가
다 하나님의 심판대 앞에 서리라 11. 기록되었으되 주께서 이르시되
내가 살았노니 모든 무릎이 내게 꿇을 것이요 모든 혀가 하나님께 자
백하리라 하였느니라 12. 이러므로 우리 각 사람이 자기 일을 하나
님께 직고하리라

5절 어떤 사람은 이 날을 저 날보다 낫게 여기고 어떤 사람은 모든 날을 같게 여기나니 각각 자기 마음으로 확정할지니라

다음으로 사도 바울은 먹는 문제에서 '날', 즉 안식일 문제로 그 주제를 바꿉니다.

이 문제는 갈라디아 교회(갈 4:10-11)와 골로새 교회(골 2:16-17)에서도 문제가 된 바 있었습니다. 유대인 신자들은 계속해서 모세의 계명대로 지금의 토요일을 안식일(금요일 해 진 후부터 토요일 해 지기 전까지)로 지킵니다. 그들은 안식일을 지켜야 하나님이 예배를 받으시고 구원해 주신다고 생각했습니다(겔 20:12-20). 그래서 오늘날도 제칠일안식일예수재림교회에서는 토요일을 안식일로 지켜야만 구원받는다고 주장합니다.

또 한편에서는 토요일을 무시하고 주일을 지킵니다. 주일은 일주일 중에 첫날이며 예수님이 부활하신 날이기 때문입니다(행 20:7; 고전 16:2). 그러므로 은혜 시대에 사는 우리들은 구약의 전통에 머물지 않고 예수님께서 부활하신 날을 거룩하게 지킵니다. 그런데 "토요일에 안식일을 지켜야 구원을 받는다.", "아니다. 주일을 지켜야 한다."며 각각 이 날을 저 날보다 낫게 여기거나 혹은 모든 날을 같게 여기는 것같이 각각의 신앙의 정도에 따라서 특수한 날을 소중히 여긴다는 것입니다. 그러나 바울 사도는 "각각 자기 마음으로 확정할지니라"고 말했습니다.

토요일에 주님을 예배하고 싶으면 그날을 지키고, 주일이 좋으면 주일을 거룩하게 지키라는 말씀입니다. 또 어떤 형편에 있어서 토요일도 못 지키고 주일도 못 지키는 상황이면 수요일이나 목요일을 지킬 수도 있습니다. 문제는 일주일 중에 하루를 정해서 예수 그리스도 안에서 거룩히 지키면 된다는 것입니다. 왜냐하면 하나님의 복음은 속박하지 않고 자유하게 해 주시기 때문입니다(요 8:32). 주일 지키는 것이 구원의 조건이 결코 될 수 없습니다. 다만 구원받은 성도가 하늘나라 갈 때까지 성도의 도리로서 주일을 지키는 것입니다.

어느 날 존 허스튼 목사님이 청량리 위생병원에 치과 의사를 찾아 갔습니다. 그런데 치과 의사가 안식교 교인이었습니다. 의사가 목사님에게 "안식일을 지키십니까?"라고 물었습니다. "네, 안식일을 지킵니다." 그러자 의사는 "토요일인 안식일을 지켜야 하나님의 법을 제대로 지키는 것이고 천국에도 갈 수 있습니다."라고 말했습니다. 그래서 목사님은 의사에게 "의사 선생님은 토요일 하루를 안식일로 지키지만 나는 매일같이 예수님을 내 마음 속에 모시고 있으므로 한 주일 내내 안식일입니다. 그러므로 주님이 오시면 반드시 천국에 갈 줄 믿습니다." 이렇게 말하자 의사가 아무 말도 못했다는 것입니다.

분명히 안식일의 주인(마 12:8)이신 예수님이 내 속에 들어와 계시는 한 특정한 날을 정해서 어떤 날을 지켜야 구원받고 어떤 날을 지키면 안 된다는 법칙은 있을 수 없는 것입니다. 성경은 "각각 자기 마음으로 확정할지니라"고 말씀합니다. '확정한다는 것'은 확신을 가진다거나 납득이 되어 결정하는 것입니다. 개신교 대다수의 교파는 주님께서 부활하신 안식 후 첫날, 곧 주일(主日)을 예배드리는 날로 지키는 것이 좋다고 확정하였기에 주일을 지킵니다. 문제는 예수 그리스도를 믿음으로 구원을 얻고 함께 모여서 주님의 부활을 찬양하는 하루를 정해서 주님께 경건하게 예배드리면 되는 것입니다.

6절 날을 중히 여기는 자도 주를 위하여 중히 여기고 먹는 자도 주를 위하여 먹으니 이는 하나님께 감사함이요 먹지 않는 자도 주를 위하여 먹지 아니하며 하나님께 감사하느니라 날을 중히 여기는 자도, 믿음이 강하여 모든 음식을 거리낌 없이 먹는 자도, 또한 믿음이 약하여 육류를 먹지 않는 자도 다 같이 주를 위하여 결정하고 주를 위하여 삽니다. 그러므로 우리 그리스도인의 신앙 양심의 표준은 날짜나 의식이 아니라 곧 '주를 위하여'가 되어야 하는 것입니다(8절). 하나님께 감사하며 주를 위하여 먹으니 이것 또한 하나님께 감사함이요, 먹지 않는 자도 주님을 더욱 높이기 위하여 먹지 아니하니 하나님께 감사할 일이 됩니다.

그러므로 먹는 자는 먹을 수 있기 때문에 감사하고, 안 먹는 자도 안 먹으니 감사한 것입니다. 오직 이 땅에서 우리는 감사할 것 밖에 없습니다. 우리 주님을 모시고 있으면 예수 안에서 모든 것이 완성되며 놀라운 자유를 하나님이 허락해 주십니다.

7절 우리 중에 누구든지 자기를 위하여 사는 자가 없고 자기를 위하여 죽는 자도 없도다

본 절에서 바울은 그리스도인의 삶과 죽음이 다 자기를 위한 것이 아니라고 합니다. 우리 모두 옛날 예수 믿기 전에는 생사(生死)의 근원과 동기와 목적이 자기에게 있다고 생각했습니다. 그러나 우리가 예수 믿고 난 뒤로는 생사의 근원이 주님께 있음을 알게 되었습니다. 뿐만 아니라 바울은 주님을 믿고 난 뒤로는 우리의 생사의 동기와 목적 역시 우리 자신에게서 주님에게로 이전되었다고 선언하고 있는 것입니다.

왜냐하면 예수 그리스도를 믿는 하나님의 자녀는 이미 그리스도와 함께 십자가에 죽어 장사 지내고 그리스도와 함께 부활했기 때문입니다. 그러므로 사도 바울이 "이제는 내가 사는 것이 아니요 오직 내 안에 그리스도께서 사시는 것이라 이제 내가 육체 가운데 사는 것은 나를 사랑하사 나를 위하여 자기 자신을 버리신 하나님의 아들을 믿는 믿음 안에서 사는 것이라"(갈 2:20)고 고백한 것처럼, 구원받은 그리스도인의 삶은 예수 그리스도의 영광을 위해 살아야 하는 것입니다.

8절 우리가 살아도 주를 위하여 살고 죽어도 주를 위하여 죽나니 그러므로 사나 죽으나 우리가 주의 것이로다

우리가 예수님을 믿기 전에는 육신의 정욕과 안목의 정욕과 이 세상의 자랑을 위하여 살았지만, 이제는 살아도 주님을 위하여 살고 또 죽어도 주의 영광을 위해서 죽습니다. 왜냐하면 사는 것도 잘 살아야 전도가 되고, 죽는 것도 잘 죽어야 주님께 영광이 되며 전도가 되기 때문입니다. 그러므로 우리는 사나 죽으나 주님의 것입니다.

이와 같이 주님께 바쳐진 사람은 행복한 사람입니다. 하지만 이런 전적인 헌신이 이루어지려면 많은 시련을 겪어야만 합니다. 많은 시련을 통하여 자신이 철저히 깨어졌을 때 마침내 주를 의지하게 됩니다. 그러므로 우리가 어떤 환경에서도 낙심하지 않는 것은 우리는 살아도 주의 것이요, 죽어도 주의 것이므로 모든 것이 합력하여 선이 이루어진다는 확신(8:28) 가운데 살기 때문입니다.

9절 이를 위하여 그리스도께서 죽었다가 다시 살아나셨으니 곧 죽은 자와 산 자의 주가 되려 하심이라

우리의 모든 것이 주님의 것이 되는 것은 예수 그리스도께서 흘리신 핏값으로 우리를 사셨기 때문입니다. 다시 말해서 주께서 죽으시고 다시

부활하심으로 산 자와 죽은 자의 주가 되셨다는 것입니다. 그리스도의 죽으심은 산 자의 소망이요, 그의 부활하심은 죽은 자의 소망이기 때문에 그리스도는 산 자와 죽은 자의 주가 되십니다. 그래서 주님은 우리를 사나 죽으나 보장해 주시고 책임져 주실 수 있는 분이십니다.

미국의 한 흑인 교회 성도는 이렇게 간증합니다. "저는 기도할 때마다 응답 받습니다. 저는 문제가 생길 때마다 이렇게 기도하기 때문입니다. 주여, 당신의 재산에 손해가 갑니다. 빨리빨리 해결해 주시옵소서." 이렇게 기도하면 하나님께서 즉시 응답해 주신다는 것입니다.

성도의 몸은 하나님의 성전이기에 하나님의 땅이요, 하나님의 소유입니다. 즉, 성도는 하나님의 재산인 것입니다. 그러므로 하나님의 재산에 마귀가 들어와서 강제로 점령을 하면 하나님께서 가만히 놔두시지를 않습니다.

따라서 우리 하나님의 자녀들은 자신의 신분을 확실하게 알아야 합니다. 자신의 신분을 확실하게 아는 사람은 그 어떤 악한 사탄의 공격에도 결코 두려워하지 않습니다. 오히려 단호하게 사탄 마귀를 꾸짖으며 내쫓을 수가 있는 것입니다(눅 10:19).

주님은 오늘도 산 자와 죽은 자의 주가 되십니다.

10절 네가 어찌하여 네 형제를 비판하느냐 어찌하여 네 형제를 업신여기느냐 우리가 다 하나님의 심판대 앞에 서리라

바울 사도는 먹는 것이나 날을 지키는 것 등의 지엽적인 문제로 형제를 비판하고 업신여기는 것을 책망합니다. 믿음이 강한 자나 약한 자가 각기 자신의 신앙 양심에 따라 자유롭게 행할 수 있는 권리는 있지만 함부로 남을 판단하여 업신여겨서는 안 된다는 것입니다. 만일 그러한 일이 있다면 비판하는 자는 결국 '하나님의 심판대' 앞에서 판단을 받게 될 것입니다. 여기에서 말하는 '심판대'란 구원과 멸망을 심판하는 불신자의 심판(계 20:12)을 의미하는 것이 아니라, 이미 구원을 확보한 신자들의 행위에 따라 상 주시는 심판을 의미합니다(고후 5:10). 이때 우리는 인생을 통하여 행한 모든 일에 대한 총결산을 하게 되는 것입니다.

11절 기록되었으되 주께서 이르시되 내가 살았노니 모든 무릎이 내게 꿇을 것이요 모든 혀가 하나님께 자백하리라 하였느니라

"내가 살았노니"란 말씀은 영원 자존(自存)하시는 하나님의 속성을 설명한 것입니다(출 3:14). 이 영원 자존성이 심판의 근원이 되는 것입니다.

우리가 하늘나라에 올라가면 살아 계신 주님 앞에 다 무릎을 꿇어야 합니다. 안 믿는 자는 산 자나 죽은 자를 막론하고 불과 유황 못에 들어가기 위해서 부활하여 하나님 앞에 무릎을 꿇게 되고, 7년 환난 전에 부활 승천한 사람이나 환난 중에 순교하여 승천한 사람은 상급 심판을 받기 위해서 하나님 앞에 무릎을 꿇게 됩니다.

동시에 모든 혀가 하나님 앞에서 모든 일을 자백하게 됩니다. 하나님 앞에서는 일생 동안 살면서 행한 모든 것을 하나도 빠짐없이 다 자백하게 됩니다. 그러므로 하나도 변명할 것이 없고 잘했느니 못했느니 하며 자기가 스스로 변호할 일도 없습니다. 오직 하나님께서 우리가 행한 그대로 갚아 주실 뿐입니다.

12절 이러므로 우리 각 사람이 자기 일을 하나님께 직고하리라

마지막 때에 모든 사람들은 다 하나님 앞에 자신의 일을 직고해야 합니다. 그러므로 불신자들 또한 자신들이 지은 모든 죄를 직고해야 합니다. 그리고 그 결과에 따라 하나님의 심판을 받게 됩니다.

하지만 예수 그리스도의 대속의 은혜로 순결함을 입은 우리 그리스도인들은 하나님께 직고할 죄가 없습니다. 왜 그렇습니까? 이미 예수 그리스도의 보혈로 정결하게 되었기 때문입니다. 즉, 모든 죄가 다 깨끗하게 씻겨 직고할 남은 죄가 없기 때문입니다. 주님의 은혜로 이러한 신분이 된 것을 우리는 날마다 감사해야 합니다.

3. 신앙 양심에 따라 사랑하라(14:13-18)

**13. 그런즉 우리가 다시는 서로 비판하지 말고 도리어 부딪칠 것이
나 거칠 것을 형제 앞에 두지 아니하도록 주의하라 14. 내가 주 예수
안에서 알고 확신하노니 무엇이든지 스스로 속된 것이 없으되 다만
속되게 여기는 그 사람에게는 속되니라 15. 만일 음식으로 말미암아
네 형제가 근심하게 되면 이는 네가 사랑으로 행하지 아니함이라 그
리스도께서 대신하여 죽으신 형제를 네 음식으로 망하게 하지 말라
16. 그러므로 너희의 선한 것이 비방을 받지 않게 하라 17. 하나님의
나라는 먹는 것과 마시는 것이 아니요 오직 성령 안에 있는 의와 평
강과 희락이라 18. 이로써 그리스도를 섬기는 자는 하나님을 기쁘
시게 하며 사람에게도 칭찬을 받느니라**

13절 **그런즉 우리가 다시는 서로 비판하지 말고 도리어 부딪칠 것이나 거칠 것을 형제 앞에 두지 아니하도록 주의하라**

바울 사도는 1절부터 12절까지의 결론을 본 절에서 내립니다. 즉, 믿음이 장성한 자는 자기가 좋은 대로만 살지 말고, 믿음이 약한 형제가 상처받지 않도록 하기 위하여 힘쓰라는 말입니다. 그렇게 하려면 우선 우리는 아무 일에든지 다툼이나 허영으로 하지 말고 오직 겸손한 마음으로 각각 자기보다 남을 낫게 여기는 자세를 가져야 합니다(빌 2:3).

가정에서도 마찬가지입니다. 부부가 한 가정에 살면서 남편이 자기가 원하는 대로만 한다면 부인은 남편 때문에 깊은 상처를 받게 될 것입니다. 그러므로 서로 서로 양보하고 다른 사람이 상처 입지 않도록 노력해야 합니다. 이 사랑의 원리는 모든 신앙생활에 똑같이 적용됩니다. 장성한 사람은 모든 것을 할 수 있지만 그가 그것을 행할 때 다른 사람이 올무에 걸리게 된다면 이를 행하지 말아야 합니다. 이러므로 우리는 내 신앙의 자유를 가지고서 다른 사람의 신앙을 잃게 하고 상처 입히는 일을 하지 않도록 스스로 조심해야 합니다.

14절 **내가 주 예수 안에서 알고 확신하노니 무엇이든지 스스로 속된 것이 없으되 다만 속되게 여기는 그 사람에게는 속되니라**

바울 사도는 다시 먹는 것, 곧 음식물에 대한 자신의 생각을 밝힙니다. 그는 먹고 마시는 것 중에 그 자체가 나쁜 것이 없다고 말합니다. 다만 그것을 사람이 과용하거나 악용했을 때는 나쁜 것이 된다는 것입니다. 그러나 만일 한 사람이 음식물 자체를 속되다고 생각한다면 객관적으로는 그것 자체가 속된 것이 아니지만 주관적으로는 그 생각 가운데서 속된 것이 되고 맙니다. 그러므로 그 음식이 신앙적으로 좋지 않다고 내 마음속에 생각되면 먹지 않으면 됩니다. 또 하나님께서 특별히 명령하거나 금하지 않은 이상은 자기 양심에 따라서 먹어도 속되지 않습니다.

15절 만일 음식으로 말미암아 네 형제가 근심하게 되면 이는 네가 사랑으로 행하지 아니함이라 그리스도께서 대신하여 죽으신 형제를 네 음식으로 망하게 하지 말라

바울 사도는 여기에서 아주 중요한 진리를 말합니다. 즉, 사랑이 중심이 되어야지, 식물이 중심이 되어서는 안 된다는 것입니다. 믿음이 강한 자가 자기의 신앙 양심에 상관이 없다 해서 믿음이 약한 자들이 먹어서는 안 된다는 음식물을 그들 앞에서 먹게 되면 믿음이 약한 자들이 그로 인해 상처를 입게 되고 결국 신앙생활에 실패하게 될지도 모릅니다. 그러므로 믿음이 강한 자는 아무리 하나님께서 주신 자유라 하더라도 그것이 약한 자에게 걸림돌이 된다면 사랑으로 포기할 수 있어야 하는 것입니다. 예수님께서 피를 흘려 사신 형제의 마음에 상처를 입혀서는 안 됩니다. 이것이 그리스도를 위하여 우리들이 할 수 있는 사랑의 행동인 것입니다.

16절 그러므로 너희의 선한 것이 비방을 받지 않게 하라

'너희의 선한 것' 이란 '믿음이 강한 자의 자유' 를 말합니다. 이 자유를 절제하여 신앙 없는 사람에게 비방을 듣지 않도록 하라는 뜻입니다.

내가 보기에는 나의 행위가 선하더라도 다른 사람이 볼 때 악한 일이면 우리는 비방을 받습니다. 이 세상은 함께 더불어 사는 세상이기 때문

입니다. 그러므로 우리는 항상 예수님을 중심으로 생각하고 사랑으로 행동해야 합니다. 또 믿음에 훼방되는 일이 아니라면 양보할 줄도 알고 다른 사람들의 습관을 따라 행할 수도 있어야 합니다.

17절 하나님의 나라는 먹는 것과 마시는 것이 아니요 오직 성령 안에 있는 의와 평강과 희락이라

이제 가장 핵심적인 문제를 말합니다. 하나님의 나라는 현세에서 믿음으로 이루어진 영적인 것과(눅 17:21) 내세에서 실현될 것(마 25:1)이 있습니다. 전자는 교회를 의미하고, 후자는 주의 재림으로 성취될 영원한 천국을 뜻합니다.

현세의 하나님 나라, 즉 교회에서 중요한 것은 영적인 교제입니다. 예수님을 믿고 성령이 충만해서 주의 보혈로 말미암아 의롭다 함을 얻어 하나님 앞에 나와서 기도할 수 있고 마음에 평안을 얻고 기쁨을 얻는 것입니다. 그런데 무슨 음식물을 먹으면 안 된다, 된다 하면서 서로 시비하는 것이나, 남의 신앙에 상처를 주면서까지 자기주장대로 음식물을 먹는 것은 하나님 나라의 진정한 의미를 파괴하는 행위입니다. 그러므로 지엽적인 문제를 가지고 신앙 전체를 폄론(貶論)하지 말라는 권고인 것입니다.

18절 이로써 그리스도를 섬기는 자는 하나님을 기쁘시게 하며 사람에게도 칭찬을 받느니라

그리스도인들이 음식 문제로 서로 비방하는 대신 성령 안에서 의와 평강과 희락을 나눈다면 하나님께 영광을 돌리게 될 것이요, 또한 사람에게도 칭찬을 받게 된다는 뜻입니다.

예를 들어 내가 "고기 먹는 것을 조심하라."고 성도들에게 한 마디만 해도 당장 논쟁이 일어날 것입니다. 고기 파는 사람들은 그 일로 나를 비난할 것이고, 채식주의자들이나 여러 가지 일로 고기를 안 먹는 사람들은 박수를 치며 환영할 것입니다. 결국 그 한 마디 말로 인해 많은 논쟁이 초래될 것입니다.

그러나 먹고 마시는 일이 아닌, 그리스도를 중심으로 섬기며 성령 충만, 말씀 충만하면 자신이 먼저 평안과 희락을 누릴 뿐 아니라 하나님께서 기뻐하시고 사람들로부터도 칭찬을 받게 되는 것입니다.

4. 덕을 세움(14:19-23)

19. 그러므로 우리가 화평의 일과 서로 덕을 세우는 일을 힘쓰나니
20. 음식으로 말미암아 하나님의 사업을 무너지게 하지 말라 만물이
다 깨끗하되 거리낌으로 먹는 사람에게는 악한 것이라 21. 고기도
먹지 아니하고 포도주도 마시지 아니하고 무엇이든지 네 형제로 거
리끼게 하는 일을 아니함이 아름다우니라 22. 네게 있는 믿음을 하
나님 앞에서 스스로 가지고 있으라 자기가 옳다 하는 바로 자기를 정
죄하지 아니하는 자는 복이 있도다 23. 의심하고 먹는 자는 정죄되
었나니 이는 믿음을 따라 하지 아니하였기 때문이라 믿음을 따라 하
지 아니하는 것은 다 죄니라

19절 그러므로 우리가 화평의 일과 서로 덕을 세우는 일을 힘쓰나니

바울 사도는 믿음이 장성한 그리스도인에게 두 가지 부탁을 하고 있습니다. 그것은 첫째로 화평의 일에 힘쓰고, 둘째로 서로 덕을 세우는 일에 힘쓰라는 것입니다.

먼저, 이 세상에서 제일 좋은 것이 바로 화평입니다. 우리가 화평하려면 무엇보다도 우리 자신의 마음에 평강이 임하도록 노력해야 합니다. 마음이 평안해야 다른 사람과 화평할 수 있기 때문입니다. 그리고 우리는 가족은 말할 것도 없고 이웃과도 화평해야 합니다. 우리가 북한 사람들을 끝까지 달래고 끌어안는 것은 바로 화평을 위해서입니다. 어떤 이유이든 간에 북한과 전쟁을 한다면 너나 할 것 없이 모두 다 파멸할 뿐입니다. 그러므로 어찌하든지 우리는 북한과 평화를 유지해야 합니다.

그다음으로 덕을 세우는 일에 힘쓸 것을 당부하고 있습니다. 덕을 세운다는 것은 다른 사람이 잘되도록 돕는 것을 말합니다. 다른 사람을 북돋워 주고, 칭찬해 주며, 장점을 찾아서 격려해 주는 것 등을 말합니다. 이것은 마치 벽돌을 한 장 한 장 쌓아서 집을 짓는 것과 같습니다. 덕의 벽돌이 한 장 한 장 쌓여 갈수록 사랑과 화평의 집은 완성되어 갈 것입니다.

20절 음식으로 말미암아 하나님의 사업을 무너지게 하지 말라 만물이 다 깨끗하되 거리낌으로 먹는 사람에게는 악한 것이라

이 말씀은 음식물로 인하여 비난받게 하지 말고 오히려 화평과 덕을 세움으로 하나님의 사업이 무너지는 것을 막을 수 있도록 하라는 말입니다. 하나님의 사업은 개인의 마음속에 믿음을 심어 주어 구원받게 하고 다시 그 개인들이 피차 사랑하며 협조함으로 교회를 세우는 것입니다.

그러므로 음식물 같은 사소한 문제로 교회의 단결을 깨뜨리고 나아가서 약한 자의 믿음까지 무너지게 하는 것은 하나님의 사업을 무너뜨리는 결과가 되는 것입니다.

약한 자의 믿음을 무시하고 하나님의 사업을 파괴하는 결과가 된다면, 음식 자체는 깨끗하지만 그 음식으로 인하여 만든 결과는 악한 것이 되고 맙니다.

21절 고기도 먹지 아니하고 포도주도 마시지 아니하고 무엇이든지 네 형제로 거리끼게 하는 일을 아니함이 아름다우니라

바울은 고기를 먹는 것도 나쁘지 않고 포도주를 마시는 것도 나쁘지 않다고 말합니다. 그러나 우리들의 행동이 하나님께 영광이 되지 않고 사람들에게 시험을 주는 것이면 고기도 먹지 아니하고 포도주도 마시지 않는 것이 좋다는 것입니다. 그래야 그 결과가 아름답게 되는 것입니다. "그러므로 만일 음식이 내 형제를 실족하게 한다면 나는 영원히 고기를 먹지 아니하여 내 형제를 실족하지 않게 하리라"(고전 8:13)고 말한 바울 사도의 자세는 오늘날 우리 성도들에게 좋은 신앙의 모범이 되고 있습니다.

22절 네게 있는 믿음을 하나님 앞에서 스스로 가지고 있으라 자기가 옳다 하는 바로 자기를 정죄하지 아니하는 자는 복이 있도다

여기서도 바울은 다시 반복하여 무엇이든지 먹을 수 있는 믿음을 하나님과의 사이에서 가지고 있으라고 말합니다. 또 믿음으로 인해 믿음이 약한 형제들을 실족하게 해서는 안 된다고 권면합니다. 즉, 자신은 옳다고 해서 행했지만 그 행동으로 인해 다른 형제가 시험에 들었다면 믿음

이 강한 자 역시 자신의 잘못과 부주의를 책하게 되는 결과가 됩니다. 그래서 바울 사도는 "자기가 옳다 하는 바로 자기를 정죄하지 아니하는 자는 복이 있도다"라고 말했던 것입니다. 이 구절은 자신의 신념에 대하여 어떤 비판 때문에 자책하는, 즉 스스로 심판하는 일이 없어야 한다는 뜻입니다.

23절 의심하고 먹는 자는 정죄되었나니 이는 믿음을 따라 하지 아니하였기 때문이라 믿음을 따라 하지 아니하는 것은 다 죄니라

의심하고 먹는 자, 즉 양심에 거리끼면서 먹는 것에 대하여 바울은 단호하게 죄라고 규정하고 있습니다. 왜냐하면 믿음으로 행하지 않았기 때문입니다. 그러므로 우리가 무슨 일을 하든지 하나님의 말씀에 서서 믿음으로 하면 영광이 되고, 믿음으로 하지 않고 의심으로 하면 그것으로 인해 결국 마귀의 시험에 들고 죄가 성립되는 것입니다. 여기서도 분명한 것은 믿음으로 하지 않은 그 마음이 죄인 것이지 결코 음식물 자체에 죄의 원인이 있는 것은 아닙니다. 따라서 하나님 앞에서 우리의 행동은 항상 믿음에 아무런 거리낌이 없도록 행하여야 하는 것입니다.

결론적으로 본 장은 우리의 현실적인 문제들에 대해 아주 명쾌한 해답을 줍니다. 사실 세상을 살아가면서 먹고 마시는 일을 초월할 수 있는 사람은 아무도 없습니다. 이런 모든 일에도 어떤 질서가 있어야 하는데, 그것은 먹을 수 있는 것일지라도 사랑과 덕의 표준에 비춰서 거리낌이 없도록 행해야 한다는 것입니다.

제 15 장

그리스도 예수를 본받는 생활

A COMMENTARY ON
THE EPISTLE TO THE
ROMANS

본 장은 앞 장에 이어 계속되는 그리스도인의 윤리에 대한 메시지입니다. 12장이 윤리의 기초, 13장이 사회의 윤리라면 14장과 본 장은 교회의 윤리에 해당됩니다. 14장에서 바울은 그리스도인의 자유와 이웃에 덕을 세우는 일에 대해 가르쳐 주었습니다.

본 장에서 바울은 서로 덕을 세우는 일에 힘쓸 것을 다시 한 번 강조하면서 본 서신서의 결론을 맺기 시작합니다.

먼저 전반부에서는 믿음이 강한 자가 스스로 자신을 낮추고 섬기므로 믿음이 약한 자들을 배려할 것을 권면하고 있으며, 후반부에 가서는 바울 자신이 이방인의 사도로 부르심을 받아 사역한 것이 이방인도 유대인과 동일하게 하나님의 구속 계획 가운데 포함되어 있기 때문임을 설명하고 있습니다.

마지막으로 바울은 서바나로 가는 길에 로마를 방문할 계획을 밝히며 기도와 후원을 요청하고 있습니다.

1. 덕을 세우는 신앙(15:1-13)

1. 믿음이 강한 우리는 마땅히 믿음이 약한 자의 약점을 담당하고 자기를 기쁘게 하지 아니할 것이라 2. 우리 각 사람이 이웃을 기쁘게 하되 선을 이루고 덕을 세우도록 할지니라 3. 그리스도께서도 자기를 기쁘게 하지 아니하셨나니 기록된바 주를 비방하는 자들의 비방이 내게 미쳤나이다 함과 같으니라 4. 무엇이든지 전에 기록된 바는 우리의 교훈을 위하여 기록된 것이니 우리로 하여금 인내로 또는 성경의 위로로 소망을 가지게 함이니라 5. 이제 인내와 위로의 하나님이 너희로 그리스도 예수를 본받아 서로 뜻이 같게 하여 주사 6. 한 마음과 한 입으로 하나님 곧 우리 주 예수 그리스도의 아버지께 영광을 돌리게 하려 하노라 7. 그러므로 그리스도께서 우리를 받아 하나님께 영광을 돌리심과 같이 너희도 서로 받으라 8. 내가 말하노니 그리스도께서 하나님의 진실하심을 위하여 할례의 추종자가 되셨으니 이는 조상들에게 주신 약속들을 견고하게 하시고 9. 이방인들도 그 긍휼하심으로 말미암아 하나님께 영광을 돌리게 하려 하심이라 기록된바 그러므로 내가 열방 중에서 주께 감사하고 주의 이름을 찬

송하리로다 함과 같으니라 10. 또 이르되 열방들아 주의 백성과 함께 즐거워하라 하였으며 11. 또 모든 열방들아 주를 찬양하며 모든 백성들아 그를 찬송하라 하였으며 12. 또 이사야가 이르되 이새의 뿌리 곧 열방을 다스리기 위하여 일어나시는 이가 있으리니 열방이 그에게 소망을 두리라 하였느니라 13. 소망의 하나님이 모든 기쁨과 평강을 믿음 안에서 너희에게 충만하게 하사 성령의 능력으로 소망이 넘치게 하시기를 원하노라

1절 믿음이 강한 우리는 마땅히 믿음이 약한 자의 약점을 담당하고 자기를 기쁘게 하지 아니할 것이라

앞 장에서 우리는 하나님께서 특별한 명령을 하시지 않은 사항은 우리의 신앙 양심을 따라 우리 스스로 결정할 수 있음을 배웠습니다. 즉, 고기를 먹거나 포도주를 마시거나 안식일을 정하는 문제에 대해서 우리의 믿음과 양심에 의해 성서적으로 지킬 수 있음을 알게 되었습니다. 본 절에서는 그러한 믿음과 신앙 양심이 강한 자가 그렇지 못한 약한 자에게 어떻게 행할 것인가에 대해 가르쳐 주고 있습니다. '믿음이 강한 우리' 란 믿음이 강하여 양심에 거리낌이 없는 자를 말합니다. 그 강한 자는 마땅히 약한 자를 생각해 줄 수 있어야 합니다. 즉, 믿음이 강하다고 해서 자기 마음대로 신앙생활을 할 것이 아니라는 것입니다. 비록 자신의 생활이 하나님 보시기에 어떤 하자가 없을지라도 믿음이 약한 다른 형제가 시험에 들거나 올무에 빠질 염려가 있으면 그 강한 믿음의 행동을 포기할 수 있어야 한다는 것입니다. 다시 말해서 자기만을 기쁘게 하기 위한 삶을 살지 말라는 말씀입니다. 하나님께 죄가 되지 않는다고 해서 자기 마음

대로 하고 자기 기분대로만 한다면 전체적인 조화의 기쁨을 가질 수 없습니다.

가정생활에서도 마찬가지입니다. 남편이 가정의 가장이라고 해서 자기 뜻대로만 행한다면 그 가정은 행복한 가정이 될 수 없습니다. 뿐만 아니라 그 자신도 좋은 아버지와 좋은 남편이 될 수 없습니다. 비록 아버지가 강할지라도 아내와 자녀들을 먼저 생각해 주고 돌보아 주어야 그 가족 전체가 행복할 수 있는 것입니다.

우리는 우리의 모든 생활 가운데서 비록 내가 올바를지라도 나보다 신앙이 약한 초신자를 위해서 사랑의 관점으로 그들을 먼저 배려하는 삶을 살도록 힘써야 할 것입니다.

2절 우리 각 사람이 이웃을 기쁘게 하되 선을 이루고 덕을 세우도록 할지니라

나 혼자서는 절대로 살 수 없습니다. '나' 는 '우리' 안에서 비로소 의미가 있고 가치가 있기 때문입니다. 그러므로 각 개인은 항상 '우리' , 즉 이웃을 생각해야 합니다. 사람들이 화장을 하거나 옷치장을 하여 멋을 내려고 하는 것도 실상은 나 아닌 다른 사람을 생각하기 때문입니다. 즉, 타인에게 인정과 관심을 받기 위해서입니다.

오늘날 모든 사람은 다른 사람들에게 인정받기 원하는 본능을 가지고 있습니다. 누구나 다른 사람들로부터 인정받기 원하고 사랑받기 원하고 용납받기 원합니다. 그렇지 못할 때 사람들은 실망하고 불행하고 분노하기까지 합니다. 그러므로 우리는 가능한 한 우리 주위의 사람들을 인정해 주고 사랑해 주고 관심을 쏟아 주며 용납해 줄 수 있어야 합니다.

'선을 이루는 것' 이 내적(內的) 목적이요, 궁극적 목적이라면 '덕을 세우는 것' 은 외적(外的) 목적, 또는 직접적 목적이라고 할 수 있습니다. 이 두 가지는 이웃을 기쁘게 하는 길이 됩니다. 이런 일이 이루어질 때 비로소 우리는 단순히 사람을 기쁘게 하는 것이 아닌 하나님을 기쁘게 하는 신앙인이 될 수 있는 것입니다(갈 1:10).

3절 **그리스도께서도 자기를 기쁘게 하지 아니하셨나니 기록된바 주를 비방하는 자들의 비방이 내게 미쳤나이다 함과 같으니라**

예수 그리스도께서 이 땅에 오셔서 고난을 받으시고 죽으신 것은 자기 자신을 기쁘게 하기 위함이 아니었습니다. 만약 주님께서 자신을 기쁘시게 하기 원하셨다면 하나님이신 그가 인간의 형상을 입으시고 온갖 괴로움과 고초를 기꺼이 당하지 않으셨을 것입니다. 주님은 먼저 하나님을 기쁘시게 하기 위해 그리고 우리 인간들을 기쁘게 하기 위해 십자가 고난을 당하신 것입니다. 우리의 죄를 사하시고 우리의 징벌과 가난과 사망을 철폐하기 위해서 그리고 우리를 귀신의 세력에서 건져내 주시기 위해서 주님은 당신 자신을 내어 주신 것입니다. 이와 같이 주님께서 겸허하게 희생하심으로써 온전히 하나님만 기쁘시게 한 것은 바로 남을 위한 생활의 적극적인 모범을 보이시기 위함입니다.

"주를 비방하는 자들의 비방이 내게 미쳤나이다"라는 말은 시편 69편 9절을 인용함으로서 바울은 의로운 이스라엘 백성이 하나님을 위해 고난받은 것을 예수님에게 적용시키고 있습니다. 여기서 '주' 는 하나님을, '내' 는 그리스도를 가리키고 있습니다. 이는 하나님을 비방하고 미워하는 모든 사람들의 화살이 십자가에 매달린 그리스도에게로 향했다는 뜻입니다. 이것은 자기희생의 극치입니다. 우리 성도들도 예수님을 본받아 남의 약점을 대신 지고 남을 위해 사는 삶을 살도록 노력해야 하겠습니다.

4절 무엇이든지 전에 기록된 바는 우리의 교훈을 위하여 기록된 것이니 우리로 하여금 인내로 또는 성경의 위로로 소망을 가지게 함이니라

"무엇이든지 전에 기록된 바"는 창세기로부터 말라기까지의 구약 성경을 가리킵니다. 우리들의 입장에서 본다면 모든 신약 성경도 전에 기록된 것에 해당됩니다. 이와 같이 기록된 말씀인 성경은 우리 신자의 교훈을 위하여 기록된 것입니다. 성경은 기록된 그 시대의 사람만을 위해서 있는 것이 아닙니다. 모든 시대, 모든 사람들에게 신앙적인 교훈을 주기 위해 있는 것입니다. 그러므로 우리는 믿음으로 성경을 읽을 때 인내의 교훈과 위로의 보장을 얻어 여러 가지 시험과 환난을 넉넉히 이길 수 있게 되는 것입니다.

하나님의 말씀인 성경과 성경의 핵심인 복음의 목적은 사람을 살리는 데에 있습니다. 성경을 대하는 사람에게 믿음과 소망과 사랑을 주는 것이 복음의 목적입니다. 그러므로 교회는 교회를 찾아오는 사람들에게 좌절과 절망을 덜어 주는 대신 위로와 소망을 줄 수 있어야 합니다. 즉, 죄인의 죄를 해결할 수 있고, 병자의 병을 치료할 수 있고, 삶의 중대한 문제들을 예수 그리스도의 이름으로 해결할 수 있도록 하는 것이 전에 기록된 말씀, 곧 복음이 하는 일이요 교회의 사명인 것입니다

5절 **이제 인내와 위로의 하나님이 너희로 그리스도 예수를 본받아 서로 뜻이 같게 하여 주사**

우리 하나님은 오래 참으시는 인내의 하나님이십니다. 만약 하나님께서 우리가 잘못할 때마다 즉각적으로 징계를 내리신다면 아마 한 사람도 살아남을 사람이 없을 것입니다.

부모도 자식을 위해 얼마나 인내합니까? 부모님의 인내도 정말 대단합니다. 어린 아이가 태어나면 대소변을 다 받아 내고 진자리 마른자리 다 갈아 누이시고 손발이 닳도록 인내하며 자식을 양육하지 않습니까? 그 인내와 사랑으로 우리가 이렇게 자랐지 부모의 인내와 사랑이 없었다면, 우리는 지금까지 살아남지도 못했을 것입니다.

그 위대한 부모님의 사랑도 하나님의 사랑과는 비교할 수가 없습니다. 우리가 예수님을 믿기 전에도 그토록 주님을 애태워 놓고는 예수님을 믿기로 작정한 다음에도 영적으로 어린아이인 우리들은 온갖 못된 짓을 다 하지 않습니까? 그래도 끝까지 채찍을 들지 않으시는 것은 우리가 영적으로 성숙할 때까지 하나님께서 기다리시는 것입니다.

또한 하나님은 위로의 하나님이십니다. 우리가 이 세상에 살면서 얼마나 상처받고 고통당하는 일이 많습니까? 그럴 때 하나님 앞에 나와서 뜨거운 눈물을 흘리며 기도하고 찬송하면 얼마나 마음이 후련하고 위로가 되는지 모릅니다. 이 세상에 살면서 이런 시련과 풍파를 겪지 않는 사람이 어디 있습니까?

나도 목회하면서 수없이 이런 일을 체험했습니다. 목회하다 보면 마음 상하는 일이 너무도 많습니다. 성도가 적으면 적은 대로, 많으면 많은 대로 항상 문제가 생깁니다. 억울하게 욕먹고, 이유 없이 비난받고, 말도 안

되는 누명도 뒤집어씁니다. 막무가내로 달려드는 염소들은 또 왜 그리 많은지 모릅니다. 그렇다 해서 목회자가 똑같이 대적할 수는 없지 않습니까? 한 영혼이라도 시험에 빠지지 않도록 다 끌어안고 함께 가야 하는 길이기에 마음의 고통이 얼마나 큰지 모릅니다. 이럴 때 어디서 누구에게 위로를 받습니까? 성도들은 어려움을 들고 목회자들을 찾아와서 상담도 하고 위로를 받습니다만, 정작 목회자들은 이런 시련과 어려움을 들고 찾아갈 사람이 없습니다. 오로지 하나님밖에 없습니다. 하나님께 나아가 부르짖어 기도하고 또 기도할 수밖에 없습니다. 그렇게 캄캄하고 답답하고 무거운 짐들을 들고 기도하러 들어가면 처음에는 기도도 안 나오고 하염없이 눈물만 쏟아집니다. 그럴 땐 눈물이 멈출 때까지 그저 엎드려 흐느낍니다. 그러다가 한없이 부르짖어 기도하고 나면 감정의 격랑이 지나가고 난 뒤 마음속에 위로가 찾아옵니다. 그 위로는 말로 표현할 수 없습니다. 얼마나 포근하고 달콤한지 모릅니다. 이 위로가 있기에 우리는 시련을 이겨 낼 수 있는 것입니다.

본 절은 이러한 인내와 위로의 하나님께서 우리로 하여금 예수 그리스도를 본받아 서로 뜻이 같게 해 주셨다고 말하는 것입니다.

'크리스천' 이란 어떤 사람을 말합니까? 바로 '그리스도인' 이란 뜻으로 '그리스도를 믿는 사람' , 즉, '그리스도를 본받는 사람' 을 말합니다. 그러므로 그리스도를 본받은 우리 성도들이 그리스도 안에서 서로 같은 뜻을 가지는 것은 너무나 당연한 것입니다.

6절 한마음과 한 입으로 하나님 곧 우리 주 예수 그리스도의 아버지께 영광을 돌리게 하려 하노라 모든 사람이 다 똑같은 마음을 가지는 것은 쉬운 일이 아닙니다. 각 사람의 얼굴이 서로 다른 것처럼 각자의 마음과 생각이 서로 달라서 온전히 하나가 되는 일은 불가능합니다. 같은 부모의 자녀들일지라도 완전히 다른 성격과 취향을 가지게 마련입니다. 그러므로 서로 다르다는 것은 그 자체가 나쁜 것이 아닙니다. 하나님께서 각자에게 고유한 개성을 주셨기 때문입니다.

믿지 않는 많은 사람들이 기독교의 교파와 교단이 많은 것을 비난하는 경우가 있습니다. 그러나 교단이 나뉘는 일은 긍정적인 면에서 하나님의 섭리로도 해석할 수 있습니다. 장로교는 장로교 식으로, 감리교는 감리교 식으로 그리고 순복음교회는 순복음 식으로 신앙생활을 하도록 하나님께서 허락해 주신 것입니다. 교파가 나뉨으로 인해 다소간의 문제는 있겠지만 오히려 이를 통해 그리스도의 복음이 널리 전파될 수 있는 것입니다.

사람들의 마음이 서로 다르고 교파와 교단이 다를지라도 온전하게 하나 될 수 있는 길이 있습니다. 그것은 바로 예수 그리스도를 본받아 한 마음과 한 뜻이 되어 하나님께 영광을 돌리는 길입니다. 예수 그리스도를 부인하지 않는 한 모든 신자와 교단의 형제들은 하나입니다. 물론 예수 그리스도에 대해 근본적으로 다른 믿음을 가진 이단과는 우리가 결코 하나 될 수 없음은 말할 필요도 없습니다.

7절 그러므로 그리스도께서 우리를 받아 하나님께 영광을 돌리심과 같이 너희도 서로 받으라

9절부터 13절까지는 유대인과 이방인 간의 하나 됨을 권면하는 것으

로, 그들이 서로 용납하여 하나님께 영광을 돌릴 것을 가르칩니다. 그리고 그 본으로 그리스도께서 유대인과 이방인을 모두 받으신 것을 성경을 들어 입증하고 있습니다. 주님께서는 모든 종류의 사람들을 구별하지 않으시고 받으사 십자가의 구속을 허락하셨습니다. 특히 유대인뿐만 아니라 이방인에게도 죄 사함과 구원의 길을 보여 주셨습니다. 마찬가지로 우리들도 믿음이 약한 사람이나 강한 사람이나 관계없이 서로 용납하고 이해할 수 있어야 합니다.

여기서는 유대인이 이방인을, 이방인은 유대인을 용납하고 받아들여야 함을 의미합니다. 그리스도께서는 자기 자신을 낮추셔서(빌 2:6-8) 죄인들을 하나님과 화목시킴으로써 하나님께 영광을 돌리셨습니다. 그런데 같은 사람인 유대인과 이방인이 차이가 있다고 해서 서로 받아들이지 못한다는 것은 있을 수 없는 일입니다. 그러므로 우리는 다른 사람들을 나같이 되게 하려고 애쓰지 말고 그들을 이해하고 용납하며 마음을 열고 받아들여야 할 것입니다.

8절 내가 말하노니 그리스도께서 하나님의 진실하심을 위하여 할례의 추종자가 되셨으니 이는 조상들에게 주신 약속들을 견고하게 하시고

예수님은 유대인으로 태어나셨습니다. 뿐만 아니라 주님은 유대인으로서 지켜야 할 모든 규례를 다 순종하여 지키셨습니다. 할례의 추종자가 되었다는 것은 바로 그것을 말하는 것입니다. 예수님께서 모든 율법을 지키신 것은 율법을 주신 하나님의 약속이 진실한 것임을 견고하게 하는 일이 되었습니다. 즉, 유대인의 후손 중에 구주 그리스도가 오실 것

이라는 하나님의 언약을 지키신 것입니다. 이 사실은 특히 마태복음이 강조하는 메시지이기도 합니다(마 15:24). 마태는 그리스도의 생애와 사역이 구약의 예언의 성취인 것을 증명하고 그가 곧 유대인이 대망하던 메시아임을 밝혔던 것입니다.

9절 이방인들도 그 긍휼하심으로 말미암아 하나님께 영광을 돌리게 하려 하심이라 기록된바 그러므로 내가 열방 중에서 주께 감사하고 주의 이름을 찬송하리로다 함과 같으니라

본 절은 유대인뿐만 아니라 이방인도 원래는 하나님의 긍휼 밖에 있었으나(엡 2:11-12), 이제 그리스도로 말미암아 긍휼함을 받아 구원을 얻고 하나님께 영광을 돌리게 된 것을 설명하고 있습니다. 그 결과 유대인의 조상을 통해 주신 하나님의 언약은 더욱 견고하게 되었습니다. "기록된바 그러므로 내가 열방 중에서 주께 감사하고 주의 이름을 찬송하리로다 함과 같으니라" 여기서부터 12절까지는 이방인의 구원에 대한 구약의 예언을 인용한 것입니다. 본 절은 시편 18편 49절의 인용으로서 다윗이 사방의 이방인을 정복한 후 그들 중에서 하나님의 영광을 나타낸 것을 노래한 것입니다. 바울은 이를 그리스도에게 적용하여 그리스도가 영적으로 이방인들을 구원하사 그들도 하나님의 자녀가 되게 하신 것을 말했습니다. 구약에 기록된 다윗의 승리는 예수 그리스도의 구원의 역사의 한 모형이요, 그림자였던 것입니다.

10절 또 이르되 열방들아 주의 백성과 함께 즐거워하라 하였으며

신명기 32장 43절을 인용한 구절로서, 이방인들이 하나님의 긍휼로 믿

게 되어 이스라엘 백성과 함께 즐거워할 것을 예언하고 있습니다. 실제로 오늘날 신약 시대는 이방인인 우리들이 예수님의 복음을 믿고 유대인과 함께 영적으로 즐거워할 때입니다.

11절 또 모든 열방들아 주를 찬양하며 모든 백성들아 그를 찬송하라 하였으며

시편 117편 1절의 인용으로, 역시 예수님의 복음이 모든 이방인에게 전파되어 구원받은 그들이 주를 찬송할 것임을 가리킵니다.

12절 또 이사야가 이르되 이새의 뿌리 곧 열방을 다스리기 위하여 일어나시는 이가 있으리니 열방이 그에게 소망을 두리라 하였느니라

본 절은 이사야 11장 1절을 인용한 것입니다. 바울은 만민을 위한 복음을 설명하기 위하여 모세와 다윗의 말을 인용한 후 이제 이사야의 말을 인용합니다. '이새' 는 다윗의 아버지이고, '일어나시는 이' 는 예수님입니다. 따라서 본 절의 말씀은 예수님께서 다윗의 왕손으로 태어나실 것을 예언한 것입니다. 예수님은 이새의 뿌리일 뿐만 아니라 이새의 줄기로도 예언되고 있는데, 이는 주님께서 역사의 알파와 오메가요, 처음과 나중이 되심을 증언해 주는 사실입니다. 원래 소망 없는 자들이었던 이방인들이(엡 2:12) 이러한 그리스도를 믿을 때 그들이 소망을 가지게 될 것을 예언한 것입니다.

13절 소망의 하나님이 모든 기쁨과 평강을 믿음 안에서 너희에게 충

만하게 하사 성령의 능력으로 소망이 넘치게 하시기를 원하노라

기독교 신앙은 소망의 신앙입니다. 기독교에서 믿는 하나님은 소망의 근원이시며, 소망을 주시는 분이시며, 소망의 대상이 되시는 분이십니다. 이와 같은 하나님을 믿는 자는 항상 내일에 소망이 있습니다.

이에 반하여 주를 믿지 않는 불신자는 이 세상 밖에 소망이 없습니다. 그러므로 이 세상에서 소망이 끊어지면 절망에 처하여 죽게 되고 맙니다. 그러나 예수님을 믿는 사람은 이 세상에서의 내일에 대한 소망뿐만 아니라 죽음 저 건너편으로 계속되는 영원한 소망이 있습니다.

소망의 하나님을 믿는 자에게는 소망과 기쁨과 평안이 있습니다. 믿음으로 죄 사함을 받고 하나님과 화목함을 얻으면 마음에 평안이 오고 기쁨이 넘치게 됩니다. 그러므로 믿음과 소망 안에서 기쁨과 평안이 없고 짜증과 불안과 불평만 있다면 그것은 참된 신자의 삶이라고 할 수 없습니다.

믿음으로 말미암은 기쁨과 평안과 소망이 있는 자는 그 얼굴에서 밝은 광채가 납니다. 하나님이 주시는 평안과 기쁨과 소망은 절대로 감추어 둘 수 없기 때문입니다. 그러므로 예수님을 믿으면서도 얼굴이 우울하고 일그러져 있고 마음에 소망이 넘치지 않는다면 그 사람의 신앙은 병들어 있는 것이요, 회개하고 믿음으로 그 영적인 병을 고쳐야 할 것입니다. 환경이 비록 부족하고 어렵더라도 소망 없는 자와 같이 탄식하며 살아서는 안 됩니다. 아무리 어둡고 캄캄한 환경에 처할지라도 하나님을 사랑하는 자 곧 그 뜻대로 부르심을 입은 자들에게는 모든 것이 합력하여 선을 이루기 때문입니다(8:28). 소망이 넘치는 삶을 위해서 성령의 능력을 충만히 받아야 할 것입니다.

2. 사도 바울의 선교 정신(15:14-21)

14. 내 형제들아 너희가 스스로 선함이 가득하고 모든 지식이 차서
능히 서로 권하는 자임을 나도 확신하노라 15. 그러나 내가 너희로
다시 생각나게 하려고 하나님께서 내게 주신 은혜로 말미암아 더욱
담대히 대략 너희에게 썼노니 16. 이 은혜는 곧 나로 이방인을 위하
여 그리스도 예수의 일꾼이 되어 하나님의 복음의 제사장 직분을 하
게 하사 이방인을 제물로 드리는 것이 성령 안에서 거룩하게 되어 받
으실 만하게 하려 하심이라 17. 그러므로 내가 그리스도 예수 안에
서 하나님의 일에 대하여 자랑하는 것이 있거니와 18. 그리스도께
서 이방인들을 순종하게 하기 위하여 나를 통하여 역사하신 것 외에
는 내가 감히 말하지 아니하노라 그 일은 말과 행위로 19. 표적과 기
사의 능력으로 성령의 능력으로 이루어졌으며 그리하여 내가 예루
살렘으로부터 두루 행하여 일루리곤까지 그리스도의 복음을 편만하
게 전하였노라 20. 또 내가 그리스도의 이름을 부르는 곳에는 복음
을 전하지 않기를 힘썼노니 이는 남의 터 위에 건축하지 아니하려 함
이라 21. 기록된바 주의 소식을 받지 못한 자들이 볼 것이요 듣지 못
한 자들이 깨달으리라 함과 같으니라

14절 내 형제들아 너희가 스스로 선함이 가득하고 모든 지식이 차서 능히 서로 권하는 자임을 나도 확신하노라

바울은 당시 고린도에 머물면서 로마에 있는 성도들을 생각하며 로마

서를 기록하였습니다. 로마 교회는 사도 바울이 세운 교회가 아닙니다. 여러 평신도들과 복음 전파자들이 당시 세계의 중심이었던 로마에 복음을 전파하여 세워진 교회였습니다. 그런데 바울은 로마 교인들에게 '너희가 스스로 선함이 가득하다' 라고 말합니다. 이 말은 무슨 뜻입니까?

사람은 태어날 때 선하게 태어나지 않습니다. 아담과 하와가 타락한 이후 인생은 어머니의 배 속에서 죄 중에 잉태되어 태어납니다. 벌써 악의 씨앗은 어릴 때부터 사람의 마음속에 심겨져 있습니다. 그래서 가르쳐 주지 않아도 어릴 때부터 시기, 질투, 거짓말을 합니다.

동양 사상 가운데 맹자의 성선설(性善說)이 있지만 그것은 맞지 않습니다. 성경에 사람은 태어날 때부터 악하다고 말씀하고 있기 때문입니다. 그런 악한 마음을 가지고 태어난 사람이 예수 그리스도를 구주로 모시면 성령님이 마음을 변화시켜 주셔서 선하게 거듭나는 것입니다.

사람은 태어날 때부터 양심을 가지고 태어납니다. 양심이 강한 사람도 있고 양심이 화인 맞아서 무감각하게 된 사람도 있습니다만 양심이 없는 사람은 없습니다. 그런데 우리가 예수님을 믿고 나면 하나님의 성령이 오셔서 이 양심을 굉장히 활성화시킵니다. 뿐만 아니라 예수 그리스도의 보혈로 악의 뿌리가 뽑히고 선이 강하게 작용합니다. 그러므로 우리는 성령님이 인도하시는 양심의 소리에 항상 귀 기울여야 합니다.

그런데 로마 교회는 스스로 주를 믿고 구원을 받아 성령님이 인도하시는 양심의 소리를 따라 착한 일을 많이 할 뿐만 아니라 하나님에 관한 지식으로도 충만하여 열심히 전도하는 교회였습니다. 선한 것과 하나님에 대한 지식이 많은 것은 신앙의 성숙을 위한 2대 요소입니다. 선이 없는 신앙은 참신앙일 수 없습니다. 또한 지식이 없는 선은 악에게 이용당할 위험이 있습니다. 그러므로 교리와 실천, 즉 믿음과 행함은 항상 병행되어야 하는 것입니다.

15절 그러나 내가 너희로 다시 생각나게 하려고 하나님께서 내게 주신 은혜로 말미암아 더욱 담대히 대략 너희에게 썼노니

신앙적으로 이미 장성한 로마 교인들에게는 바울의 편지가 필요 없겠지만 그들이 전에 배운 신앙 지식을 다시 상기시키기 위해 로마서를 쓴다는 말입니다. 나쁜 일은 생각하면 할수록 부정적인 결과가 나타나지만, 좋은 일은 거듭해서 말할수록 좋기 마련입니다. 복음의 진리처럼 좋은 일은 생각할수록 좋은 결과를 가져다줍니다. 바울이 이 편지를 담대히 쓸 수 있었던 것은 단순한 인간적 용기 때문이 아니라 하나님의 은혜를 힘입었기 때문입니다. 즉, 그리스도의 사도로서 하나님의 은혜를 받았던 것입니다.

16절 이 은혜는 곧 나로 이방인을 위하여 그리스도 예수의 일꾼이 되어 하나님의 복음의 제사장 직분을 하게 하사 이방인을 제물로 드리는 것이 성령 안에서 거룩하게 되어 받으실 만하게 하려 하심이라

본 절은 바울이 받은 하나님의 은혜 곧 그의 사도직에 대한 내용을 설명하는 말씀입니다. 바울은 여기서 비유로 그의 사명을 설명하고 있습니다. 바울은 그 제사장의 직분을 담당한 일꾼이며, 이방인들은 하나님께 드려지는 제물이라는 것입니다. 원래 제사장이 하는 일은 하나님 앞에서 백성의 속죄와 축복을 위하여 기도해 주고 하나님의 은혜를 받아

백성에게 전달해 주는 중개인 또는 중매인 역할입니다.

바울은 이방인의 사도로서 이방인을 위한 중개인 역할을 다 했습니다. 구약에서 레위인 제사장이 백성을 위해 제물을 하나님께 바친 것같이, 바울은 예수 그리스도의 복음을 위해 제사장으로서 하나님께 거듭난 이방인들을 제물로 드렸던 것입니다.

"성령 안에서 거룩하게 되어". 바울이 큰 사명을 받아 이방인을 전도하여 하나님께 제물로 드리더라도 성령님께서 함께해야 그것이 참제물이 된다는 뜻입니다. 이방인은 원래 정욕의 죄로 인해 더러워져 있었습니다(1:18-32). 그러나 예수님을 믿음으로 의롭게 되고 성령 안에서 성결하게 되자 비로소 하나님께서 받으실만한 제물이 된 것입니다. 구약 시대에도 제사장이 하나님께 제물을 드릴 때 성령을 상징하는 불이 하늘에서 떨어져야 참제물로 인정받았습니다. 마찬가지로 오늘날도 성령 없는 제물은 하나님이 받으실만한 것이 못됩니다.

오늘날 많은 사람들이 교회에 와서 입술로는 주님께 부르짖고 있지만 진실로 하나님을 만나지 못하고 받아들이지 못하는 이유는 성령의 역사가 없기 때문입니다. 성령님을 인정하고 환영하고 모셔 들이고 의지하지 않고서는 하나님의 역사가 일어날 수 없습니다. 성도들은 성령님을 통해 의롭다 함을 얻고 성령님의 도우심을 힘입어 거룩하게 되고 성령 안에서 하나님 앞에 향기로운 제물이 되는 것입니다. 우리가 신앙생활을 하는 가운데 다가오는 문제를 해결하는 첫 단계가 자신이 먼저 성령의 충만을 받는 것입니다. 성령 안에서 생각하고 기도하고 행할 때에 비로소 신앙의 열매를 맺을 수 있기 때문입니다.

오늘날 여러 교파와 많은 교회가 있지만 성령의 역사 없이는 참교회로서의 사역과 성장이 불가능하며, 성령님을 인정하지 않고서는 개인의 신앙생활 역시 불가능합니다. 그러므로 교회적으로나 개인적으로나 하나님의 말씀과 성령의 역사가 충만히 임하시도록 기도해야 하겠습니다.

17절 그러므로 내가 그리스도 예수 안에서 하나님의 일에 대하여 자랑하는 것이 있거니와

바울은 하나님이 그에게 주신 사도직에 대하여 자랑할 수 있었습니다. 그것은 인간적인 자랑이나 교만이 아니라 하나님의 일에 대한 자랑입니다. 예수 그리스도의 복음을 올바르게 전한 것에 대한 자랑이기도 합니다. 그것은 예수 그리스도 안에서의 '하나님의 일' 에 대한 자랑인 것입니다.

18-19절 그리스도께서 이방인들을 순종하게 하기 위하여 나를 통하여 역사하신 것 외에는 내가 감히 말하지 아니하노라 그 일은 말과 행위로 표적과 기사의 능력으로 성령의 능력으로 이루어졌으며 그리하여 내가 예루살렘으로부터 두루 행하여 일루리곤까지 그리스도의 복음을 편만하게 전하였노라

바울의 자랑은 다른 것이 아니라 바울의 목회에 성령이 충만하여 하나님께 영광을 돌린 것입니다. 즉, 설교와 사역에 표적과 기사가 있어 성령의 능력으로 역사한 것을 감사한다는 것입니다. 바울의 설명 가운데 '말과 행위' 는 자연적 역사이고 '표적과 기사' 는 초자연적 역사입니다. 그리고 '성령의 능력으로 이루어진 것' 은 이 모두를 가리키는 말입니다.

바울은 설교도 잘했을 뿐만 아니라 성령의 능력으로 기사와 이적도 많

이 행했습니다. 그런데 오늘날 적지 않은 교회에서 이성적이고 논리적인 설교는 높이 평가하면서, 병 고침이나 방언과 같은 기적적인 역사는 성령의 역사가 아닌 샤머니즘적 요소라고 무시하는 경향이 있습니다. 매우 안타깝고 슬픈 일입니다. 성령의 초자연적 역사를 부인하거나 적극적으로 행하지 않는 사람들은 하나님의 일에 대해서 반쪽만 자랑하는 결과가 됩니다.

우리는 이 두 가지 신앙의 요소(말씀의 자연적 선포와 성령의 초자연적 능력)를 모두 잃지 않는 바울과 같은 참신앙인, 참목회자가 되어야 할 것입니다. 그러기 위해서 우리는 나 자신이나 나의 교회를 자랑하지 말고 나를 통해 역사하시는 살아 계신 하나님을 자랑해야 합니다.

바울은 이와 같은 성령의 도우심을 통해 유대 교회의 중심지인 예루살렘으로부터 이방인의 외곽 지대인 일루리곤까지 복음을 편만(遍滿)하게 전파할 수 있었습니다. 예루살렘은 동남의 끝인데 반해 일루리곤은 마게도냐 서북의 끝으로서 이는 곧 바울의 선교 영역을 나타냅니다. '편만하게 전했다' 는 것은 전파되지 않은 곳이 없도록 복음을 널리 전했다는 뜻입니다.

20절 또 내가 그리스도의 이름을 부르는 곳에는 복음을 전하지 않기를 힘썼노니 이는 남의 터 위에 건축하지 아니하려 함이라

바울은 이미 복음이 전파된 곳에 가서는 전도하지 않겠다는 긍지와 거룩한 야망을 가지고 있었습니다. 그와 같은 개척 정신이 있었기 때문에 그는 로마에 가서 새로 복음을 전하는 대신에 권면의 말씀을 편지로 전달했던 것입니다. 이러한 자세는 어느 시대, 어느 장소에서도 지켜져야 할 기본적인 목회 윤리입니다.

21절 기록된바 주의 소식을 받지 못한 자들이 볼 것이요 듣지 못한 자들이 깨달으리라 함과 같으니라

본 절은 이사야서 52장 15절 말씀을 인용한 것입니다. 그리스도의 복음을 이방인이 듣고 깨닫게 된다는 뜻으로서, 바울은 아직 복음을 듣지 못한 이방 사람들에게 복음을 전하겠다는 그의 선교 원칙을 설명하기 위해 인용하고 있습니다. 우리도 바울과 같이 이미 예수를 잘 믿는 사람보다도 믿지 않는 불신자들이나 신앙적으로 어려움을 겪는 사람들을 우선적으로 전도해야 하겠습니다. 그것이야말로 사도 바울의 선교 정신이요, 우리 전도자들 모두가 본받아야 할 자세인 것입니다.

3. 사도 바울의 전도 계획(15:22-29)

22. 그러므로 또한 내가 너희에게 가려 하던 것이 여러 번 막혔더니
23. 이제는 이 지방에 일할 곳이 없고 또 여러 해 전부터 언제든지 서
바나로 갈 때에 너희에게 가기를 바라고 있었으니 24. 이는 지나가
는 길에 너희를 보고 먼저 너희와 사귐으로 얼마간 기쁨을 가진 후에
너희가 그리로 보내 주기를 바람이라 25. 그러나 이제는 내가 성도
를 섬기는 일로 예루살렘에 가노니 26. 이는 마게도냐와 아가야 사

람들이 예루살렘 성도 중 가난한 자들을 위하여 기쁘게 얼마를 연보
하였음이라 27. 저희가 기뻐서 하였거니와 또한 저희는 그들에게 빚
진 자니 만일 이방인들이 그들의 영적인 것을 나눠 가졌으면 육적인
것으로 그들을 섬기는 것이 마땅하니라 28. 그러므로 내가 이 일을
마치고 이 열매를 그들에게 확증한 후에 너희에게 들렀다가 서바나
로 가리라 29. 내가 너희에게 나아갈 때에 그리스도의 충만한 복을
가지고 갈 줄을 아노라

22-23절 그러므로 또한 내가 너희에게 가려 하던 것이 여러 번 막혔더니 이제는 이 지방에 일할 곳이 없고 또 여러 해 전부터 언제든지 서바나로 갈 때에 너희에게 가기를 바라고 있었으니

'남의 터 위에 건축하지 않겠다' 는 전도 원칙(20절)에 따라 바울은 개척 전도에만 힘썼고, 그 결과 로마에 가려던 숙원을 이루지 못했음을 밝히고 있습니다.

'이제는' 이란 3차 전도 여행의 종착지인 고린도에서 본 서를 기록하고 있는 현재입니다. 그때까지 복음을 전한 바울이 이제 그 지방(소아시아, 마게도냐, 아가야 지방)에서 더 이상 복음을 전할 곳이 없다고 말합니다. 그래서 바울은 로마를 거쳐 서바나(지금의 스페인) 끝까지 복음을 전할 계획을 세우게 된 것입니다.

24절 이는 지나가는 길에 너희를 보고 먼저 너희와 사귐으로 얼마간 기쁨을 가진 후에 너희가 그리로 보내 주기를 바람이라

바울이 로마에 가려는 목적 중에 하나가 로마 교인들과의 사귐, 즉 교

제를 나누는 것이었습니다. 즉, 서바나로 가는 길에 로마에 들러 서로를 위해 기도하고 신령한 은혜로 교제하여 피차간에 만족과 위로를 얻고자 하였던 것입니다. 이와 같은 만남을 통한 영적인 교제는 교회 본연의 모습이요, 사명입니다. 교회란 택함을 입은 성도들이 모여 위로는 하나님을 섬기고 피차간에는 사랑으로 서로 교제하는 곳입니다.

"너희가 그리로 보내 주기를 바람이라"는 말의 뜻은 영적인 교제 뿐만 아니라 물질적인 교제도 바라는 말입니다. 즉, 서바나로 가기까지의 여비(선교비)를 로마 교인들이 지급해 주기를 기대한다는 말입니다. 사도 바울이 이런 부탁을 했던 것으로 보아 로마 교인들과 매우 친밀한 관계를 유지하고 있었던 것 같습니다. 바울은 로마 교인들을 위하여 축복을 빌어 주었을 뿐 아니라, 또한 그들이 바울 자신에게 영적으로나 물질적으로 축복을 보내 줄 것을 기대했던 것입니다.

자기 비용 전도, 즉 자급 전도는 선교에 대한 사도 바울의 기본 자세였습니다(고전 9:7; 고후 11:9; 살전 2:9). 그러나 교회적인 입장에서 볼 때 전도인이나 선교사를 파송하고 후원하는 것은 교인의 절대적인 의무인 것입니다(롬 10:15; 행 15:3; 20:38; 고후 1:16).

25-26절 그러나 이제는 내가 성도를 섬기는 일로 예루살렘에 가노니 이는 마게도냐와 아가야 사람들이 예루살렘 성도 중 가난한 자들을 위하여 기쁘게 얼마를 연보하였음이라

당시 바울은 복음을 전하면서 동시에 많은 연보를 거두어 가난한 교회를 돕는 일에도 앞장섰습니다. 그 당시 마게도냐와 아가야는 로마가 행정 구역으로 나눈 그리스(헬라) 두 지역이었습니다. 마게도냐를 대표하는 교회는 빌립보 교회였고, 아가야 지방을 대표하는 교회는 고린도 교회였습니다. 그리고 예루살렘 교회는 모든 교회의 모교회(母教會)였습니다.

그런데 그때 예루살렘에 큰 흉년이 들어 예루살렘 교회가 어려움을 당하자 마게도냐와 아가야 지방의 교회들이 모교회를 돕기 위해 헌금했습니다. 그리고 그것을 예루살렘 교회에 전달해 주도록 바울에게 의탁했던 것입니다.

27절 저희가 기뻐서 하였거니와 또한 저희는 그들에게 빚진 자니 만일 이방인들이 그들의 영적인 것을 나눠 가졌으면 육적인 것으로 그들을 섬기는 것이 마땅하니라

이방인 교회가 예루살렘 교회의 유대인 신자들을 위해 헌금한 것은 기쁜 마음과 자발적인 마음으로 한 것이었습니다. 헌금을 할 때는 인색함으로나 억지로 하지 말고 기쁘고 자원하는 마음으로 해야 합니다(고후 9:7). 하나님은 양의 많고 적음에 관계없이 즐겨 내는 자를 사랑하시기 때문입니다. 이와 같이 기쁜 마음으로 헌금을 했지만 원리 면에서 본다면 억지로라도 헌금을 해야 할 의무가 있음을 바울은 설명합니다. 즉, 유대의 교회가 이방인 교회에 신령한 복음을 전해 주었기 때문에 유대인 그리스도인들이 어려움에 처했을 때 그들이 물질적인 선물로서 보답한 것은 당연한 일이었습니다. 이와 같이 헌금은 원칙 면에서 신자의 당연한 의무이므로 그 방법적인 면에서도 자발적인 것이 되어야 합니다.

이 같은 원리는 교역자와 교인 사이에도 적용이 될 수 있습니다. 즉 교역자는 신령한 은혜로 교인들의 영적 생활을 책임지고, 교인들은 교역자의 일반 생활을 책임져야 합니다. 교역자가 생활을 전적으로 교인에게

맡길 수 있어야 그가 담임하는 교회는 건전하게 성장할 수 있을 것입니다. 여기서 '영적인 것' 은 구원과 복음과 영적인 은사들을 말하고, '육적인 것' 은 물질을 가리키는데, 하나님 편에서 볼 때 참된 축복은 물질에 있는 것이 아니라 믿음, 소망, 사랑과 같은 영적인 축복에 있습니다.

어떤 면에서 물질은 가장 낮은 축복일 수가 있습니다. 그렇기 때문에 하나님께서는 이 물질 축복을 먼저 허락하시는 것입니다. 물질로 축복을 받을 때 우리는 영적인 축복의 소중한 의미를 새삼 깨닫게 되기 때문입니다.

28-29절 그러므로 내가 이 일을 마치고 이 열매를 그들에게 확증한 후에 너희에게 들렀다가 서바나로 가리라 내가 너희에게 나아갈 때에 그리스도의 충만한 복을 가지고 갈 줄을 아노라

'이 일' 이란 이방인 교회가 예루살렘 모교회를 돕는 일입니다. 그 헌금을 확실히 전달한 후에 바울은 로마를 거쳐 서바나로 갈 것을 재차 확인하고 있습니다.

'그리스도의 충만한 복' 은 바울이 로마 교인들에게 가게 될 때에 가지고 갈 복음에 대한 설명입니다. 바울은 능력 있는 종으로서 그리스도의 충만한 은혜와 축복을 모든 사람들에게 나누어 줄 자신이 있었습니다. 오늘날도 하나님의 종으로서 말씀을 전하고 가르치는 사람들은 주님의 은혜를 나누어 줄 수 있는 지식과 능력이 있어야 합니다. 그러기 위해서는 기도와 말씀 연구에 정성을 다해야 합니다. 먼저 자신이 신령한 것을 가지고 있어야 타인에게 나누어 줄 수 있기 때문입니다.

4. 사도 바울의 기도와 소원(15:30-33)

30. 형제들아 내가 우리 주 예수 그리스도와 성령의 사랑으로 말미암아 너희를 권하노니 너희 기도에 나와 힘을 같이하여 나를 위하여 하나님께 빌어 31. 나로 유대에서 순종하지 아니하는 자들로부터 건짐을 받게 하고 또 예루살렘에 대하여 내가 섬기는 일을 성도들이 받을 만하게 하고 32. 나로 하나님의 뜻을 따라 기쁨으로 너희에게 나아가 너희와 함께 편히 쉬게 하라 33. 평강의 하나님께서 너희 모든 사람과 함께 계실지어다 아멘

30절 형제들아 내가 우리 주 예수 그리스도와 성령의 사랑으로 말미암아 너희를 권하노니 너희 기도에 나와 힘을 같이하여 나를 위하여 하나님께 빌어

바울 같은 위대한 사도도 일반 성도들에게 중보 기도를 요청했습니다. 하나님께서는 그의 사랑하는 성도들의 간절한 기도에 응답해 주십니다. 오늘날에도 주의 종이 능력 있게 설교하고 목회를 잘하기 위해서는 성도들의 많은 중보 기도가 절대적으로 필요합니다.

그런데 이와 같은 중보 기도를 드릴 때에는 원칙이 있습니다. 그것은 예수 그리스도께 믿음의 터전을 둔 기도이어야 하고, 성령의 능력에 의한 기도이어야 합니다. 바울은 여기서 기도에 대한 삼위(三位)의 교리를 설명합니다. 즉, 기도는 하나님을 대상으로 하고, 그리스도의 중보로 말

미암으며, 성령의 능력(사랑)으로 하는 것이라고 설명합니다. 예수님의 이름 없이 또는 성령님의 도우심이 없이 올바로 기도하는 것은 불가능합니다.

또한 기도할 때에는 '힘을 같이하여' 기도해야 합니다. 힘을 같이 한다는 말은 그 당시에 경기장이나 투기장에서 무사들이 싸우던 모습을 나타낸 말입니다. 바울은 로마 교회 성도들과 하나가 되어 씨름하듯이 힘쓰자고 권하는 것입니다. 그것은 주님의 겟세마네 기도(눅 22:44)와 야곱의 얍복 강 나루터에서의 씨름(창 32:24)을 연상하게 합니다. 기도는 영적인 노동이요, 마치 하나님과 씨름하는 것과 같습니다.

31-32절 **나로 유대에서 순종하지 아니하는 자들로부터 건짐을 받게 하고 또 예루살렘에 대하여 내가 섬기는 일을 성도들이 받을 만하게 하고 나로 하나님의 뜻을 따라 기쁨으로 너희에게 나아가 너희와 함께 편히 쉬게 하라**

위의 본문은 로마 교회 성도들이 바울과 함께 힘을 같이하여 기도할 제목들을 밝히고 있습니다. 즉, 기도의 분명한 목표가 제시되고 있습니다. 목표가 없는 기도는 올바른 기도가 될 수 없습니다. 바울의 기도 제목은 세 가지로서 모두 바울이 접촉하게 될 사람들에 관한 것입니다. 첫째는 불신 유대인들, 둘째는 이미 믿는 유대 그리스도인들, 셋째는 로마 교회의 신자들에 대한 것입니다.

'유대에서 순종하지 아니하는 자들' 이 바로 첫 번째 기도 대상인 극단적인 유대인입니다. 그들은 구약의 모세가 세운 율법에 충성한다는 구실로 초대 교회를 무섭게 박해했습니다. 바울 자신도 다메섹 도상에서 주님을 만나기 전에는 그들의 무리에 속했던 자였습니다. 그리스도를 십자가에 못 박은 자들도 그들이었고, 바울의 전도 여행에 박해를 가한 것도 그들이었습니다(행 17:5). 그래서 바울은 그들을 구원하고 그들로부터의 위기에서 벗어나도록 간절히 기도할 것을 부탁했던 것입니다.

'예루살렘' 은 유대인 그리스도인들을 가리킵니다. 그들은 그리스도인이었지만 유대인이었기 때문에 율법적인 구속에서 아직 벗어나지 못한 편견을 가진 사람들이었습니다. 그래서 이방인 성도들의 정성스러운 헌금을 오해할 우려가 있었습니다. 그러한 우려가 없도록 하기 위해서 바울은 그가 전해 주는 이방인의 헌금이 유대인 성도들에게 환영받을 수 있도록 기도를 부탁했던 것입니다.

마지막 기도 제목은 '너희' 즉, 로마 교인들과 순조롭게 만나 좋은 시간을 가질 수 있도록 하는 것이었습니다.

이와 같이 우리들은 문제가 있을 때뿐만 아니라 신령한 생활을 하고 있을 때에도 끊임없이 기도해야 합니다. 예수님을 믿는다고 해서 전혀 사고가 나지 않는 것이 아니며, 신앙인이라고 해서 항상 시험과 유혹을 이겨 낼 수 있는 것도 아닙니다. 그러므로 쓸데없는 사고와 시험에 걸리지 않도록 하기 위하여 모든 신자들은 쉬지 말고 기도해야 할 것입니다.

33절 평강의 하나님께서 너희 모든 사람과 함께 계실지어다 아멘

이제 본 장을 끝맺는 바울의 마지막 축도입니다. 우리가 믿는 하나님은 평강의 하나님, 즉 '야훼 샬롬' 입니다. 인생의 시련과 폭풍우가 아무리 거세게 다가오더라도 하나님이 함께하시면 안심할 수 있습니다. 마귀는 언제나 불안과 두려움으로 오지만 하나님께서는 언제나 평강과 기쁨으로 다가오십니다. 임마누엘 신앙은 곧 평강의 신앙입니다.

우리가 무슨 일을 할 때 마음이 불안하고 심한 의심이 다가오면 그 일을 중지해야 합니다. 그러나 목적을 놓고 기도할 때 마음에 평안이 오면 하나님께서 함께하시는 증거이므로 담대하게 시작할 수 있습니다. 기도와 말씀으로 끊임없이 하나님과 교제함으로 늘 마음에 기쁨과 평안과 소망이 넘치는 삶이 되어야겠습니다.

제 16 장

문안과 송영

A COMMENTARY ON
THE EPISTLE TO THE
ROMANS

바울은 은혜로운 서신 로마서의 마지막 장인 본 장에서 그의 사랑하는 사람들에 대한 문안 말씀과 송영을 기록하고 있습니다.

본 장의 인사말은 의례적인 인사가 아니라, 음으로 양으로 바울의 전도 사역을 지원해 주고, 자신들이 처한 상황 속에서 오로지 주님의 일에 전념했던 사람들에 대한 진정한 감사의 표현입니다. 이들을 로마 교회에 소개함으로써 동역자들 간에 서로 협력하는 일의 중요성을 강조하고 있습니다.

한편 후반부에 등장하는 교회에 분쟁을 일으키는 자들은 단순히 하나님의 말씀에 대한 지식이 부족한 자들이 아니라, 사탄이 교회를 분열하게 하고 성령의 일을 훼방하는 일에 도구로 쓰임 받는 자들임을 경고하고 있습니다. 이러한 현상은 오늘날에도 우리 교회에 무수히 나타나는 교회 안의 분쟁에 대한 경고이기도 합니다.

사도 바울은 서신을 마치면서 함께 동역하고 있는 고린도 교회 성도들의 문안 인사도 함께 전하면서 송영으로 서신을 마무리 하고 있습니다.

1. 로마 성도에 대한 문안 말씀(16:1-16)

1. 내가 겐그레아 교회의 일꾼으로 있는 우리 자매 뵈뵈를 너희에게
추천하노니 2. 너희는 주 안에서 성도들의 합당한 예절로 그를 영접
하고 무엇이든지 그에게 소용되는 바를 도와줄지니 이는 그가 여러
사람과 나의 보호자가 되었음이라 3. 너희는 그리스도 예수 안에서
나의 동역자들인 브리스가와 아굴라에게 문안하라 4. 그들은 내 목
숨을 위하여 자기들의 목까지도 내놓았나니 나뿐 아니라 이방인의
모든 교회도 그들에게 감사하느니라 5. 또 저의 집에 있는 교회에도
문안하라 내가 사랑하는 에배네도에게 문안하라 그는 아시아에서 그
리스도께 처음 맺은 열매니라 6. 너희를 위하여 많이 수고한 마리아
에게 문안하라 7. 내 친척이요 나와 함께 갇혔던 안드로니고와 유니
아에게 문안하라 그들은 사도들에게 존중히 여겨지고 또한 나보다
먼저 그리스도 안에 있는 자라 8. 또 주 안에서 내 사랑하는 암블리
아에게 문안하라 9. 그리스도 안에서 우리의 동역자인 우르바노와
나의 사랑하는 스다구에게 문안하라 10. 그리스도 안에서 인정함을
받은 아벨레에게 문안하라 아리스도불로의 권속에게 문안하라 11.

내 친척 헤로디온에게 문안하라 나깃수의 가족 중 주 안에 있는 자들
에게 문안하라 12. 주 안에서 수고한 드루배나와 드루보사에게 문안
하라 주 안에서 많이 수고하고 사랑하는 버시에게 문안하라 13. 주
안에서 택하심을 입은 루포와 그의 어머니에게 문안하라 그의 어머
니는 곧 내 어머니니라 14. 아순그리도와 블레곤과 허메와 바드로바
와 허마와 및 그들과 함께 있는 형제들에게 문안하라 15. 빌롤로고
와 율리아와 또 네레오와 그의 자매와 올름바와 그들과 함께 있는 모
든 성도에게 문안하라 16. 너희가 거룩하게 입맞춤으로 서로 문안
하라 그리스도의 모든 교회가 다 너희에게 문안하느니라

1절 내가 겐그레아 교회의 일꾼으로 있는 우리 자매 뵈뵈를 너희에게 추천하노니

겐그레아는 고린도의 항구 이름입니다. 바울 사도는 겐그레아 교회의 일꾼으로 있는 자매 뵈뵈를 추천하고 있습니다. 많은 사람들이 바울을 남존여비 사상이 강한 사람이라고 생각하고, 또 그렇게 공격하는 사람도 있습니다. 그러나 여기 이 성경 구절을 보면 결코 그렇지 않다는 것을 알 수 있습니다. 틀림없이 바울 사도는 로마서를 고린도에서 써서, 고린도의 겐그레아 교회 일꾼으로 있는 뵈뵈의 손에 들려서 로마에 보냈을 것입니다. 비행기도 자동차도 없던 그 당시에 고린도에서 로마까지 여행한다는 것은 결코 쉬운 일이 아닙니다. 그 험하고 먼 길에 성경 중의 성경이요, 신약 성경의 노른자라고 일컬어지는 로마서를 로마에 있는 교인들에게 보낼 때에 허다한 사람들을 제쳐 놓고 자매인 뵈뵈를 통해 보낸 것을 보면, 이 뵈뵈가 얼마나 바울의 신임을 얻었는지 또 얼마나 신앙이 돈독한 여자 성도였는지를 짐작할 수 있습니다.

오늘날 한국 교회가 이처럼 눈부시게 성장을 이룬 으뜸 요소는 여성 성도들의 열정적인 신앙과 헌신입니다. 내가 전도 여행을 다니면서 마음에 커다란 충격을 받은 것은 유럽 대륙이나 영국이나 할 것 없이 여자들은 일체 교회에서 잠잠해야 한다는 사실입니다. 여성들이 교회에서 일한다는 것은 상상할 수도 없었습니다. 헌금도 못 거두고, 안내도 못 하며, 집사의 직분도 받지 못했습니다. 또한 전도하는 것도 어림없는 일이었습니다. 남녀의 평등에 있어서 유럽이 우리보다 훨씬 앞서 가는 것 같지만 교회 내에서는 그렇지 않았습니다.

몇 해 전 나는 불란서의 스트라스부르그에서 교역자 수양회를 인도하면서 교회 성장에 대해 강의했습니다. 그때 나는 과감하게 전통을 깨뜨리고 여성들을 동원하여 주의 사업에 투입시킬 것을 강조했습니다. 그렇게 말하니 모든 불란서 교역자들이 "우우우!" 하는 것이었습니다. 나는 "여러분들의 교회가 성장하려거든 여성들을 동원하여 교회의 일을 하십시오. 예수님을 평생 모시고 다니면서 자기들의 재산을 드려 주님께 식사 대접하고 여러 가지로 받든 사람들은 모두 여성들이었습니다. 예수님께서도 그들이 여성이라고 무시하지 않으셨습니다. 또한 예수님께서 부활하신 후 그 부활의 첫 메시지도 여성들에게 전달하라고 부탁하셨으며, 바울에게도 많은 여제자들이 있었습니다. 그런데 왜 여러분들은 여성들에게 교회의 일을 시키지 않으십니까?" 라고 말했습니다.

강의를 마치고 나오니 30대로 보이는 한 자매님이 이런 이야기를 하면서 울기 시작했습니다. "목사님, 저는 분명히 하나님의 사명을 받았어요. 제 마음에 주님을 사랑하는 마음과 주를 위해 일하고 싶은 욕망이 불타오릅니다. 하지만 아무리 하나님께서 저를 부르시고 제게 불타는 사명이 있어도 이 지역 교회에서는 우리에게 기회를 주지 않습니다. 여자들은 교회에 와서 남편 이야기나 어린 아기 키우는 이야기 외에는 일체 못하게 합니다. 그러니 우리는 교회에 와서 이렇게 불타는 마음으로 주를 위해 일하려 해도 할 수가 없기 때문에 앉아서 울고만 있다가 그만 신앙이 식어져 버리고 맙니다."

이 자매님의 이야기가 오늘날 유럽 교회의 현실입니다. 그러한 이유로 아프리카나 동남아시아에 가면 구라파에서 온 여성 선교사들이 많습니다. 구라파에서는 여성들을 안 쓰니 사명 받은 여성들이 답답하여 남성들이 안 들어가는 오지나 정글에 들어가 예수님의 이름으로 복음을 전하고 있는 것입니다. 남성들은 바쁘다고 주의 사업을 하지 않고, 여성들은 무시하여 쓰지 않으니 교회는 잠들 수밖에 없습니다.

반면 하나님께서는 세계 역사상 유례없이 한국 교회를 축복해 주셨습니다. 한국에는 예수님의 복음이 들어오자마자 그러한 계층적 관념이 깨어지고 말았습니다. 여성 집사가 있고 또 여성은 장로가 안 되니 권사 직분을 만들어서 안수 받지 않은 장로 직위를 주었습니다. 옛날 한국에 남존여비 사상이 강할 때도 여전도사가 있었습니다. 그 당시 여전도사는 일대 신여성이었습니다. 한국이 그렇게 될 수 없는 상황에서도 여전도사와 같은 여성 사역자들을 세우신 것을 보면, 하나님께서 한국 교회를 성장시키기 위해 획기적인 대책을 세우시고 역사하셨음을 알 수 있습니다. 한국 교회가 세계적으로 이렇게 지도자적 위치에 서서 부흥하게 된 이유가 여기에 있습니다.

바울 사도는 뵈뵈를 단호하게 '겐그레아 교회의 일꾼' 이라고 말하며 추천합니다. '일꾼' 이란 말은 헬라어로 '디아코노스' (διάκονος)입니다.

이 말은 디콘(deacon), 즉 '집사' 라고도 번역하고 미니스터(minister),즉 '교역자' 라고도 번역합니다. 그러므로 헬라어의 디아코노스는 교역자도 되고 집사도 되는데 주로 '종으로 섬기는 교역자' 를 가리킵니다.

뵈뵈는 단순히 겐그레아 교회의 교인이 아니었습니다. 일꾼이었습니다. 교회의 일꾼은 교회에서 일하는 사람이지 교회에 와서 가만히 예배만 드리고 돌아가는 사람이 아닙니다. 그러므로 초대 교회 당시에도 여성들이 하나님의 부름을 받고 교회에서 열심히 일을 했는데, 뵈뵈와 같은 여성은 로마서를 가지고 로마까지 가도록 사도 바울에게 천거받을 정도였습니다.

하나님의 부르심에는 차별이 있을 수 없습니다. 그리스도 예수 안에서는 남자와 여자의 차별이 없으며 로마인이나 헬라인이나 유대인의 차별이 있을 수 없습니다. 모두 그리스도 안에서 하나인 것입니다. 어느 교회를 가도 교회 절대수의 60% 이상이 여자 성도들입니다. 그러므로 하나님께서 주신 이 방대한 자원을 그리스도를 위하여 동원시키고 그 나라를 위하여 사용해야 할 것입니다.

2절 너희는 주 안에서 성도들의 합당한 예절로 그를 영접하고 무엇이든지 그에게 소용되는 바를 도와줄지니 이는 그가 여러 사람과 나의 보호자가 되었음이라

뵈뵈가 하나님의 종의 신분으로 가니 그가 비록 여자일지라도 주 안에서 성도들은 합당한 예절로 그를 영접하라고 했습니다. 또한 모든 친절과 사랑과 정성을 다하여 그에게 소용되는 바를 도와주라고 했습니다. 즉, 여행하는데 필요한 비용이나 옷이나 음식 등 무엇이든지 필요한 것은 도울 것을 부탁하고 있습니다.

뵈뵈는 많은 예수 믿는 사람들을 돌보아 주었는데, 심지어는 바울 사도조차 "그가 나의 보호자가 되었다."고 말할 정도입니다. 이를 볼 때 뵈뵈가 바울 사도를 세심하게 돌보아 주었을 뿐만 아니라 그의 복음 전파 사역에 큰 힘이 되었다는 것을 확실히 알 수 있습니다. 바울 같은 분이 뵈뵈의 도움을 받고 그녀가 자신의 보호자가 되었다고 고백할 정도 같으면 오늘날 수많은 남종들이 뵈뵈와 같은 여종들의 도움을 더 필요로 하지 않겠습니까? 미국이나 불란서, 독일, 영국, 스칸디나비아의 교회가 너나 할 것 없이 뵈뵈와 같은 여종의 도움이 필요할 터인데 이 '뵈뵈'를 안 쓰겠다고 고집합니다. '뵈뵈' 만 오면 쫓아 버려 성도의 합당한 예로 모셔 들이지 않으니 교회들이 썰렁하고 약한 것입니다.

3절 너희는 그리스도 예수 안에서 나의 동역자들인 브리스가와 아굴라에게 문안하라

브리스가와 아굴라는 부부로서 바울과 같은 직업을 가지고 있었습니다. 즉, 바울은 천막 장사를 해서 번 돈으로 자기 비용으로 선교를 했습니다. 브리스가와 아굴라는 로마에 살았는데 로마의 황제가 모든 유대인은 로마를 떠나라고 하여 고린도에 왔는데 그때 바울을 만났습니다. 그리하여 이 부부는 바울과 같이 여행하면서 예수 그리스도에 대한 신앙의 깊은 도리를 배우게 되었습니다. 그 뒤 이들 부부는 에베소에서 초대 교회의 유명한 복음 전도자이자 구약에 능통한 신학자 아볼로에게 예수 그리스도의 구원의 도리를 설명해 주었고, 그가 성령의 충만함을 받도록 인도해 주었습니다. 이처럼 브리스가와 아굴라는 상당히 신앙이 깊고 성

령이 충만했습니다.

그런데 이 가정을 볼 때 이상한 것이 있습니다. 성경에서 바울 사도가 이 가정을 소개할 때 부인인 브리스가를 먼저 소개한 것입니다. 일반적으로 통성명할 때는 동서양을 막론하고 언제나 남자 이름부터 먼저 소개합니다. 한국에서도 사람을 소개할 때 "조용기 목사 그리고 부인 아무개입니다." 이렇게 말하지 "부인 아무개 그리고 남편 조용기입니다." 이렇게 말하지 않습니다. 만일 그렇게 한다면 고약한 사람이 되고 말 것입니다. 이러한 관행에도 불구하고 부인인 브리스가가 남편인 아굴라보다 먼저 소개된 것을 보면 그녀가 주의 사업을 함에 있어 얼마나 두드러진 활약을 했는지 추측할 수 있습니다.

이런 점을 볼 때 하나님의 성령께서 여성을 무시하거나 사용하지 않았다고 주장할 수 없습니다. 여성은 돕는 배필로 창조되었기 때문에 주의 사업에도 매한가지입니다. 자매 뵈뵈가 바울 사도를 보호하는 보호자의 입장으로 일했던 것처럼 여성은 남성을 돕는 자로 그리고 주의 종으로도 일해야 합니다. 이들 부부는 그리스도 예수 안에서 바울의 동역자라고 했습니다. 동역자이니 바울과 함께 일하는 자인 것입니다. 평신도 여러분들은 그 교회 목사와 함께 주의 일에 매진해야 될 동역자들인 것입니다.

4절 그들은 내 목숨을 위하여 자기들의 목까지도 내놓았나니 나뿐 아니라 이방인의 모든 교회도 그들에게 감사하느니라

브리스가와 아굴라가 바울과 동역하면서 얼마나 바울을 사랑하였던지 바울의 목숨을 위하여 자기들의 목이라도 내어 놓았다고 했습니다. 바울이 언제 어디서 죽을 고비를 겪었는지는 확실히 알 수 없으나, 바울

이 극단적인 위기에 처해 있을 때 이들 부부의 자기희생적 헌신으로 말미암아 생명을 건진 일이 있었다는 것입니다. 바울은 복음을 전하면서 수많은 박해와 위협을 당했으며 생명을 잃을 뻔한 고비를 수도 없이 겪었습니다. 그중에 어떤 위기 가운데 브리스가와 아굴라가 자기 목숨까지라도 내놓고 바울을 구출한 것을 알 수 있습니다.

이 사건은 너무나 중요한 것이어서 그 당시 이방인의 모든 교회에까지 알려지게 되었던 것입니다. 이들 부부의 그런 행위에 대해 이방인의 모든 교회가 감사한다고 했습니다. 그만큼 브리스가와 아굴라의 명성이 널리 퍼져 있었음을 알 수 있습니다.

5절 **또 저의 집에 있는 교회에도 문안하라 내가 사랑하는 에배네도에게 문안하라 그는 아시아에서 그리스도께 처음 맺은 열매니라**

초대 교회 때에는 교회를 크게 지을 수 없었고 그럴만한 자원도 없었습니다. 그래서 그 당시 교회는 집에서부터 모임을 갖고 시작되었습니다. 본 절을 볼 때 브리스가와 아굴라도 자신들의 집을 교회의 집회 장소로 제공한 것 같습니다.

빌립보에서 제일 처음 교회를 세울 때도 자색 옷감 장사 루디아의 집에서 출발하였습니다. 예수님의 이름으로 두세 사람이 모이면 그곳에 주님이 계시고, 따라서 그곳이 교회가 됩니다. 오늘날 건물로 지어져 있는 교회만이 교회라고 생각해서는 안 됩니다. 주일과 수요일, 금요일에 교회에 모여서 정기적으로 하나님의 말씀을 양식으로 먹고 찬양과 예배를 드려야 하지만, 또한 흩어져서 지역 사회에 살 때에도 그리스도의 영광을 나타내야 합니다. 그러기 위해서는 초대 교회처럼 가정 교회를 세워야 합니다.

담임 목사의 주권하에서 교회는 지역장님과 구역장님의 구역 예배를 통하여 지역 사회로 세포 분열하듯 분열해 나가야 합니다. 그리하여 일상생활 속에서 하나님을 예배하고 주님과 동행하도록 교육시켜야 합니다. 이렇게 되면 교회에 어떤 바람이 불어오더라도 흔들리지 않고, 교회가 어떤 환경에 처할지라도 무너지지 않습니다.

바울 사도는 에배네도에도 대해서 상당히 깊은 관심을 가졌습니다. 왜냐하면 에배네도는 바울이 아시아에 들어가서 전도할 때 기독교로 개종한 첫 열매이기 때문입니다. 사람들은 누구든지 자기가 처음 전도해서 예수님을 믿게 된 사람을 결코 잊지 못합니다. 전도하고 나서도 그 열매가 좋지 않거나 결실을 맺지 못한다면 별 소용이 없습니다. 그러나 에배네도는 아시아에서 모범적인 성도로 성장한 것 같습니다. 그래서 바울 사도는 아시아에서 로마로 건너가 사는 에배네도에 대해서 문안하는 것을 잊지 않고 있습니다.

6절 너희를 위하여 많이 수고한 마리아에게 문안하라

본 절의 마리아가 누구인지는 모르지만 로마에 있는 교회를 위해 수고를 굉장히 많이 한 사람 같습니다. 바울이 어떻게 로마 교회의 일을 이렇게 상세히 알 수 있을까요? 아마도 바울은 그가 처음 고린도에 도착했을 때 이제 막 로마에서 돌아온 아굴라와 브리스가로부터 많은 소식을 들었을 것이 틀림없습니다. '많이 수고했다' 라는 말을 통하여 그녀가 초기 로마 교회의 조직과 활동에 영향력을 주었음을 암시해 주고 있습니다.

7절 내 친척이요 나와 함께 갇혔던 안드로니고와 유니아에게 문안하라 그들은 사도들에게 존중히 여겨지고 또한 나보다 먼저 그리스도 안에 있는 자라

안드로니고와 유니아는 바울 사도와 같은 유대인이요, 또한 친척이며 예수 그리스도의 복음을 전하다가 함께 갇혔던 사람들입니다. 그 당시 사도의 투옥은 빈번했으니(고후 6:5; 11:23) 적어도 그중 어느 경우에 함께 갇히는 영예를 가질 수 있었을 것입니다. 신약 시대에는 복음을 전하다가 감옥에 갇히는 것을 굉장히 영광스럽게 생각했습니다. 그러므로 바울과 같이 복음을 전하다가 감옥에 갇혔던 안드로니고와 유니아에게 문안하라고 한 것입니다.

'사도들에게 존중히 여겨지고' 라는 말은 그들이 곧 사도였다는 의미도 됩니다. 열 두 사도는 예수님께서 직접 키운 사도요, 그 다음 주님이 부활 승천하신 후 성령이 오셔서 교회 가운데 일으켜 세운 사도가 있었습니다. "그가 어떤 사람은 사도로, 어떤 사람은 선지자로, 어떤 사람은 복음 전하는 자로, 어떤 사람은 목사와 교사로 삼으셨으니"(엡 4:11)라는 말씀이 있듯이 여기에 등장하는 이들은 하나님의 성령께서 주신 사도의 직분을 가졌음에 틀림없습니다. 그러므로 안드로니고와 유니아는 사도들 가운데서 주를 위해 일하고 큰 고난을 참은 유명한 사람들이었던 것이 확실합니다.

바울은 그들이 '나보다 먼저 그리스도 안에 있는 자' 라는 사실을 인정했습니다. 기독교 신앙에는 선배가 꼭 필요합니다. 신앙이라는 것은 연조를 절대 무시할 수 없습니다. 물론 훨씬 나중에 믿었어도 깨어져서 성령의 충만을 받고 하나님의 은사를 더 많이 받을 수 있습니다. 그러나

성령의 열매와 신앙의 열매를 맺는 데는 오랜 시간이 걸립니다. 신앙적인 인격을 함양하는 데는 장구한 시간을 요하기 때문에 오랫동안 진실하게 예수님을 믿어 왔다는 것은 그만큼 그 사람이 신앙에 요동 없이 믿음의 반석 위에 서 있음을 나타내 줍니다.

그런가 하면 이제 막 예수님을 믿고 은혜를 받아 불같은 성령을 받았다고 뛰고 구르고 야단법석을 하다가도 얼마 있지 않아 사르르 식어지는 사람도 많습니다. 그렇기 때문에 세월이 지나가 봐야 압니다. 바울 사도는 자신이 사도였음에도 불구하고 겸손하게 자기보다 그들이 신앙의 연조가 깊다고 말한 것입니다.

8-9절 또 주 안에서 내 사랑하는 암블리아에게 문안하라 그리스도 안에서 우리의 동역자인 우르바노와 나의 사랑하는 스다구에게 문안하라

'암블리아' 는 사도 바울이 주 안에서 사랑하는 자였습니다. 당시 초대교회에는 노예 출신의 신자들이 많이 있었는데 이 '암블리아' 와 '우르바노' 도 그런 사람들 가운데 하나였습니다. 교회는 출신에 상관없이 하나님께 충성하는 자가 하나님께 사랑받는 자들임을 알 수 있습니다.

그런데 '암블리아' 는 여자 이름입니다. 로마서에 등장하는 사람의 이름들 가운데 여자 성도의 이름이 많이 나옵니다. 그러고 보면 로마 교회도 여자 성도들이 매우 많았던 것을 알 수 있습니다. 당시에는 사회적으로 기독교가 엄청난 박해를 받는 상황이었는데도 많은 여성들이 그리스도인이 되어 하나님과 교회를 위해 충성하였던 것입니다. 예나 지금이나 여성들의 파워가 대단하다는 것을 알 수 있습니다.

사도 바울에게는 남녀노소 신분의 귀천에 상관없이 다양한 계층의 동역자들이 있었습니다. 바울을 통해 복음을 받아들이고 성도가 된 사람들이 온 세계로 흩어졌습니다. 그리고 가는 곳마다 교회를 세웠습니다. 암블리아도, 우르바노도, 스다구도 그와 같은 사람들입니다.

이러한 현상은 우리 여의도순복음교회에서도 나타났습니다. 우리 교회를 통하여 주님을 믿고 성도가 된 사람들이 온 세계 각지로 흩어져서 교회를 개척하여 선교하고 있습니다. 대략 계산해도 약 3천여 명이나 됩니다.

예나 지금이나 말씀으로 은혜 받고 성령으로 능력을 받은 사람들에 의해 복음은 끊임없이 전파되고 있는 것입니다.

10-12절 그리스도 안에서 인정함을 받은 아벨레에게 문안하라 아리스도불로의 권속에게 문안하라 내 친척 헤로디온에게 문안하라 나깃수의 가족 중 주 안에 있는 자들에게 문안하라 주 안에서 수고한 드루배나와 드루보사에게 문안하라 주 안에서 많이 수고하고 사랑하는 버시에게 문안하라

'아벨레' 는 어떤 특수한 시련이나 시험을 잘 참아냄으로써 주님 안에서 인정받았던 것 같습니다. 또한 아리스도불로의 집안에 신자들이 있었기 때문에 바울은 그의 권속들에게 문안하고 있습니다.

'헤로디온' 은 바울의 친척 가운데 한 사람으로서 사도를 도와 주의 일에 열심이었던 사람이었으며, 칭찬받는 사람 가운데 하나였습니다. 바울 사도는 아리스도불로의 경우와 마찬가지로 나깃수의 권속에게도 문안을 당부하고 있습니다.

'드루배나와 드루보사' 라는 이름은 여자 이름입니다. 바울은 그들이 주 안에서 수고한 자라고 말합니다. 한편 많이 수고하고 사랑하는 '버시' 라는 여자에게 문안하고 있습니다. 바울이 문안하고 수고했다는 사람들 중 많은 사람이 여자 성도입니다. 이와 같이 로마 교회는 여자 성도들의 활약이 아주 대단했음을 알 수 있습니다.

13절 주 안에서 택하심을 입은 루포와 그의 어머니에게 문안하라 그의 어머니는 곧 내 어머니니라

루포는 바로 구레네 사람 시몬(막 15:21)의 아들입니다. 루포의 아버지 시몬이 주님의 십자가를 걸머지고 골고다 언덕까지 따라간 결과 그 가정이 모두 하나님께 축복을 받은 것입니다. 하나님께서는 그 가정을 택하셨고 결국 그 아내와 자식들이 모두 유명하게 되어 여기 성경에까지 기록되었습니다. '그의 어머니는 곧 내 어머니니라' 는 말은 문자적으로 루포의 어머니가 바울의 어머니란 말은 아닙니다. 아마 루포의 어머니가 바울 사도를 자기의 친자식처럼 잘 대접하고 돌보아 준 것 같습니다. 그녀가 바울에게 마치 어머니와 같은 역할을 해 준 것에 대한 감사의 표현입니다.

14-16절 아순그리도와 블레곤과 허메와 바드로바와 허마와 및 그들과 함께 있는 형제들에게 문안하라 빌롤로고와 율리아와 또 네레오와 그의 자매와 올름바와 그들과 함께 있는 모든 성도에게 문안하라 너희가 거룩하게 입 맞춤으로 서로 문안하라 그리스도의 모든 교회가 다 너희에게 문안하느니라

그 당시 입 맞춤은 그리스도인들끼리 사랑의 표시로 인사하는 습관이었습니다(고전 16:20; 고후 13:11; 벧전 5:14). 바울은 이 입 맞춤을 거룩하다고 말함으로써 그것을 음란하거나 감각적인 것과는 구별하고 있습니다. 지금도 서구 문화권에서는 사랑의 표시로 동성 간에 입을 맞추는 문화가 있습니다. 그러나 우리 동양인의 전통이나 습관은 그렇지 않습니다. 반가우면 악수하고 아주 가까운 사이에서는 반가움과 사랑의 표시로 포옹한다면 몰라도 입 맞춤은 우리의 습관에 맞지 않습니다. 로마서에 거룩하게 입 맞춤으로 서로 문안하라고 했다고 우리도 입을 맞추자고 하면 큰일 날 것입니다. 그 당시나 지금이나 유럽에서 통하는 문화입니다.

바울 사도는 모든 교회를 대표하여 최종적으로 마무리 인사를 하고 있습니다. 바울은 이방인의 사도요, 모든 교회 특히 이방인의 모든 교회와 굳게 결합되어 있기 때문에 그는 모든 교회를 대표하여 로마의 교회에게 문안하고 있는 것입니다.

2. 마지막 경고(16:17-20)

17. 형제들아 내가 너희를 권하노니 너희가 배운 교훈을 거슬러 분쟁을 일으키거나 거치게 하는 자들을 살피고 그들에게서 떠나라 18. 이같은 자들은 우리 주 그리스도를 섬기지 아니하고 다만 자기들의

배만 섬기나니 교활한 말과 아첨하는 말로 순진한 자들의 마음을 미혹하느니라 19. 너희의 순종함이 모든 사람에게 들리는지라 그러므로 내가 너희로 말미암아 기뻐하노니 너희가 선한 데 지혜롭고 악한 데 미련하기를 원하노라 20. 평강의 하나님께서 속히 사탄을 너희 발아래에서 상하게 하시리라 우리 주 예수의 은혜가 너희에게 있을지어다

17절 형제들아 내가 너희를 권하노니 너희가 배운 교훈을 거슬러 분쟁을 일으키거나 거치게 하는 자들을 살피고 그들에게서 떠나라

'너희가 배운 교훈' 이란 사도의 교훈, 즉 하나님의 말씀을 뜻합니다. 하나님의 말씀을 거슬러 자꾸 분쟁을 일으키고 거치게 하는 자들을 살피고 그들에게서 떠나라는 것입니다.

많은 사람들이 교회에서 일어난 분쟁의 문제로 내게 신앙 상담을 해옵니다. 주로 "목사님, 우리 교회에서 분쟁이 일어났습니다. 저쪽 파가 완전히 세속적입니다. 어떻게 할까요? 싸울까요? 싸우지 말까요?", "우리 목사님은 성경적인 복음을 전하지 않고 자유주의 신학을 말합니다. 그 목사님을 다른 곳으로 보내 드려야 할까요?"라는 질문들입니다.

그럴 때마다 나는 늘 이렇게 말하곤 합니다. "싸우지 마십시오. 교회 가운데서 신앙 중심으로 살지 않고 육체 중심으로 사는 사람이 있어 분쟁이 일어났을 때, 같이 싸우면 같이 잘못됩니다.", "타락한 주의 종도 주의 종입니다. 다윗도 타락한 사울 왕을 하나님의 기름 부으신 자라고 해서 건드리기를 두려워했습니다. 그러므로 하나님이 징계하셔야지 사람인 당신이 치려하면 오히려 당신에게 해가 옵니다."

교회 안에는 분쟁을 일으키는 사람들이 종종 있습니다. 그럴 때는 언제든지 그런 자들과 싸우지 말고 그들에게서 떠나야 합니다. 교회 목사님하고 아무래도 마음이 안 맞거든 그 교회에서 보따리를 싸고 나가는 것이 낫습니다. 분쟁을 해서 영혼의 순수함을 잃어버리는 것보다는 그 편이 훨씬 낫기 때문입니다. 성경이 이것을 말씀하고 있습니다.

18절 이같은 자들은 우리 주 그리스도를 섬기지 아니하고 다만 자기들의 배만 섬기나니 교활한 말과 아첨하는 말로 순진한 자들의 마음을 미혹하느니라

오늘날 교회에도 이런 일이 있습니다. 주 예수 그리스도를 섬기는 것과는 대조적으로 자신의 탐욕과 자기 자신을 섬기는 사람들이 종종 있습니다. 주의 종들 가운데에도 두 종류가 있는데, 한 부류는 진실로 주를 섬기는 종으로서 목회하는 목자요, 또 다른 부류는 자신의 지위나 명예, 권세, 그렇지 않으면 문자 그대로 배를 채우기 위해서 목회하는 사람들입니다. 하나의 감투나 칭호가 그 사람의 전체를 올바르게 만들지는 않습니다. 그렇기 때문에 주님 중심으로 살고자 하는 노력과 경건의 훈련이 필요한 것입니다.

어떤 목자는 양 무리에 대해 아무런 관심도 없고 '어떻게 하면 돈을 많이 받을 수 있을까?' 에 더 많은 관심을 기울입니다. 어떤 교회에 나갔다가 낙심하여 더 이상 교회에 나가지 않겠다고 말하는 사람과 대화를 나눈 적이 있습니다. 그 사람은 여행 중이었기 때문에 자신의 교회를 떠나 노중의 한 교회에서 예배를 드리게 되었다고 합니다. 설교가 끝나고 헌금 시간이 되었습니다. 그 교회 목사님이 헌금을 위해 기도하는 시간이

었습니다. 그 사람은 어쩐지 서먹서먹한 분위기라서 기도를 하지 않고 눈을 떠서 기도하는 목사님을 보게 되었다는 것입니다. 그런데 그 목사님은 입으로는 기도하면서 손으로는 교인들이 하나님께 드린 그 연보를 자신의 주머니에 집어넣고 있더라는 것입니다. 이로 인해 시험에 빠진 그 사람은 "그날부터 저는 예수를 믿지 않습니다. 그런 예수는 믿을 필요가 없습니다."라고 말하는 것이었습니다. 그래서 나는 그분에게 이렇게 말했습니다. "그런 사람도 있는 것이 어쩌면 당연할지도 모르겠습니다. 세상에 마귀가 없으면 모르겠는데 마귀가 있거든요. 그리고 반드시 교회나 강대상에 하나님의 성령으로 인도함을 받는 사람만 선다는 법은 없습니다. 거기에 사탄도 들어올 수 있는 것입니다."

그래서 바울 사도도 주를 섬기지 아니하고 자기 배만 섬기는 사람이 있으니 조심하라고 경계하고 있는 것입니다. 우리는 오직 예수 그리스도만을 바라보고 신앙생활을 해야지 목사나 장로의 어떤 결점을 보고 예수님을 안 믿거나 해서는 절대로 안 됩니다.

물론 사람들이 자신의 지도자를 보고 따라가는 것은 매우 중요합니다. 또한 지도자 된 사람들은 모든 면에서 예수 그리스도의 본을 보이고 참된 생활을 해야 합니다. 그러나 그 가운데에는 가라지와 같은 사람도 있다는 것을 잊어서는 안 됩니다. 만일 불완전하고 죄악 된 사람 때문에 시험에 빠져, 구원의 주 되신 예수 그리스도를 잃어버린다면 그보다 더 비극적인 일은 없을 것입니다. 만일 잘못된 주의 종들이 강단에 서서 자기의 배만 채우기에 급급하다면 교인들은 정말 불쌍한 양 무리로 전락하고 말 것입니다. 그러므로 이런 일이 일어나지 않도록 항상 말씀과 성령으로 충만해야 할 것입니다.

이 거짓 교사들은 '교활한 말과 아첨하는 말' 로 속이는 데는 아주 능숙합니다. 그리하여 복음의 순수성을 부패하게 하는 장본인들입니다. '순진한 자' 는 교활함이 없는 사람을 가리키며, 따라서 타인에게서도 그런 것을 의심하지 않는 사람들입니다. 그러나 속이는 자들은 이렇게 순진한 자들을 감언이설로 속입니다. 순진함은 정말로 좋은 것입니다. 그러나 순진함은 진리의 말씀에 확고히 선 순진함이 되어야 합니다. 말씀에 서지 않은 순진함은 분별력이 없어 미혹하게 하는 영의 말에 귀를 기울이기 쉽습니다. 그러므로 우리는 말씀에 기반을 둔 순수함을 항상 간직해야 하겠습니다.

19절 **너희의 순종함이 모든 사람에게 들리는지라 그러므로 내가 너희로 말미암아 기뻐하노니 너희가 선한 데 지혜롭고 악한 데 미련하기를 원하노라**

로마 교인들이 예수 그리스도의 진리에 순종하고 열심히 믿는 것이 온 천하에 알려졌습니다. 바울은 그들을 인하여 기뻐하고 있습니다. 그러나 바울 사도는 거짓 교사들을 더욱더 조심할 것을 당부하고 있습니다. "너희가 선한 데 지혜롭고 악한 데 미련하기를 원하노라" . 즉, 사람들이 선한 것을 따르는 데에는 지혜롭고 악에 이끌리는 데에는 우둔해야 함을 가리키는 말씀입니다.

20절 **평강의 하나님께서 속히 사탄을 너희 발아래에서 상하게 하시리라 우리 주 예수의 은혜가 너희에게 있을지어다**

하나님께서는 언제나 우리에게 평강을 주시나 마귀는 불안을 가져다줍니다. 그런데 바울은 평강의 하나님께서 속히 사탄을 성도들의 발아래에서 상하게 하실 것이라고 말씀하고 있습니다.

이 구절은 이단과 사설, 혹은 주를 섬기지 않고 자기의 배만 섬기고 교훈을 거슬려 분쟁을 일으키는 사람들의 배후에는 사탄이 있다는 것을 암시해 주고 있습니다. 그러므로 바울은 평강의 하나님께서 속히 사탄을 성도들의 발아래에서 상하게 하시므로 사탄이 교회 안에서 완전히 굴복당하여 교회가 안정되기를 바란다고 말한 것입니다.

3. 고린도 교회 성도들의 문안(16:21-24)

21. 나의 동역자 디모데와 나의 친척 누기오와 야손과 소시바더가 너희에게 문안하느니라 22. 이 편지를 기록하는 나 더디오도 주 안에서 너희에게 문안하노라 23. 나와 온 교회를 돌보아 주는 가이오도 너희에게 문안하고 이 성의 재무관 에라스도와 형제 구아도도 너희에게 문안하느니라 24. (없음)

21절 나의 동역자 디모데와 나의 친척 누기오와 야손과 소시바더가 너희에게 문안하느니라

사도 바울은 자신의 사랑하는 제자 '디모데'의 인사를 먼저 전합니다.

그는 루스드라 출신으로서 사도 바울의 영적인 아들이며 충실한 동역자였습니다. 디모데는 사도 바울이 이 로마서를 기록할 때 그와 함께 있었고 고린도를 떠날 때에도 동행했습니다(행 20:2-4). 사도 바울은 때로 서신의 공동 집필자로서 디모데를 우대했는데(고후 1:1; 골1:1; 살전 1:1; 살후 1:1), 이곳에서는 인사를 같이 하는 최초의 인물로 대우함으로 디모데에게 동역자로서의 영광을 나누어 주고 있습니다.

'누기오' 는 안디옥에서 사도 바울과 같이 기도한 구레네 사람이며(행 13:1) '야손' 은 데살로니가에서 사도 바울을 대신하여 고난을 받은 사람입니다(행 17:5-9). '소시바더' 는 고린도에서 사도 바울과 디모데와 함께 아시아로 떠난 베뢰아 사람 부로의 아들입니다(행 20:4). 사도 바울은 이들을 모두 '나의 친척' 이라고 했는데 이 말은 모두 주 안에서 한 식구이며 하늘나라의 시민임을 알려 주는 말씀입니다.

22절 이 편지를 기록하는 나 더디오도 주 안에서 너희에게 문안하노라

사도 바울이 서신을 쓸 당시에는 서기에게 구술(口述)해 주어 기록하게 한 다음에 마지막에 가서 서명하는 것이 관례였습니다(고전 16:21; 갈 6:11; 골 4:18; 살후 3:17). 마찬가지로 로마서도 사도 바울이 구술해 준 내용을 더디오라는 사람이 기록한 것입니다. 사도 바울은 '나 더디오도' 라고 기록하게 하면서 더디오를 삼인칭으로 문안시키지 않고 일인칭으로 문안시켰습니다. 이와 같은 사실은 사도 바울이 더디오를 하나의 기계와 같은 존재로 보지 않고 주 안에서 함께 일하는 동역자로 보았다는 것입니다. 실로 사도 바울은 주 안에서의 동역자를 존중하고 인정해 줄 줄 아는 훌륭한 사도였습니다.

23-24절 나와 온 교회를 돌보아 주는 가이오도 너희에게 문안하고 이 성의 재무관 에라스도와 형제 구아도도 너희에게 문안하느니라 (없음)

'가이오'는 사도 바울이 침례를 베푼 사람으로서(고전 1:14), 사도 바울은 그의 집에서 숙박의 편의를 받고 고린도 교회는 그의 집을 집회 장소로 사용하고 있었습니다. '나와 온 교회를 돌보아 주는 가이오'란 말에서 우리는 가이오가 모여든 성도들에게 대접을 잘함과 동시에 친절한 사람이었음을 알 수 있습니다. 가이오는 사도 바울과 친한 관계에 있었던 그리스도인의 한 사람으로서 사도 바울이 고린도에 체류하고 있었을 때 여러모로 그를 도왔던 것입니다. 실로 그는 이 위대한 서신인 로마서가 나오도록 뒤에서 공헌함으로 기독교 역사에서 훌륭한 일을 했던 성도였습니다.

'이 성의 재무관 에라스도'는 고린도 시의 재무를 맡았던 사람이며, '구아도'에 대하여는 알려진 바가 없습니다. 21절부터 본 절을 통하여 사도 바울의 동역자 및 고린도 교회의 대표적인 그리스도인들의 인사가 모두 끝납니다. 우리는 이 인사 부분에서 세 가지 사실을 발견할 수 있습니다.

첫째, 고린도 교회는 일반적으로 이름이 없는 소시민(小市民)에 의하여 형성되었으나(고전 1:26), 그중의 일부는 유력(有力)한 성도도 있었다는 사실입니다. 그 대표적인 인물이 바로 23절에 나오는 가이오와 에라스도와 같은 성도입니다. 고린도 교회는 주 안에서 있는 자나 없는 자가 모두 하나님 일에 힘썼던 것입니다.

둘째는, 신앙과 사랑으로 하나 된 점입니다. 본문을 통해 우리는 고린도 교회가 그리스도의 영광과 복음 사업을 위하여 사도 바울을 중심으로 하나가 되었던 모습을 알 수 있습니다. 우리도 더욱 주 안에서 하나가 되어 주님의 복음 사업에 총력을 기울여야겠습니다.

성경 에베소서 4장 3절부터 6절을 보면 다음과 같은 말씀이 기록되어 있습니다. "평안의 매는 줄로 성령이 하나 되게 하신 것을 힘써 지키라 몸이 하나요 성령도 한 분이시니 이와 같이 너희가 부르심의 한 소망 안에서 부르심을 받았느니라 주도 한 분이시요 믿음도 하나요 침례도 하나요 하나님도 한 분이시니 곧 만유의 아버지시라 만유 위에 계시고 만유를 통일하시고 만유 가운데 계시도다". 우리는 주 안에서 하나임을 잊지 말고 십자가 군기 아래 더욱 뭉치는 한국 교회, 세계 교회가 되어야겠습니다.

셋째는, 예의 바른 인사입니다. 주 안에서 서로 예의를 지키면서 남을 나보다 낫게 여기고 존중할 줄 아는 신앙생활이 우리에게 필요합니다. 사도 바울은 자신의 영광만을 취하지 않고 주 안에서 함께 수고한 모든 동역자들과 기쁨과 영광을 함께 나누었습니다. 우리가 이 땅에서 주님을 위하여 행한 모든 일들에 대한 하나님의 상급이 우리가 주 앞에 가는 그날 주어지게 될 것입니다. 그러므로 우리는 그날을 바라보면서 주의 나라와 주의 의를 구하는 생활을 함께 만들어 가야 합니다.

"보라 내가 속히 오리니 내가 줄 상이 내게 있어 각 사람에게 그가 행한 대로 갚아 주리라"(계 22:12).

4. 송영(16:25-27)

**25. 나의 복음과 예수 그리스도를 전파함은 영세 전부터 감추어졌다
가 26. 이제는 나타내신 바 되었으며 영원하신 하나님의 명을 따라
선지자들의 글로 말미암아 모든 민족이 믿어 순종하게 하시려고 알
게 하신 바 그 신비의 계시를 따라 된 것이니 이 복음으로 너희를 능
히 견고하게 하실 27. 지혜로우신 하나님께 예수 그리스도로 말미암
아 영광이 세세무궁하도록 있을지어다 아멘**

25절 나의 복음과 예수 그리스도를 전파함은 영세 전부터 감추어졌다가

바울 사도는 '나의 복음' 이라고 말했습니다. 이는 바울 자신에게 위탁되어 자기가 전파하고 있는 복음을 의미하고 있습니다. 또한 죽고 사는 문제를 다루는 나의 복음이 나와는 상관이 없는 상대적인 것이 아니라 나와 일체가 된 복음이란 뜻입니다.

한편 바울이 복음과 예수 그리스도를 전파하는 것은 '영세 전', 즉 하늘과 땅과 세계와 그 가운데의 모든 것들을 짓기 이전부터 계획되어져 있었으나 감추어져 있었다고 말하고 있습니다. 하나님께서 드러내시지 않으시면 인간들은 알 수가 없기 때문입니다.

26절 이제는 나타내신 바 되었으며 영원하신 하나님의 명을 따라 선

지자들의 글로 말미암아 모든 민족이 믿어 순종하게 하시려고 알게 하신 바 그 신비의 계시를 따라 된 것이니 이 복음으로 너희를 능히 견고하게 하실

바울은 영세 전에 복음이 감추어져 있다가 이제는 예수 그리스도의 사건을 통하여 나타내셨다고 합니다. 때가 차매(갈 4:4) 예수께서 동정녀 마리아에게 나시고 공생애의 삶을 사시다가 온 인류를 대신하여 십자가 위에서 죽으시고 부활하신 그 구속의 사건으로부터 시작하여 지금까지 2천 년 동안 우리에게 나타내신, 즉 계시된 것입니다. 그리고 이 예수의 사건은 영원하신 하나님의 명을 따라 구약의 선지자들을 통하여 미리 예언되었던 것입니다.

예수님이 오신다는 것은 구약 시대 동안 선지자들을 통하여 적어도 300번 이상이나 예언되었던 것입니다. 그런데 이 복음은 유대인만을 구원하기 위한 것이 아니라 모든 민족들이 다 믿어 순종하게 하시기 위한 것입니다. 이러한 복음과 예수님의 십자가 사건은 우리 사람이 만든 것이 아닙니다. 오히려 그것은 하나님의 비밀의 계시를 따라서 성취되어진 일입니다. 하나님께서 만민을 구원하시려고 오랫동안 감추신 그 복음의 비밀을 이제 계시해 주신 것입니다. 하나님께서는 성경을 통해 계시하셨고, 성령을 통하여 우리에게 그 성경 말씀을 조명하고 해석해 주시며, 오늘날에도 복음 전파자를 도구로 사용하셔서 그 진리를 선포하고 계신 것입니다.

또한 이 복음은 우리를 능히 견고하게 하십니다. 세상에서 우리를 견고하게 해 줄만한 것은 아무것도 없습니다. "그러므로 모든 육체는 풀과

같고 그 모든 영광은 풀의 꽃과 같으니 풀은 마르고 꽃은 떨어지되 오직 주의 말씀은 세세토록 있도다 하였으니 너희에게 전한 복음이 곧 이 말씀이니라"(벧전 1:24-25).

돈도 지위도 명예도 청춘도 모두 사라집니다. 그러므로 우리가 흔들리지 않고 굳게 설 수 있는 반석은 하나님의 말씀, 즉 그리스도의 복음밖에는 없습니다.

27절 지혜로우신 하나님께 예수 그리스도로 말미암아 영광이 세세무궁하도록 있을지어다 아멘

사도 바울이 "지혜로우신 하나님께 예수 그리스도로 말미암아 영광이 세세무궁하도록 있을지어다"라고 송영을 드린 것처럼, 우리가 예수님을 믿는 근본 목적은 바로 하나님께 영광을 돌리기 위한 것입니다. 그러므로 우리 생활의 전 영역 가운데서 하나님을 영화롭게 해 드리는 것이 우리 삶의 목적입니다.

이처럼 우리가 하나님의 영광을 위해 살게 될 때에 하나님께서는 자신이 가지고 계신 모든 것으로 우리를 축복하십니다. 하나님께서는 예수 그리스도로 하여금 우리를 위하여 사랑의 보혈을 값없이 흘리게 하심으로 우리를 향한 하나님의 사랑을 확증하셨습니다. 그런 하나님께서 그의 백성들이 하나님의 영광을 위해 섬기는 삶을 살고자 할 때에 어찌 그 아들과 함께 모든 것을 선물로 주시지 않겠습니까?(8:32).

"그런즉 너희는 먼저 그의 나라와 그의 의를 구하라 그리하면 이 모든 것을 너희에게 더하시리라"(마 6:33).

성역50주년기념 신약성경강해전집

A COMMENTARY ON THE EPISTLE TO THE ROMANS